HTML/XHTML

Günter Born

HTML/XHTML

Das Programmierhandbuch

Markt+Technik Verlag

Die Deutsche Bibliothek – CIP-Einheitsaufnahme

Ein Titeldatensatz für diese Publikation ist bei
Der Deutschen Bibliothek erhältlich.

Umwelthinweis:
Dieses Buch wurde auf chlorfrei gebleichtem Papier gedruckt.
Die Einschrumpffolie – zum Schutz vor Verschmutzung – ist aus
umweltverträglichem und recyclingfähigem PE-Material.

10 9 8 7 6 5 4 3 2 1

04 03 02 01

ISBN 3-8272-6088-4

Einbandgestaltung: Grafikdesign Heinz H. Rauner, Gmund
Lektorat: Jürgen Bergmoser, jbergmoser@pearson.de
Herstellung: Monika Weiher, mweiher@pearson.de
Satz: reemers publishing services gmbh, Krefeld, www.reemers.de
Druck und Verarbeitung: fgb, freiburger graphische betriebe, www.fgb.de
Printed in Germany

Inhaltsverzeichnis

Vorwort

Willkommen zu HTML! Mit etwas Zeit und den in diesem Buch vermittelten Grundlagen steht Ihnen die Welt des Publizierens im HTML-Dokumentformat offen. Sie können Ihre eigenen Webseiten entwickeln, Dokumente zur einfacheren Wiedergabe in das HTML-Format überführen oder HTML für die Gestaltung von CD-ROMs und mehr nutzen.

Wer einmal in die »Geheimnisse« der Beschreibungssprache HTML eingeweiht wurde, dem stehen schier unendliche Möglichkeiten offen. HTML ist einfach, HTML ist universell, HTML wird von verschiedenen Rechnerplattformen und Programmen unterstützt. Die Liste der Vorteile ließe sich beliebig weiterführen.

Daher hat sich HTML nicht nur als die »Lingua Franca« des World Wide Web etabliert. Auch im Bereich der Dokumentation, beim Erstellen von CD-ROMs etc. gelangt HTML immer häufiger zum Einsatz.

Dabei ist HTML gar nicht so schwierig zu erlernen. Alles liegt im Textformat vor und kann im einfachsten Fall mit jedem Editor bearbeitet werden. Zahlreiche Werkzeuge nehmen Ihnen bei Bedarf sogar die Arbeit ab, die einzelnen HTML-Befehle manuell einzugeben. Das vorliegende Buch führt Sie in die Sprache HTML ein. Anhand einfacher Beispiele lernen Sie Schritt für Schritt HTML-Dokumente zu erstellen. Sie können hierzu jeden beliebigen Editor verwenden, da die Befehle der Sprache erklärt werden. Damit lässt sich der Inhalt dieses Buchs unter Windows, auf dem Macintosh, unter Linux oder auf weiteren Plattformen nachvollziehen. Die Beispiele wurden mit dem Internet Explorer unter Windows sowie mit dem Netscape Navigator unter Linux getestet. Windows-Benutzer finden im Buch zusätzliche Hinweise, wie sich HTML-Dokumente mit dem frei verfügbaren Programm Microsoft FrontPage Express erstellen lassen.

Mit ein wenig Zeit und diesem Buch steht eigenen Webseiten und HTML-Kreationen nichts mehr im Wege. Viel Spaß beim Einstieg in den Welt von HTML.

Günter Born

Vorwort

[illegible]

Günter Born

Kapitel 1
Einleitung

Interessieren Sie sich für die Themen Internet, Intranet und HTML? Möchten Sie Dokumente im World Wide Web oder im Intranet publizieren? Suchen Sie nach Informationen, um Ihre eigene Homepage zu gestalten? Mit diesem Buch erhalten Sie das Rüstzeug für den Umgang mit HTML. Der Inhalt richtet sich an alle Personen, die sich mit dem Publizieren von Informationen im Internet bzw. Intranet befassen oder sich über die Dokumentbeschreibungssprache HTML informieren möchten (egal, ob Sie nur eine einfache Homepage erstellen möchten oder eine detaillierte Referenz über die HTML-Befehle benötigen).

Was enthält das Buch?

Sie finden zwei Teile, die den unterschiedlichen Benutzergruppen entgegenkommen:

- Im ersten Teil mit der HTML-Kurzeinführung und den nachfolgenden Kapiteln lernen Sie die wichtigsten HTML-Befehle und -Strukturen kennen. Dort finden Sie auch einige Informationen zum Thema Grafiken und deren Bearbeitung. Mit diesem Wissen lassen sich HTML-Dokumente und Homepages erstellen.
- Die HTML-Referenz enthält alles, was Sie über die einzelnen Befehle wissen müssen und behandelt HTML 2.0 bis 4.0x.

Damit können Sie Ihre HTML-Dokumente an die Sprachstandards der verschiedenen Browser anpassen und sich über die Besonderheiten der HTML-Varianten informieren.

Das benötigen Sie

Fragen Sie sich, welche Vorkenntnisse und Werkzeuge Sie zum Umgang mit diesem Buch und zum Erstellen bzw. Anzeigen von HTML-Dokumenten benötigen? Vorkenntnisse in HTML sind nicht erforderlich (Sie sollten lediglich mit einem Rechner umgehen können).

- Zur Anzeige der HTML-Dokumente benötigen Sie einen Browser (Netscape Navigator bzw. Communicator oder Microsoft Internet Explorer). Natürlich können Sie auch einen anderen Browser (z.B. Opera) verwenden. Dann kann es aber sein, dass nicht alle Tags dargestellt werden.

Hinweis

Mit dem Netscape Navigator sollten die meisten der Dokumente problemlos darstellbar sein. Unter Linux ist der Navigator sowieso die erste Wahl. Es wird dabei davon ausgegangen, dass Sie mit Versionen ab 4.0 oder höher arbeiten. Unter Windows empfiehlt sich der Microsoft Internet Explorer (4.x oder 5.x). Nach den Erfahrungen des Autors hat der Browser Vorteile, wenn es um die Darstellung von CSS, das Programmieren unter DHMTL mit Zugriff auf das Objektmodell sowie das Arbeiten mit XML geht.

Fachwort

Cascaded Style Sheets (CSS) stellen so etwas wie Formatvorlagen für HTML-Dokumente dar. Über diese Elemente lässt sich das Aussehen des Dokuments anpassen. Das Kürzel DHTML steht für Dynamic HTML und erweitert Ihre Dokumente um Programmfunktionen. Die Programmfunktionen können in JavaScript (Netscape) oder JScript bzw. VBScript (Microsoft) verfasst werden. Microsoft unterstützt ab dem Internet Explorer 4.0 dabei die in HTML 4.0 definierten Erweiterungen zum Zugriff auf die Dokumentinhalte. XML steht dagegen für Extended Markup Language, eine Spezifikation, die die Strukturierung von Daten und Dokumenten erlaubt.

- HTML-Code lässt sich mit jedem Editor erstellen, eleganter funktioniert es mit HTML-Werkzeugen (z.B. WebEdit, HotMetal, HomePage Wizard, AOLPress, FrontPage bzw. FrontPage Express, Netscape Composer, Microsoft Office etc.).

Einen Internet-Zugang benötigen Sie zum Arbeiten mit diesem Buch nicht. Möchten Sie aber die in den einzelnen Abschnitten angegebenen Dokumente aus dem WWW laden, benötigen Sie einen Internet-Zugang.

Wo gibt's Browser?

Als Browser werden Programme zur Anzeige von HTML-Dokumenten (z.B. Webseiten) bezeichnet. Die Programme erlauben ein Blättern (englisch browse) im Dokument.

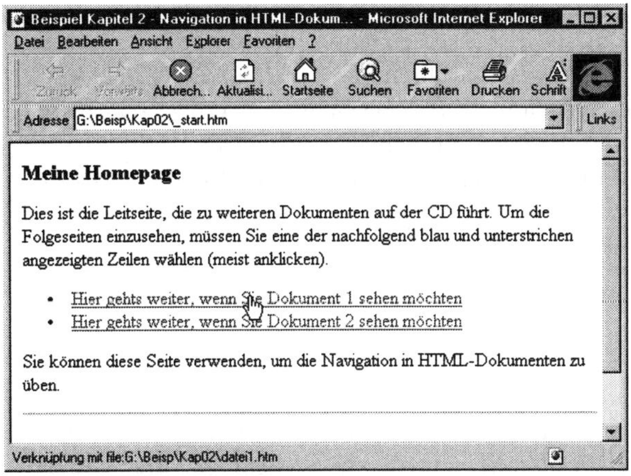

Bild 1.1: Anzeige einer Webseite im Internet Explorer

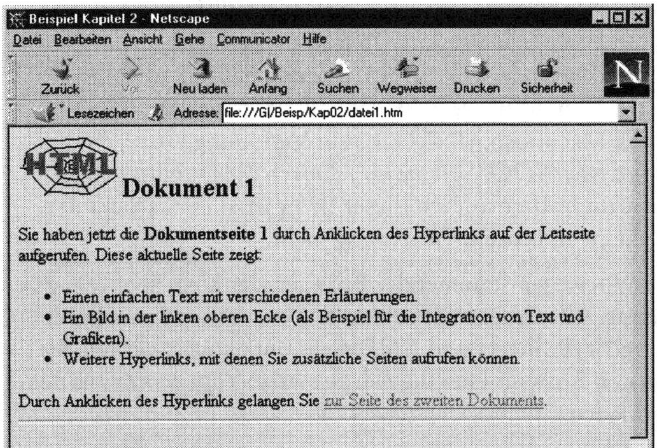

Bild 1.2: Anzeige einer Webseite im Netscape Navigator

Browser gibt es wie Sand am Meer. Allerdings haben sich der Microsoft Internet Explorer (Bild 1.1) sowie der Netscape Navigator (Bild 1.2) als Standard herauskristallisiert.

Die nachfolgende Tabelle enthält eine Kurzübersicht über die wichtigsten Browser der unterschiedlichen Plattformen.

Netscape Navigator	Die Browser dieser Firma setzen den Standard in punkto Schnelligkeit und Funktionalität. Unterstützt werden alle Windows-Versionen, der Macintosh sowie verschiedene UNIX-Derivate (vor allem Linux), und es gibt eine OS/2-Variante. Bei Bedarf können Sie sich auf der Netscape-Homepage *http://home.netscape.com* über neue Entwicklungen informieren und die neuen Versionen herunterladen.
Microsoft Internet Explorer	Microsoft bietet diesen Browser für das Windows-Betriebssystem an (bzw. hat diese Funktionalität bereits direkt in Windows integriert). Praktisch relevant sind (zur Zeit, als dieses Buch verfasst wurde) die Versionen 4.x und 5.x. Für Windows 95/NT empfiehlt sich der Einsatz des Microsoft Internet Explorer 4.0x (oder höher). Für den Macintosh gibt es ebenfalls Versionen dieses Browsers, Unix wird bisher nicht (bzw. nur unzureichend) unterstützt. Neue Versionen, Spezifikationen etc. lassen sich über die Microsoft-Homepage *http://www.microsoft.com/windows/ie/ie.htm* herunterladen.
NCSA Mosaic Browser	Der Mosaic-Browser von NCSA ist quasi der Urvater aller Browser und steht für verschiedene Plattformen (Microsoft Windows, Macintosh, UNIX etc.) zur Verfügung (*http://www.ncsa.uiuc.edu/SDG/Software/*). Durch die Dominanz von Netscape und Microsoft hat dieser Browser aber aus Sicht des Autors keine praktische Bedeutung mehr.
Opera	Ein aus Norwegen stammender Browser, der klein aber fein daherkommt. Allerdings leidet dieser Browser etwas darunter, dass Skripting, Style Sheets und XML nicht unterstützt werden. Sie können den Browser über die Adresse *http://opera.nta* aus dem Internet laden.

Tabelle 1.1: Übersicht über verschiedene Browser

Fachwort

➚ Als Skripting wird das Programmieren in Skriptsprachen wie JavaScript, JScript oder VBScript bezeichnet. HTML-Dokumente können Anweisungen dieser Sprache beinhalten, um die Funktionalität zu erweitern (z.B. beim Anklicken einer Schaltfläche wird ein solches Skriptprogramm gestartet).

Neben den in der Tabelle aufgeführten Programmen gibt es eine Reihe weiterer Browser für spezielle Betriebssysteme (z.B. OS/2, BeOS etc.), die hier aber nicht weiter behandelt werden.

Werkzeuge zum Erstellen von HTML-Code

Eingangs hatte ich es bereits erwähnt: HTML-Dokumente lassen sich mit jedem Editor erstellen (so sind meine ersten Dokumente vor einigen Jahren tatsächlich entstanden). Effizienter lässt sich aber mit speziellen HTML-Werkzeugen arbeiten. Ob Sie mit Werkzeugen den HTML-Quellcode bearbeiten oder das Layout über WYSIWYG-Darstellung entwerfen, hängt von den Voraussetzungen ab.

- Werkzeuge wie FrontPage, NetObjects Fusion etc. sowie deren Assistenten erlauben häufig den Entwurf der HTML-Dokumente in der Layoutansicht. Diese Vorgehensweise kommt allen entgegen, die Webseiten nach Layoutgesichtspunkten (aus Sicht des Ästhetikers) entwerfen. Nach meinen Erfahrungen besitzen diese Werkzeuge teilweise jedoch den Nachteil, dass die Darstellung doch nicht 100% mit der Anzeige in den Browsern übereinstimmt. Außerdem wird die HTML-Spezifikation mit den jeweiligen Attributen selten korrekt bzw. vollständig unterstützt. Im günstigsten Fall können Sie dann die gewünschten Optionen manuell im Quellcode eintragen. Im schlimmsten Fall werden die nicht unterstützten Befehle vom Assistenten aus dem HTML-Quellcode entfernt, und das Dokument funktioniert nicht mehr.
- Wer direkt die Feinheiten von HTML ausnutzen möchte oder auf spezielle Befehle angewiesen ist, greift besser zu so genannten HTML-Editoren. Dies sind Programme zur Bearbeitung von Textdateien, die aber die Anzeige der HTML-Befehle (auch als Tags bezeichnet) direkt unterstützen. Es gibt beispielsweise Schaltflächen

oder Menübefehle, mit denen sich komplette Tags im Dokument einfügen lassen. Meist werden die Tags auch optisch hervorgehoben, um eine bessere Erkennbarkeit zu erreichen. Falls Sie spezielle HTML-Erweiterungen oder Skriptprogrammierung nutzen, werden Sie in der Regel um die Bearbeitung der Dokumente in HTML-Editoren nicht herumkommen.

Tabelle 1.2 enthält eine Zusammenstellung verschiedener Werkzeuge, die sich für das Bearbeiten von HTML-Dokumenten eignen.

Textverarbeitungspakete und Erweiterungen	
Microsoft Office	Microsoft unterstützt ab Office 97 die Speicherung von Dokumenten im HTML-Dokumentformat. Für Word 6.0/95, Excel 5, Access 2 gibt es kostenlose Zusätze (Internet-Assistenten), mit denen sich die Dokumente in das HTML-Format überführen lassen (*http://www.microsoft.com/kb/softlib*). Bei Microsoft Office 2000 sollten Sie aber darauf achten, dass die HTML-Dateien XML-Code enthalten, der durch die Browser nicht immer verarbeitet wird. Office benötigt den XML-Code, um die HTML-Dokumente später mit allen Informationen zurückzulesen.
Corel Office	In Corel Office stehen ebenfalls Funktionen zur Erzeugung von HTML-Dokumenten zur Verfügung.
Star Office	Das Office-Paket von Star Division (jetzt Sun) enthält verschiedene Produkte (StarWriter, StarCalc, StarDraw), die bereits ab der Version 3.1 eine Unterstützung für HTML aufweisen. Dieses Office-Paket läuft auf verschiedenen Plattformen: Windows 3.x, Windows 95, OS/2, Power Mac, Linux und Unix (Solaris, Sparc, x86).
HTML-Editoren für Windows	
AOLPress	Bei diesem Programm handelt es sich um eine Art Assistent, der von America Online (AOL) zum Erstellen von HTML-Dokumenten zur Verfügung steht.

Tabelle 1.2: Übersicht über HTML-Editoren und -Werkzeuge

FrontPage	FrontPage ist ein Entwicklungssystem für Webseiten, das von Microsoft für Windows angeboten wird. Mit FrontPage Express steht der »kleine Bruder« zur Erstellung von Webseiten bereit. FrontPage Express ist bereits in Windows enthalten oder lässt sich kostenlos aus dem Internet herunterladen (über die Windows-Update-Funktion). FrontPage 2000 ist Bestandteil einiger Microsoft-Office-2000-Pakete. Neben einem Editor besitzt FrontPage Funktionen zum Verwalten kompletter Web-Projekte sowie zum Austausch von Daten mit einem Webserver.
HotDog	HotDog ist ein HTML-Editor für Windows und unterstützt das Erzeugen von WWW-Hompages. Zur Anzeige der HMTL-Dokumente wird ein externer Browser aufgerufen. HotDog kostet ca. 30 $ (die PROfessional Version ca. 100 $) und läuft auf den Plattformen, die Windows unterstützen. Weitere Informationen (sowie die Möglichkeit zum Download der Software) bietet die Homepage *http://www.sausage.com*.
HotMetal Pro	HotMetal ist einer der populärsten HTML-Editoren für Windows, der zusätzlich 23 verschiedene Fremdformate zum Importieren unterstützt. Weiterhin lassen sich zwölf unterschiedliche Grafikformate in GIF- oder JPEG-Dateien umwandeln. HotMetal Pro stammt von der Firma SoftQuad, kostet ca. 340 DM und wird von verschiedenen Firmen (z.B. Softline *www.softline.de*) in Deutschland angeboten. Weitere Informationen bietet die SoftQuad-Homepage *http://www.sq.com*.
Homesite	Dieser HTML-Editor wurde ursprünglich als Freeware geschrieben. Die neueren Versionen werden von Allaire als kommerzielle Software angeboten (z.B. über Softline *www.softline.de*) und können mit einer beeindruckenden Funktionenvielfalt aufwarten.
WebEdit	WebEdit ist ebenfalls ein Shareware-HTML-Editor für Windows, der von Ken Nesbitt (einem ehemaligen Microsoft-Mitarbeiter) geschrieben wurde. Das Programm erlaubt eine komfortable Erstellung von HTML-Dateien, zur Anzeige ist jedoch ein Browser erforderlich. Die Evaluierungsversion von WebEdit besitzt jedoch einige funktionelle Einschränkungen. WebEdit steht meines Wissens auch in einer Windows 95-Version und in einer deutschen Version zur Verfügung.

Tabelle 1.2: Übersicht über HTML-Editoren und -Werkzeuge (Forts.)

HTML Editor	Ein von dem Studenten Ulli Meybohm geschriebener Editor, der bislang als Freeware für Windows erhältlich ist (*www.meybohm.de*).
NetObjects Fusion	Eine Art Layout-Programm der Firma Allaire, das einen interaktiven Entwurf von Webseiten erlaubt. Wird von einigen Providern (z.B. Puretec) den Kunden zum Erstellen der Homepages zur Verfügung gestellt. NetObjects Fusion wird z.B. über Softline (*www.softline.de*) vertrieben.
HTML-Editoren für den Macintosh	
Adobe PageMill	Es handelt sich um einen WYSIWYG-Editor, mit dem sich HTML-Dokumente auf dem Macintosh erstellen lassen. Das Programm wird von Adobe angeboten. Informationen können Sie über die Adobe-Homepage abrufen: *http://www.adobe.com/Apps/PageMill/*.
Archanid	Dies ist ebenfalls ein WYSIWYG-Editor für HTML-Dokumente, der zusätzlich eine RTF-Importfunktion besitzt. Informationen erhalten Sie auf der Seite *http://sec-look.uiowa.edu/*.
B.H.E V 2.2.1	Dies ist ein in Supercard geschriebener HTML-Editor für den Macintosh. Die Version 2.2.1 ist Freeware, Informationen lassen sich über der Server *http://www.ilt.columbia.edu* abrufen.
BBEdit HTML-Extension	Mit dieser Erweiterung lassen sich mit dem BBEdit-Texteditor des Macintosh erstellte ASCII-Texte in HTML-Dokumente konvertieren und mit HTML-Befehlen versehen (Informationen unter *http://www.york.ac.uk/~ld11/BBEditTools.html*).
Grinder	Freeware-HTML-Editor von Robert McBurney (Uni Iowa) für den Macintosh mit erweiterten Funktionen, z.B. zum automatischen Erstellen von Indexverzeichnissen etc. Informationen lassen sich über *http://www.matterform.com/mf/grinder/htmlgrinder.html* oder *http://sec-look.uiowa.edu/about/projects/arachnid-page.html* abrufen.

Tabelle 1.2: Übersicht über HTML-Editoren und -Werkzeuge (Forts.)

HTML.edit	Einfacher HTML-Editor für den Macintosh, der sich von *http://ogopogo.nttc.edu/tools/HTMLedit/HTMLedit.html* herunterladen lässt. Für die kommerzielle Nutzung ist eine Lizenz erforderlich, privat ist er als Freeware nutzbar.
Simple HTML Editor	Einfacher Freeware-HTML-Editor für den Macintosh auf Hypercard-Basis, der sich über *http://lib.ncsu.edu/staff/morgan/simple.html* abrufen lässt.
HTML-Editoren für UNIX	
eText Text Engine	Tool zur Erstellung von Dokumenten unter UNIX mit HTML-Exportfunktion. Informationen sind über *http://etext.caltech.edu/eTextEngine/* erhältlich.
HTML-Editor	NexT-Step-HTML-Editor, der sich über *ftp://scholar.lib.vt.edu/pub/NEXT/* abrufen lässt.
Hyper-Marker	Ein Editor auf HyperCard-Basis für den Macintosh, der sich über *ftp://ftp.uwtc.washington.edu/pub/Mac/Network/WWW/* abrufen lässt.
Phoenix	UNIX-HTML-Editor, der auf Tk basiert und unter X-Windows arbeitet. Informationen sind über *http://www.ssc.com/~roland/tkHTML/tkHTML.html* erhältlich.

Tabelle 1.2: Übersicht über HTML-Editoren und -Werkzeuge (Forts.)

Tabelle 1.2 erhebt keinen Anspruch auf Vollständigkeit, und auch die Aufnahme eines Werkzeugs stellt keinerlei Empfehlung dar. Im Internet finden Sie eine Vielzahl an Werkzeugen zum Erstellen von HTML-Dokumenten.

Was ist HTML?

Dokumente innerhalb des World Wide Web (WWW) werden in der Dokument-Beschreibungssprache HTML (Hypertext Markup Language) definiert. Diese Sprache beschreibt den Aufbau eines Dokuments mit Absätzen, Überschriften, Auszeichnungen (z.B. fett, kursiv), Verweisen zu anderen Dokumenten etc. HTML-Dokumente enthalten nur Text (so genannte ANSI-Zeichen) und lassen sich rechner- und plattformunabhängig (DOS, Windows, OS/2, Macintosh, UNIX) bearbeiten und anzeigen.

Hinweis

Welches Werkzeug Sie verwenden, ist eher zweitrangig. Der Autor greift häufig auf FrontPage Express zurück (obwohl auch FrontPage vorhanden ist), da dieses Werkzeug bei den meisten Windows-Versionen mit installiert wird. Leider hat FrontPage Express (wie viele andere Werkzeuge) das Problem, dass das Ergebnis des HTML-Codes nicht oder nur mit Aufwand kontrollierbar ist. Einige Infos werden einfach aus dem HTML-Code herausgefiltert. Daher greife ich zur Korrektur von HTML-Dokumenten mit spezifischen Erweiterungen (wie Skriptprogramme) häufig auf den Windows Editor zurück (altmodisch, aber erlaubt die volle Kontrolle).

Hinweis

Die in diesem Buch angegebenen Adressen von Webseiten sind Änderungen unterworfen. Die Adresse kann daher bei Ihrem Besuch im Internet längst ungültig sein. Häufig hilft es aber, die Hauptadresse der Homepage zu versuchen (z.B. aus *www.microsoft.com/dateien/index.htm* wird dann *www.microsoft.com*). Von dieser Seite aus lässt sich dann nach den Programmen suchen. Gelingt der Trick nicht, rufen Sie die Seite einer Suchmaschine auf (z.B. *www.yahoo.com*) und geben als Suchbegriff den Programmnamen ein. Eine weitere Möglichkeit (die lange Downloadzeiten vermeidet): Die Begleit-CD des im Literaturanhang unter /1/ aufgeführten Titels enthält einige der erwähnten Werkzeuge direkt zum Ausprobieren. Zusätzlich enthält die CD weiteres Material zum Erstellen Ihrer Webseiten.

Zum Erstellen benötigen Sie im einfachsten Fall einen Editor, der auf allen Plattformen verfügbar ist. Viele Softwareprodukte werden mittlerweile mit einer HTML-Schnittstelle ausgestattet. HTML ist die »Lingua Franca« im Bereich des Dokumentenaustauschs (ohne die sonst allgemein üblichen Probleme mit inkompatiblen Dateiformaten etc.). Neben dem WWW setzen immer mehr Firmen auf Intranets – dies ist die Technologie des Internet, die in firmeninternen Netzwerken genutzt wird –, und hier kommt HTML ebenfalls ins Spiel.

HTML-Varianten

Trotz der Popularität gibt es bei HTML keinen einheitlichen Standard, sondern mehrere Versionen, und zusätzlich zeigen die einzelnen Browser das gleiche Dokument unterschiedlich an. Dies liegt zum einen an der unterschiedlichen Implementierung der HTML-Befehle durch die Browser-Hersteller. Die zweite Hürde stellen die unterschiedlichen HTML-Spezifikationen und -Erweiterungen von Netscape und Microsoft dar. HTML-Dokumente mit herstellerspezifischen HTML-Befehlen lassen sich nur von den Browsern des jeweiligen Herstellers auswerten.

> Hinweis
>
> Na ja, ganz so schlimm ist es nicht mehr. Seit wir die Jahrtausendwende geschafft haben, sind auf den meisten Rechnern moderne Browser installiert, die zumindest die gängigen HTML-Befehle (HTML 3.2) kennen.

Aus historischen Gründen haben sich folgende Standards entwickelt, die Sie zumindest kennen sollten.

- HTML 2.0 ist der Standard, der vom W3-Konsortium definiert wurde und mittlerweile von jedem Browser unterstützt wird. Diese Spezifikation enthält die wichtigsten Elemente zur Beschreibung von Dokumenten (wie Texte, Formatierungen, Verweise, eingebettete Bilder etc.). Es fehlen aber Befehle zur Darstellung von Tabellen, Farben für Schriftarten, Schriftgrößen etc.
- Daher wurde vom W3-Konsortium Anfang 1995 ein HTML 3.0-Vorschlag veröffentlicht. Die Implementierung war leider zu aufwendig (z.B. Formeln, Klassen etc.), der Vorschlag setzte sich nicht durch und wurde mittlerweile zurückgezogen. Trotzdem unterstützen viele Werkzeuge einen Teil der HTML 3.0-Befehle.
- Firmenspezifische Erweiterungen der Netscape-Browser zur Darstellung von Farben, Tabellen, Frames etc. avancierten schnell zum »De-facto-Standard«. Weiterhin stellte Microsoft mit den frühen Versionen des Internet Explorer ergänzende Befehle zu HTML 2.0 zur Verfügung.

- Um diesen »Wildwuchs« zu beschneiden, wurde vom W3-Konsortium Mitte 1996 eine neue HTML 3.2-Spezifikation herausgegeben. Am Entwurf dieser Spezifikation waren die Hersteller von Browsern wie IBM, Microsoft, Netscape, Novell, SoftQuad, Spyglass und Sun bei der Festlegung beteiligt. Diese Spezifikation ergänzt HTML 2.0 um die wichtigsten von Netscape und Microsoft eingeführten Erweiterungen (Farben, Tabellen, Formatbefehle, Attribute zur Ausrichtung etc.). HTML 3.2 wird mittlerweile als Standard empfohlen und von den gängigen Browsern (Netscape, Microsoft) in den Versionen ab 4.x vollständig unterstützt.
- Die »Schlappe« um HTML 3.0 sowie die sich schnell weiterentwickelnde Technik machten eine Erweiterung von HTML notwendig. Ende 1998 wurde dann HTML 4.0 als weiterer Standard durch das W3-Konsortium herausgegeben. In 1999 kam dann die Empfehlung HTML 4.01 hinzu, die kleinere Fehler (z.B. vergessene Attribute bei einigen Befehlen) im 4.0-Standard korrigierte.

Zusätzlich gibt es vom W3-Konsortium und von den Firmen Ergänzungen zur HTML-Spezifikation. Die Entwicklungen werden vom W3-Konsortium auf der Webseite *www.W3c.org* zum Herunterladen bereitgestellt. So liegt seit Anfang 2000 bereits die als *XHTML* bezeichnete Spezifikation vor. Diese umfasst nur wenige Seiten und gibt Hilfestellung, was beim Verfassen von HTML-Dokumenten im Hinblick auf die Konformität mit dem XML-Standard zu beachten ist.

> **Fachwort**
>
> Unter Konformität versteht man die Übereinstimmung mit den Regeln einer Spezifikation. Ein XHTML-konformes Dokument muss über den HTML-Standard (egal welche Version) hinaus bestimmten Regeln genügen. So fordert die Extended Markup Language (XML) beispielsweise einleitende und abschließende Tags (Tags sind die Befehle zum Schreiben von HTML-Dokumenten, siehe auch folgende Kapitel). Werte von Attributen (dies sind Optionen für Befehle) müssen in Anführungszeichen stehen. Die HTML-Spezifikationen sahen dies ursprünglich nicht vor.

Wenn Ihnen jetzt der Kopf vor lauter HTML-Versionen und Erläuterungen schwirrt, keine Bange. In der Praxis ist alles nur noch halb so wild. Benutzen

Sie Optionen, die einem der neueren Standards entsprechen, besteht höchstens die Chance, dass die Dokumente nicht vollständig bzw. in der geplanten Darstellung erscheinen. Der Autor einer Webseite muss sich nur überlegen, welche Benutzerkreise er ansprechen will und wie das Dokument präsentiert werden soll. Da mittlerweile die Browser von Netscape und Microsoft auf 99% der Rechner in der Version 4.0 und höher installiert sind, gibt es bei einfachen Dokumenten praktisch kaum noch Probleme. Anders sieht es mit Spezialitäten aus, wie beispielsweise HTML-Dokumente, die Skriptprogramme enthalten, welche auf einen Browser abgestimmt sind. Hier gibt es dann Probleme mit der Anzeige in anderen Browsern. Da diese Feinheiten weit über den Ansatz dieses Taschenbuches hinausgehen, möchte ich auf eine detaillierte Diskussion verzichten.

Als Daumenregel können Sie sich Folgendes merken: Wenn Sie Werkzeuge verwenden, die HTML-Dokumenterstellung im Layout erlauben, übernimmt das Werkzeug die Gestaltung des HTML-Codes. Bei HTML-Editoren haben Sie etwas mehr Freiheiten, aber diese Werkzeuge bieten üblicherweise auch nur die gängigen HTML-Anweisungen an. In vielen Fällen lassen sich die Optionen zur Erzeugung der HTML-Anweisungen im Werkzeug zwischen den verschiedenen HTML-Standards (z.B. HTML 2.0 oder HTML 3.2) umschalten. Wenn Sie ganz sicher gehen möchten, wählen Sie HTML 2.0. Dies sollte jeder Browser schaffen. Auch HTML 3.2 dürfte mittlerweile keine Probleme mehr bereiten, da Microsoft und Netscape den Standard vorgeben und in den Browsern längst HTML 3.2 unterstützen. Aufpassen sollten Sie allerdings, wenn Sie spezielle Feinheiten nutzen (oder auf HTML 4.0x abzielen).

Hinweis

Die HTML-Varianten (HTML 2.0, HTML 3.2, HTML 4.0) sind im Referenzteil aufgeführt. Sie können daher ggf. nachschlagen um festzustellen, ob ein Befehl in HTML 2.0 bereits unterstützt wird. Aber in der Praxis wird dies selten notwendig sein, da die gängigen (HTML 3.2-) Befehle zur Darstellung von HTML-Seiten von Netscape Navigator ab 3.0x und Microsoft Internet Explorer ab 3.0x bereits unterstützt werden. Gleiches gilt für den Netscape Communicator 4.0 sowie für den Microsoft Internet Explorer 4.0/5.x.

Kapitel 2
HTML-Kurzeinführung

Auf den folgenden Seiten finden Sie eine Kurzeinführung in HTML. Sie lernen, wie ein HTML-Dokument in der Grundstruktur aufgebaut ist. Weiterhin erfahren Sie, wie sich bestimmte Sonderzeichen kodieren lassen. Außerdem wird gezeigt, wie Sie mit Hilfe des Microsoft-Programms FrontPage Express eine neue HTML-Seite anlegen, die Eigenschaften für die Hintergrundfarbe und den Dokumenttitel setzen sowie das Ganze in eine Dokumentdatei speichern.

Am Schluss des Kapitels können Sie bereits eine einfache Webseite mit etwas Text erstellen und im Browser anzeigen. Details zu einzelnen Befehlen entnehmen Sie dann dem Referenzteil.

Vier Schritte zum HTML-Dokument

Zum Erstellen eines HTML-Dokuments benötigen Sie einen Editor. Dies kann im einfachsten Fall der Texteditor Ihres Betriebssystems sein. Besser geht es mit speziellen HTML-Editoren bzw. HTML-Werkzeugen, die teilweise als Aufsatz für Textverarbeitungsprogramme (z.B. Microsoft Internet Assistant für Microsoft Word) angeboten werden. Zusätzlich ist noch ein Browser zum Testen des fertigen Dokuments erforderlich.

Hinweis

Sofern Sie solche Werkzeuge benötigen, möchte ich auf die im Literaturverzeichnis unter /1/ aufgeführte CD verweisen. Hier finden Sie nicht nur Editoren und Browser, sondern auch zahlreiche Hinweise, Beispiele, Tipps und Tricks zu HTML. Auf die Verwendung eines Programms wie FrontPage wird an dieser Stelle verzichtet, da das Programm die internen Befehle des HTML-Dokuments nicht direkt offen legt.

Ein HTML-Dokument lässt sich mit folgenden Schritten erstellen:

- Starten Sie das Programm (bzw. den Editor) zum Schreiben des HTML-Dokuments und laden Sie eine Vorlage, die die HTML-Grundstruktur enthält. Diese Grundstruktur wird im folgenden Abschnitt vorgestellt.
- Legen Sie den Dokumenttitel und gegebenenfalls die Hintergrundfarbe bzw. das Hintergrundbild fest.
- Tragen Sie den Dokumenttext ein, formatieren diesen mit HTML-Befehlen und fügen Sie bei Bedarf Verweise und Bilder hinzu.
- Speichern Sie das Dokument als HTML-Datei und starten Sie den Browser, um sich das Ergebnis anzusehen (nur im Browser lässt sich das endgültige Layout beurteilen).

Sobald das Dokument Ihren Vorstellungen entspricht, können Sie es lokal auf Ihrem Rechner, in einem firmeninternen Intranet oder im Internet speichern. HTML-Dokumente werden mit Dateinamenerweiterungen wie *.HTM* oder *.HTML* abgespeichert. Es handelt sich um reine Textdateien, die alle HTML-Anweisungen als Text enthalten. In diesem Buch gehe ich davon aus, dass die HTML-Dateien auf der lokalen Festplatte gespeichert werden.

Hinweis

Was es beim Übertragen der HTML-Dokumente auf einen WWW-Server zu beachten gibt, hängt vom jeweiligen Service-Provider ab. Anbieter wie CompuServe, T-Online oder AOL stellen Assistenten zum Hochladen der Homepages zur Verfügung. Einige Anbieter freier Webseiten (freier Homepage-Space) bieten Webseiten, über die Sie die Dateien hochladen können (z.B. GeoCities etc.). Lesen Sie ggf. in den Anleitungen des Anbieters nach, wie Seiten auf den Server hochzuladen sind.

Die Grundstruktur einer HTML-Datei

HTML-Dateien bestehen aus reinem ASCII-Text, in dem HTML-Befehle, die so genannten Tags, enthalten sind. Alle HTML-Dokumente besitzen eine Grundstruktur, die durch die folgenden Zeilen beschrieben wird.

```
<html>
<head>
<title>    </title>
</head>
<body>
.....
</body>
</html>
```

Fachwort

Der Begriff *Tag* stammt aus dem englischen Sprachgebrauch und bezeichnet so etwas wie einen Kofferanhänger. Der Anhänger beschreibt den Besitzer oder den Inhalt des Koffers. In HTML werden die Befehle zum Auszeichnen des eigentlichen Dokumentinhalts auch Tags genannt. Ähnlich wie ein Anhänger beschreiben Sie den betreffenden Dokumentinhalt (bzw. wie dieser darzustellen ist). Ein Tag hat einen Namen wie <body>, <p> etc., der aus der englischen Sprache entlehnt ist und meist einen Hinweis auf die Funktion des Tags liefert. P steht für *Paragraph* und hat z.B. etwas mit Absätzen zu tun. Ein Tag kann zusätzliche Optionen aufweisen, die im Fachgebrauch als Attribute bezeichnet werden. Ein Attribut könnte beispielsweise die Farbe eines Textes festlegen.

Die Tags werden in spitze Klammern gesetzt und treten meist paarweise auf. Dabei leitet ein Tag eine Option ein und das zweite Tag schließt diese Option ab. Dieses abschließende Tag wird immer durch ein vorangestelltes Slash-Zeichen »/« markiert (z.B. </html>).

Die HTML-Grundstruktur besteht aus verschiedenen einleitenden und abschließenden Tags:

- Das gesamte Dokument wird durch die Tags <html> ... </html> eingefasst. Damit erkennt der Browser den Anfang und das Ende des HTML-Dokuments.
- <head> .. </head> markiert den Kopf des HTML-Dokuments, in dem sich der Dokumenttitel und Verwaltungsinformationen (z.B. ein Hinweis auf den Autor) unterbringen lassen.

> **Achtung**
>
> Gemäß den HTML-Spezifikationen muss nicht jedes Tag ein abschließendes Tag aufweisen (z.B. kann das <p>-Tag alleine stehen). Weiterhin ist es egal, ob Sie die Tag- und Attributnamen groß oder klein schreiben (z.B. <P>, <p>, <img SRC=Bild1.gif> sind zulässig). Die Beispiele in diesem Buch beziehen sich auf die entsprechenden HTML-Spezifikationen. Wenn Sie heute aber damit beginnen, neue HTML-Dokumente zu entwerfen, sollten Sie ein Augenmerk auf zukünftige Entwicklungen haben. Die im Januar 2000 erschienene Empfehlung des W3C für XHTML definiert die HTML-Syntax auf Basis von XML neu. XML besitzt aber strikte Regeln hinsichtlich der Dokumentstruktur und Schreibweise. In XHTML-konformen Dokumenten müssen alle Tags mit einem abschließenden Tag versehen oder als Leertags (z.B.
) geschrieben werden. Tag- und Attributnamen sind klein zu schreiben. Weiterhin müssen alle Attributwerte in Anführungszeichen stehen etc. Nähere Hinweise finden Sie im Abschnitt zu XHTML am Ende des Buches.

- Der eigentliche Inhalt des Dokuments wird durch <body> .. </body> eingerahmt. Dort finden Sie dann den Text und die Tags zur Formatierung des Dokuments.

Damit Sie diese Grundstruktur nicht jedes Mal neu eintippen müssen, lassen sich die oben gezeigten Anweisungen in Form einer Vorlage speichern. Für ein neues HTML-Dokument laden Sie diese Vorlage und ergänzen die benötigten Inhalte. Bei Bedarf können Sie auch eine komplette HTML-Seite mit Hintergrundfarben, Textschablonen etc. als Vorlage speichern.

Das erste HTML-Dokument

Haben Sie die obige Vorlage angelegt und in einen Editor geladen? Sobald die HTML-Grundstruktur vorhanden ist, können Sie mit der Erstellung der HTML-Seite (oder des HTML-Dokuments, falls es mehrere Seiten sind) beginnen.

Zuerst wird der Dokumenttitel festgelegt

Im ersten Schritt tragen Sie den Titel Ihres HTML-Dokuments im Kopfteil der HTML-Datei ein. Der betreffende Abschnitt wird durch die beiden Tags:

```
<title> ... </title>
```

markiert. Für den Titeltext *Unser erstes Beispiel* sieht der Kopfteil des HTML-Dokuments folgendermaßen aus:

```
<html><head><title>Unser erstes Beispiel</title></head>
```

Es ist dabei übrigens egal, ob die Tags (z.B. <title> ... </title>) in derselben oder verschiedenen Zeilen stehen. Sie sollten die Namen aber im Hinblick auf XHTML klein schreiben (obwohl dies den Browsern noch egal ist). Bei manuell erstellten HTML-Dateien empfiehlt sich aus Gründen der Übersichtlichkeit eine Aufteilung der Anweisungen auf mehrere Zeilen. Wenn Sie jetzt die Anweisungen in einer HTML-Datei unter neuem Namen speichern und in einen Browser laden, erscheint bereits der Titeltext in der Kopfzeile des Browsers (Bild 2.1). Auch wenn Ihnen die Titelzeile überflüssig vorkommt, sollten Sie den Text definieren, um ein korrektes HTML-Dokument zu erhalten.

Dann kommt der eigentliche Text

Nach diesen Vorbereitungen ist der eigentliche Text des HTML-Dokuments zwischen den <body> .. </body>-Tags einzutragen. Wechseln Sie in die Zeile hinter dem <body>-Tag und tippen Sie das folgende Beispiel samt der Leerzeilen ein:

```
<html>
<head>
<title>Unser erstes Beispiel</title>
</head>
<body>
<p>Dies ist unser erstes HTML-Dokument.
Dieses Dokument wurde mit einem einfachen Texteditor erstellt.</p>
<p>Das Dokument basiert auf der Vorlage VORLAGE0.HTM <br>
und besteht aus zwei Abschnitten. Im zweiten Abschnitt<br>
wird hinter einer Zeile ein manueller Zeilenwechsel <br>
```

```
eingeleitet.</p>
</body>
</html>
```

Anschließend prüfen Sie nochmals die obigen Anweisungen auf Korrektheit und speichern den Inhalt des Dokuments in einer neuen Datei (z.B. mit dem Namen *erste.htm*).

Achtung

Bei der Vergabe des Dateinamens müssen Sie sich an die Vorgaben des Betriebssystems halten. UNIX/Linux unterscheiden zum Beispiel Groß-/Kleinschreibung im Dateinamen und erlauben die Erweiterung .html. Lange Dateinamen werden auch in Microsoft Windows 95/NT sowie den Nachfolgern (Windows 98, Windows 2000) unterstützt. Beachten Sie aber bei der Wahl der Dateinamen, dass Benutzer vielleicht noch mit Windows 3.1 arbeiten. Die »uralten« 16-Bit-Browser (z.B. Netscape Navigator 2.0x) unterstützen keine langen Dateinamen und benötigen die Erweiterung .htm. Auch bei einigen Werkzeugen habe ich die Erfahrung gemacht, dass es Probleme bei langen Dateinamen geben kann. Gleiches gilt, falls Sie die HTML-Dokumente z.B. auf einer CD weitergeben möchten. Persönlich arbeite ich deshalb möglichst mit den alten 8.3-Namenskonventionen aus den DOS-Zeiten.

Und so sieht es der Browser

Einen Eindruck vom Layout des Dokuments erhalten Sie erst, wenn Sie die HTML-Datei in einem Browser laden. Das Ergebnis hängt vom verwendeten Browser ab. Die Anzeige des Netscape-Browsers sehen Sie in Bild 2.1.

In der Kopfzeile des Netscape Navigators erscheint der vorgegebene Titeltext *Unser erstes Beispiel*. Weiterhin wird der Text des Dokuments in Form zweier Absätze wiedergegeben. Beim Microsoft Internet Explorer sieht dies ähnlich aus (Bild 2.2). Aber irgendwie sieht der Text etwas anders aus, als die Zeilen des HTML-Codes vermuten lassen.

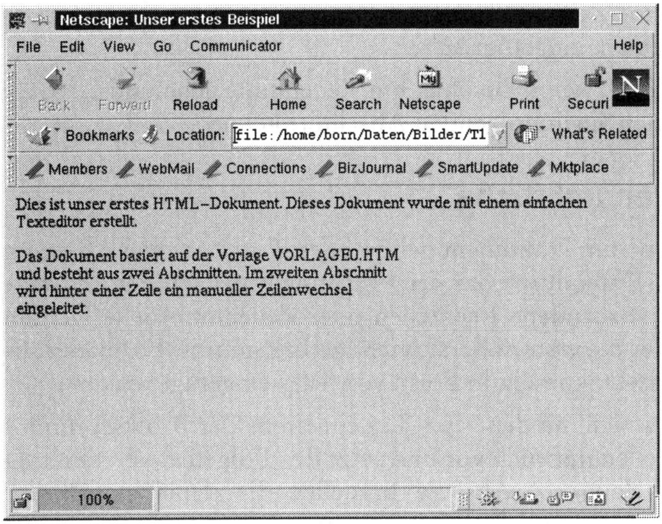

Bild 2.1: Beispielanzeige im Netscape Browser (unter Linux)

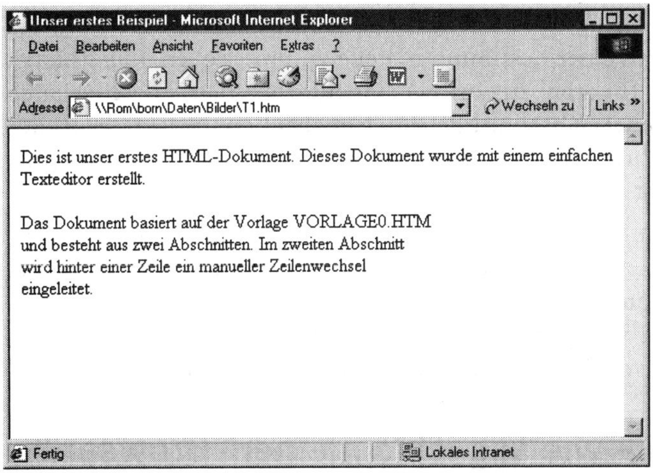

Bild 2.2: Beispielanzeige im Internet Explorer (unter Windows)

Und vor allem: Sobald Sie die Breite des Fensters verändern, passt der Browser die Zeilenlänge des Texts an. Allerdings bezieht sich diese Anpassung nur auf den ersten Absatz. Was ist hier passiert?

Kann der Browser keine Zeilenumbrüche durchführen, die wir beim Eingeben im HTML-Dokument eingefügt haben?

Gemach, gemach, HTML kennt Befehle, um Zeilenumbrüche und Absätze zu gestalten. Dies lernen Sie im folgenden Abschnitt kennen.

Absätze und Zeilenumbrüche

Der Browser zeigt den zum Dokument gehörenden Text mit zwei Absätzen an, die in der HTML-Datei durch das <p>-Tag eingeleitet wurden. Zusätzlich im HTML-Text vorhandene Leerzeilen oder Zeilenumbrüche werden dagegen ignoriert. Hier die erste äußerst wichtige Erkenntnis: Formatierungen müssen im HTML-Dokument in Form von Tags eingefügt werden.

- Absätze lassen sich mit dem <p>-Tag einleiten. Der Browser nimmt dann einen Zeilenumbruch vor und setzt den Folgetext von der vorhergehenden Zeile ab. Absätze brauchen Sie dabei gemäß der HTML-Spezifikation nicht mit dem </p>-Tag abzuschließen. Im Hinblick auf die Kompatibilität mit XHTML empfiehlt sich aber die Verwendung solcher </p>-Tags. Die meisten Werkzeuge setzen das Tag-Paar sowieso automatisch ein.
- Ist eine Zeile an einer bestimmten Stelle zu umbrechen, muss hierzu das
-Tag (br steht für break) eingefügt werden. Diese Technik wurde im zweiten Abschnitt des Dokuments benutzt, um die Zeilen gezielt zu umbrechen. Das
-Tag besitzt ebenfalls kein abschließendes Tag, ist in XHTML daher als <br /> anzugeben.

Der Browser passt die Zeilenlänge für den Absatztext automatisch an die Breite des Anzeigefensters an. Verändern Sie die Fensterbreite, wird der Text erneut umbrochen. Nur an den Stellen mit dem
-Tag tritt unabhängig von der Fensterbreite ein Zeilenumbruch auf. Daher ist die Zeilenlänge im zweiten Absatz von Bild 2.1 kürzer als die Fensterbreite.

Sonderzeichen – wie sag ich's meinem Browser?

Bedingt durch die historische Entwicklung sind nur die ersten 127 Zeichen des ASCII-Codes mit den Buchstaben »A«..»Z«, »a«..»z«, den Ziffern »0«..»9« und einigen Sonderzeichen wie Punkt, Komma, Bindestrich festgelegt. Länderspezifische Zeichen wie Umlaute oder andere Sonderzeichen werden betriebssystemspezifisch belegt (versuchen Sie einmal, einen DOS-

Text mit Umlauten unter Windows anzuzeigen). Daher kann es Probleme geben, wenn Sie unter Windows Umlaute in HTML-Dokumente einfügen und diese später auf dem Macintosh oder auf anderen Plattformen anzeigen möchten. Spitze Klammern im Text sind ebenfalls nicht zulässig, da diese Zeichen in HTML ja zum Markieren von Tags vorgesehen sind.

In HTML 2.0 wurde zur Kodierung dieser Zeichen eine besondere Lösung gewählt – die Zeichen werden entweder als Code (z.B. ö) oder als Name (z.B. ö) im Text angegeben. Der Ausdruck beginnt mit einem &-Zeichen und wird mit einem Semikolon abgeschlossen.

Fachwort

Ausdrücke wie ö werden gemäß der XML-Spezifikation manchmal auch als Entities (oder Entitäten) bezeichnet. Sie können sich solche Ausdrücke quasi als Namen oder Platzhalter vorstellen. Bei der Anzeige des Dokuments wird der Name dann durch einen Wert (hier durch den Zeichencode) ersetzt. Wenn der Begriff Entity zukünftig auftaucht, wissen Sie also, was gemeint ist.

Tabelle 2.1 enthält die Namen der wichtigsten Sonderzeichen.

Zeichen	Code	Zeichen	Code
Ä	Ä	ä	ä
Ö	Ö	ö	ö
Ü	Ü	ü	ü
ß	ß	"	" "
<	<	>	>
Bindestrich der Breite n	&endash;	Bindestrich der Breite m	&emdash;
Leerzeichen der Breite n		Leerzeichen der Breite m	
non breaking Space			

Tabelle 2.1: Kodierung der Sonderzeichen

Ein Text mit einigen Umlauten sieht in HTML dann folgendermaßen aus:

```
Im Moment des gr&ouml;&szlig;ten &Auml;rgers sprach eine Stimme zu mir:
    l&auml;chle und sei froh, es
k&ouml;nnte schlimmer kommen.
```

Hinweis

Leider unterstützt der Windows-Editor (und auch viele HTML-Editoren) keine direkte Eingabe von Umlauten in der obigen Form. Vielmehr müssen Sie die Zeichen entweder manuell kodieren oder über Menübefehle abrufen. Am einfachsten ist es daher, wenn Sie den Text wie gewohnt eingeben und in einem zweiten Schritt die Umlaute per Suchen-und-Ersetzen umwandeln. Bei Werkzeugen wie dem Microsoft Internet Assistant wird die Umwandlung von Sonderzeichen ebenfalls automatisch vorgenommen. In HTML 3.2 entfiel der Name `"` zur Darstellung von Anführungszeichen. Benötigen Sie Anführungszeichen in einem Text, lässt sich der Code `"` verwenden.

Dies ist zwar nicht sonderlich gut lesbar, aber der Browser kann etwas damit anfangen und setzt den Text korrekt um. Achten Sie besonders auf Groß-/Kleinschreibung. Der Großbuchstabe Ü wird mit Ü festgelegt, während für das kleine ü der Ausdruck ü steht. Bei Leerzeichen und Bindestrichen gibt es verschiedene Varianten, die sich an der Breite der Buchstaben m und n orientieren. Mehrere normale Leerzeichen werden vom Browser zu einem Wortzwischenraum zusammenfasst. Sie können aber das Zeichen   benutzen, um mehrere feste Leerzeichen anzugeben (funktioniert aber nicht bei allen Browsern korrekt).

Geht es auch etwas lesefreundlicher?

Die obige Lösung, Sonderzeichen durch Entities zu definieren, ist recht untransparent und für den Autor eines Webdokuments alles andere als benutzerfreundlich. Daher gleich die Frage: Geht es nicht irgendwie einfacher? Vielleicht ein Test:

1. Rufen Sie versuchsweise den Windows-Editor oder einen anderen Editor auf.

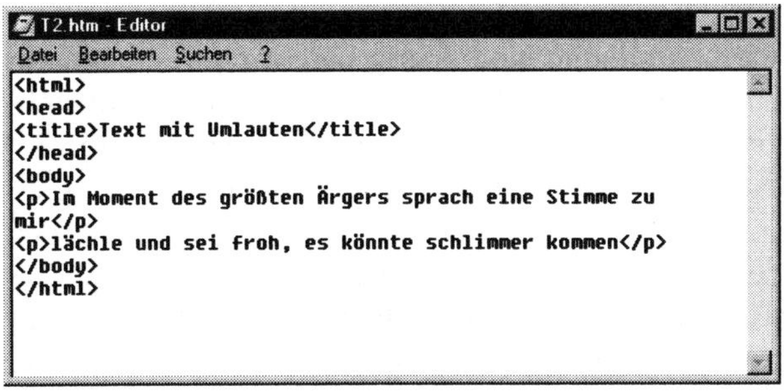

Bild 2.3: HTML-Dokument im Windows-Editor

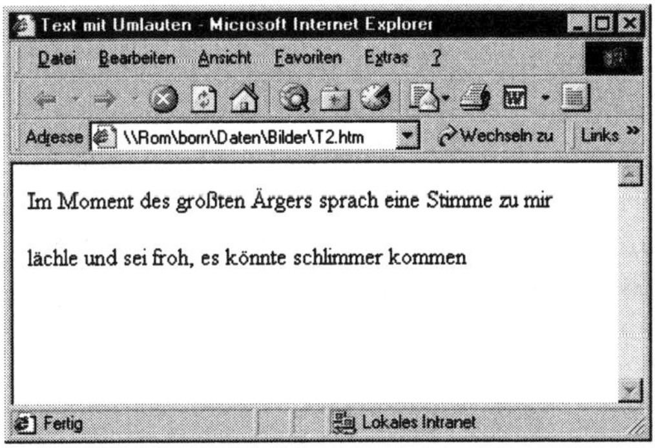

Bild 2.4: Beispielanzeige mit Umlauten im Internet Explorer (unter Windows)

2. Tippen Sie die oben gezeigte HTML-Grundstruktur ein.
3. Ergänzen Sie im <body>-Bereich den Dokumenttext, geben aber dabei Wörter mit Umlauten ein (Bild 2.3).
4. Speichern Sie das Ergebnis in eine HTML-Datei. Beim Windows-Editor müssen Sie darauf achten, den Dateityp *Alle Dateien (*.*)* zu verwenden, um die Dateinamenerweiterung *.htm* beizubehalten.
5. Rufen Sie anschließend die HTML-Dokumentdatei in einem Browser (z.B. im Microsoft Internet Explorer) auf.

Vermutlich sind Sie überrascht, denn das Dokument wird in der erwarteten Form angezeigt und die Umlaute erscheinen (Bild 2.4). Warum dann der obige »Krampf« mit den Umlauten in Form von Entitäten?

Nun, ursprünglich war HTML 2.0 auf die Verwendung des ANSI-Zeichensatzes ausgelegt. Um die unterschiedliche Kodierung von Sonderzeichen aus verschiedenen Sprachen auf verschiedenen Betriebssystemen zu berücksichtigen, sah die Spezifikation vor, alle Sonderzeichen (mit Codes oberhalb 127) als Entitäten zu kodieren. Solange Sie die HTML-Dokumente auf der gleichen Plattform abrufen, auf der die Dokumente erstellt wurden, werden auch direkt kodierte Sonderzeichen korrekt dargestellt. Probleme gibt es aber, wenn Sie beispielsweise Umlaute unter MS-DOS in einem Editor eintippen, in einer HTML-Datei speichern und dann das Ganze unter Windows im Browser abrufen. Ähnlich verhält es sich, wenn das Dokument eventuell später auf einer gänzlich anderen Rechnerplattform angezeigt wird.

> **Fachwort**
>
> ➚ ANSI steht für American National Standardisation Institute und stellt eine Art Normenbehörde für die USA dar. Im Gegenzug gibt es noch ISO, was für International Standardisation Organisation steht. Die ANSI-Norm für Zeichensätze beschreibt die Kodierung von bestimmten Zeichen. Mittlerweile wurde diese ANSI-Norm in erweiterte ISO-Normen für die Zeichenkodierung übernommen (siehe auch weiter unten).

Gehen wir jetzt noch einen Schritt weiter: Osteuropäische Sprachen, Kyrillisch, Hebräisch, Arabisch und die asiatischen Sprachen verwenden eigene Schriftzeichen, die sich kaum noch auf die obige Weise abbilden lassen. Den Ausweg aus diesem Dilemma weist HTML 4.0. Dieser Standard sieht vor, dass alle Zeichen des Dokuments im so genannten Unicode-Standard gespeichert werden. Dieser Unicode-Standard erlaubt Zeichen verschiedener Sprachen abzubilden. Hierbei werden die Zeichen der einzelnen Sprachen in eigenen Seiten definiert. Der Autor eines Dokuments braucht dann nur noch anzugeben, in welchem Unicode-Standard er die Zeichen kodiert hat. Dann kann der Browser diese Information auslesen und die entsprechenden Codeseiten mit den Zeichen abrufen.

Die Festlegung, welcher Zeichensatz bei der Kodierung des Dokuments verwendet wurde, erfolgt über so genannte Meta-Tags. Dies sind Tags, die mit dem Schlüsselwort *meta* beginnen und im <head> ...<head>-Bereich des HTML-Dokuments hinterlegt werden. Das Meta-Tag zur Definition der Zeichenkodierung sieht dann folgendermaßen aus:

```
<meta http-equiv="Content-Type"
content="text/html; charset=iso-8859-1">
```

Das Meta-Tag wird wie andere Tags auch in spitze Klammern gesetzt. Innerhalb des Tags werden dann verschiedene Attribute verwendet. Das Attribut *http-equiv* legt den Wert »Content-Type« fest. Daran erkennt der Browser, dass das Meta-Tag etwas über den Typ des Dokuments aussagt. Das Attribut *content* besitzt hier den Wert »text/html; charset=iso-8859-1«. Dieser Wert trägt zwei Informationen: Einmal besagt *text/html*, dass es sich um ein Textdokument im HTML-Format handelt. Diese Information ist für die Festlegung der Anwendung wichtig, die das Dokument bearbeiten soll. Im zweiten Teil steckt die Information, dass der Text mit dem ISO-Zeichencode *charset=iso-8859-1* verfasst wurde. Es handelt sich dabei um den ISO-Latin-1-Zeichencode, der die Zeichen der meisten westeuropäischen Sprachen festschreibt.

Bild 2.5: HTML-Code mit Meta-Tag

In Bild 2.5 sehen Sie eine leere HTML-Struktur, in der aber bereits das Meta-Tag zur Dokumentkodierung eingefügt wurde. Das Bild zeigt dabei die Codeansicht des Programms FrontPage Express.

Wenn Sie also mit Werkzeugen wie FrontPage, FrontPage Express etc. arbeiten, werden Sie feststellen, dass die Programme auf die individuelle Kodierung der Zeichen verzichten und statt dessen das obige Meta-Tag einsetzen. Diese Technik können Sie sich natürlich auch zunutze machen, wenn Sie HTML-Seiten direkt in einem Editor eintippen.

> **Hinweis**
>
> An dieser Stelle sei allerdings der Hinweis gegeben, dass ältere Browser dieses Meta-Tag nicht auswerten und ggf. eine falsche Zeichenkodierung verwenden. Bei neueren Browsern wie dem Microsoft Internet Explorer, dem Netscape Navigator oder der Linux-Benutzeroberfläche KDE können Sie die zu verwendende Zeichenkodierung vorgeben bzw. umschalten. Aus diesem Grund steht mittlerweile aus Sicht des Autors der Verwendung des Meta-Tags zur Zeichenkodierung nichts mehr im Wege.

Dokumententwurf mit FrontPage

Nachdem Sie im vorhergehenden Abschnitt erfahren haben, wie ein HTML-Dokument quasi mit Bordmitteln – sprich mit einem Windows-Editor – erstellt wird, möchte ich Ihnen eine komfortablere Variante nicht vorenthalten. Gleichzeitig lernen Sie noch einige Spezialitäten kennen.

Vermutlich werden die meisten HTML-Autoren direkt Werkzeuge verwenden, die nicht auf Tag-Ebene, sondern in der Layout-Ansicht arbeiten. Dies macht das Entwerfen des Dokuments einfach etwas leichter (auch wenn ich als Autor häufiger zum Testen bzw. zur Feinabstimmung das Dokument in einen Texteditor lade).

Unter Windows ist das Programm FrontPage eines der populärsten Werkzeuge zum Erstellen von Webseiten. FrontPage Express ist der in Windows 98 enthaltene Editor zum Erstellen und Bearbeiten von Webseiten, der die Möglichkeiten von HTML erschließt. Es handelt sich dabei um eine im Funktionsumfang reduzierte Fassung einer älteren FrontPage-Version. Sie arbeiten unter FrontPage direkt in einer WYSIWYG-Ansicht und brauchen sich primär nicht um die HTML-Befehle zu kümmern. Das Werkzeug verfügt über vielfältige Funktionen, um die Formatierung der Webseite zu gestalten. Das Layout des Dokuments wird dabei so angezeigt, wie es nach Fertigstellung der Webseite aussieht.

Da FrontPage Express mit Windows 98 (und einigen Versionen des Internet Explorers) ausgeliefert wird, soll dieses Programm zur Erstellung eines neuen Dokuments benutzt werden. Falls Sie mit der zweiten Ausgabe von Windows 98 oder Windows 2000 arbeiten, ist FrontPage Express leider nicht mehr im Lieferumfang enthalten. Das Programm lässt sich aber als Windows-Upgrade aus dem Internet kostenlos nachladen und installieren.

Fachwort

➚ WYSIWYG ist die Abkürzung für What You See Is What You Get. Die Entwickler haben den Sachverhalt treffend umschrieben: Sie sehen direkt das Ergebnis, welches Sie später auch in der Dokumentanzeige erhalten.

Eine neue Webseite erstellen

Und hier sind die Schritte, um in FrontPage Express ein neues Dokument zu erstellen.

1. Starten Sie FrontPage Express (z.B. über das Startmenü PROGRAMME/INTERNET EXPLORER/FRONTPAGE EXPRESS).
2. Das Programm erzeugt automatisch eine neue Seite (die bereits die HTML-Struktur enthält). Falls Sie eine neue Seite benötigen, können Sie diese unter FrontPage Express jederzeit über die Schaltfläche NEU abrufen (siehe auch weiter unten).

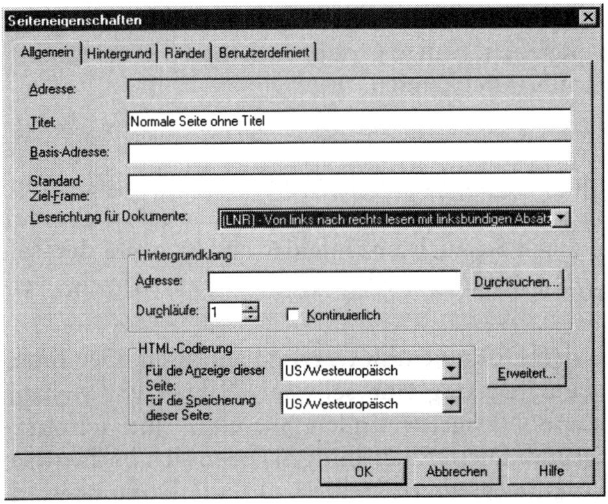

Bild 2.6: Festlegen der Seiteneigenschaften in FrontPage Express

Anschließend können Sie den Dokumenttitel und die Seiteneigenschaften (Hintergrundfarbe etc.) festlegen. Um den Dokumenttitel und die allgemeinen Eigenschaften der Seite festzulegen, sind folgende Schritte auszuführen:

1. Wählen Sie im Menü FORMAT den Befehl HINTERGRUND. FrontPage Express öffnet jetzt das Eigenschaftenfenster SEITENEIGENSCHAFTEN.
2. Wählen Sie die Registerkarte ALLGEMEIN (Bild 2.6) und setzen Sie die gewünschten Optionen.

Sobald Sie die Registerkarte über die OK-Schaltfläche schließen, werden die Einstellungen übernommen.

> **Hinweis**
>
> Weitere Felder erlauben Ihnen Hintergrundklänge, Basis-Adressen oder Frames anzugeben. Die Leserichtung für die Dokumentwiedergabe können Sie auf der Vorgabe LNR belassen, da dies der üblichen Wiedergabe entspricht. Hier greift FrontPage Express auf die HTML 4.0- Spezifikation zu, die eine Wiedergabe von rechts nach links (z.B. bei arabischer Schrift) zulässt. Allerdings unterstützen ältere Browser diese Art der Wiedergabe nicht. An dieser Stelle möchte ich auf solche Spezialitäten und Zusatzoptionen nicht weiter eingehen. Einige Optionen lernen Sie noch im Rahmen der laufenden Kapitel kennen.

Im Feld SEITENTITEL können Sie direkt den Text für den Seitentitel eintippen. FrontPage Express fügt diesen Text in ein <title> ...</title>-Tag ein. Auf der betreffenden Seite sehen Sie auch Listenfelder zur Auswahl der Zeichensätze, die zur Speicherung der Dokumentdaten sowie zur Anzeige verwendet werden.

Optional können Sie noch den Dokumenthintergrund anpassen. Der Internet Explorer verwendet standardmäßig eine schwarze Schrift vor weißem Hintergrund. Beim Netscape Navigator finden Sie u.U. eine schwarze Schrift vor grauem Hintergrund. Diese Einstellungen lassen sich im Browser ändern bzw. im HTML-Dokument überschreiben. Um die Dokumenthintergrundfarbe im Dokument festzulegen, gehen Sie folgendermaßen vor:

1. Wählen Sie die Registerkarte HINTERGRUND im Eigenschaftenfenster SEITENEIGENSCHAFTEN (Bild 2.7).

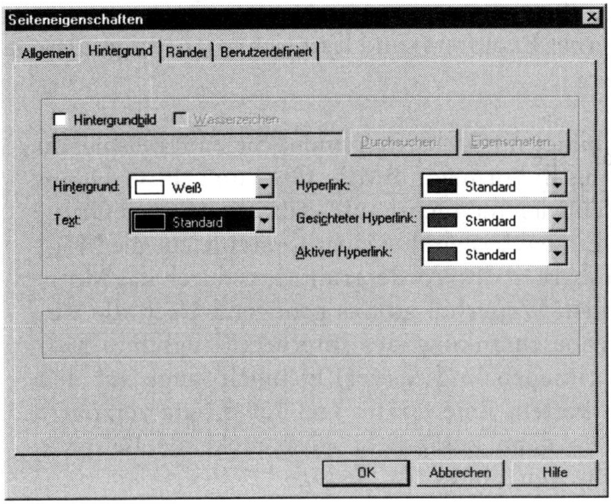

Bild 2.7: Registerkarte HINTERGRUND *in FrontPage Express*

2. Setzen Sie wahlweise die Vorgaben für HINTERGRUND, TEXT, HYPERLINK, GESICHTETER HYPERLINK und AKTIVER HYPERLINK auf die gewünschten Werte um. Die Farben lassen sich direkt über die Listenfelder abrufen.
3. Um ein Hintergrundbild zu verwenden, markieren Sie das Kontrollkästchen HINTERGRUNDBILD. Tragen Sie den Pfad zur Hintergrunddatei im zugehörigen Feld ein. Bei Bedarf können Sie die Schaltfläche DURCHSUCHEN anwählen und den Pfad interaktiv in einem Ordnerfenster abrufen.

Schließen Sie das Eigenschaftenfenster über die OK-Schaltfläche. FrontPage Express übernimmt die Einstellungen direkt im aktuellen Dokument und zeigt diese an.

Verwenden Sie nach Möglichkeit die Standardfarben, da die Vorgaben bezüglich der Farben in FrontPage Express keine besonders kontrastreichen Seiten ergeben. Optional besteht die Möglichkeit, als Farbe den Eintrag BENUTZERDEFINIERT im betreffenden Listenfeld zu wählen. FrontPage Express öffnet dann das Windows-Dialogfeld FARBEN zur Auswahl der Farbe. Dann haben Sie die Möglichkeit, eine Mischfarbe (z.B. ein sehr helles Gelb, ein helles Blau, ein helles Rot, ein helles Grün etc.) als Hintergrund zu wählen. Diese Farben lassen schwarze Texte in der Regel gut hervortreten. Die

Seite zeigt dann nicht mehr das Einheitsgrau (des Netscape Navigators) oder das Einheitsweiß (des Internet Explorers) und lässt sich trotzdem gut lesen.

> **Hinweis**
>
> Hintergrundbilder für Webseiten finden Sie zum Beispiel im Windows-Verzeichnis in Form von BMP-, GIF- und JPEG-Dateien. Auch hier empfehle ich möglichst auf Grafiken aus zwei Gründen zu verzichten: Einmal besteht bei einer Grafik leicht die Möglichkeit, dass die Lesbarkeit des Vordergrundtexts durch das Motiv im Hintergrund leidet. Weiterhin gibt es genügend User, die wegen der Bandbreitenbeschränkung des Internets (langsames Modem, überlastete Leitungen und Server) ziemlich lange auf den Aufbau einer Seite warten. Eine Grafik von 100 Kbyte verzögert das Laden der Seiten dann zusätzlich. Abschreckende Beispiele entsprechender Webseiten gibt es zur Genüge.

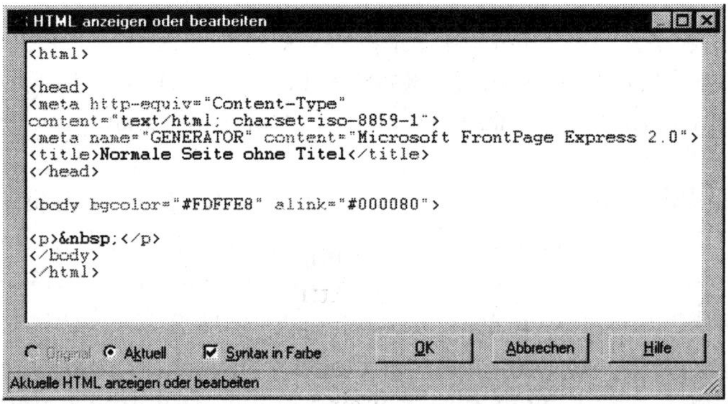

Bild 2.8: Anzeige des HTML-Codes in FrontPage Express

Interessant ist vielleicht noch die Frage, was FrontPage Express aus den Vorgaben macht, sobald Sie die Registerkarte über die OK-Schaltfläche schließen. Sie können sich den HTML-Code in FrontPage Express direkt über den Befehl HTML im Menü ANSICHT ansehen. Bild 2.8 zeigt die entsprechenden HTML-Anweisungen. Gegenüber den obigen Ausführungen hat sich nicht allzu viel geändert. Die HTML-Struktur eines leeren Dokuments kennen Sie ja bereits, und auf das *Meta*-Tag bin ich auch schon eingegangen.

FrontPage fügt übrigens ein zweites Meta-Tag mit den Attributen *name="Generator"* und *content="Microsoft FrontPage Express 2.0"* ein. Dieses Meta-Tag ist zur Anzeige im Browser belanglos, FrontPage Express (und andere Werkzeuge) können aber ggf. erkennen, welches Programm die Datei erzeugt hat.

> **Hinweis**
> Meta-Tags dienen im Wesentlichen dazu, Informationen abzulegen, die nicht unbedingt im Zusammenhang mit der Darstellung des Dokumentinhalts benötigt werden. Auch die Festlegung der Zeichenkodierung im Meta-Tag hat eigentlich nichts damit zu tun, wie das Dokument dargestellt wird (z.B. ob ein Text als eine Überschrift erscheint oder nicht).

Die eigentliche Neuerung steckt in der Zeile:

```
<body bgcolor="#xxxxxx" alink="#xxxxxx">
```

Zum <body>-Tag wurde offenbar noch etwas hinzugefügt. Die Namen wie *bgcolor* oder *alink* stellen so genannte Attribute dar. Diese Attribute sind quasi Optionen, die Werte legen bestimmte Einstellungen fest. Das Attribut *bgcolor* bestimmt dabei die Hintergrundfarbe der Seite (bg steht für background). Das Attribut *alink* legt die Farbe für einen aktiven Hyperlink fest.

Immer wenn ein Attribut angegeben wird, übernimmt der Browser später bei der Anzeige den betreffenden Wert. Fehlt das Attribut dagegen, verwendet der Browser den Standardwert. Farbwerte werden dabei entweder über einen Farbnamen wie »silver« oder über einen Farbwert wie »#0000ff« als Mischfarbe angegeben. Ein Farbwert stellt dabei eine Zahl im Hexadezimalzahlensystem dar. Die Farbe wird dabei durch Mischen der Grundfarben Rot, Grün und Blau erzeugt. Der Farbwert wird mit dem Zeichen # eingeleitet und besteht aus sechs Hexadezimalziffern (Ziffern 0 bis 9 und a bis f). Jeweils zwei Ziffern legen dabei den Farbanteil der Grundfarben Rot, Grün und Blau fest. Ein Wert 00 besagt, dass die Grundfarbe in der Mischfarbe nicht enthalten ist. Der Wert ff besagt, dass 255 Farbanteile der Grundfarbe zu verwenden sind. Der Wert #0000ff erzeugt daher ein sattes Blau.

Hinweis

Im Anhang finden Sie Tabellen mit den Farbnamen, die von den Browsern, die HTML 3.2-konform sind, unterstützt werden.

So speichern Sie das HTML-Dokument

Zum Sichern des erstellten Dokuments reicht ein Mausklick auf die Schaltfläche SPEICHERN des FrontPage Express-Fensters. FrontPage Express öffnet das in Bild 2.9 (links oben) gezeigte Dialogfeld. Das Programm besitzt die Möglichkeit, die Webseite lokal als Datei oder auf einem Webserver abzulegen.

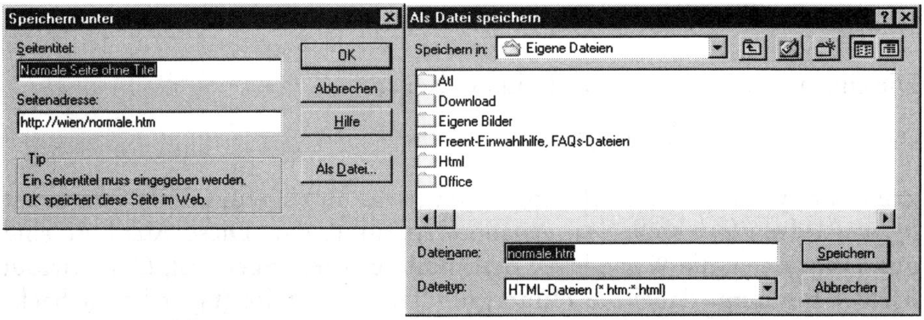

Bild 2.9: Dialoge zum Speichern einer Seite in FrontPage Express

Standardmäßig erwartet FrontPage Express, dass Sie das Dokument auf einem Webserver veröffentlichen. Deshalb wird eine Webadresse als Ziel angefordert.

1. Geben Sie den Seitentitel im gleichnamigen Feld ein.
2. Tragen Sie Seitenadresse, unter der das Dokument zu speichern ist, im entsprechenden Dialogfeld ein. Diese Adresse besteht aus dem Servernamen, ggf. Unterverzeichnissen und dem Dateinamen.
3. Klicken Sie auf die OK-Schaltfläche.

FrontPage versucht die Seite unter der betreffenden Adresse abzulegen.

- Handelt es sich um die Adresse eines lokalen Intranet-Servers, legt FrontPage Express die Daten direkt im Verzeichnis des Servers ab.

- Bei Webadressen im Internet startet FrontPage Express den Web-Publishing- Assistenten, der Sie interaktiv durch die einzelnen Schritte zur Veröffentlichung führt.

Um ein HTML-Dokument lediglich als lokale Datei sichern, gehen Sie folgendermaßen vor:

1. Klicken Sie auf die Schaltfläche ALS DATEI. FrontPage Express öffnet ein Dialogfeld ALS DATEI SPEICHERN (Bild 2.9, rechts unten).
2. Wählen Sie das Laufwerk, den Ordner und den Dateinamen. Beim Dateinamen sollten Sie direkt die Dateinamenerweiterung *.HTML* oder *.HTM* angeben.
3. Schließen Sie das Dialogfeld über die Schaltfläche SPEICHERN.

FrontPage Express erzeugt eine lokale HTML-Datei, die Sie bearbeiten oder später auf einem Webserver publizieren können.

> **Hinweis**
>
> Sind in das Dokument Grafiken oder Objekte eingebunden, erscheint beim Speichern des Dokuments unter Umständen ein weiteres Dialogfeld, in dem FrontPage Express fragt, ob die Dateien dieser Objekte mit im Zielverzeichnis zu speichern sind. Bei lokalen Webdokumenten beantworten Sie diese Frage mit JA, es sein denn, die Dateien liegen bereits in einem Unterverzeichnis des Zielordners. Befindet sich die Objektdatei im Web, klicken Sie auf die NEIN-Schaltfläche.

Nach dem Speichern des Dokuments sollten Sie dieses im Internet Explorer abrufen, um das Layout sowie die Verfügbarkeit aller Dateien zu überprüfen. Bei einer lokalen HTML-Datei reicht es, diese im Windows Explorer per Doppelklick anzuwählen. Bei Webdokumenten rufen Sie den Internet Explorer auf und geben die URL der Webseite ein.

Neue Seiten in FrontPage Express anlegen

Bei der Anwahl der Schaltfläche NEU im FrontPage Express-Fenster, legt FrontPage Express automatisch eine leere Seite an. Das Programm erlaubt Ihnen jedoch, auf Dokumentvorlagen und Assistenten zur Gestaltung neuer Seiten zurückzugreifen. Dann können Sie bei Bedarf eine Reihe vorgestalteter Seiten erzeugen, die Sie nur noch ausfüllen müssen.

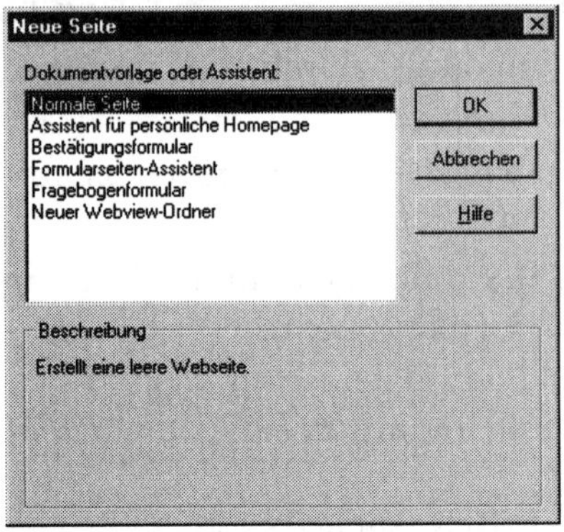

Bild 2.10: Dialog zum Erzeugen neuer Seiten (FrontPage Express)

1. Öffnen Sie das Menü DATEI, und wählen Sie den Befehl NEU.
2. FrontPage Express öffnet das Dialogfeld NEUE SEITE, in dem Sie den gewünschten Assistenten oder die gewünschte Vorlage wählen (Bild 2.10).
3. Schließen Sie das Dialogfeld über die OK-Schaltfläche.

Haben Sie eine Vorlagedatei gewählt, wird die betreffende Dokumentvorlage in FrontPage Express geladen, und Sie können mit der Bearbeitung der neuen Seite beginnen.

Bei Auswahl eines Assistenten wird dieser gestartet. Der Assistent führt Sie durch die Schritte zur Gestaltung der jeweiligen Seiten und legt anschließend das oder die Dokumente in FrontPage Express an.

FrontPage Express wird mit einigen Dokumentvorlagen ausgeliefert. Sie haben aber die Möglichkeit, eigene Vorlagen zu definieren. Die Vorlagedateien befinden sich jeweils in einem separaten Ordner im Verzeichnis \PROGRAMME\FRONTPAGE EXPRESS\PAGES. Das betreffende Verzeichnis enthält eine HTML-Datei als Vorlage sowie eine INF-Datei mit Anzeigetexten des Dialogfelds NEUE SEITE. Hinweise zur Gestaltung dieser Dateien finden Sie in den bereits installierten Vorlagedateien dieser Ordner.

Kommentare im Dokument

Kommentare werden in HTML-Dokumenten durch das Zeichen <!-- eingeleitet und sind durch --> abzuschließen. Dies sieht dann folgendermaßen aus:

Hinweis

Es führt über den Rahmen dieses Buches hinaus, auf die Feinheiten beim Anlegen von Webdokumenten in FrontPage Express einzugehen. Hinweise zum Einfügen bestimmter Elemente in HTML-Dokumente mit FrontPage Express finden Sie auf den folgenden Seiten dieses Buchs.

```
<!-- Kommentartext -->
```

Ein Kommentar darf dabei auch über mehrere Zeilen reichen:

```
<!--
Kommentartext
-->
```

Einige Werkzeuge fügen solche Kommentare im HTML-Code ein. Sie können diese Funktion aber auch in manuell erstellten HTML-Dokumenten nutzen, um die Lesbarkeit des Codes zu erhöhen.

Hinweis

Kommentare dienen bei einigen Browsern dazu, bestimmte Zusatzinformationen im HTML-Dokument unterzubringen. Zum Beispiel werden JavaScript- und VBScript-Anweisungen durch Kommentare geklammert, damit Browser, die kein JavaScript/VB-Script erkennen, diese Befehle überlesen. Hier gelten jedoch besondere Regeln bezüglich der Kommentarzeichen (siehe <script>-Tag in der Referenz). Eine Kommentierung wird auch zur Definitionen von Style Sheets verwendet.

Das <!DOCTYPE ..>-Strukturelement

Abschließend möchte ich noch auf eine Besonderheit eingehen, die sich in einigen HTML-Dokumenten findet. Ab HTML 2.0 (RFC1866) soll ein HTML-Dokument mit einer Zeile der Form

```
<!DOCTYPE HTML PUBLIC "-//IETF//DTD .....//EN">
```

eingeleitet werden. Diese Zeile dient dem lesenden Werkzeug als Hinweis, welche HTML-Tags benutzt werden. Die HTML-Version wird hinter den Zeichen DTD angeben. Für die verschiedenen Versionen von HTML gibt es unterschiedliche DTDs. Für HTML 2.0 können Sie optional die Anweisung

```
<!DOCTYPE HTML PUBLIC "-//IETF//DTD HTML 2.0//EN//">
```

in das Dokument aufnehmen. HTML 3.2-konforme Dokumente müssen jedoch mit der Zeile

```
<!DOCTYPE HTML PUBLIC "-//W3C//DTD HTML 3.2 Final//EN//">
```

beginnen. Bei HTML 4.0 ist eine entsprechend angepasste Variante als

```
<!DOCTYPE HTML PUBLIC "-//W3C//DTD HTML 4.0 Final//EN//">
```

vorzusehen. Falls Sie sogar HTML-Dokumente schreiben, die mit der Empfehlung XHTML 1.0 konform sind, müssen Sie eine der folgenden Anweisungen verwenden:

```
<!DOCTYPE html
     PUBLIC "-//W3C//DTD XHTML 1.0 Strict//EN"
     "DTD/xhtml1-strict.dtd">
<!DOCTYPE html
     PUBLIC "-//W3C//DTD XHTML 1.0 Transitional//EN"
     "DTD/xhtml1-transitional.dtd">
<!DOCTYPE html
     PUBLIC "-//W3C//DTD XHTML 1.0 Frameset//EN"
     "DTD/xhtml1-frameset.dtd">
```

In diesem Fall ist das Dokument jedoch mit der Definition für XML-Dokumente

```
<?xml version="1.0" encoding="UTF-8"?>
```

einzuleiten. Details zu diesem Thema finden Sie in der XHTML-Spezifikation, die sich von der Webseite *www.w3c.org* abrufen lässt.

Spezifische Varianten wie Dokumente mit Netscape-Erweiterungen können mit

```
<!DOCTYPE HTML PUBLIC "-//Netscape Comm. Corp.//DTD HTML//EN">
```

ausgezeichnet werden. Es existieren weitere Bezeichner für HTML-Dokumente, auf die ich an dieser Stelle jedoch nicht weiter eingehe, da viele Browser diese Zeile noch nicht auswerten. Einzig die XML-Anweisung sowie XHTML dürften für zukünftige Browser-Generationen eine gewisse Bedeutung erhalten. Vorerst können Sie die betreffende Anweisung ignorieren, ohne Folgen befürchten zu müssen.

Kapitel 3
Dokumentgestaltung

Nachdem Sie im vorhergehenden Kapitel die ersten Schritte zum Erstellen eines HTML-Dokuments mit FrontPage bzw. per (HTML-)Editor als puren HTML-Code kennen gelernt haben, möchte ich in diesem Kapitel auf häufig benutzte Befehle (Zeichenformatierung, Absatzformate, Ausrichtung, Schriftgröße etc.) zur Gestaltung von Dokumenten eingehen. Sie lernen dabei sowohl, wie FrontPage Express die betreffenden Elemente einfügt, als auch, welcher HTML-Code dahinter steckt. Dies eröffnet Ihnen die Möglichkeit, die betreffenden Elemente auch mit einem beliebigen HTML-Editor im Dokument einzubauen.

Einfache Textformate verwenden

Sie haben bereits die Tags <p> und <br> kennen gelernt, um Texte in Absätze und Einzelzeilen umzubrechen. HTML erlaubt aber zusätzlich bestimmte Formatierungen wie fett, kursiv etc. zu verwenden. Die betreffenden Textstellen sind mit dem Tag zur Formatierung einzufassen. Nachfolgend lernen Sie, wie sich solche Formatierungen per FrontPage Express oder mit Tags vornehmen lassen.

Zeilenumbrüche/Absatzwechsel mit FrontPage Express

HTML-Dokumente besitzen keine festen Seitenabmessungen (Breite, Länge). Vielmehr legt der Browser bei der Anzeige die betreffenden Maße fest. Es nützt daher nichts, wenn Sie im HTML-Quellcode mit Zeilenumbrüchen arbeiten – der Browser ignoriert solche Zeilenumbrüche.

Im vorhergehenden Kapitel haben Sie gelernt, dass im HTML-Code die Tags <p> ... </p> zum Kennzeichnen eines Absatzes und das
-Tag zum Einleiten eines Zeilenumbruchs erforderlich sind.

In FrontPage Express (und auch in vielen anderen Werkzeugen) ist das Gestalten von Absätzen und Zeilenwechseln dagegen wesentlich einfacher:

- Drücken Sie am Ende eines Absatzes die Taste [↵], wird ein Absatzwechsel eingeleitet. FrontPage Express setzt dann den Absatzinhalt automatisch in ein <p> ... </p>-Tag-Paar ein.

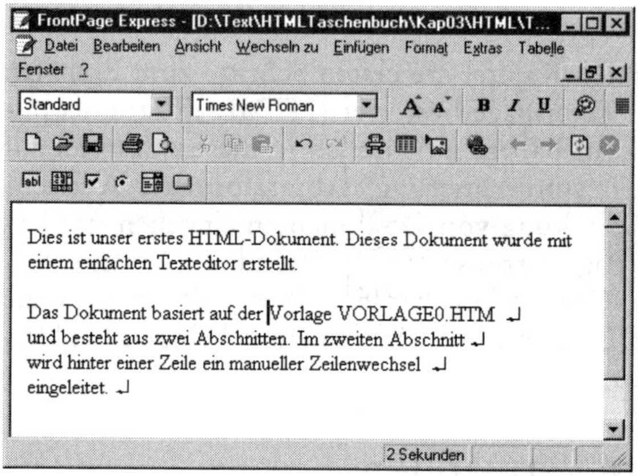

Bild 3.1: FrontPage Express mit Absatz- und Zeilenwechsel

- Möchten Sie dagegen nur einen Zeilenwechsel erzwingen, drücken Sie am Zeilenende die Tastenkombination [⇧] [↵]. Das Programm ergänzt die Zeile im HTML-Code mit dem
-Tag. Sie erkennen solche Zeilenwechsel übrigens im FrontPage Express-Dokumentbereich durch einen gewinkelten Pfeil am Zeilenende (Bild 3.1).

Auf diese Weise können Sie sehr einfach Ihre Dokumenttexte mit Absätzen oder Zeilenumbrüchen gestalten.

White Space – noch ein Problem

Und an dieser Stelle möchte ich noch auf ein Problem eingehen, mit dem der angehende HTML-Autor konfrontiert wird. In Textverarbeitungsprogrammen werden Einrückungen oder Abstände zwischen Wörtern häufig durch Einfügen mehrerer Leerzeichen oder per Tabulatorzeichen erzwungen.

In HTML-Dokumenten geht dies aber schief, da die HTML-Spezifikation mehrfach aufeinander folgende Leerzeichen oder auch einzelne Tabulatorzeichen als so genannte *White Space*-Zeichen behandelt.

Hinweis

Seien Sie aber mit Zeilenwechseln vorsichtig. Eine so »formatierte« Seite besitzt den Nachteil, dass der Browser jeden Absatzwechsel zwangsweise einleitet (was hier zwar gewollt ist, aber trotzdem Probleme bringen kann). Verkleinert der Benutzer die Breite des Browserfensters unter die Lauflänge einer solchen Zeile, entstehen hässliche Flatterränder am rechten Rand. Dieser Effekt wurde in Bild 3.2 provoziert, indem das Beispiel mit den Zeilenwechseln in einem Browser geladen wurde. Sobald das Dokumentfenster in der Breite verringert wird, passt der Browser die Laufweite der Zeilen an. Zeilen, die das
-Tag aufweisen, müssen aber zwangsweise umbrochen werden. Die bereits erwähnten Flatterränder mit verkürzten Folgezeilen werden sichtbar.

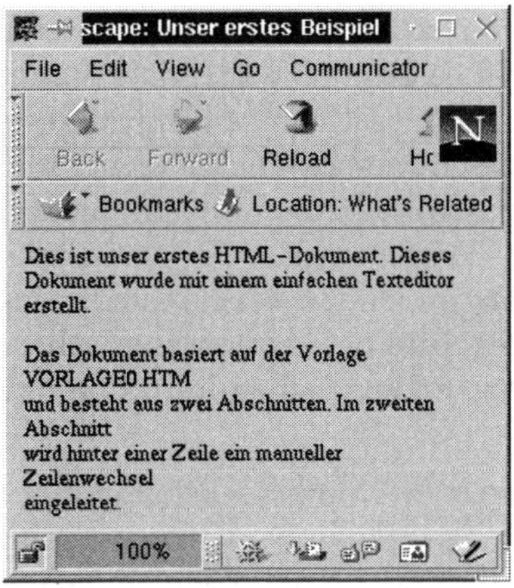

Bild 3.2: Anzeige eines Dokuments mit Zeilenwechseln im Browser (Netscape)

Versuchen Sie in einem HTML-Dokument per Editor Leerzeichen oder Tabulatoren einzufügen, wird der Editor diese Zeichen zwar anzeigen, im Browserfenster sehen Sie aber nichts mehr von diesen Zeichen. Eine Ausnahme bei Verwendung des <pre>-Tags lernen Sie später noch kennen.

Querverweis

→ In HTML und anderen Spezifikationssprachen wie XML werden bestimmte Zeichen festgelegt, die als so genannte White Space-Zeichen gelten. White Space ist der leere (weiße) Zwischenraum zwischen Wörtern in gedruckten Dokumenten. Fügen Sie mehrere Leerzeichen in einem Textprogramm im Dokument ein, wird ein großer weißer Leerraum auf dem Papier erscheinen. In HTML wollte man vermeiden, dass unbewusst vom Autor im HTML-Code eingefügte Leerzeichen bei der Dokumentanzeige plötzlich »weiße« Zwischenräume erzeugen. Daher muss das Programm, das ein HTML-Dokument anzeigt, solche White Space-Zeichen (z.B. mehrere aufeinander folgende Leerzeichen oder ein Tabulatorzeichen) herausfiltern.

In FrontPage Express verhindert das Programm sogar die Eingabe mehrerer Leerzeichen. Sobald zwei Wörter durch ein Leerzeichen getrennt wurden, verhindert das Programm, dass Sie ein weiteres Leerzeichen eintippen können. Sobald Sie die [Leer]-Taste drücken, passiert einfach nichts mehr. Wie kann man aber einige Leerzeichen im HTML-Dokument einfügen? In Bild 3.3 ist ein HTML-Dokument zu sehen. Das Fenster im Hintergrund (links oben) gehört zu FrontPage Express und zeigt im letzten Block eine eingerückte Zeile. Rechts unten ist die Anzeige im Internet Explorer zu sehen. Gibt es einen Trick, mit dem sich doch mehrere Leerzeichen in das Dokument einbringen lassen?

In FrontPage Express (und in vielen anderen WYSIWYG-Programmen) drücken Sie einfach die Tastenkombination [Strg] [⇧] [Leer], um mehrere Leerzeichen einzufügen. FrontPage Express rückt dann den rechts daneben stehenden Text entsprechend ein.

Interessant ist dabei, welcher Code mit der obigen Tastenkombination erzeugt wird. In Kapitel 2 wurde ausgeführt, dass bestimmte Zeichen in HTML als Entitäten vereinbart sind. Dort wurde auch die Entität * * als Ersatz für ein Leerzeichen aufgeführt. Und genau diese Entität finden Sie, wenn Sie den HTML-Code des Beispiels ansehen:

```
<p>Das Dokument basiert auf der
Vorlage VORLAGE0.HTM <br>
und besteht aus zwei Abschnitten. Im zweiten Abschnitt<br>
```

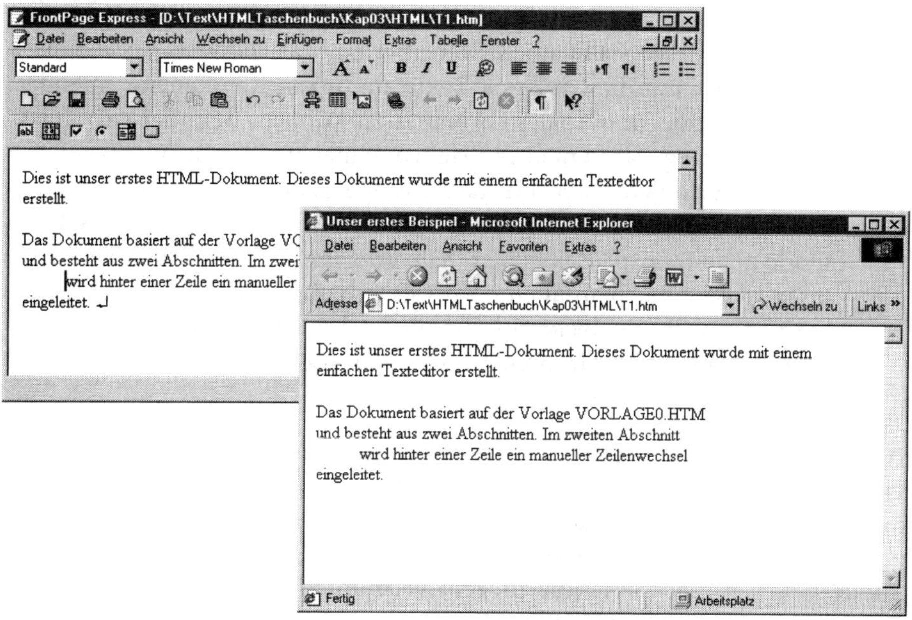

Bild 3.3: Anzeige eines Dokuments mit Leerzeichen in FrontPage Express (links oben) und im Internet Explorer (rechts unten)

```
       
   wird hinter einer Zeile
ein manueller Zeilenwechsel <br>
eingeleitet.<br>
</p>
```

In der fünften Zeile sehen Sie die betreffenden Entitäten. Wenn Sie zukünftig also einmal zwei Leerzeichen im HTML-Dokument benötigen, fügen Sie * *-Entitäten ein. Tabulatorzeichen sind in HTML überhaupt nicht vorgesehen.

Texte kursiv/fett etc. auszeichnen

Möchten Sie ein Wort oder einen ganzen Textabschnitt fett formatieren? Oder soll ein Wort kursiv hervorgehoben werden? In manchen Textdokumenten sieht man häufiger unterstrichene Wörter. Geht das auch in HTML?

Achtung

An dieser Stelle möchte ich aber eine Warnung aussprechen. Wer glaubt, mit diesem Trick Texte am linken Rand entsprechend einrücken oder mit Spalten arbeiten zu können, befindet sich auf dem Holzweg. Nach meiner Erfahrung macht jeder Browser etwas anderes aus den -Entitäten. Eingerückt wird der Text zwar, aber die Breite der Einrückung variiert. Obwohl obiger HTML-Code zehn -Zeichen enthält, entspricht die Einrückung nur etwa sieben Zeichen. Wenn Sie mit Einzügen arbeiten möchten, verwenden Sie die Tags für Einzüge oder arbeiten mit Tabellen. Beide Techniken werden im Rahmen dieses Buches noch behandelt.

Als Einsteiger in die Gestaltung von HTML-Dokumenten werden Sie sich vielleicht diese Fragen schon einmal gestellt haben. Oder Sie haben einfach die betreffenden Funktionen im Layoutprogramm wie FrontPage Express genutzt, ohne sich viele Gedanken darüber zu machen. Dann sollten Sie zumindest diesen Abschnitt überfliegen, vermutlich werden Sie noch einige Hinweise und Tipps finden.

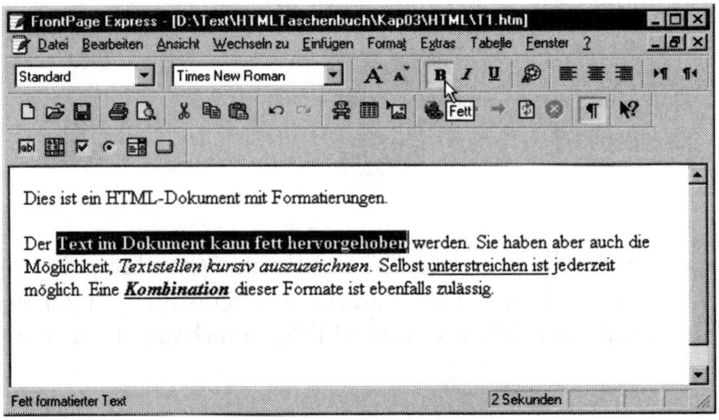

Bild 3.4: Formatierung eines Dokuments in FrontPage Express

Die Auszeichnung eines HTML-Dokuments mit Formatierungen wie fett oder kursiv ist in FrontPage Express recht einfach.

1. Markieren Sie das betreffende Wort, die Zeile oder den Textabschnitt (z.B. durch Ziehen mit der Maus).
2. Dann rufen Sie die gewünschte Formatierung über die Schaltflächen der FORMAT-Symbolleiste oder über das Menü FORMAT/ZEICHEN ab (Bild 3.4).

Das Menü FORMAT/ZEICHEN öffnet ein Dialogfeld, in dessen Kontrollkästchen Sie die gewünschten Formatoptionen wählen können. Bei den Schaltflächen ist es noch einfacher: Klicken Sie auf die betreffende Schaltfläche, wird der markierte Textabschnitt mit der betreffenden Formatierung versehen. FrontPage Express blendet beim Zeigen auf die Schaltfläche eine QuickInfo mit dem Namen des Formats ein. Ist eine markierte Textstelle mit einem Format ausgezeichnet, wird die betreffende Schaltfläche in der Symbolleiste als »eingedrückt« dargestellt. Ein zweiter Mausklick auf die betreffende Schaltfläche hebt dann die Formatierung wieder auf.

> **Hinweis**
>
> Möchten Sie alle Formatierungen eines Textabschnitts in FrontPage Express aufheben, markieren Sie diesen und drücken dann die Tastenkombination `Strg` `Leer`.

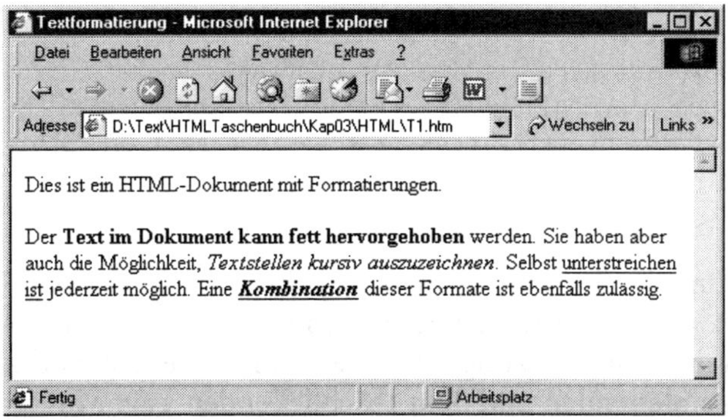

Bild 3.5: Formatiertes Textdokument im Internet Explorer

In Bild 3.5 sehen Sie das mit FrontPage Express erstellte formatierte Dokument in der Browserdarstellung. Die entsprechenden Formate lassen sich leicht erkennen.

Achtung

An dieser Stelle möchte ich sofort einen wichtigen Hinweis geben. Obwohl eine Formatierung »unterstrichen« in HTML zulässig ist, sollten Sie darauf verzichten. In Bild 3.5 sehen Sie zwei solcher Textstellen. Ein Benutzer, der diese Seite abruft, wird die unterstrichenen Textabschnitte automatisch für Verweise zu anderen Dokumenten (Hyperlinks) halten. Der Versuch, die vermeintlichen Hyperlinks anzuklicken, bleibt aber folgenlos. Dies ist nicht nur verwirrend, sondern auch frustrierend. Dies gilt umso mehr, als mit Verwendung von Cascaded Style Sheets zur Dokumentformatierung die Hyperlinks nicht mehr zwingend blau und unterstrichen hervorgehoben werden.

Nachdem Sie die Technik zum Auszeichnen eines Texts in FrontPage Express kennen gelernt haben, interessiert Sie vielleicht die Frage, wie so etwas im HTML-Code aussieht. Falls Sie ein Dokument per Editor bearbeiten möchten, können Sie ggf. die Tags selbst einfügen. Zur Auszeichnung einzelner Textbereiche kennt HTML mehrere Tags. Schauen wir uns doch einfach den HTML-Code an, der durch FrontPage Express das in Bild 3.5 gezeigte Beispiel erzeugt hat:

```
<p>Dies ist ein HTML-Dokument mit Formatierungen. </p>
<p>Der <strong>Text im Dokument kann fett hervorgehoben</strong>
werden. Sie haben aber auch die Möglichkeit, <em>Textstellen kursiv
auszuzeichnen</em>. Selbst <u>unterstreichen ist</u> jederzeit möglich.
Eine <em><strong><u>Kombination</u></strong></em> dieser Formate ist
ebenfalls zulässig.</p>
```

Das <p>-Tag zur Gestaltung der Absätze kennen Sie ja bereits. Neu sind dagegen die Tags <strong>, <em> und <u>. Diese Tags werden offenbar benutzt, um die Textstellen mit Formatierung zu versehen. Der Text steht dabei jeweils zwischen dem einleitenden und dem abschließenden Tag. Mit

```
<strong>Text ist fett hervorgehoben</strong>
```

wird der betreffende Text fett ausgezeichnet. Eine Kombination mehrerer Formate lässt sich vornehmen, indem Sie die gewünschten Tags einfach schachteln:

```
<em><strong><u>Kombination</u></strong></em>
```

Dieses Beispiel zeichnet das Wort »Kombination« fett, unterstrichen und kursiv aus.

Kommen wir nun noch zu den einzelnen Tags. Vielleicht haben Sie es bereits erraten, das <u>-Tag steht hier für Unterstreichen. Mit dem <em>-Tag erreichen Sie eine kursive Auszeichnung. Die Buchstaben em stehen dabei für das englische Wort »emphasis« (hervorheben). Und mit <strong> wird der Text fett hervorgehoben.

Achtung

Die Reihenfolge der Tags ist dabei egal. Sie können zuerst <strong> und dann <u> und zuletzt <em> als Tags angeben. Wichtig ist aber, dass die Schachtelung korrekt erfolgt. Nehmen wir einmal die folgende einfache Anweisung <strong><em>Text</strong></em>, die einen Text kursiv und fett auszeichnet. Die Schachtelung passt dabei nicht, da <strong> durch </em> abgeschlossen wird. Die HTML-Spezifikation, XML und auch XHTML schreiben eine korrekte Schachtelung der Tags vor. Obwohl die meisten Browser diese Formatierungsanweisung noch korrekt umsetzen, dürfen Sie diese auf keinen Fall verwenden. Werden solche Dokumente später mit XML-Werkzeugen geladen, lehnen diese die Bearbeitung wegen der falschen Schachtelung ab! Auch das Verhalten zukünftiger Browser bei fehlerhaften Schachtelungen ist nicht vorhersagbar.

Physische versus logische Textauszeichnung

Eigentlich könnte das Thema damit abgehandelt sein, wenn es in der HTML-Spezifikation nicht noch zusätzliche Tags gäbe. Neben <strong> existiert noch das <b>-Tag, das einen Text fett auszeichnet. Der Buchstabe b steht für den englischen Begriff »bold« (fett). Der fett auszuzeichnende Text ist zwischen die Tags <b> .. </b> zu stellen:

```
In HTML wird <b>Text wahlweise fett</b> und normal geschrieben.
```

Das einleitende Tag <b> schaltet die Option Fettschrift ein, während das abschließende Tag </b> zur Normalschrift zurückkehrt. Ähnliches gilt für Kursivschrift, die mit <i>..</i> ausgezeichnet wird.

Aber was ist denn das? Wieso in aller Welt muss sich ein HTML-Autor mit zwei verschiedenen Tags herumschlagen, wenn ein Tag es doch tut? Und außerdem, das <b>-Tag steht für »bold«, was recht einleuchtend für Fettdruck ist. Wieso dann mit <strong> hantieren?

Als Autor habe ich diesen Unsinn bereits häufig verflucht, da er historisch bedingt ist und m.E. seinerzeit durch einige Theoretiker bei der Spezifikation von HTML 2.0 verursacht wurde. Man unterschied damals zwischen logischen und physischen Formaten und definierte getrennte Tags. Die für meinen Geschmack recht krause Argumentation: Das Tag <b> steht für Fettdruck und <i> für Kursivauszeichnung. Da es aber Geräte geben kann, die keine Fett- oder Kursivschrift können, wurden die beiden Tags <strong> und <em> definiert, um eine irgendwie geartete Hervorhebung zu ermöglichen. Die Idee: Die Browser sollten selbst festlegen, wie die betreffenden Textstellen angezeigt werden.

Die drei Tags <b>, <i> und <u> dienen zur physischen Textauszeichnung, d.h., die Namen drücken genau das aus, was man eigentlich machen will. Daher bezeichnet man diese Befehle als Tags zur physischen Textformatierung. In der HTML-Spezifikation finden Sie weitere solcher Tags (z.B. <tt>, <pre> etc.) zur physischen Textauszeichnung. Zusätzlich gibt es in HTML noch einige Tags, die eine so genannte logische Textformatierung erlauben. Die bereits oben benutzten Tag-Kombinationen <strong>...</strong> sowie <em>...</em> fallen in diese Kategorie. Tabelle 3.1 zeigt eine Aufstellung der wichtigsten Auszeichnungen für Textformate. Die mit (P markierten Tags dienen zur physischen Textformatierung.

Tag	Beispiel	Bemerkung
<b> (P	Ein <b>fetter</b> Text.	Text mit Fettschrift
<i> (P	Ein <i>kursiver</i> Text.	Ausgezeichneten Text kursiv anzeigen
<u> (P	<u>unterstrichen</u>	Textauszeichnung unterstrichen

Tabelle 3.1: Tags zur Textauszeichnung

Tag	Beispiel	Bemerkung
<blink> (P	<BLINK> blinkend </BLINK>	blinkender Text (ab HTML 3.2)
<strike> (P	<strike>Fehler </strike>	Text durchgestrichen darstellen
<big> (P	<big>Großer Text</big>	Vergrößert den Schriftgrad
<small> (P	<small>by Born </small>	Verkleinert den Schriftgrad
<sub> (P	H₂O	Tiefstellen wie H_2O
<sup> (P	m³	Hochstellen wie m^3
<strong>	<strong>Text </strong>	Textstelle wird (fett) hervorgehoben
<em>	<em>Text</em>	Textstelle (kursiv) hervorheben
<tt>	<tt>Teletypeschrift<tt>	Text in nicht-proportionaler (Teletype-)Schriftart ohne Formatierung ausgeben
<pre>	<pre>Text</pre>	Ausgabe eines vorformatierten Abschnitts (meist in Courier)
<cite>	<cite> Eins, zwei, drei... </cite>	Kennzeichnet ein Zitat (kursive Ausgabe)
<blockquote>	<blockquote> Zitat Abschnitt </blockquote>	Kennzeichnet einen Absatz als Zitat, wird etwas nach rechts eingezogen
<code>	<code>Befehle</code>	Zur Formatierung von Programmanweisungen (meist in Courier)
<kbd>	<kbd>Enter</KBD>	Markiert Tastatureingaben (wird meist in Courier angezeigt)
<samp>	<samp>Beispiel</samp>	Markiert ein Beispiel (mit nicht-proportinaler Schriftart)
<xmp>	<xmp>Beispiel</xmp>	Markiert ein Beispiel

Tabelle 3.1: Tags zur Textauszeichnung (Forts.)

Der Schönheitsfehler an der ganzen Sache: Außer dem Browser Lynx gibt es nach Wissen des Autors kein anderes Programm, welches keine fette oder kursive Auszeichnung ermöglicht. Wenn ein Webautor einen Textabschnitt fett hervorheben möchte, dann soll er doch dies genau mit dem betreffenden Tag <b> tun dürfen – und diesem Ansinnen steht nach Meinung des Autors auch wenig entgehen. Meine manuell erstellten HTML-Dokumente weisen ausschließlich die Tags <b> und <i> zur Auszeichnung auf. Und ich kenne genügend HTML-Editoren, die genau diese Tags über Schaltflächen bereitstellen. Aus meiner Sicht ist dies eine einfache und klare Sache.

Hinweis

Dass der Ansatz hinsichtlich der Unterscheidung doch nicht so ganz sinnvoll war, lässt sich beim Unterstreichen erkennen. Hier steht nur das <u>-Tag zur physischen Auszeichnung zur Verfügung. Die Erklärung: Dieses Tag wurde in HTML 2.0 im Gegensatz zu <b>, <strong>, <i> und <em> nicht definiert. Daher unterstützen ältere Browser wie z.B. der Netscape Navigator 2.x dieses Tag nicht. Erst ab HTML 3.2 wurde das Tag definiert, da Browser wie Netscape Navigator und Internet Explorer das Tag längst unterstützten. Also wurde das Tag in der Gruppe der physischen Auszeichnungstags eingeordnet. Auf die Definition des Pendants zur logischen »Unterstreichung« wurde bereits verzichtet, da niemand so etwas brauchte. Bereits bei der Definition von HTML 3.2 ließ sich absehen, dass sich die Darstellung einzelner Tags über Casaded Style Sheets beeinflussen ließe (was die Unterscheidung in logische und physische Textauszeichnungen ad adsurdum führte).

Puristen argumentieren allerdings im Sinne der HTML 2.0-Spezifikation und verlangen die Tags <strong> und <em> für fette und kursive Auszeichnung. Da sich die HTML-Werkzeuge wie FrontPage Express an die HTML-Spezifikationen halten und die Tags für den normalen Anwender nicht sichtbar werden, finden Sie in maschinell generiertem HTML-Code die <strong> und <em>-Auszeichnungen.

Hinweis

Dass der Ansatz hinsichtlich der Unterscheidung doch nicht so ganz sinnvoll war, lässt sich beim Unterstreichen erkennen. Hier steht nur das <u>-Tag zur physischen Auszeichnung zur Verfügung. Die Erklärung: Dieses Tag wurde in HTML 2.0 im Gegensatz zu <b>, <strong>, <i> und <em> nicht definiert. Daher unterstützen ältere Browser wie z.B. der Netscape Navigator 2.x dieses Tag nicht. Erst ab HTML 3.2 wurde das Tag definiert, da Browser wie Netscape Navigator und Internet Explorer das Tag längst unterstützten. Also wurde das Tag in der Gruppe der physischen Auszeichnungstags eingeordnet. Auf die Definition des Pendants zur logischen »Unterstreichung« wurde bereits verzichtet, da niemand so etwas brauchte. Bereits bei der Definition von HTML 3.2 ließ sich absehen, dass sich die Darstellung einzelner Tags über Casaded Style Sheets beeinflussen ließe (was die Unterscheidung in logische und physische Textauszeichnungen ad adsurdum führte).

Erweiterte Zeichenformatierung

Im vorhergehenden Abschnitt haben Sie gelernt, wie sich Textstellen fett, kursiv und unterstrichen hervorheben lassen. Weiterhin sind Ihnen jetzt die Feinheiten zwischen logischer und physischer Textauszeichnung geläufig (egal, ob sinnvoll oder nicht). Tabelle 3.1 zeigt dabei eine Reihe interessanter Tags, die zur Gestaltung von HTML-Dokumenten verwendet werden können. Obwohl einige Tags erst ab HTML 3.2 offiziell definiert wurden, unterstützen die gängigen Browser wie Netscape Navigator und Internet Explorer dieses Tags bereits ab der Version 2.x. Heutige Browser wie Internet Explorer 4.0 oder das Netscape-Pendant erlauben daher eine recht pfiffige Textgestaltung. Nachfolgend finden Sie Hinweise, wofür Sie einzelne Tags einsetzen können.

Erweiterte Formatierung in FrontPage Express

FrontPage Express erlaubt Ihnen, die erweiterten Zeichenformate direkt anzuwenden.

1. Markieren Sie die Textstelle, die Sie in FrontPage Express entsprechend auszeichnen möchten.

2. Wählen Sie im Menü FORMAT den Befehl ZEICHEN. FrontPage Express öffnet dann das Dialogfeld ZEICHEN mit zwei Registerkarten, die die Optionen zur Zeichenformatierung enthalten (Bild 3.6).
3. Markieren Sie auf der Registerkarte SCHRIFT in der Gruppe *Darstellung* das gewünschte Kontrollkästchen, um den markierten Text durchzustreichen, zu unterstreichen oder per Schreibmaschinenschrift hervorzuheben. Auf die Optionen zur Einstellung der Schriftarten und Größen kommen wir später zu sprechen.
4. Möchten Sie eine der anderen Auszeichnungen für Zeichenformate verwenden, wählen Sie die Registerkarte WEITERE FORMATE. Anschließend markieren Sie das (oder die) gewünschte(n) Kontrollkästchen.

Sobald Sie die Registerkarten über die OK-Schaltfläche schließen, wird der markierte Textbereich mit den entsprechenden Zeichenformaten ausgezeichnet. FrontPage Express fügt dabei die zugehörenden Tags im HTML-Code ein. Auf den nachfolgenden Seiten möchte ich untersuchen, welche Tags benutzt werden und welche Wirkung diese Tags haben. Die Verbindung zwischen den Tags und den FrontPage Express-Optionen erschließt sich intuitiv oder ist auf der Registerkarte WEITERE FORMATE aufgeführt (siehe Bild 3.6).

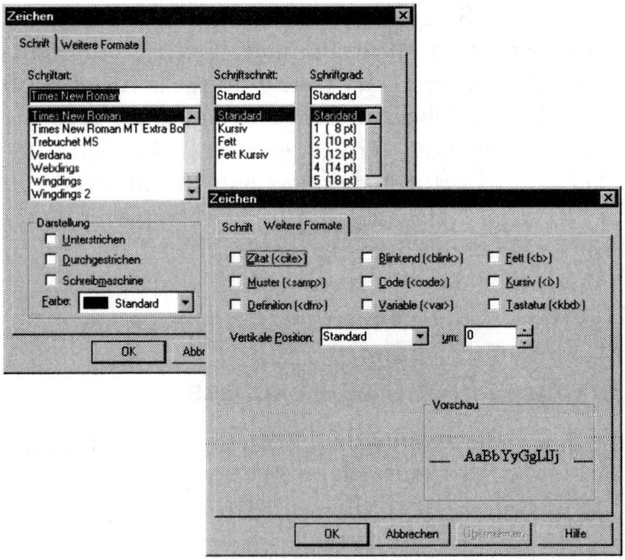

Bild 3.6: Registerkarten zur Zeichenformatierung in FrontPage Express

Schriftvarianten <big> und <small>

Zur Darstellung von Textstellen, die gegenüber der Basisschrift etwas vergrößert oder verkleinert werden, wurden von Netscape die beiden Tags <big> und <small> im Navigator 2.0 eingeführt. Da Microsoft und andere Browser-Hersteller diese Tags ebenfalls implementierten, sind beide Tags seit HTML 3.2 herstellerübergreifend spezifiziert.

Um einen Text gegenüber der aktuellen Schrift etwas größer darzustellen, können Sie diesen mit dem <big>-Tag einfassen:

```
Ein Text wird mit <big>BIG</big> hervorgehoben.<br>
```

Benötigen Sie innerhalb eines HTML-Dokuments eine verkleinerte Darstellung der Textstellen, lässt sich das <SMALL>-Tag für diesen Zweck einsetzen.

```
Das Tag <small>SMALL</small> verkleinert die Schrift.
```

Die Wirkung dieser beiden Tags sehen Sie in dem in dargestellten Dokument. Das Wort SMALL wird gegenüber der Basisschrift etwas kleiner angezeigt, während das Wort BIG etwas vergrößert erscheint (Bild 3.7).

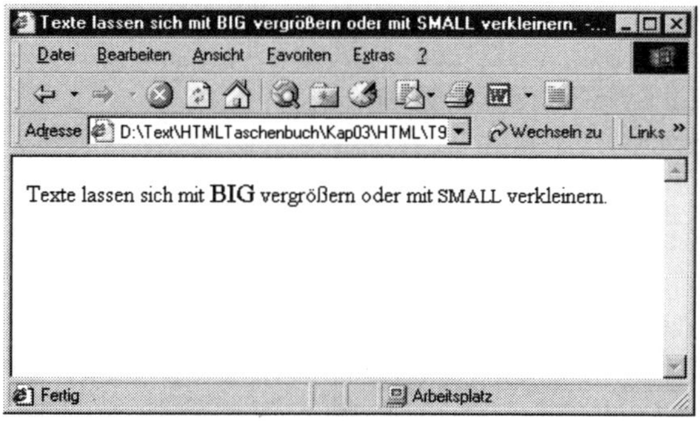

Bild 3.7: Anzeige eines mit <big> und <small> ausgezeichneten Texts

Kennt ein Browser diese Tags nicht, erscheint der Text in normaler Darstellung. Die beiden Tags sind m.E. äußerst hilfreich, da sich der Benutzer nicht um die aktuelle Schriftgröße (die mit FONT einstellbar ist, siehe weiter unten) zu kümmern braucht. Der Browser bestimmt selbst die Schriftgröße. Neuere Browser von Microsoft und Netscape unterstützen dieses Tag.

HTML-Tags in FrontPage Express eingeben

Die auf den vorhergehenden Seiten im Zusammenhang mit FrontPage Express erwähnten Registerkarten zur Zeichenformatierung unterstützen einige der in diesem Abschnitt vorgestellten Tags nicht. Mit dem <big>-Tag werden Sie unter FrontPage Express bereits die ersten Schwierigkeiten bekommen. Ähnliches gilt für <small> und weitere Tags. Der Versuch, diese Formatierung über den Befehl FORMAT/ZEICHEN abzurufen, wird scheitern. Auf den Registerkarten gibt es keine Option für dieses Tag.

Hinweis

Ähnlich verhält es sich übrigens auch im Netscape Composer, der ebenfalls wie FrontPage Express eine schnelle Erstellung von HTML-Seiten ermöglicht, aber kein <blockquote>-Tag über einen direkten Befehl unterstützt.

Um solche und ähnliche nicht unterstützte HTML-Tags doch noch im Dokument zu verwenden, bieten sowohl FrontPage Express als auch der Netscape Computer einen Befehl zum Einfügen von HTML-Code.

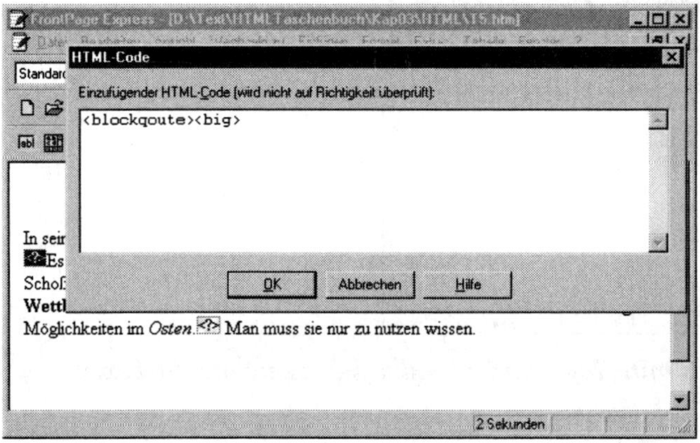

Bild 3.8: Tags direkt in FrontPage Express einfügen

1. Wählen Sie in FrontPage Express die betreffende Dokumentstelle, an der das (oder die) Tag(s) einzufügen ist (sind), per Mausklick an.

2. Wählen Sie im Menü EINFÜGEN den Befehl HTML-CODE. FrontPage Express öffnet jetzt ein Dialogfeld, in dem Sie das HTML-Tag einschließlich der spitzen Klammern eintippen können (Bild 3.8, Vordergrund).
3. Schließen Sie das Dialogfeld über die OK-Schaltfläche.

FrontPage Express fügt das (oder die) Tag(s) im Dokument ein, kennzeichnet jedes Tag an der betreffenden Stelle aber durch ein kleines gelbes Viereck <?> (Bild 3.8, Hintergrund). Wählen Sie diese Marke später per Doppelklick an, wird automatisch das Fenster zur Bearbeitung des Tags geöffnet. Wenn Sie also eine Formatoption in FrontPage nicht finden, gehen Sie wie oben beschrieben vor, um das Tag einzufügen.

Hoch- und tiefgestellte Zeichen

Ein Mangel der HTML 2.0-Spezifikation besteht darin, dass sich Zeichen nicht hoch- oder tiefstellen lassen. Nachdem Netscape als Vorreiter fungierte, wurden die entsprechenden Tags in HTML 3.2 herstellerübergreifend festgelegt. Nehmen wir einmal als Beispiel die folgende Formel:

$(a^2 + b^2) = c^2$

Sie gibt das Verhältnis der Seiten eines Dreiecks an. Eine ähnliche Situation ergibt sich, wenn Sie ein Polynom n-ten Grades der Form

$a_3x^3 + a_2x^2 + a_1x + a_0 = y$

in einem HTML-Dokument darstellen möchten. Falls der von Ihnen verwendete Browser (z.B. Netscape Navigator oder Microsoft Internet Explorer) dies unterstützt, sollte sich die in Bild 3.9 gezeigte Darstellung ergeben.

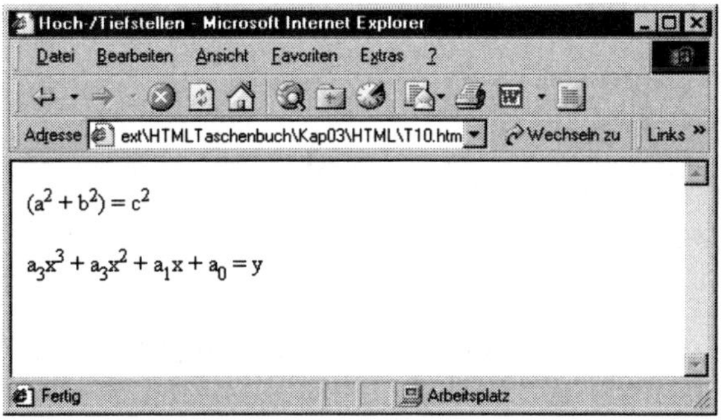

Bild 3.9: Hoch- und tiefgestellte Zeichen

Um Zeichen innerhalb des Texts als hochgestellt auszuzeichnen, sieht die HTML 3.2-Spezifikation das <sup>-Tag vor (sup kommt von Superscript). Sie müssen die betreffenden Zeichen dann in ein einleitendes und ein abschließendes Tag einbetten.

Ähnliches gilt für tieferzustellende Zeichen in einem HTML-Dokument. Hier ist das <sub>-Tag (sub kommt von Subscript) zu verwenden. Fassen Sie die betreffende Textstelle mit diesen Tags ein. Der zur Darstellung der beiden obigen Formeln benutzte HTML-Quellcode sieht dann beispielsweise folgendermaßen aus:

```
(a<sup>2</sup> + b<sup>2</sup>) = c<sup>2</sup>
a<sub>3</sub>x<sup>3</sup> + a<sub>3</sub>
x<sup>2</sup> + a<sub>1</sub>x + a<sub>0</sub> = y
```

Sofern Ihr Browser solche Auszeichnungen unterstützt, sollten die Formeln in den obigen Zeilen mit hochgestellten Potenzen und tiefgestellten Indizes für die Koeffizienten angezeigt werden (Bild 3.9).

Blinkende und durchgestrichene Textstellen

Einen besonderen Ausflug erlauben die beiden von Netscape eingeführten Tags <strike> und <blink>. Mit dem <strike>-Tag lassen sich Textstellen durchgestrichen darstellen. Hierzu ist der betreffende Text zwischen ein einleitendes und ein abschließendes Tag einzufügen. Soll eine Textstelle blinkend erscheinen, verwenden Sie das <blink>-Tag. Der folgende HTML-Quelltext zeigt, wie sich die beiden Tags anwenden lassen.

```
<HTML>
<HEAD>
<TITLE>Besondere Textauszeichnung</TITLE>
</HEAD>
<BODY>
<H2>Blinkende und durchgestrichene Texte</H2>
In HTML 3.2 lassen sich Textstellen auch als <STRIKE>durchgestrichen</
STRIKE>
markieren.<P>
Der Netscape Navigator unterstützt sogar <BLINK>blinkende</BLINK>
Textstellen.
</BODY></HTML>
```

Achtung

So toll die beiden Tags auf den ersten Blick aussehen, sollten Sie diese doch nach Möglichkeit nicht mehr einsetzen. Das <BLINK>-Tag wird bisher nur von Netscape unterstützt. Da die betreffenden Textstellen beim Ausdruck u.U. nicht sichtbar werden, bringt das Tag wenig – zumal jeder Autor bedenken muss, dass nur wenige Anwender in den »Genuss« der blinkenden Textstellen kommen. Dem <strike>-Tag könnte ein ähnliches Schicksal beschieden sein. Zwar ist dieses Tag in HTML 3.2 aufgeführt und wird auch von den meisten Browser-Herstellern mittlerweile unterstützt. In HTML 4.0 wird dieses Tag jedoch wieder als Deprecated-Element aufgeführt, d.h., von einer weiteren Benutzung wird abgeraten. Der Hintergrund ist auch einsichtig: das Tag stellt so etwas wie eine »harte« Formatierung dar, die nur mit viel Aufwand im Dokument entfernt werden kann. Über Cascading Style Sheets lässt sich eine Textstelle ebenfalls als durchgestrichen vereinbaren. Durch die Verwendung einer Vorlage (Style) kann eine solche Formatierung bei Bedarf jedoch sehr elegant geändert werden.

Wörter mit <cite> auszeichnen

Zitate innerhalb eines HTML-Dokuments lassen sich mit getrennten Tags auszeichnen. Dies erlaubt es dem Autor eines Dokuments, die betreffenden Stellen für den Leser kenntlich zu machen. Die betreffenden Tags sind bereits seit HTML 2.0 definiert und werden von den meisten Browsern unterstützt.

HTML kennt zwei Tags, mit denen sich Zitate hervorheben lassen. Für einfache Textstellen mit einigen auszuzeichnenden Wörtern ist das <cite>-Tag vorgesehen. Es handelt sich dabei um ein Zeichenformat, welches sich auf die Darstellung der Zeichen in den eingeschlossenen Textstellen auswirkt. Dieses Tag wird gemäß folgendem Beispiel eingesetzt:

```
Bei seiner Rede meinte er: <cite>Es ist nicht der
Augenblick, um im Überschwang zu schwelgen und die Hände
in den Schoß zu legen.</cite> Weiterhin ging er
auf die Möglichkeiten im Osten ein.
```

In diesem Text wird ein Bereich mit den Tags <cite>..</cite> ausgezeichnet.

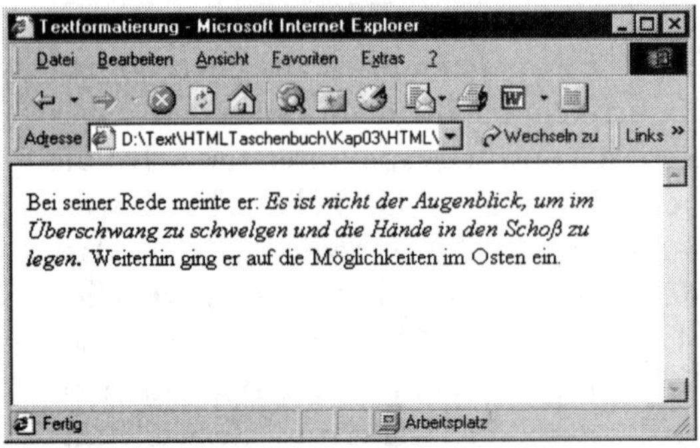

Bild 3.10: Zitatstelle im Textdokument

Ihr Browser stellt diesen Abschnitt dann ähnlich wie in Bild 3.10 gezeigt dar. Die meisten Browser zeigen den Textausschnitt in kursiver Schrift an. Das Format des Abschnitts wird dagegen nicht verändert. (Gemäß der HTML-Spezifikation ist es nicht zwingend, dass mit <cite> ausgezeichnete Textstellen wirklich kursiv erscheinen, auch wenn 99% aller Browser dies tun.)

Absätze mit <blockquote> hervorheben

Werden ganze Absätze als Zitat in ein Dokument übernommen, ist die (kursive) Hervorhebung vielleicht nicht erwünscht. Dies gilt vor allem, wenn innerhalb des zitierten Abschnitts weitere Formatierungen in Form von Kursivschrift auftreten. Hier besteht die Möglichkeit, das <blockquote>-Tag zur Auszeichnung des Zitats zu verwenden.

```
In seiner Erklärung zur ersten Amtszeit
meinte der Präsident:<br>
<blockquote>Es ist nicht der Augenblick, um im Überschwang zu schwelgen
und die Hände in den Schoß zu legen Wir müssen das
<strong>Geschaffene</strong> erhalten und neue Wege gehen, um im
<strong>Wettbewerb</strong> mit den anderen Ländern zu bestehen.
Weiterhin eröffnen sich uns riesige Möglichkeiten im <em>Osten</em>.
</blockquote>
Man muss sie nur zu nutzen wissen.
```

Sie können diesen Text zu einer HTML-Vorlage hinzufügen und in eine HTML-Datei speichern. Laden Sie das betreffende Dokument in Ihrem Browser, wird das Zitat gemäß Bild 3.11 ausgezeichnet.

Der Browser behandelt das <blockquote>-Tag etwas anders als <cite>. Während bei <cite> die meisten Browser den ausgezeichneten Text kursiv wiedergeben, ist ein mit <blockquote> ausgezeichneter Absatz bei der Darstellung vom Browser etwas nach rechts einzuziehen. Diese Auszeichnung macht jedoch nur dann Sinn, wenn vor und hinter dem Zitat normale Absätze stehen. Andernfalls ist der Einzug nicht unbedingt zu erkennen. In Bild 3.11 wird auch ersichtlich, dass Sie innerhalb des zitierten Texts weitere Auszeichnungen wie fett oder kursiv einsetzen können.

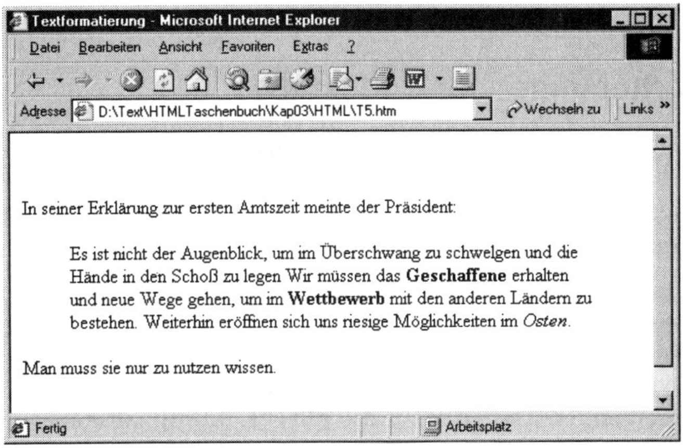

Bild 3.11: Anzeige eines Zitatabschnitts im Internet Explorer

Hinweis

In HTML 4.0 existiert zusätzlich noch das <q>-Tag zur Auszeichnung von Zitatstellen, welcher aber von den bisherigen Browsern nicht unterstützt wird. Verschiedentlich findet man Hinweise, dass sich das <blockquote>-Tag zum Einrücken von Absätzen benutzen lässt. Sie können diese Technik sicherlich nutzen. Allerdings ist die Darstellung des <blockquote>-Tags im Browser nicht zwingend als Einzug nach rechts vorgeschrieben. Nach den Erfahrungen des Autors ziehen die verschiedenen Browser die Absatztexte unterschiedlich ein. Manchmal hängt der Einzug sogar noch von der Breite des Browser-Fensters ab.

Hinweis

Benötigen Sie Einzüge im Text, können Sie alternativ ein Aufzählungs-Tag (<ol>) benutzen. Oder Sie greifen auf das <dir>-Tag zurück (siehe folgende Seiten). Benötigen Sie einen definierten Einzug für einen Text, sollten Sie allerdings auf Tabellen (sofern Sie möglichst viele Browser unterstützen möchten) oder Cascaded Style Sheets (wenn es zukunftsträchtig sein soll) ausweichen. Die betreffenden Techniken werden auf den folgenden Seiten bzw. in den folgenden Kapiteln beschrieben.

Besondere Hervorhebungen für Codestellen

Für Programmlistings oder besondere Hervorhebungen wie beispielsweise Tastatureingaben etc. bietet die HTML-Spezifikation ebenfalls eine Sammlung verschiedener Tags. Der nachfolgende Abschnitt stellt einige Tags zum Hervorheben von Codestellen etc. vor.

Hinweis

Allerdings wurde bei der Definition des HTML 2.0-Standards etwas zu viel des Guten getan. Einige Tags wurden seit dieser Zeit kaum verwendet. Daher weist die HTML 4.0-Spezifikation diese Tags als überflüssig (obsolete) aus.

Um Teile eines Programms oder Ausschnitte eines HTML-Quelltexts in einem Dokument wiederzugeben, können Sie die betreffenden Anweisungen im HTML-Quelltext aufnehmen. Soll der Leser die betreffenden Stellen jedoch direkt erkennen, empfiehlt es sich, diese mit einer nicht-proportionalen Schriftart darzustellen.

Hierzu bietet die HTML-Definition das <code>-Tag an. Der betreffende Abschnitt ist mit <code>..</code> zu markieren. Dies sieht dann folgendermaßen aus:

```
<p>Sie haben die Möglichkeit, innerhalb eines HTML-Dokuments auch Teile
des HTML-Quelltexts einzufügen. Dies könnte dann folgendermaßen
aussehen</p>
<code>&lt;p&gt;Dies ist ein Ausschnitt aus einem HTML-
Dokument.&lt;br&gt;
```

```
Die Darstellung wird mit &lt;CODE&gt; hervorgehoben.</code><p>
Achten Sie jedoch darauf, die spitzen Klammern der betreffenden HTML-
Tags, die im darzustellenden HTML-Code enthalten sind, in Sonderzeichen
umzusetzen.
```

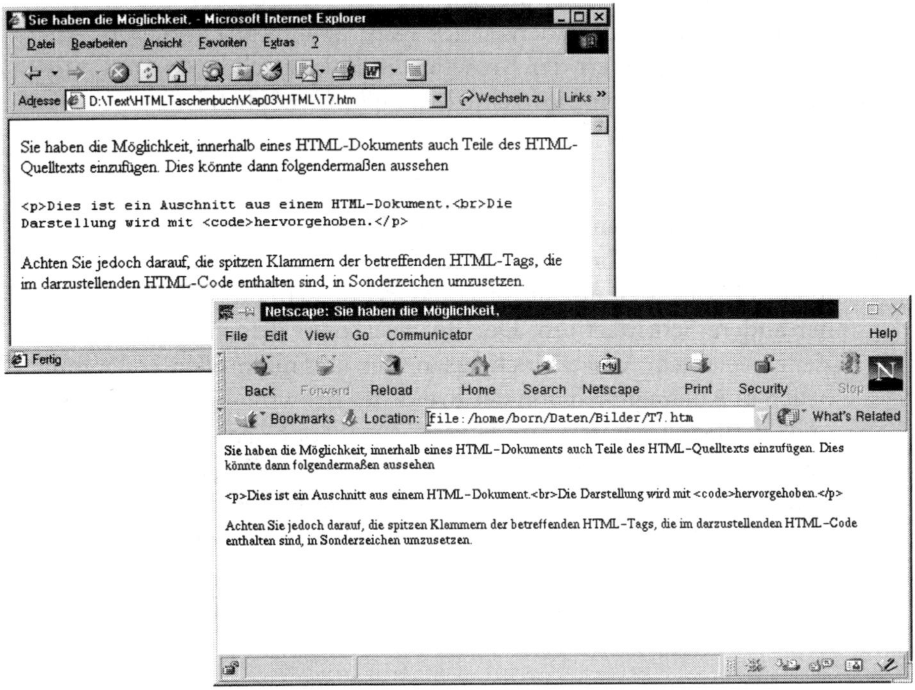

Bild 3.12: Anzeige des Dokuments mit Code im Internet Explorer (links oben) und im Netscape Navigator (rechts unten)

Das Dokument aus obigem Beispiel wird anschließend im Browser gemäß Bild 3.12 dargestellt. Der mittlere Absatz zeigt den Text, der mit dem <code>-Tag ausgezeichnet wurde. Interessant ist hier bereits, dass der Microsoft Internet Explorer den Absatz in einer anderen Schriftart anzeigt, während der Netscape Navigator 4.61 unter Linux (Bild 3.12, rechts unten) keine Unterschiede erkennen lässt.

Achtung

Wenn Sie Teile des HTML-Quellcodes samt Tag-Auszeichnungen wie <p> oder Programmanweisungen im Quelltext aufnehmen, werden die betreffenden Zeilen auch spitze Klammern aufweisen. In diesem Fall müssen Sie die Zeichen für die spitzen Klammern < > als Sonderzeichen (< bzw. >) kodieren. Andernfalls interpretiert der Browser die Folgezeichen als Tags, wodurch sicherlich keine korrekte Darstellung möglich ist.

Achtung

Bei Programmlistings werden die Anweisungen in der Regel am Zeilenende umbrochen. Übernehmen Sie ein solches Codestück in ein HTML-Dokument, setzt das <code>-Tag dieses zwar in einer andere Schriftart um. Der Browser zieht jedoch die einzelnen Zeilen zu einem Absatzblock zusammen und nimmt den Zeilenumbruch in Abhängigkeit von der Breite des Browser-Fensters vor. Sie müssen diese Textstellen im HTML-Quellcode nachträglich mit einem
-Tag versehen. Anstelle des <code>-Tags empfiehlt es sich daher das im nächsten Abschnitt vorgestellten <pre>-Tag einzusetzen. Dieses hebt die Textstellen ebenfalls hervor, übernimmt aber gleichzeitig die Formatierung des Textausschnitts samt Zeilenumbrüchen – also genau das, was bei Listings benötigt wird.

Vorformatierte Texte mit <pre> darstellen

Im vorhergehenden Abschnitt klang es bereits an: Sobald Sie einen vorformatierten Textabschnitt in ein HTML-Dokument einfügen, müssen Sie dies gesondert kennzeichnen. Das <code>-Tag besitzt den Nachteil, dass Sie alle Zeilenumbrüche manuell nachbearbeiten müssen. Weiterhin wurde weiter oben bereits das Problem der Einzüge durch Leerzeichen angerissen. Auch solche Einzüge können in vorformatierten Texten auftreten.

Zur Übernahme vorformatierter Textbereiche bietet HTML das <pre>-Tag. Sie müssen die betreffenden Textabschnitte lediglich gemäß folgendem Beispiel in dieses Tag einbetten.

```
<pre>Dies ist ein fest formatierter Bereich,
      der sowohl Einzüge als auch feste
      Zeilenumbrüche aufweist.
Die mit PRE markierten Bereiche werden
vom Browser direkt angezeigt.</pre>
```

Der Text zwischen den <pre>-Tags wird fest mit Leerzeichen und Zeilenumbrüchen formatiert, d.h., Sie müssen keine <p> oder
-Tags am Zeilenende einfügen.

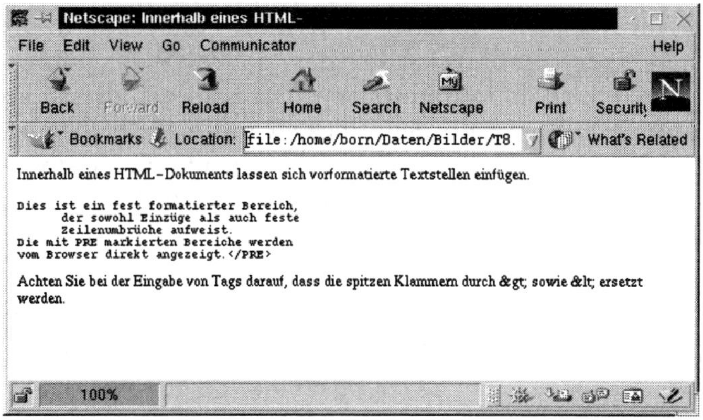

Bild 3.13: Dokument mit vorformatierter Textstelle im Netscape Navigator 4.x

In Bild 3.13 sehen Sie einen Dokumentausschnitt, der mit dem <pre>-Tag vorformatiert wurde. Der Browser setzt den betreffenden Text als eigenen Absatz in einer nicht proportionalen Schriftart (meist Courier) vom restlichen Dokument ab. Zeilenumbrüche und Leerzeichen bleiben dabei erhalten. Auch führende Leerzeichen am Zeilenanfang werden dargestellt. Enthält der Abschnitt Tabulatorzeichen, werden diese üblicherweise jeweils in acht Leerzeichen umgesetzt.

Hinweis

In früheren HMTL-Versionen gab es zusätzliche Tags wie XMP (für Beispiele bzw. Examples), plaintext (für einzufügende Textausschnitte) und listing (für einzufügende Programmlistings). Diese Tags entfallen ab HTML 4.0 bzw. werden durch das <pre>-Tag ersetzt.

Textauszeichnung mit dem <address>-Tag

Zur Markierung von Adressangaben in einem HTML-Dokument (z.B. die Adresse des Webmasters einer Website) lässt sich das <address>-Tag nutzen. Das Tag <address> muss immer als Kombination <address>..</address> im HTML-Dokument auftreten. Innerhalb des Blocks können Sie beliebigen Text hinterlegen. Beachten Sie aber, dass Zeilenumbrüche mit einem
-Tag zu markieren sind. Sie können den <address>-Block an den Anfang oder das Ende des Dokuments stellen. Der folgende Dokumentausschnitt zeigt, wie das <address>-Tag einzusetzen ist:

```
<address>
Diese Seite wurde erstellt von:<br>
Donald Duck <br>
Hucky Finn-Weg 19<br>
33333 Entenhausen<br>
</address>
```

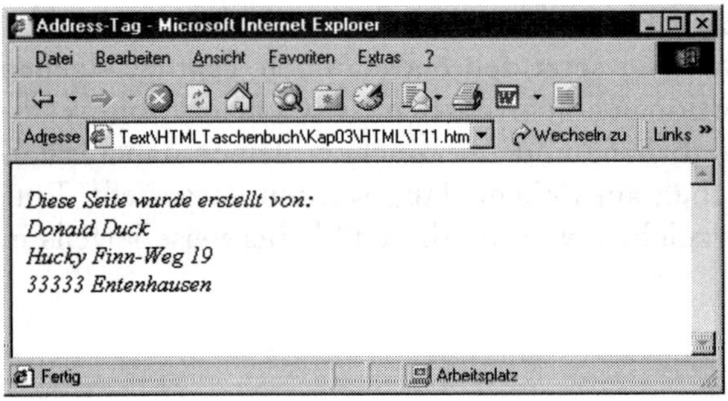

Bild 3.14: Dokument mit vorformatierter Textstelle im Netscape Navigator 4.x

Die Browser setzen dieses Tag meist als Fließtext in kursive Schrift um (Bild 3.14).

Schriftgröße, -art und -farbe

HTML 3.2 sowie die Erweiterungen von Netscape und Internet Explorer erlauben es Ihnen, die Schriftgröße, die Schriftart sowie die Schriftfarbe über das <font>-Tag zu verändern. Das Tag ist in der Form

```
<font attribute>Text</font>
```

anzugeben, wobei »Attribute« für die Optionen *size* oder *color* steht. Nachfolgend erfahren Sie, was es dazu zu wissen gibt.

Querverweis

Neben dem eigentlichen Namen für den HTML-Befehl können viele Tags noch so genannten Attribute aufweisen. Dies sind bestimmte Schlüsselwörter, denen ein Wert zugewiesen wird. Der Wert legt dann eine bestimmte Option des HTML-Befehls fest.

Achtung

Die HTML-Spezifikationen lassen dabei offen, ob die Attribute mit Groß- oder Kleinbuchstaben zu schreiben sind. Die Werte eines Attributs dürfen optional in Anführungszeichen gesetzt werden. Gemäß der XHTML-Spezifikation müssen Attributnamen wie Tag-Namen mit Kleinbuchstaben geschrieben werden. Diese Spezifikation fordert auch, dass die Attributwerte in Anführungszeichen zu setzen sind. Sie sollten dies bei neuen HTML-Dokumenten beachten.

Die Schriftgröße ändern

Die Schriftgröße wird über das <font>-Tag über das *size*-Attribut eingestellt. Fehlt dieses Attribut im HTML-Dokument, verwendet der Browser die eingestellte Standard-Schriftgröße zur Wiedergabe. Als HTML-Autor haben Sie aber die Möglichkeit, die Schriftgröße (auch als Schriftgrad bezeichnet), zu variieren. Mit size="x" legen Sie eine absolute Schriftgröße fest, wobei die Werte für x zwischen 1 und 7 liegen dürfen. Damit stehen Ihnen sieben verschiedene Schriftgrößen zur Abstufung zur Verfügung.

Die Grundschriftgröße wird dabei auf den Wert 3 gesetzt. Alternativ lässt sich die Schriftgröße relativ zur eingestellten Grundschriftgröße mit size="+x" oder size="-x" erhöhen/reduzieren. Der Parameter x ist so zu wählen, dass die neue (relative Größe) im Bereich zwischen 1 bis 7 liegt.

```
Dies ist ein normaler Text in Basischriftgröße<br>
<font size="5">
Dieser Text ist 5 Einheiten groß</font><br>
<font size="3">
Dieser Text ist 3 Einheiten groß</font><br>
<font size="+3">
Text 3 Einheiten größer als die Basisschrift</font>
```

Unterstützt Ihr Browser dieses Tag, wird er die obigen Zeilen mit unterschiedlichen Schriftgrößen darstellen (Bild 3.15).

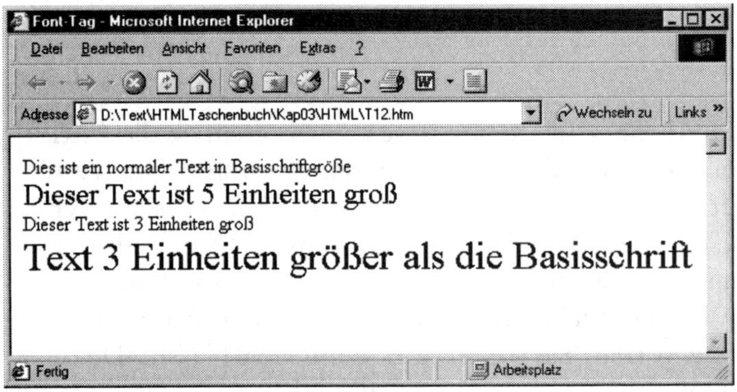

Bild 3.15: Unterschiedliche Schriftgrößen

Schriftgrad in FrontPage Express einstellen

In FrontPage Express lässt sich die Schriftgröße recht elegant einstellen. Im Dokumentfenster können Sie den Textausschnitt markieren. Anschließend klicken Sie in der FORMAT-Symbolleiste auf die Schaltflächen SCHRIFT VERKLEINERN oder SCHRIFT VERGRÖSSERN (Bild 3.16, oben links).

FrontPage setzt bei jedem Mausklick die Schriftgröße um eine Stufe höher oder tiefer.

> **Hinweis**
>
> Möchten Sie den Schriftgrad auf die Basisschriftgröße zurücksetzen, markieren Sie den Text und drücken die Tastenkombination [Strg] [Leer].

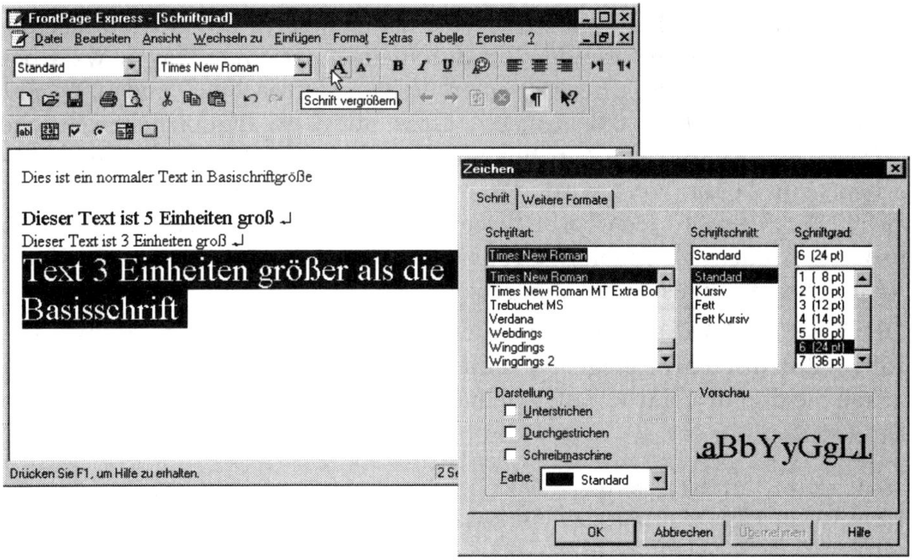

Bild 3.16: Anpassen der Schriftgröße in FrontPage Express

Um in FrontPage Express eine der sieben Schriftgrade zu wählen, gehen Sie etwas anders vor:

1. Wählen Sie im Menü FORMAT den Befehl ZEICHEN. FrontPage Express öffnet das Dialogfeld ZEICHEN.
2. Wählen Sie auf der Registerkarte SCHRIFT den gewünschten Wert über das Listenfeld SCHRIFTGRAD.

Sobald Sie das Dialogfeld über die OK-Schaltfläche schließen, wird die betreffende Textstelle mit einem <font>-Tag versehen und der zugehörige Wert für das *size*-Attribut gesetzt.

Nun kommt Farbe ins Spiel

Im <font>-Tag lassen sich über das *color*-Attribut auch Farben in der Form

```
<font color="farbe">....</font>
```

für den auszuzeichnenden Text angeben. Der Wert für die Farbe kann dabei als Farbname oder als Hexadezimal-Wert in der Form #rrggbb angegeben werden.

Farben lassen sich durch Grafikkarten als eine Mischung aus den Grundfarben Rot, Grün und Blau mit 24-Bit-Werten darstellen. Folglich können Sie jede Farbe aus diesen Grundfarben durch einen drei Byte langen Wert beschreiben. Jede Grundfarbe trägt einen Farbanteil zwischen 0 und 100% zur Mischfarbe bei. Mit 100% Rot, 0% Grün und 0 % Blau erhalten Sie die Mischfarbe Rot. Im *color*-Attribut sind Farbwerte als Hexadezimalzahl vorgeben. Ein 24-Bit-Wert wird durch sechs Hexadezimalzahlen der Form #FF0000 dargestellt. Jede Farbe belegt ein Byte, und der Wert wird nicht in Prozent, sondern als absolute Größe im Bereich 0 bis 255 (entspricht 00 bis FF im Hexadezimalsystem) angegeben.

Der Wert #FF0000 bedeutet demnach, dass die Farbe Rot mit 100% (d.h. 255) in die Mischfarbe eingeht. Da die beiden anderen Farbanteile fehlen, erhalten Sie die Mischfarbe Rot. In einem HTML-Dokument sieht das Ganze dann so aus:

```
<font color="#ff0000">Dieser Text ist rot</font>
<font color="#00ff00">Dieser Text ist grün</font>
<font color="#0000ff">Dieser Text ist blau</font>
```

Unterstützt der Browser Farben, sollte er die Zeilen farbig ausgeben. Vielleicht versuchen Sie einmal verschiedene andere Farbkombinationen (z.B. #ffffff, #000000, #c0c0c0 etc.). Denken Sie aber daran, dass sich Texte bei bestimmten Farbkombinationen nur schlecht lesen lassen. Es ist übrigens egal, ob Sie die Hexadezimalziffern mit großen oder kleinen Buchstaben schreiben. Da sich die verschiedenen Werte für die Farbmischungen nur schlecht merken lassen, unterstützen HTML 3.2 und verschiedene Browser (z.B. Netscape, Internet Explorer) Namen für 16 Grundfarben. Sie können dann die betreffenden Farben direkt über den Namen in der Form

```
<font color="red">Dieser Text ist rot</font>
<font color="green">Dieser Text ist grün</font>
<font color="blue">Dieser Text ist blau</font>
```

Hinweis

Neben den hier definierten 16 Farben kennen die meisten Browser weitere Farbnamen. Allerdings ist es recht tückisch, wenn Sie diese Farbnamen in Ihren HMTL-Dokumenten verwenden. Der Farbname »wheat« entspricht im Netscape Navigator 3.0 und im Microsoft Internet Explorer 3.0 einem Rosa-Ton. In älteren Browsern kann der Farbton jedoch ganz anders ausfallen. Kennt der Browser den betreffenden Farbnamen nicht, versucht er die Buchstaben des Namens als Hexcode zu interpretieren und »mixt« sich seine eigene Farbe zusammen. Vertippen Sie sich beispielsweise und verwenden »what« als Farbname, wird ein dunkles Grün angezeigt. Der Farbname »Born« ergibt ein dunkles Braun, das der Farbe »Maroon« entspricht. Sie können dies natürlich gezielt nutzen und eigene Farbnamen ausprobieren, die dann von den Browsern entsprechend interpretiert werden.

angeben. Eine Aufstellung dieser Farbnamen finden Sie in folgender Tabelle.

Black = "#000000"	Green = "#008000"
Silver = "#C0C0C0"	Lime = "#00FF00"
Gray = "#808080"	Olive = "#808000"
White = "#FFFFFF"	Yellow = "#FFFF00"
Maroon = "#800000"	Navy = "#000080"
Red = "#FF0000"	Blue = "#0000FF"
Purple = "#800080"	Teal = "#008080"
Fuchsia = "#FF00FF"	Aqua = "#00FFFF"

Tabelle 3.2: Vordefinierte Farbnamen und deren RGB-Werte

Sie können folglich für die Farbe Rot den Wert »#FF0000« oder den Namen »*red*« angeben (Groß-/Kleinschreibung spielt dabei keine Rolle).

Schriftfarbe in FrontPage Express setzen

Die manuelle Definition von Farbwerten im *color*-Attribut ist etwas knifflig. Sie benötigen entweder viel Erfahrung oder Farbtabellen, die Mischfarben in Form von RGB-Werten angeben. Um Texte farbig auszuzeichnen, empfiehlt sich auf Werkzeuge wie FrontPage Express zurückzugreifen.

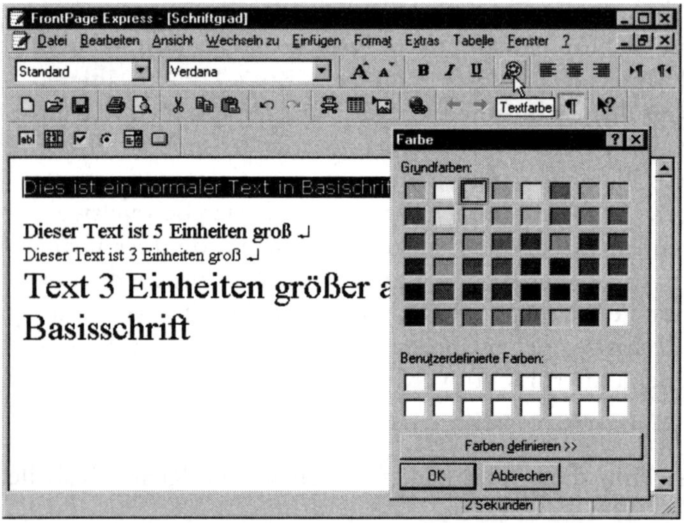

Bild 3.17: Text in FrontPage Express einfärben

1. Markieren Sie den Text in FrontPage Expresse.
2. In der FORMAT-Symbolleiste klicken Sie auf die Schaltfläche TEXTFARBE (Bild 3.17, Hintergrund).
3. Sobald das Windows-Dialogfeld mit der Farbpalette erscheint, klicken Sie auf eines der Farbfelder (Bild 3.17, Vordergrund).

Sobald Sie das Dialogfeld über die OK-Schaltfläche schließen, wird der markierte Text in der betreffenden Farbe eingefärbt.

FrontPage Express ermittelt den betreffenden Farbwert und fügt diesen automatisch im *color*-Attribut des <font>-Tags ein.

Neuerung: Schriftart anpassen

In HTML 2.0 ließ sich keine Schriftart vorgeben. Der Browser war frei in der Wahl der Schriftart. Von Microsoft wurde seinerzeit im Internet Explorer 2.0/3.0 das *face*-Attribut eingeführt. Mit diesem Attribut lässt sich angeben, welche Schriftart der Browser zur Darstellung verwenden soll. Wenn Sie HTML-Dokumentseiten mit FrontPage Express erstellen, ist das Zuweisen einer neuen Schriftart ein Kinderspiel:

1. Markieren Sie den gewünschten Textausschnitt.
2. Wählen Sie die Schriftart direkt im Listenfeld der FORMAT-Symbolleiste.

Die Darstellung des markierten Dokumentbereichs erfolgt sofort im FrontPage Express-Dokumentfenster.

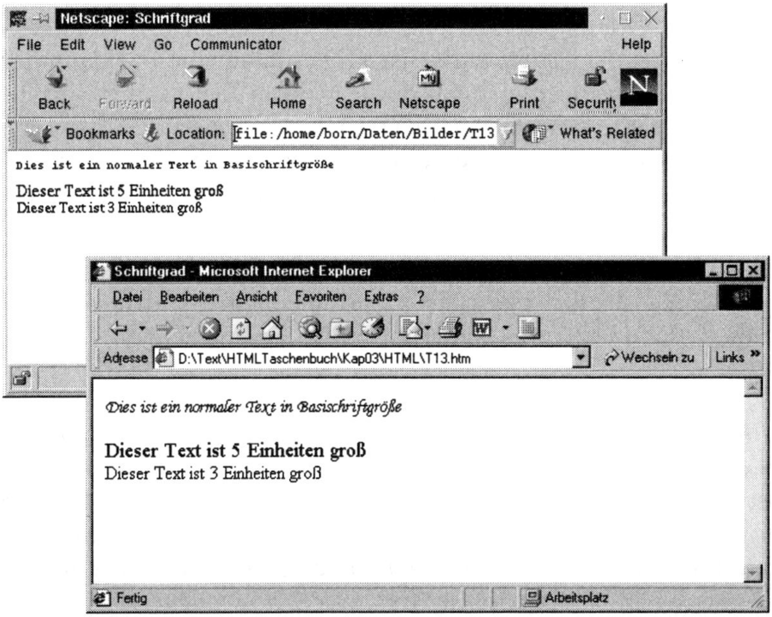

Bild 3.18: Dokumente mit verschiedenen Schriftarten im Netscape Navigator unter Linux (links oben) und im Internet Explorer unter Windows (rechts unten)

Und auch die Kontrolle im Browser zeigt dann die Schriftart. Der Code zum Festlegen einer neuen Schriftart sieht folgendermaßen aus:

```
<p><font face="Monotype Corsiva">Dies ist ein normaler Text in
Basischriftgröße</font></p>
```

Hier wurde die Schriftart Monotype Corsiva verwendet, eine Schriftart mit geschnörkelten Serifen (Bild 3.18, rechts unten).

Tolle Sache, oder? Wenn Sie sich Bild 3.18 ansehen, ist das Ganze gar nicht mehr so toll. Das Bild besteht aus einer Montage zweier Browserfenster. Das Fenster links oben wurde unter Linux mit dem Netscape Navigator aufgenommen, während das Browserfenster rechts unten aus Windows stammt. Dabei wurde der Rechner verwendet, der auch zum Entwurf des Dokuments mit FrontPage Express benutzt wurde.

Die oberste Zeile des Dokuments sollte eigentlich in beiden Browserdarstellungen die geschnörkelte Schriftart aufweisen. Dies kann aber nur dann der Fall sein, wenn diese Schriftart auch auf der jeweiligen Zielmaschine installiert ist. Dies muss nicht immer bei allen Windows-Rechnern der Fall sein. Beim Wechsel zu anderen Plattformen oder Browsern ist es noch unwahrscheinlicher, dass die von Ihnen vorgegebenen Schriftarten wirklich wiedergegeben werden.

Wenn Sie also Webdokumente für heterogene Benutzergruppen erstellen, die mit unterschiedlichen Browsern auf unterschiedlichen Plattformen arbeiten, heißt dies: Hände weg von Änderungen der Schriftarten.

> **Hinweis**
>
> An dieser Stelle jedoch zwei Anmerkungen. Persönlich nutze ich den Schriftgrad Verdana häufiger in HTML-Dokumenten, die gezielt für geschlossene Benutzergruppen erstellt werden. Dies ist beispielsweise bei CD-ROMs für das Betriebssystem Microsoft Windows der Fall. Hier lässt sich davon ausgehen, dass diese Benutzer ausschließlich den Internet Explorer 4.0/5.0 verwenden.

Hinweis

Webpublishing bewegt sich häufig im Grenzbereich, d.h., Technologiegrenzen werden immer wieder verschoben. Die Dynamik der Entwicklung verlangt vom Designer ansprechend gestaltete Seiten. Mit den Cascaded Style Sheets (CSS) hat das W3C-Standardisierungsgremium dieser Notwendigkeit Rechnung getragen. In einem solchen Style Sheet lassen sich mehrere Schriftarten festlegen. Fehlt eine Schriftart, versucht der Browser auf eine Ersatzschriftart zuzugreifen. Dies erlaubt dem Autor a priori abzuschätzen, wie die Seite wohl auf unterschiedlichen Plattformen aussehen könnte. Details zu CSS finden Sie in dem im Literaturverzeichnis unter /1/ aufgeführten Titel.

Weitere Anregungen zum <font>-Tag

Auf den ersten Blick scheint das <font>-Tag der »Stein der Weisen » zu sein, endlich lassen sich Schriftgrößen ändern und Farben nutzen. Viele Assistenten verwenden diesen Ansatz und fügen fleißig <font>-Tags im HTML-Code ein. Falls Sie Ihre Leser auf Netscape- oder Microsoft-Browser zwingen möchten oder die unten aufgeführten (nicht ganz ernst gemeinten) Optionen benötigen, setzen Sie dieses Tag kräftig ein ...

... allerdings wundern Sie sich nicht, wenn Sie einen Großteil der Leserschaft verlieren. Nachfolgend möchte ich ein paar Gründe aufführen, warum nicht jeder Leser Ihre Entwürfe zu schätzen weiß.

- Nehmen wir einmal alle Nutzer, die Ihre Dokumente auf einem Laptop abrufen. Viele Geräte verfügen nur über ein kleines Display, wodurch bereits Standardtexte vielfach nur schwer lesbar sind. Verwenden Sie nun die Anweisung <font size="1">, sind die Texte kaum noch zu entziffern. Zum Test der Sehschärfe Ihrer Leser sind solche Dokumente allerdings hervorragend geeignet.
- Anders sieht es aus, wenn Sie Ihre Textstellen mit <font size="4"> oder größer versehen. Dann kann auch der Besitzer eines Laptops die Buchstaben gut erkennen. Leider werden die betreffenden Textzeilen zu lang, der Browser umbricht die Zeilen entweder am rechten Fensterrand oder der Text reicht über den rechten Fensterrand hinaus. Mit dieser Technik können Sie natürlich Schwung in das

dröge Leben Ihrer Leser bringen, indem Sie diese fleißig die horizontalen und vertikalen Bildlaufleisten betätigen lassen.

- Textorientierte Browser wie Lynx können sowieso keine unterschiedlichen Schriftgrößen darstellen. Dann erscheinen alle Texte in einer Standardgröße (es sei denn, im Dokument wurde zum Beispiel das <hx>-Tag zum Auszeichnen von Überschriften benutzt). Aber wer interessiert sich schon für Benutzer mit solch antiquierten Browsern?
- Ach ja, da wären noch die zehn Prozent der Bevölkerung, die farbenblind sind. Diese freuen sich natürlich, wenn sie bei gelbem Text vor grünem Hintergrund raten dürfen, welche Informationen eine Dokumentseite wohl enthält. Vergessen Sie ruhig auch die Laptop-User, die sich keine Farb-Anzeige leisten können – die brauchen auch nicht im Web zu surfen. Ob es allerdings die Leser zu schätzen wissen, dass in Tabellen plötzlich weiße Schrift auf weißem Hintergrund auftaucht? Wie, Sie haben doch den Tabellenhintergrund mit <td bgcolor="olive"> farblich hinterlegt? Schade, dass zum Beispiel der Netscape Navigator 2.0x solche farbigen Tabellenhintergründe nicht unterstützt. Und Benutzern, die im Browser Textfarbe und Hintergrund fest einstellen, schlagen Sie so auch ein Schnippchen. In weiser Voraussicht hat Netscape keine Option im Browser vorgesehen, mit der sich die <font>-Farbdefinitionen auf eine feste Farbe setzen lässt. Ihre Seite mit rotem Text vor schwarzem Hintergrund sieht fetzig aus. Soll der Benutzer doch sehen, wo er bleibt, wenn er mit gelben Hintergrund arbeitet oder das Dokument ausdrucken will. Notfalls bleibt ihm ja noch die Möglichkeit, einen Blick in den HTML-Quellcode zu werfen, um Ihre Botschaft zu enträtseln. Und außerdem kann er dabei noch etwas lernen.
- Natürlich können Sie auch das von Microsoft im Internet Explorer 2.0 eingeführte *face*-Attribut verwenden, um eigene Fonts anzugeben. Selbst schuld: Wer nicht auf Windows umsteigt oder nicht alle Fonts auf seinem System installiert hat, den bestraft das Leben.

Sie sehen bereits, dass Farben und Schriftgrößen die Leser separieren. Textfarben lassen sich global im <body>-Textbereich angeben und können bei Bedarf vom Benutzer des Browsers umdefiniert werden. Die Schriftgröße sollte nur mit Vorsicht verändert werden. Auszeichnungen von Überschriften sind mit dem <hx>-Tag möglich. Änderungen der Größe mit <font

size="+1"> bzw. mit <font size="-1"> dürften wenig Probleme bereiten. Hier ist es aber effizienter, wenn Sie auf die beiden in HTML 3.2 definierten Tags <big> und <small> zurückgreifen, die die gleiche Wirkung haben.

Hinweis

Leider ist es mir noch nicht gelungen, die Hersteller von Assistenten zu überzeugen. FrontPage Express und weitere Tools arbeiten zum Beispiel kräftig mit dem <font>-Tag. Und erneut der Tipp: Die bessere Lösungen zur farblichen Gestaltung von HTML-Dokumenten dürften sich mit Cascading Style Sheets erreichen lassen.

Gestalten von Überschriften

Die meisten Dokumente enthalten Überschriften, um Abschnitte auch optisch zu trennen. HTML bietet einen sehr effizienten Befehl zur Gestaltung von Überschriften mit bis zu sechs Überschriftebenen. Der Text einer Überschrift wird mit den Tags

```
<h1>Hier steht der Text</h1>
```

eingerahmt. Der Buchstabe *h* innerhalb des Tags steht dabei für den Begriff »header«, während die folgende Ziffer die Überschriftebene festlegt. Die obige Zeile erzeugt dabei eine Überschrift im Format der Ebene 1. Insgesamt sind die Überschriftebenen 1 bis 6 verfügbar.

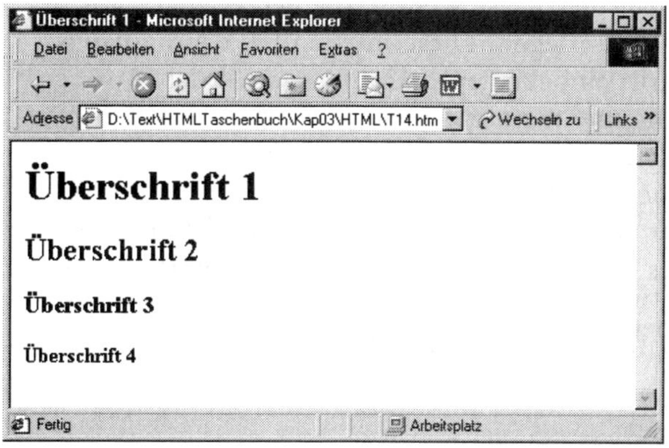

Bild 3.19: Anzeige eines Dokuments mit Überschriften

Die nachfolgenden Anweisungen erzeugen beispielsweise Überschriften der Ebenen 2 und 3:

```
<h2>Einleitung (Ebene 2)</h2>
<h3>Publizieren im Internet (Ebene 3)</h3>
```

Wichtig ist, dass eine Überschrift mit dem <hx>-Tag eingeleitet und mit dem gleichen Tag wieder abgeschlossen wird. Geschachtelte Überschriften und falsche Tag-Kombinationen (z.B. <h2>Internet</h3>) führen zu Problemen bei der Anzeige im Browser.

Bild 3.19 zeigt ein Dokument mit mehreren Überschriften. Wenn Sie sich den HTML-Code des obigen Beispiels nochmals ansehen, erkennen Sie, dass die einzelnen Überschriften zeilenweise im Quellcode hinterlegt wurden. Vermissen Sie die Tags <br> bzw. <p> zur Einleitung eines Zeilen- oder Absatzwechsels hinter den Überschriften?

Bei den Überschriften-Tags gibt es noch eine Besonderheit: Der Browser führt am Anfang und am Ende der Überschrift automatisch einen Absatzwechsel aus. Der Abstand zwischen Überschrift und Folgetext wird dabei durch den Browser in Abhängigkeit von der Überschriftebene automatisch festgelegt. Dieses Verhalten ist eigentlich logisch, da eine Überschrift üblicherweise eigenständig in einer Zeile steht. Sie brauchen daher hinter dem abschließenden Tag keine <p>- oder
-Tags einzufügen.

Hinweis

Leider ist dieses Verhalten nicht immer so günstig. Nehmen wir an, Sie möchten beispielsweise weitere Elemente wie Grafiken in der gleichen Zeile hinterlegen. Diese müssen Sie dann zwangsweise in die Überschrift einbeziehen, andernfalls stellt der Browser die betreffenden Elemente in einer eigenen Zeile dar. Vielleicht ist Ihnen noch nicht klar, wo das Problem liegt? Was ist denn beispielsweise, wenn eine Grafik innerhalb der Überschriftzeile linksbündig, der Text aber zentriert auszurichten ist? Dies ist in HTML mit Überschrift-Tags nicht lösbar (bzw. es müssen einige Tricks angewandt werden). Wie Sie die Ausrichtung (links, zentriert) einer Überschrift beeinflussen, wird nachfolgend diskutiert.

Überschriften in FrontPage Express zuweisen

Das Zuweisen von Überschriften in FrontPage Express ist recht einfach. Klicken Sie auf die Überschriftenzeile und weisen Sie direkt eines der Formate *Überschrift 1* bis *Überschrift 6* zu (Bild 3.20).

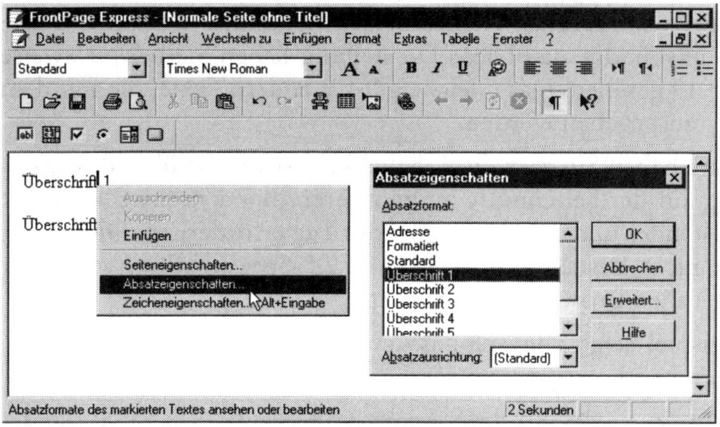

Bild 3.20: Überschriften in FrontPage Express einfügen

Die Formate stehen im Listenfeld FORMATVORLAGE der FORMAT-Symbolleiste zur Verfügung. Öffnen Sie das Listenfeld und klicken Sie dann auf den Namen der gewünschten Formatvorlage. Oder Sie klicken die Überschriftenzeile mit der rechten Maustaste an, aktivieren im Kontextmenü den Befehl ABSATZFORMAT und wählen im Dialogfeld ABSATZEIGENSCHAFTEN das gewünschte Format (Bild 3.20).

Text und Elemente ausrichten

In den auf den vorhergehenden Seiten gezeigten Beispielen wurden die Elemente der HTML-Dokumente linksbündig am linken Fensterrand ausgerichtet. HTML bietet Ihnen aber die Option, Texte oder andere Element wie Bilder, Linien etc. auch zentriert oder rechtsbündig auszurichten. Während es in HTML 2.0 hierfür nur ein <center>-Tag gab, bieten HTML 3.2 und 4.0x verschiedene Attribute zur Ausrichtung. Nachfolgend wird kurz besprochen, wie Sie Texte ausrichten können. Die gleichen Techniken lassen sich sinngemäß auf jedes darstellbare HTML-Element anwenden.

Ausrichten mit dem <center>-Tag

Das HTML-Format bietet Ihnen die Möglichkeit, Elemente wie Überschriften oder Absatztexte horizontal am linken Dokumentrand oder zentriert auszurichten.

- Sofern Sie den Text einer Überschrift lediglich mit den normalen <hx>-Tags auszeichnen, richtet der Browser den Text der Überschrift linksbündig aus. Diese Darstellung haben Sie beispielsweise in Bild 3.19 gesehen. Das Gleiche gilt für andere Texte, die mit dem <p>-Tag ausgegeben werden.
- Alternativ haben Sie aber die Möglichkeit, den Text über das <center>-Tag auf der Seitenmitte zu zentrieren. Beim <center >-Tag ist ein einleitendes und ein abschließendes Tag erforderlich. Dieses Tag ist zwar nicht Bestandteil der HTML 2.0-Spezifikation, wird aber von (fast) allen Browsern unterstützt.

Das folgende Beispiel zeigt, wie sich das <center>-Tag zum Zentrieren von Texten und Überschriften verwenden lässt.

```
<HTML><html>
<head>
<meta http-equiv="Content-Type"
content="text/html; charset=iso-8859-1">
<title>Zentrierte Texte</title>
</head>
<body bgcolor="#FFFFFF">

<h1>Überschrift 1 - linksbündig</h1>
<center><p>Dieser Textabsatz wird zentriert, da er im
&lt;center&gt;-Tag eingeschlossen ist.</p></center>

<center><h2>Überschrift 2 - zentriert</h2></center>
<p>Dieser Textabsatz ist wieder linksbündig ausgerichtet.
Das &lt;center&gt;-Tag wirkt sich nicht mehr auf den
Absatz aus. </p>
<h3>Überschrift 3</h3>
</body>
</html>
```

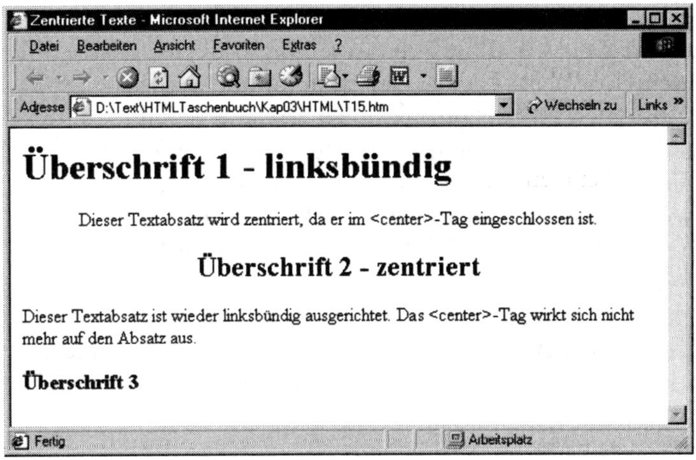

Bild 3.21: Dokument mit zentrierter Überschrift

Das betreffende Dokument besitzt drei Überschriften, die mit unterschiedlichen Ebenen versehen sind. Die Überschrift der Ebene 2 soll dabei in der betreffenden Zeile zentriert werden. Zusätzlich weist das Dokument noch zwei Absätze auf, wobei der erste Absatz ebenfalls zentriert angeordnet wird. Dies lässt sich erreichen, indem der Text bzw. das jeweilige Überschriftelement mit den <hx>-Tags durch <center>-Tags eingeschlossen wird.

```
<center><h2>...</h2></center>
```

Dem Browser ist es dabei egal, ob eine Überschrift, ein Bild oder ein Textabsatz etc. zwischen dem einleitenden und abschließenden <center>-Tag steht.

Das Ergebnis des obigen HTML-Codes wird gemäß Bild 3.21 im Browser angezeigt. Die erste Überschrift wird horizontal im Fenster zentriert. Der Browser nimmt dabei die Ausrichtung in Abhängigkeit von der Fensterbreite vor.

Hinweis

Die im obigen Abschnitt genutzte Methode, eine Überschrift mit dem <center>-Tag in der Seitenmitte des Browser-Fensters auszurichten, wird von fast allen Browsern unterstützt. Das betreffende Tag ist aber nicht Bestandteil der HTML 2.0-Spezifikation. Vielmehr wurde er von Netscape eingeführt. Erst mit HTML 3.2 wurde das Tag zwangsweise (aufgrund der weiten Verbreitung) übernommen. Die HTML 4.0-Spezifikation bezeichnet das <center>-Tag als »deprecated element«, d.h., Sie sollten dieses Tag bei neuen Dokumenten nicht mehr einsetzen. Einer der Gründe ist wohl, dass zwischen <center> und </center> viele andere Tags stehen können, deren Ausrichtung per *align*-Attribut kontrolliert wird.

Ausrichtung per align-Attribut

Die Ausrichtung über <center> reicht jedoch nicht, um alle Dokumente entsprechend darzustellen. Manchmal sollen Texte bzw. Überschriften am rechten Seitenrand des Browser-Fensters ausgerichtet werden. Die Firmen Microsoft und Netscape führten daher bei ihren Browsern eine Erweiterung zum Ausrichten von HTML-Elementen ein. Diese Erweiterung verwendet das *align*-Attribut, das beispielsweise im <hx>-Tag zur Ausrichtung benutzt werden kann. Fehlt das Attribut, werden die Elemente linksbündig angeordnet.

Für Überschriften gibt der Wert des *align*-Attributs die Ausrichtung des Texts an. Die Werte des *align*-Attributs lassen sich dabei auf *left*, *right* und *center* setzen. Entsprechend richtet der Browser die Überschrift linksbündig, rechtsbündig oder zentriert aus.

In Bild 3.22 sehen Sie ein Textdokument, in dem einige Elemente linksbündig, zentriert und rechtsbündig unter Verwendung des *align*-Attributs ausgerichtet wurden. Der nachfolgende HTML-Quellcode zeigt, wie dieses Attribut eingesetzt wird.

```
<html>
<head>
<meta http-equiv="Content-Type"
content="text/html; charset=iso-8859-1">
<title>Ausgerichtete Text</title>
```

```
</head>
<body bgcolor="#FFFFFF">
<h1 align="left">Überschrift 1</h1>
<p align="right">Dieser Textabsatz wird rechtsbündig ausgerichtet.</p>
<h2 align="center">Überschrift 2 - zentriert</h2>
<p align="left">Dieser Textabsatz ist wieder linksbündig ausgerichtet.
</p>
<h3 align="center">Überschrift 3</h3>
</body>
</html>
```

Bild 3.22: Ausgerichtete Überschriften

Das Attribut *align="left"* im ersten Tag könnte dabei entfallen, da dies der standardmäßig benutzten linksbündigen Ausrichtung der Überschriften entspricht.

> **Hinweis**
>
> Nachdem die Browser von Microsoft und Netscape dieses Attribut unterstützten, wurde es allgemein in die HTML 3.2-Spezifikation aufgenommen. Wollen Sie allerdings sicherstellen, dass möglichst viele Browser ein Dokument gleich darstellen, sollten Sie auf dieses Attribut verzichten.

Textausrichtung in FrontPage Express

Wenn Sie Ihre HTML-Dokumente mit FrontPage Express erstellen, ist die Verwendung des *align*-Attributs ein Kinderspiel. Das Programm stellt direkt drei Schaltflächen in der FORMAT-Symbolleiste bereit (Bild 3.23), mit denen sich Texte linksbündig, rechtsbündig und zentriert anordnen lassen.

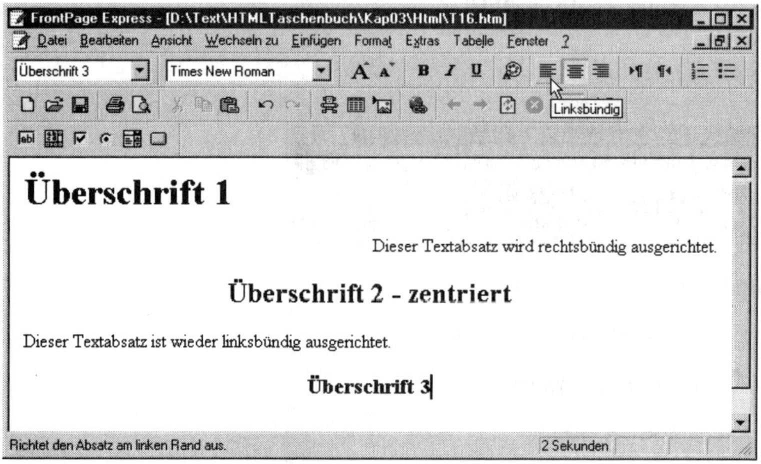

Bild 3.23: Ausrichten in FrontPage Express

1. Markieren Sie in FrontPage Express das Element, welches Sie horizontal ausrichten möchten. Es kann sich um eine Überschrift oder um einen Absatz handeln.
2. Klicken Sie auf eine der drei Schaltflächen der FORMAT-Symbolleiste, um den Wert des *align*-Attributs zu setzen.

FrontPage Express erzeugt das betreffende Attribut automatisch im HTML-Code und passt dessen Wert bei jeder Änderung an. Fügen Sie ein neues Element im Dokument ein, besitzt dieses aber noch kein *align*-Attribut.

> **Hinweis** In FrontPage Express können Sie einen markierten Bereich mit der rechten Maustaste anklicken und im Kontextmenü den Befehl ...EIGENSCHAFTEN wählen. Je nach gewähltem Element blendet das Programm Befehle wie SEITENEIGENSCHAFTEN, ZEICHENEIGENSCHAFTEN, ABSATZEIGENSCHAFTEN etc. ein. Nach Anwahl eines Befehls wird das Eigenschaftenfenster geöffnet, welches die verfügbaren Optionen über Steuerelemente wie Listenfelder, Optionsfelder etc. anbietet.

Horizontale Linien im Dokument

HTML-Dokumente besitzen weder einen definierten linken bzw. rechten Rand noch einen festen Seitenumbruch. Diese Optionen werden vielmehr durch den Browser eingestellt. In vielen HTML-Dokumenten finden Sie daher horizontale Linien, mit denen sich Textabschnitte optisch untergliedern lassen. Diese horizontalen Linien werden mit dem <hr>-Tag (steht für Horizontal Ruler) erzeugt, das an beliebigen Textstellen auftreten kann. Das folgende Beispiel zeigt die Verwendung dieses Tags:

```
<html>
<head>
<meta http-equiv="Content-Type" content="text/html; charset=iso-8859-
1">
<title>Liniendemo</title>
</head>
<body bgcolor="#FFFFFF">
<h2>Publizieren im Internet</h2>
<p>Zum Publizieren im Internet müssen Sie auf HTML zurückgreifen. Mit
dieser Sprache können Sie Dokumente formatieren und mit Linien
versehen. </p>
<hr>
<p>Dieser Abschnitt ist durch eine Linie abgetrennt. Die Linienbreite
wird in HTML 3.2 durch das <em>width</em>-Attribut eingestellt.
<em>size</em> legt dagegen die Liniendicke fest. </p>
<hr size="4" width="40%" color="#0000FF">
<p><font color="#FF8040" size="4">Farben</font> sind in Netscape
ebenfalls möglich, und das erste Wort der Zeile wurde mit FONT etwas
vergrößert. </p>
```

```
</body>
</html>
```

Das <hr>-Tag besitzt keinen abschließenden </hr>-Tag. Sobald das Tag im Dokument auftaucht, zeigt der Browser eine horizontale graue Linie im Dokument. Dicke, Ausrichtung und Länge der Linie hängt dabei vom Browser ab. In Bild 3.24 sehen Sie, wie die obigen Anweisungen im Microsoft Browser angezeigt werden.

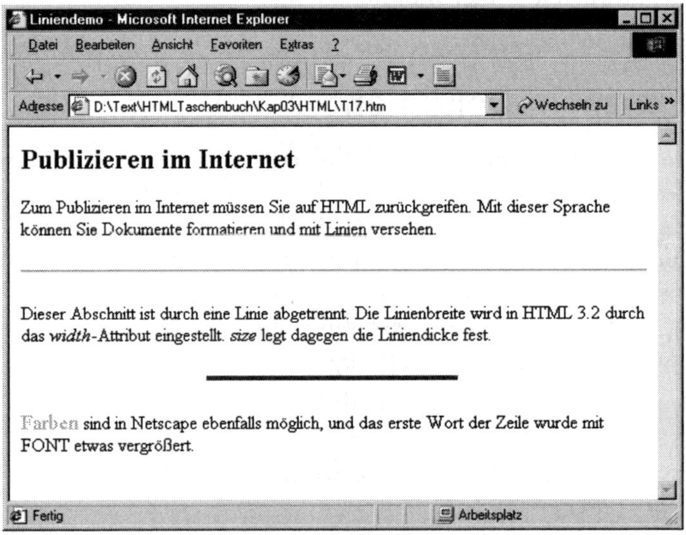

Bild 3.24: Darstellung von horizontalen Linien

Seit HMTL 3.2 haben Sie aber die Möglichkeit, die Eigenschaften der Linie über Attributwerte einzustellen. Mit *width="yy"* lässt sich die Linienbreite entweder in Prozent der Fensterbreite oder in Pixel festlegen. Die Angabe

```
width="40%"
```

bewirkt, dass die Linie 40 Prozent der Fensterbreite annimmt. Lassen sich das Prozentzeichen im Wert des Attributs weg, wird die Zahl 40 als Pixel interpretiert. Dann ist die Linie 40 Bildpunkt breit zu zeichnen. Die Liniendicke in Pixel wird über das *size*-Attribut festgelegt. Zusätzlich dürfen Sie natürlich auch das *color*-Attribut angeben, um die Linienfarbe zu bestimmen Mit

```
<hr size="4" width="40%" color="#0000FF">
```

wird eine blaue Linie erzeugt, die 4 Pixel dick ist und 40 % der Seitenbreite annimmt. Als letztes Attribut können Sie bei HTML 4.0-konformen Browsern auch das *align*-Attribut einsetzen, um die Lage der Linie auf linksbündig, zentriert oder rechtsbündig zu setzen.

Hinweis

Leider stellen die verschiedenen Browser die Linien unterschiedlich dar. Weiterhin sieht eine graue Linie vor einem farbigen Hintergrund nicht besonders ansprechend aus. Daher gehen viele Web-Autoren dazu über, Grafiken als Linien im Dokument aufzunehmen. Allerdings ergeben sich hier andere Probleme wie zum Beispiel die fehlende Möglichkeit, die Linienlänge in Prozent der Fensterbreite anzugeben. Auf das Einbinden von Grafiken gehe ich weiter unten ein.

Horizontale Linien in FrontPage Express anlegen

Um eine horizontale Linie in einem HTML-Dokument per FrontPage Express einzufügen, klicken Sie auf die betreffende Textstelle. Dann wählen Sie im Menü EINFÜGEN auf den Befehl HORIZONTALE LINIE. FrontPage Express fügt eine horizontale Linie mit den vorgegebenen (bzw. zuletzt benutzten) Attributen im Dokument ein.

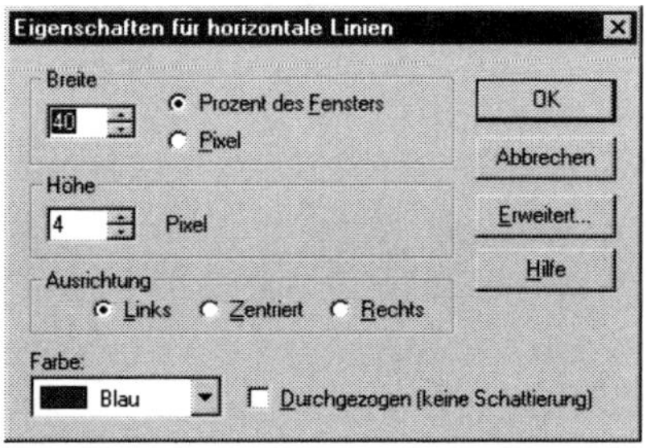

Bild 3.25: Eigenschaften einer Linie in FrontPage Express

Um die Eigenschaften der horizontalen Linie anzupassen, klicken Sie diese mit der rechten Maustaste an und wählen im Kontextmenü den Befehl EIGENSCHAFTEN: HORIZONTALE LINIE, oder drücken Sie die Tastenkombination [Alt]+[↵]. FrontPage Express öffnet ein Dialogfeld, in dem sich die Eigenschaften der Linie interaktiv anpassen lassen (Bild 3.25).

Stellen Sie den Wert für die Breite ein und wählen Sie die Maßeinheit (Prozent oder Pixel). Über das Drehfeld HÖHE lässt sich die Liniendicke festlegen. Zusätzlich können Sie die Ausrichtung und die Farbe festlegen. Das Kontrollkästchen DURCHGEZOGEN wirkt sich auf das *noshade*-Attribut aus. Ist dieses Attribut vorhanden, wird die Linie ohne Schattierung angezeigt.

Achtung

Das *noshade*-Attribut besitzt keinen Wert. Im zukünftigen XHTML-Standard ist ein Attribut ohne Wert unzulässig. Daher sollten Sie dieses Attribut in FrontPage Express nicht weiter verwenden.

Damit soll das aktuelle Kapitel abgeschlossen werden. In den folgenden Kapiteln lernen Sie Techniken zum Gestalten von Einzügen, von Nummerierungen und Aufzählungen kennen. Weitere Themen sind Verweise (Hyperlinks) sowie das Arbeiten mit Grafiken. Über Grafiken können Sie ebenfalls Linien im Dokument einbinden.

Kapitel 4
Aufzählungen, Nummerierungen und Listen

In vielen HTML-Dokumenten werden Ihnen Aufzählungen begegnen, in denen die einzelnen Absätze durch Schmuckpunkte optisch hervorgehoben wurden. Alternativ lassen sich den Absätzen Ziffern oder Buchstaben anstelle der Schmuckpunkte voranstellen. In diesem Fall spricht man von Nummerierungen. Zusätzlich gibt es noch die Möglichkeit, HTML-Inhalte als spezielle Listen zu gestalten. In diesem Kapitel erfahren Sie, welche Möglichkeiten HTML hierzu bietet.

Arbeiten mit Aufzählungen

Zum optischen Hervorheben von Textstellen werden die betreffenden Absätze häufig mit vorangestellten Symbolen versehen. Als Symbole werden Punkte, Pfeile etc. verwendet. Man bezeichnet diese Symbole auch als Schmuckpunkte oder Bullets, und die betreffenden Dokumentstellen werden als Aufzählung interpretiert. Jede Textverarbeitung bietet eine entsprechende Funktion, und der Autor eines HTML-Dokuments kann ähnliche Funktionen nutzen. Allerdings gilt es hierbei einige Besonderheiten zu beachten.

Aufzählung in FrontPage Express nutzen

Bevor wir uns mit den Feinheiten des Aufzählungs-Tags befassen, werfen wir doch einen Blick auf FrontPage Express. Dieses Programm erlaubt Ihnen, Aufzählungen per Mausklick im Dokument einzufügen.

1. Markieren Sie den gewünschten Textabschnitt im FrontPage-Dokumentfenster. Es muss sich dabei um einen oder mehrere Absätze handeln.
2. Klicken Sie in der FORMAT-Symbolleiste auf die Schaltfläche AUFZÄHLUNG.

FrontPage Express weist jetzt dem markierten Bereich das Aufzählungsformat zu. Die betreffenden Absätze werden etwas nach rechts eingezogen und mit einem Schmuckpunkt am linken Rand versehen. Umfasst ein Absatz mehrere Zeilen, zieht FrontPage die Folgezeilen ebenfalls nach rechts ein. In der Symbolleiste wird die Schaltfläche AUFZÄHLUNG als eingedrückt dargestellt (Bild 4.1).

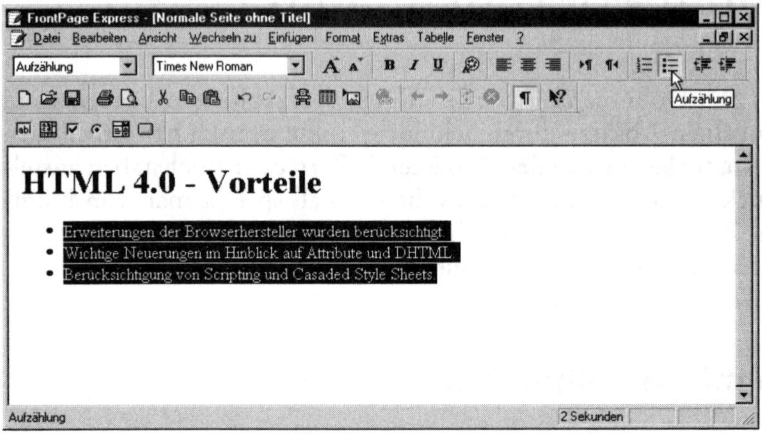

Bild 4.1: Aufzählung in FrontPage Express zuweisen

Alternativ können Sie einem markierten Dokumentbereich eine Aufzählung direkt über das Listenfeld FORMATVORLAGE der Symbolleiste zuweisen. Um die Aufzählung wieder aufzuheben, markieren Sie diese. Anschließend klicken Sie ein zweites Mal auf die Schaltfläche AUFZÄHLUNG.

Wie werden Aufzählungen realisiert?

Die HTML-Beschreibungssprache stellt ein eigenes Tag zur Realisierung von Aufzählungen zur Verfügung. In der englischen Sprache werden Aufzählungen und Nummerierungen als Listen bezeichnet. Zur Unterscheidung wird eine einfache Aufzählung mit Schmuckpunkten vor jedem Absatz als unsortierte Liste (unordered list) interpretiert. Für die Auszeichnung solcher Listen steht das <ul>-Tag zur Verfügung. In den folgenden Abschnitten sehen Sie, dass nummerierte Listen ein ähnliches Tag besitzen. Die Syntax, um eine solche Liste mit Aufzählungen zu realisieren, ist relativ einfach:

Fachwort

Als Syntax werden die Regeln zum Aufbau einer Sprache oder eines Befehls bezeichnet.

- Die betreffenden Absätze mit der Aufzählung sind durch ein einleitendes und ein abschließendes Tag der Form <ul> .. </ul> einzufassen. Diese beiden Tags sorgen dann dafür, dass die betreffenden Absätze etwas nach rechts eingezogen werden.
- Um einen Schmuckpunkt am Absatzanfang zu erzeugen, muss der betreffende Absatz zusätzlich durch das vorangestellte <li>-Tag markiert werden. Der Absatz sollte mit einem </li>-Tag abgeschlossen werden.

Vor jedem Absatz erscheint dann ein einzelner Punkt. Umfasst ein Absatz mehrere Zeilen, werden die Folgezeilen mit eingezogen, d.h., der linke Textrand ist für alle Zeilen gleich. Nachfolgend sehen Sie eine einfache Sequenz, die eine Aufzählungsliste in HTML realisiert.

```
<ul>
<li>Dies ist der erste Listenpunkt.</li>
<li>Hier kommt der zweite Listenpunkt.</li>
<li>Der dritte und letzte Punkt der Liste.</li>
</ul>
```

Sie erkennen deutlich, dass die komplette Liste durch die Tags <ul> .. </ul> eingefasst wird. Jeder Listenpunkt ist anschließend mit dem Tag <li> einzuleiten und mit einem </li>-Tag abzuschließen.

Hinweis

Das abschließende </li> Tag ist gemäß der HTML 3.2-Spezifikation nicht erforderlich. Die Browser zeigen die Aufzählung auch richtig an, sofern Sie nur mit dem <li>-Tag am Absatzanfang arbeiten. Im Hinblick auf die Konformität mit XHTML sollten Sie aber auf jeden Fall das abschließende </li>-Tag nutzen. Dies ist auch der Grund, warum das </li>-Tag bei maschinell generiertem Code angehängt wird.

In Bild 4.2 sehen Sie die Darstellung einer Aufzählung im Microsoft Internet Explorer. Der Browser versieht die drei Absätze mit einem dünnen Punkt und zieht den Text auch etwas nach rechts ein.

Interessant ist in diesem Zusammenhang die Frage, wie der Browser die einzelnen Absätze behandelt. In Bild 4.2 sehen Sie, dass die Aufzählung in Absätzen erfolgt. Ein Blick in den HTML-Quellcode zeigt aber, dass diese Absätze nicht mit einem <p>- oder
-Tag abgeschlossen wurden.

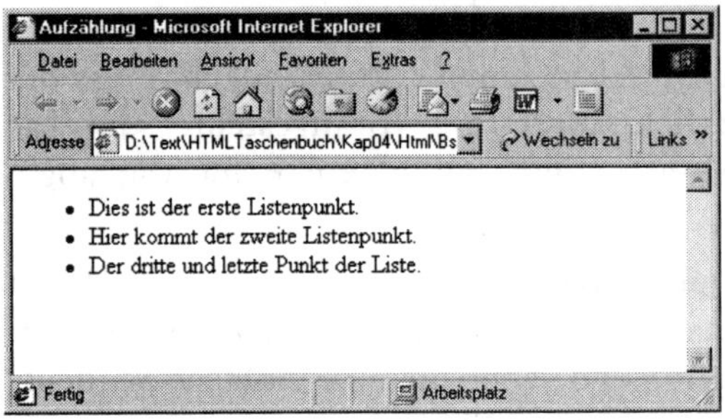

Bild 4.2: Darstellung einer Aufzählung im Microsoft Internet Explorer

Hinweis

Bei einer Aufzählung oder Nummerierung setzt der Browser die betreffenden Absätze vom restlichen Dokument ab. Sie brauchen daher keine zusätzlichen <p>- oder
-Tags, um die betreffenden Zeilenumbrüche zu markieren. Verwenden Sie trotzdem diese Tags, vergrößert dies den vertikalen Abstand zwischen den betreffenden Absätzen.

Hinweise zur Darstellung der Aufzählungen

Die Realisierung einer Aufzählung ist in HTML recht einfach. Sie brauchen sich keine großen Gedanken um Einzelheiten zu machen. Die meisten Werkzeuge erzeugen Aufzählungen mit einem einfachen Schmuckpunkt.

Falls Sie jedoch ausgefeilte HTML-Dokumente erstellen, sollten Sie schon wissen, dass die Darstellung des Schmuckpunkts in jedem Browser anders behandelt wird. In Bild 4.3 sehen Sie eine Übersicht, wie Schmuckpunkte in verschiedenen Browsern angezeigt werden. Der (etwas veralterte) Mosaic-Browser bringt noch die effektvollste Darstellung für Schmuckpunkte.

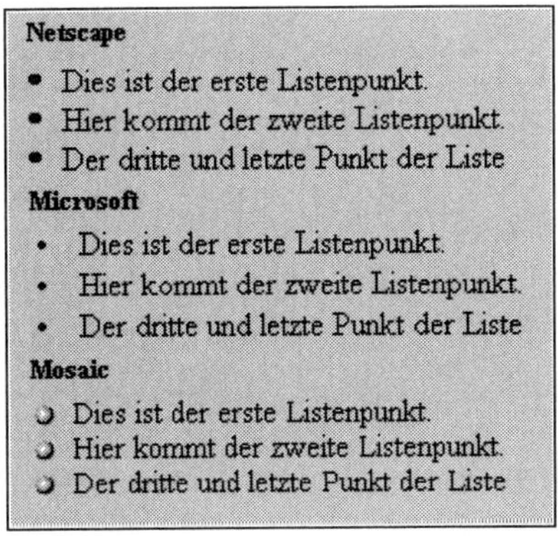

Bild 4.3: Darstellung der Aufzählungssymbole in verschiedenen Browsern

Hinweis

Viele Web-Designer stört diese unterschiedliche Darstellung der Schmuckpunkte in Abhängigkeit vom verwendeten Browser. Daher setzen Sie auf grafische Schmuckpunkte. Wie sich so etwas realisieren lässt und welche Fallen es dabei gibt, wird weiter unten im Kapitel über das Einbinden von Grafiken behandelt.

Gestufte Aufzählungen realisieren?

In verschiedenen Fällen reicht eine einfache Aufzählung nicht aus, um einen bestimmten Sachverhalt darzustellen. So kann es beispielsweise sein, dass ein Aufzählungspunkt seinerseits wieder aus mehreren Teilthemen besteht. Dann ist es häufig erwünscht, diese Teilthemen mit getrennten Symbolen und vergrößerten Einzügen hervorzuheben. Man spricht in diesem Zusammenhang von gestuften Aufzählungen.

Was bei manchem Textverarbeitungsprogramm ein Problem darstellen kann, lässt sich in HTML problemlos mit dem <ul>-Tag realisieren. Hierzu ist lediglich innerhalb einer <ul>..</ul>-Sequenz eine weitere <ul> ...</ul>-Sequenz einzufügen. Die folgende Sequenz enthält die geschachtelten <ul>-Tags.

```
<html>
<head>
<meta http-equiv="Content-Type"
```

```
content="text/html; charset=iso-8859-1">
<title>Aufzählung</title>
</head>
<body bgcolor="#FFFFFF">
<ul>
  <li>Session 1: Arbeiten mit Ton und Lehm</li>
  <ul>
    <li>Kurs 1: Töpfern im privaten Bereich</li>
    <li>Kurs 2: Herstellung von Lehmziegeln</li>
  </ul>
  <li>Session 2: Vom Umgang mit Holz </li>
  <ul>
   <li>Kurs 1: Erkundung der heimischen Holzarten</li>
   <li>Kurs 2: Ich fertige meine Möbel selbst</li>
  </ul>
</ul>
</body>
</html>
```

Im Browser werden die Listenpunkte in geschachtelte Aufzählungen umgesetzt. Der Browser zeigt die obige Sequenz als zweistufige Aufzählung (Bild 4.4).

> **Achtung**
>
> Bei manchen Werkzeugen, die automatisch HTML-Code erzeugen, ist es etwas schwierig, diese gestuften Aufzählungen abzurufen. Microsoft FrontPage Express oder Microsoft Word 97 kennen keine gestuften Aufzählungen. Sie müssen in diesen Fällen die Tags manuell in die HTML-Datei einfügen. Bei FrontPage Express ergibt sich aber das Problem, dass das Programm die Tags anschließend falsch filtert. In der eingerückten Aufzählung werden die Tags <ul> ... </ul> in eine <li> ... </li>-Sequenz eingebettet. Dies führt dazu, dass der Browser einen zweiten Schmuckpunkt am linken Rand zeigt (Bild 4.5). Aus diesem Grund sollten Sie auf gestufte Aufzählungen verzichten oder diese manuell in einem HTML-Editor erstellen.

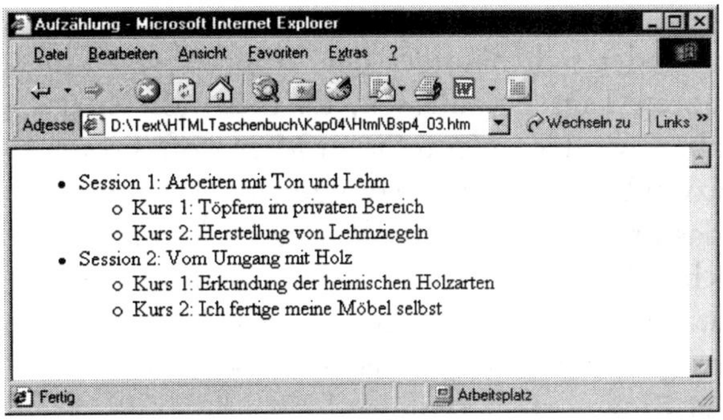

Bild 4.4: Beispiel einer gestuften Aufzählung

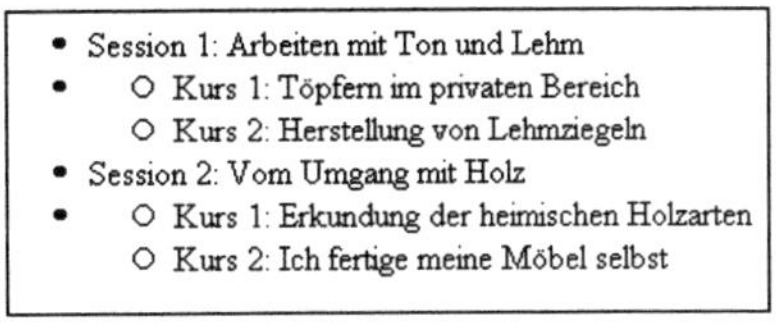

Bild 4.5: Fehlerhafte Anzeige einer zweistufigen Aufzählung

Achtung

Die Browser besitzen intern meist drei vordefinierte Symbole für Schmuckpunkte, die zur Anzeige gestufter Aufzählungen benutzt werden. In älteren Browserversionen weichen die Symbole stark voneinander ab. Zumindest bei neueren Versionen des Netscape Navigators und des Internet Explorers (ab Version 4.0) kommen weitgehend identische Schmuckpunkte zum Einsatz.

Absatzeinzüge per <ul>-Tag realisieren

Beim Gestalten von Dokumenten ist es häufig hilfreich, wenn bestimmte Absätze etwas nach rechts eingezogen werden. Was bei Textverarbeitungsprogrammen recht einfach ist, wird sich in HTML-Dokumenten zum Problem. Web-Designer stehen vor dem Dilemma, dass es keinen expliziten HTML-Befehl für Absatzeinzüge gibt.

Achtung

In der Literatur findet sich häufiger der Tipp, Absätze in HTML mit <blockquote>-Tags einzufassen, da diese als Zitatabschnitte hervorgehoben werden. Wenn Sie in Microsoft FrontPage die Schaltflächen zum Einziehen von Absätzen in der Symbolleiste anklicken, fasst das Programm den markierten Dokumentbereich ebenfalls in ein <blockquote>-Tag ein. Die meisten Browser rücken dann den Absatz etwas nach rechts ein. Da es jedoch jedem Browser-Hersteller freigestellt ist, wie er das <blockquote>-Tag implementiert, ist dieser Einzug nicht zwingend.

Sie können aber zu einer Alternative greifen, um Einzüge zu realisieren. Dieser Trick funktioniert zumindest bei Netscape und dem Internet Explorer. Verwenden Sie eine Aufzählung, lassen bei den gewünschten Absätzen aber das <li>-Tag weg. Damit sollte der Browser kein Aufzählungssymbol vor den Absatz stellen. Die folgende Sequenz zeigt die Anwendung des <ul>-Tags für diesen Zweck.

```
<p>Hier finden Sie Beispiele für eingezogene Absätze: </p>
<ul>
    Dieser Absatz ist etwas nach rechts<br>
    eingezogen, besitzt aber keinen Schmuckpunkt.
<p>Auch dieser Absatz ist eingezogen.</p>
</ul>
```

Wenn Sie diesen Text in einem Browser laden, sollte sich das gezeigte Dokument in etwa der Darstellung in Bild 4.6 entsprechen.

Das Aufzählungssymbol auswählen

Die Ausführungen in den vorhergehenden Abschnitten zeigen, wie sich Aufzählungen in HTML realisieren lassen. Um gestufte Aufzählungen zu realisieren, führte Netscape ein weiteres Attribut zur Auswahl des Aufzählungssymbols ein. Dieses *type*-Attribut wurde in HTML 3.2 standardisiert und erlaubt, die Form des Aufzählungssymbols als Option einzustellen. Daher werden die entsprechenden Optionen auch in anderen Browsern wie dem Internet Explorer unterstützt.

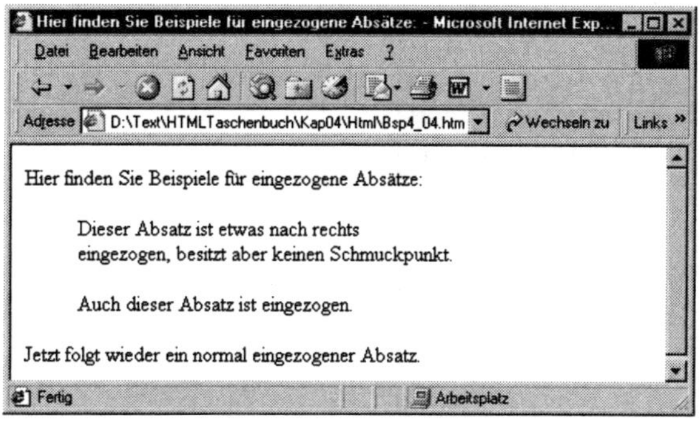

Bild 4.6: Eingezogene Absätze im Microsoft Internet Explorer

Achtung

Wenn Sie Einrückungen in HTML-Dokumenten mit dem <ul>-Tag vornehmen, dürfen Sie diese Dokumente nicht mehr in FrontPage Express oder andere HTML-Werkzeuge laden. Andernfalls besteht die Gefahr, dass der HTML-Code verändert wird. Speichern Sie beispielsweise ein solches Dokument in FrontPage Express, versieht der HTML-Exportfilter den in <ul>...</ul> stehenden Absatz mit den <li>...</li>-Tags. Bei der nächsten Anzeige im Browser erscheint dann der eingerückte Absatz mit einem vorangestellten Schmuckpunkt.

Sie können dieses Attribut entweder im <ul>-Tag oder beim <li>-Tag festlegen. Die folgenden Anweisungen zeigen, wie sich dieses Attribut benutzen lässt:

```
<ul type="disc">
    <li>Arbeiten mit Ton und Lehm</li>
    <li>Töpfern im privaten Bereich</li>
    <li>Herstellung von Lehmziegeln</li>
    <li> </li>
    <li type="square">Vom Umgang mit Holz </li>
    <li type="circle">Erkundung der heimischen Holzarten </li>
    <li>Ich fertige meine Möbel selbst </li>
</ul>
```

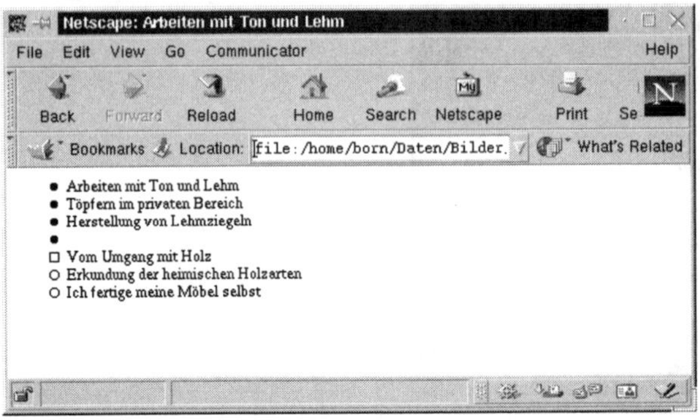

Bild 4.7: Anzeige der Aufzählungssymbole im Netscape Navigator 4.x

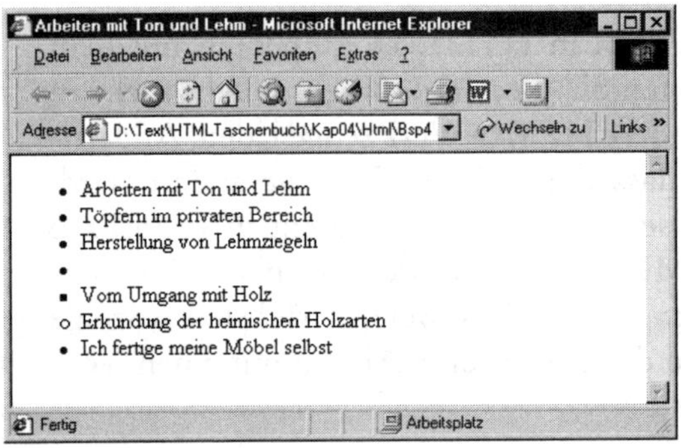

Bild 4.8: Anzeige der Aufzählungssymbole im Internet Explorer 4.x/5.x

In der ersten Aufzählungssequenz wird das Aufzählungssymbol auf »disc« gesetzt. Der Browser (z.B. Netscape Navigator) zeigt dann einen gefüllten Kreis (Standardvorgabe). Innerhalb der Aufzählung setzt das *type*-Attribut im <li>-Tag das Aufzählungssymbol auf »square« um.

Das Symbol bleibt dabei für die komplette Aufzählungssequenz erhalten (auch wenn das Attribut im <li>-Tag genutzt wird). Der Browser macht daraus ein gefülltes Quadrat. Als dritte Variante lässt sich noch ein leerer Kreis mit *type="circle"* anzeigen. Das Ergebnis hängt aber etwas vom verwendeten Browser ab (Bild 4.7 und Bild 4.8). Während der Netscape Navigator die Vorgabe für den Typ des Aufzählungssymbols beibehält, setzt der Internet Explorer die Vorgabe automatisch auf einen gefüllten Kreis zurück, falls das Attribut fehlt.

Achtung

Wegen Diskrepanzen bei der Darstellung dieser unterschiedlichen Schmuckpunkte in verschiedenen Browsern sollten Sie sparsam mit dieser Option umgehen.

Schmuckpunkte in FrontPage Express auswählen

FrontPage Express erlaubt Ihnen auf recht einfache Weise die Schmuckpunkte anzupassen.

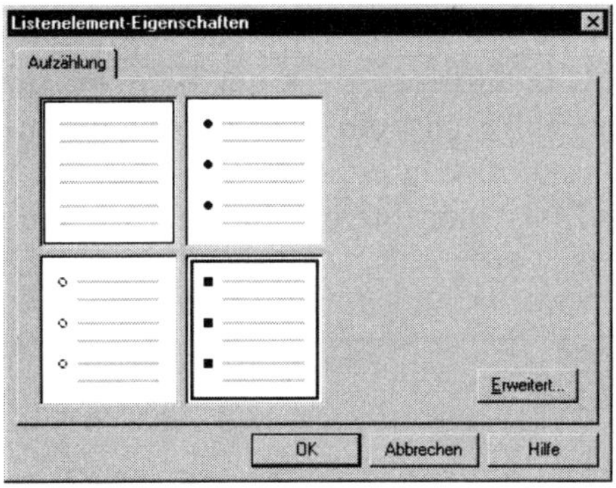

Bild 4.9: Registerkarte AUFZÄHLUNG *in FrontPage Express*

1. Sobald Sie eine Aufzählung im Dokument realisiert haben, markieren Sie die gewünschten Aufzählungsabsätze.
2. Klicken Sie mit der rechten Maustaste auf den markierten Bereich und wählen Sie im Kontextmenü den Befehl LISTENELEMENT-EIGENSCHAFTEN.
3. FrontPage Express öffnet dann ein Eigenschaftenfenster, auf dessen Registerkarte AUFZÄHLUNG Sie eines der Aufzählungssymbole wählen können (Bild 4.9).

Sobald Sie die Registerkarte über die OK-Schaltfläche schließen, werden die Tags der betreffenden Abschnitte mit dem Attribut *type* versehen.

> **Achtung**
>
> Die im Eigenschaftenfenster gezeigten Registerkarten hängen dabei von der Auswahl des Dokumentabschnitts bzw. des Kontextmenübefehls ab. Falls Sie nur einen Aufzählungsabatz markieren, erscheinen die Befehle LISTENEIGENSCHAFTEN und LISTENELEMENT-EIGENSCHAFTEN zum Aufrufen der Registerkarte AUFZÄHLUNG.

Nummerierungen

Neben Aufzählungen können Sie in HTML Textabsätze durch Nummerierungen hervorheben. Ähnlich wie bei Aufzählungen zieht der Browser bei Nummerierungen die Absatztexte etwas nach rechts ein. Allerdings wird anstelle des Aufzählungssymbols eine Nummerierung in Form einer Zahl oder eines Buchstabens verwendet. In Bild 4.10 sehen Sie ein Beispiel für eine Nummerierung.

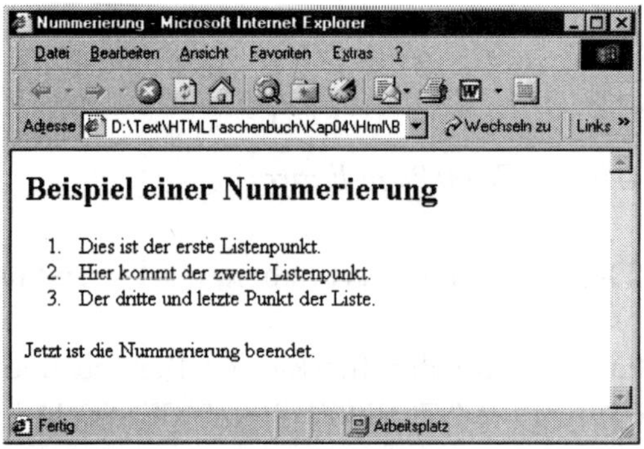

Bild 4.10: Anzeige einer Nummerierung im Microsoft Internet Explorer

Nummerierung mit dem <ol>-Tag

In HTML gibt es das <ol>-Tag, um eine Nummerierung zu erstellen. Die Buchstabenkombination *ol* steht dabei für »ordered list«, da Nummerierungen in der englischen Sprache als sortierte Liste (ordered list) bezeichnet werden. Ein Nummerierungsabschnitt besitzt dann folgenden Aufbau im HTML-Dokument:

```
<ol>
 <li>Dies ist der erste Listenpunkt. </li>
 <li>Hier kommt der zweite Listenpunkt. </li>
 <li>Der dritte und letzte Punkt der Liste. </li>
</ol>
```

Die komplette Liste wird durch die Tags <ol> .. </ol> eingefasst. Jeder Listenpunkt ist anschließend mit dem Tag <li> einzuleiten. In obiger Sequenz werden die Listenpunkte zusätzlich mit einem </li>-Tag abgeschlossen.

Hinweis

Gemäß der HTML 3.2-Spezifikation ist dieses abschließende </li>-Tag nicht erforderlich. Sie sollten dieses Tag aber im Hinblick auf XHTML-Konformität verwenden. Maschinell generierter HTML-Code weist die abschließenden Tags in der Regel auch auf.

Die obigen Anweisungen (ergänzt um eine Überschrift und einen abschließenden Absatz) werden im Browser dann gemäß Bild 4.10 dargestellt. Die Wiedergabe erfolgt im Microsoft Internet Explorer sowie im Netscape Navigator gleich.

Unterbrochene Nummerierung

Ähnlich wie bei Aufzählungen kommt es häufiger vor, dass bei einer Nummerierung einzelne Absätze nicht in die Nummerierung einbezogen werden sollen. Ein entsprechendes Beispiel sehen Sie in Bild 4.11.

Um die Nummerierung auszusetzen, müssen Sie lediglich den betreffenden Absatz innerhalb der <ol>..</ol>-Tags einfügen und durch einen Absatzwechsel vom Nummerierungsabsatz abtrennen. Sobald das einleitende <li>-Tag fehlt, unterdrückt der Browser das Nummerierungssymbol. Beim nächsten Nummerierungsabsatz wird die logisch folgende Nummer benutzt. Nachfolgend sehen Sie den HTML-Quellcode, der zum Erzeugen des Beispiels aus Bild 4.11 benutzt wurde.

```
<html>
<head>
<meta http-equiv="Content-Type"
```

```
content="text/html; charset=iso-8859-1">
<title> Nummerierung in HTML </title>
</head>
<body bgcolor="#FFFFFF">
<h2>Beispiele für eine übersprungene Nummerierung</h2>
<p>In Nummerierungssequenzen lassen sich einzelne Absätze einfügen, die
nicht mit einem Nummerierungssymbol versehen sind. </p>
<ol>
  <li>Dies ist der erste Listenpunkt.
    <p>Diese Zeile wird ebenfalls eingezogen.</p>
  </li>
  <li>Hier kommt der zweite Listenpunkt. </li>
  <li>Der dritte und letzte Punkt der Liste. </li>
</ol>
<p>Jetzt ist die Nummerierung beendet und der Text wird wieder normal
dargestellt. </p>
</body>
</html>
```

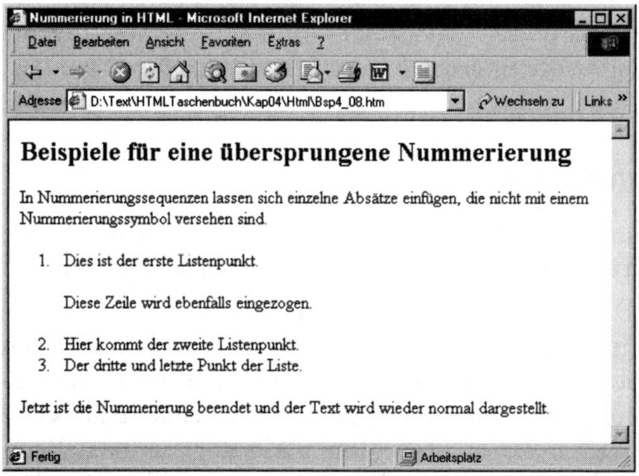

Bild 4.11: Übersprungener Absatz in einer Nummerierung

Hinweis

Möchten Sie eine unterbrochene Nummerierung in FrontPage Express realisieren, ziehen Sie den gesamten Text im betreffenden Nummerierungsabsatz zusammen. Dann klicken Sie auf die Textstelle, an der abzutrennende und nicht zu nummerierende Absatz beginnt. Drücken Sie anschließend die Tastenkombination [Strg] [Leer], um Zeilenumbrüche einzufügen. Oder Sie nummerieren die Absätze einfach durch, markieren dann den Absatz, der keine Nummerierung tragen soll, und klicken auf die Schaltfläche EINZUG VERGRÖSSERN.

Gestufte Nummerierungen

In verschiedenen Dokumenten werden Nummerierungen geschachtelt, d.h., in einem Nummerierungsabsatz treten weitere (Unter-)Nummerierungen auf. Eine solche gestufte Nummerierung lässt sich durch Schachteln der <ol>-Tags innerhalb einer <ol>..</ol>-Sequenz erreichen. Die folgende Sequenz nutzt diese Erkenntnisse und generiert die in Bild 4.12 gezeigte Nummerierung.

Hinweis

Der Browser zieht die zweite Ebene der Nummerierung einfach nach rechts ein. Sofern Sie in dieser Ebene eine gestufte Nummerierung der Form 1.1, 1.2 etc. erwartet haben, werden Sie enttäuscht. HTML sieht bisher nur eine einstufige Nummerierung vor, die auch in den Folgeebenen nicht erweitert wird. Der Browser setzt lediglich die Nummerierung beim Beginn jeder neuen Ebene auf 1 zurück.

Nachfolgend sehen Sie den Code, der zum Erzeugen von Bild 4.12 genutzt wurde.

```
<html>
<head>
<meta http-equiv="Content-Type"
content="text/html; charset=iso-8859-1">
<title>
```

```
Gestufte Nummerierung in HTML
</title>
</head>
<body>
<h2>Unsere Kurse für Senioren</h2>
In diesem Winter können Sie folgende Kurse belegen:
<ol>
  <li>Töpferkurs für Neugierige</li>
  <ol>
  <li>Töpfern im privaten Bereich</li>
  <li>Herstellung von Lehmziegeln</li>
  </ol>
  <li>Schreinern für Mutige</li>
  <ol>
  <li>Übersicht über die heimischen Holzarten</li>
  <li>Anfertigen einfacher Möbelstücke</li>
  </ol>
</ol>
Bitte melden Sie sich bis Ende September in unserem Büro an.
</body>
</html>
```

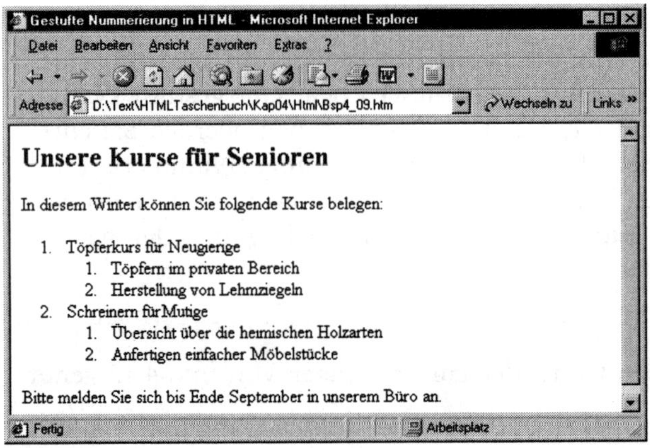

Bild 4.12: Gestufte Nummerierung im Microsoft Internet Explorer

Hinweis

Diese Art der gestuften Nummerierung müssen Sie jedoch manuell kodieren, da viele Werkzeuge wie FrontPage Express keine Unterstützung bieten. Achten Sie auch darauf, solchen HTML-Code niemals in FrontPage Express zu laden, zu bearbeiten und dann zu speichern. FrontPage Express verändert den Code und fügt ein <li>-Tag ein, wodurch das Ergebnis falsch wird.

Wechsel der Nummerierungswerte

Benötigen Sie HTML-Dokumente, bei denen normale Absätze in Nummerierungssequenzen eingeschoben sind? Falls die Absätze nicht eingezogen dargestellt werden dürfen, müssen Sie diese außerhalb der <ol>..</ol>-Sequenz unterbringen. Bei der Wiederaufnahme der Nummerierung stehen Sie aber vor dem Problem, dass der Browser die Zählweise bei der <ol>-Sequenz wieder bei 1 aufnimmt. Die folgende Sequenz verdeutlicht das Problem:

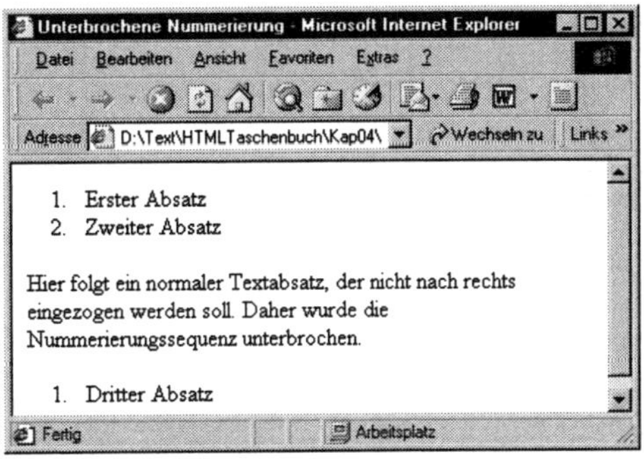

Bild 4.13: Unterbrochene Nummerierung im Microsoft Internet Explorer

```
<ol>
<li>Erster Absatz</li>
<li>Zweiter Absatz</li>
</ol>
Hier folgt ein normaler Textabsatz, der nicht nach
rechts eingezogen werden soll. Daher wurde die
Nummerierungssequenz unterbrochen.
```

```
<ol>
<li>Dritter Absatz </li>
</ol>
```

Bild 4.13 zeigt, wie der Browser eine solche unterbrochene Nummerierung darstellt. Der letzte Punkt der Nummerierung beginnt wieder mit der Ziffer 1, was in diesem Fall aber nicht beabsichtigt ist. Wie lässt sich veranlassen, dass der Browser die Nummerierung (in diesem Fall mit 3) fortsetzt?

> **Hinweis**
>
> In HTML 2.0 haben Sie ein Problem. Abhilfe schafft lediglich der weiter oben gezeigte Trick, dass Sie die normalen Absätze in die Nummerierung einbeziehen und das <li>-Tag weglassen. Allerdings ziehen die Browser diese Absätze auf die gleiche Ebene der nummerierten Absätze ein.

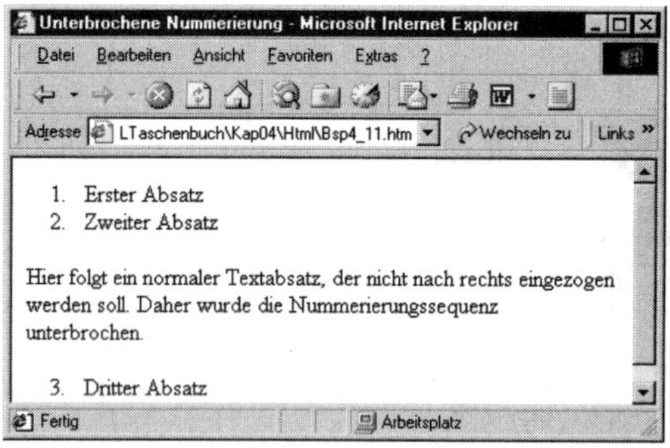

Bild 4.14: Korrekt fortgesetzte Nummerierung im Microsoft Internet Explorer

Sofern Sie mit modernen Browsern arbeiten, gibt es jedoch die Möglichkeit, den Startwert der Nummerierung festzulegen. Hierzu wurden von Netscape die erweiterten *type*- und *start*-Attribute eingeführt. Die Attribute werden vom Netscape Navigator und vom Microsoft Internet Explorer ab der Version 2.0 unterstützt. Weiterhin sind diese Attribute in der HTML 3.2-Spezifikation enthalten. Sie können daher das *start*-Attribut benutzen, um den Startwert neu aufzusetzen (Bild 4.14). Die nachfolgende HTML-Sequenz zeigt, wie sich das Attribut verwenden lässt.

```
<html>
<head>
<meta http-equiv="Content-Type"
content="text/html; charset=iso-8859-1">
<title>Unterbrochene Nummerierung</title>
</head>
<body bgcolor="#FFFFFF">
<ol>
    <li>Erster Absatz</li>
    <li>Zweiter Absatz</li>
</ol>
<p>Hier folgt ein normaler Textabsatz, der nicht nach rechts eingezogen
werden soll. Daher wurde die Nummerierungssequenz unterbrochen. </p>
<ol type="1" start="3">
    <li>Dritter Absatz </li>
</ol>
</body>
</html>
```

Das *start*-Attribut lässt sich jeweils im <ol>-Tag mit aufnehmen. Eine Verwendung im <li>-Tag ist dagegen unzulässig und wird vom Browser ignoriert. Der vorgegebene Startwert wird vom abschließenden </ol>-Tag wieder aufgehoben.

Wechsel des Nummerierungssymbols

Insbesondere bei gestuften Nummerierungen stört es, dass der Browser keine mehrstufigen Nummerierungen der Form 1.1, 1.2 etc. anzeigen kann. Um diesen Nachteil auszugleichen, bietet es sich an, die Nummerierung von arabischen Ziffern auf Buchstaben oder römische Zahlen umzustellen. Um einen solchen Wechsel des Nummerierungssymbols zu ermöglichen, wurde von Netscape das bereits oben erwähnte *type*-Attribut eingeführt. Dieses Attribut erlaubt es Ihnen, die Art des Nummerierungssymbols festzulegen. Das Attribut wird sowohl vom Netscape Navigator als auch vom Microsoft Internet Explorer ab der Version 2.0 unterstützt. Weiterhin ist das Attribut ab HTML 3.2 allgemein definiert. Das Attribut lässt sich im <ol>-Tag mit den Werten aus Tabelle 4.1 angeben. Die folgende HTML-Sequenz zeigt, wie sich das betreffende Attribut verwenden lässt.

```
<html>
<head>
<meta http-equiv="Content-Type"
content="text/html; charset=iso-8859-1">
<title>Wechsel des Nummerierungssymbols in HTML </title>
</head>
<body bgcolor="#FFFFFF">
<h3>Tagesordnung der Vertriebskonferenz</h3>
<ol>
    <li><b>Programm am ersten Tag</b>
        <ol type="i">
            <li>Begrüßung der Teilnehmer </li>
            <li>Maßnahmen zur Verbesserung des
                Kundenkontakts </li>
        </ol>
    </li>
    <li><b>Programm am zweiten Tag</b>
        <ol>
            <li type="a">Vorstellung neuer
            Produkte </li>
            <li type="A">Diskussion neuer
            Vertriebsstrukturen </li>
        </ol>
    </li>
</ol>
</body>
</html>
```

Hinweis

In der obigen Sequenz wurden die Tags der zweiten Nummerierungsebene etwas nach rechts eingerückt. Dies dient Ihnen bei manuell erstellten HTML-Dokumenten zur Orientierung. Maschinell generierter HTML-Code weist dagegen diese Einzüge nicht auf.

Das Ergebnis dieser Sequenz ist in Bild 4.15 zu sehen. Die Darstellung im Microsoft Internet Explorer und im Netscape Navigator ist dabei gleich. Die erste Nummerierungsebene wird mit normalen arabischen Ziffern ausgezeichnet.

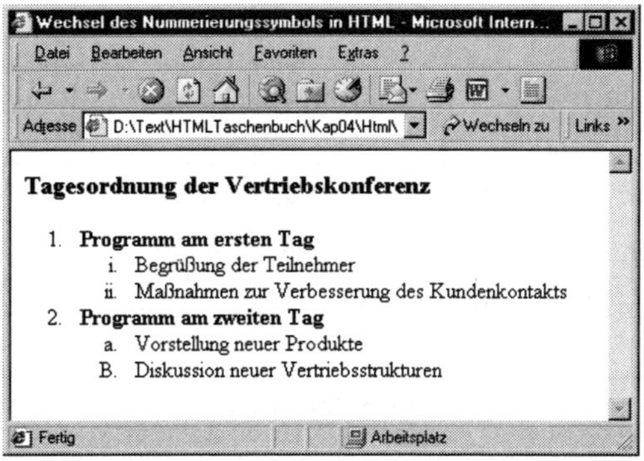

Bild 4.15: Beispiel für verschiedene Nummerierungssymbole

Für die zweite Nummerierungsebene wurden im oberen Abschnitt dagegen kleine römische Ziffern vorgesehen. Dies lässt sich erreichen, indem das *type*-Attribut im <ol>-Tag in der folgenden Form angegeben wird:

```
<ol type="i">
```

Hinweis

Abweichend vom *start*-Attribut dürfen Sie das *type*-Attribut jedoch auch innerhalb des <LI>-Tags mit angeben. Dadurch lässt sich erreichen, dass ggf. nur der betreffende Absatz mit einem anderen Aufzählungssymbol versehen wird. Diese Möglichkeit wurde in der unteren Hälfte des in Bild 4.15 gezeigten Dokuments genutzt. Hier sind die Absätze wahlweise mit kleinen und großen Buchstaben nummeriert. Sie finden die zulässigen Werte für das *type*-Attribut in Tabelle 4.1.

Der kleine Buchstabe *i* sorgt dafür, dass der Browser die komplette Nummerierungssequenz bis zum abschließenden </ol>-Tag mit kleinen römischen Buchstaben versieht.

Leider werden die Nummerierungssymbole von älteren Browsern unterschiedlich ausgelegt. Moderne Browser wie der Microsoft Internet Explorer 4.0 oder der Netscape Navigator 4.0 (sowie die nachfolgenden Versionen) zeigen die Nummerierungssymbole aber korrekt an.

Wert	Auszeichnung
1	Nummerierung mit arabischen Ziffern (Standard, falls das *type*-Attribut fehlt)
a	Nummerierung mit kleinen Buchstaben der Form a, b, c etc.
A	Nummerierung mit großen Buchstaben der Form A, B, C etc.
i	Nummerierung mit kleinen römischen Ziffern der Form i, ii, iii, iv, v, vi etc.
I	Nummerierung mit großen römischen Ziffern der Form I, II, III, IV, V, VI etc.

Tabelle 4.1: Werte für das type-Attribut

Weitere Listen in HTML

In HTML gibt es einige zusätzliche Tags, mit denen sich Listen erzeugen lassen. Allerdings werden die betreffenden Tags selten benutzt und sind vielen HTML-Autoren unbekannt. Dies führte auch dazu, dass verschiedene Tags in HTML 3.2 bzw. 4.0 als überflüssig deklariert wurden. Die nachfolgenden Absätze enthalten jedoch eine kurze Übersicht über die betreffenden Tags sowie Hinweise zur Verwendbarkeit.

Hinweis

Die betreffenden Tags werden von Browsern wie Netscape Navigator 4.x und Internet Explorer 4.x/5.0 voll unterstützt. Insbesondere im Bereich einfacher Listen haben diese Tags dem Autor teilweise gute Dienste geleistet.

Listendarstellung mit dem <dl>-Tag

In HTML gibt es eine besondere Art von Listen, die häufig für Definitionen verwendet wird. Diese als Definition List bezeichnete Listenart benötigt drei Tags <dl>, <dd> und <dt>, um die betreffenden Texte auszuzeichnen. Das Tag wird meist benutzt, um Definitionen (z.B. Glossare) zu realisieren.

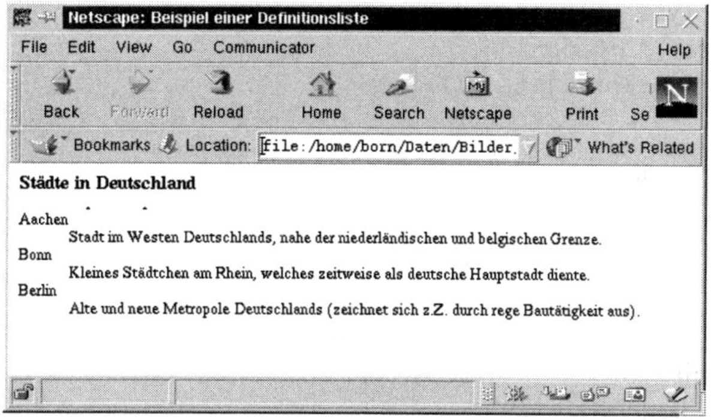

Bild 4.16: Anzeige einer Definition List im Netscape Navigator 4.x

Zum Aufbau der betreffenden Liste muss der Text ähnlich wie bei Aufzählungen zwischen die Tags <dl>..</dl> gestellt werden. (Die Buchstaben *dl* stehen übrigens für den Begriff »Definition List«.) Jeder Eintrag der Liste besteht dann aus einer Definition gefolgt von einem erläuternden Text. Dies sieht dann so aus:

```
<dl>
<dt>HTML<dd>Eine Sprache zur Erstellung von Web-Dokumenten.
...
</dl>
```

Die Definition wird durch das <dt>-Tag eingeleitet. (Die Buchstaben *dt* stehen dabei für »Definition Term«.) Der Browser hebt diesen Begriff bei der Anzeige in einer getrennten Zeile hervor. Hinter dieser Definition schließt sich ein <dd>-Tag sowie ein erläuternder Text für die betreffende Definition an.

Die nachfolgende HTML-Sequenz zeigt Ihnen, wie Sie die betreffenden Tags zum Aufbau einer solchen Liste einsetzen können. Das Ergebnis ist in Bild 4.16 zu sehen. Jeder Eintrag der Definitionsliste wird in eine eigene Zeile gestellt. Darunter folgt etwas nach rechts eingezogen der zur jeweiligen Definition gehörende Text. Durch Verwendung des <dt>-Tags wird der Text der Definition von der Erläuterung getrennt. Sie haben daher die Möglichkeit, die Definitionsterme mit getrennten Formatierungen (z.B. <dd><b>Berlin<b>) auszuzeichnen.

```
<html>
<head>
```

```
<meta http-equiv="Content-Type"
content="text/html; charset=iso-8859-1">
<title> Beispiel einer Definitionsliste </title>
</head>
<body bgcolor="#FFFFFF">
<h3>Städte in Deutschland</h3>
<dl>
    <dt>Aachen</dt>
    <dd>Stadt im Westen Deutschlands, nahe der
        niederländischen und belgischen Grenze.</dd>
    <dt>Bonn</dt>
    <dd>Kleines Städtchen am Rhein, welches
        zeitweise als
        deutsche Hauptstadt diente. </dd>
    <dt>Berlin</dt>
    <dd>Alte und neue Metropole Deutschlands
        (zeichnet sich z.Z.
        durch rege Bautätigkeit aus). </dd>
</dl>
</body>
</html>
```

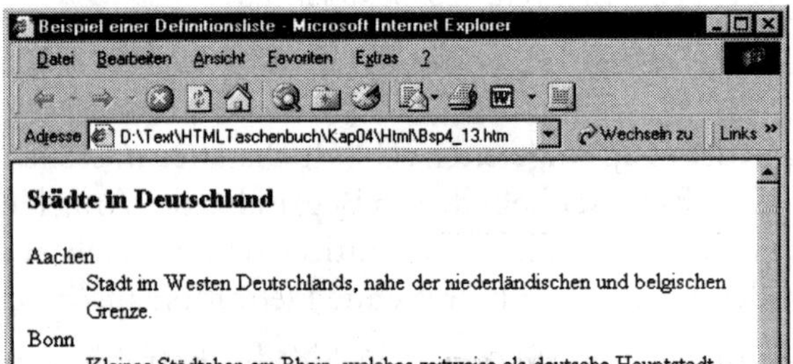

Bild 4.17: Anzeige einer Definition List im Internet Explorer 4.x/5.x

Hinweis

Die Anzeige in Netscape Navigator und Microsoft Internet Explorer gleicht sich weitgehend. Allerdings zieht der Microsoft Internet Explorer die Beschreibungstexte nicht ganz so weit nach rechts ein wie der Netscape Navigator (Bild 4.17).

Definition List in FrontPage Express anlegen

In FrontPage Express werden Sie auf den ersten Blick keine direkte Funktion (Schaltfläche, Menübefehl) zum Erzeugen einer Definition List finden. Aber das Programm unterstützt diese Art der Liste.

1. Geben Sie die Begriffe und Erläuterungen in getrennten Zeilen ein.
2. Markieren Sie die erste Zeile mit dem Begriff, indem Sie auf die Zeile klicken.
3. Weisen Sie jetzt über das Listenfeld *Formatvorlage* der FORMAT-Symbolleiste das Format »Definierter Begriff« zu.
4. Markieren Sie anschließend den Absatz, der den Erläuterungstext enthält.
5. Weisen Sie diesem Absatz über das Listenfeld *Formatvorlage* der FORMAT-Symbolleiste das Format »Definition« zu (Bild 4.18).

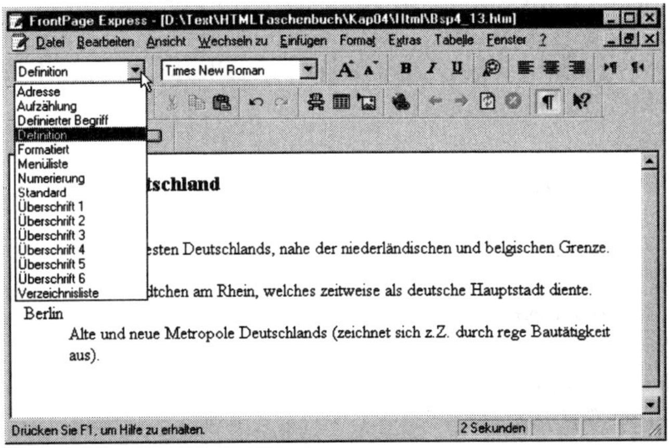

Bild 4.18: Erzeugen einer Definition List in FrontPage Express

Auf diese Weise können Sie die Formate jederzeit verwenden, das Programm zeigt die Liste bereits im Dokumentbereich an.

Verzeichnislisten mit <dir> zeugen

Seit HTML 2.0 gibt es ein spezielles <dir>-Tag, das zur Erzeugung von Listen im Directory-Stil vorgesehen ist. Der Aufbau einer solchen Liste lehnt sich stark an die Syntax des <ol>-Tags an. Die Liste ist mit <dir>..<dir> einzufassen. Einzelne Listenpunkte werden mit dem <li>-Tag eingeleitet und sollte mit </li> abgeschlossen werden.

Bild 4.19: Anzeige einer Verzeichnisliste im Microsoft Internet Explorer

In Bild 4.19 sehen Sie eine typische Darstellung für eine solche Liste. Diese Darstellung unterscheidet sich im Microsoft Internet Explorer und im Netscape Navigator nicht. Jeder Listenpunkt wird mit einem Schmuckpunkt versehen und etwas nach rechts eingezogen. Die Darstellung in Bild 4.19 wird mit folgender HTML-Sequenz erreicht:

```
<html>
<head>
<meta http-equiv="Content-Type"
content="text/html; charset=iso-8859-1">
<title> Beispiel einer Definitionsliste </title>
</head>
<body bgcolor="#FFFFFF">
<h3>Dateien im Hauptordner</h3>
<dir>
    <li>Autoexec.bat</li>
    <li>Config.sys</li>
    <li>Msdos.sys</li>
</dir>
```

```
</body>
</html>
```

Auch wenn das </li>-Tag gemäß der HTML 3.2-Spezifikation überflüssig ist, sollten Sie dieses Tag im Hinblick auf die XHTML-Konformität verwenden. Maschinell generierter Code weist dieses abschließende Tag auf.

> **Hinweis**
>
> Das <dir>-Tag wurde in der Vergangenheit sehr selten eingesetzt, da sich der gleiche Effekt mit dem <ul>-Tag erreichen lässt. Ursprünglich sollte das Tag wohl zur Darstellung von Directory-Anzeigen dienen. Daher stammt die Vorgabe, dass Einträge typischerweise nur 20 Zeichen lang sein sollen. Allerdings ignorieren die meisten Browser diese Vorgabe. Um Redundanz zu vermeiden, wurde dieses Tag in der HTML 4.0-Spezifikation als »deprecated element« bezeichnet, d.h., Sie sollten das Tag zukünftig nicht mehr einsetzen. Zum Erzeugen von Listen ist das <ol>-Tag zu verwenden. Möchten Sie eine Directory-Anzeige in einem HTML-Dokument realisieren, lässt sich auf das <pre>-Tag zurückgreifen. Dieses Tag erlaubt Ihnen, einen vorformatierten Text mit den Dateinamen direkt im HTML-Quelltext einzubinden.

Möchten Sie in FrontPage Express eine solche Verzeichnisliste erzeugen? Dann schreiben Sie die betreffenden Absätze wie gewohnt, markieren diese und weisen über das Listenfeld FORMATVORLAGE die Vorlage »Verzeichnisliste« zu. FrontPage Express generiert dann die benötigten Tags.

Die Entwickler von Microsoft haben das <dir>-Tag auch gelegentlich dazu benutzt, um Absatzeinzüge zu implementieren. Falls Sie in Microsoft Word 97 (oder in anderen Werkzeugen) eine Schaltfläche für Absatzeinzüge anklicken, fügt der betreffende Codegenerator eine Sequenz an <dir>..</dir>-Tags im HTML-Quellcode ein. Mit mehreren geschachtelten <dir>-Tags lässt sich dabei der Einzug vergrößern. Leider hängt das Maß des Einzugs nach rechts von der Breite des Browser-Fensters ab. Da dieses Tag jedoch gemäß der HTML 4.0-Spezifikation zukünftig nicht mehr benutzt werden soll, empfiehlt sich die Verwendung von Cascaded Style Sheets, um solche Absatzeinzüge zu realisieren.

Hinweis

Ein weiteres, etwas exotisches Tag, das noch aus den HTML 2.0-Zeiten stammt, ist das <menu>-Tag. Dieses Tag lässt sich verwenden, um eine Liste (eigentlich ein Menü) in HTML zu erstellen. Ähnlich wie bei den anderen Listen müssen Sie die Menüeinträge in eine <menu>..</menu>-Tagsequenz einbinden. Jedem der Einträge ist weiterhin ein <li>-Tag voranzustellen. Näheres zu diesem Tag finden Sie im Referenzteil.

In diesem Kapitel haben Sie die Möglichkeiten zum Abbilden von Listen in HTML-Dokumenten kennen gelernt. Das folgende Kapitel befasst sich mit der Frage, wie Sie Grafiken in Dokumente einbinden und wie sich Verweise (Hyperlinks) auf andere Dokumente erstellen lassen.

Kapitel 5
Grafiken und Verweise

Was wären HTML-Dokumente ohne eingebettete Grafiken und Verweise auf Dokumentstellen oder externe Dokumente mittels Hyperlinks? Das vorliegende Kapitel befasst sich mit der Frage, wie sich diese Elemente in HTML-Dokumente einbinden lassen. Sie lernen nicht nur die Tags kennen, sondern Sie erfahren auch, was es bei deren Nutzung zu beachten gilt und wie sich die Elemente in FrontPage Express abrufen lassen.

Grafiken in HTML-Dokumenten

Ein wichtiges Element eines Dokuments stellen Bilder bzw. Grafiken dar. In HTML können Sie Grafiken in unterschiedlichen Formaten wie beispielsweise im GIF- und JPEG-Format einbinden. Für diesen Zweck stellt HTML das <img>-Tag bereit. Dieses Tag besitzt grundsätzlich die Syntax:

```
<img attribute>
```

Das Wort *attribute* steht hier stellvertretend für die Attribute, die durch das <img>-Tag unterstützt werden. Die nachfolgenden Abschnitte befassen sich mit den Fragen rund um die Einbindung von Grafiken in HTML-Dokumente. In diesem Abschnitt lernen Sie auch verschiedene Attribute kennen.

Grafik mit FrontPage Express einbinden

Die Einbindung von Grafiken kann über vielfältige Optionen erfolgen. Andererseits benötigen Sie nur ein Tag mit dem *src*-Attribut, um die Grafikdatei im HTML-Dokument anzuzeigen. Zum Start ist es vielleicht hilfreich einen Blick auf die Abläufe beim Einbinden einer Grafik in ein HTML-Dokument mittels FrontPage Express zu werfen.

1. Starten Sie FrontPage Express und legen Sie das HTML-Dokument in der gewohnten Weise an.
2. Markieren Sie den Punkt im Dokument, an dem die Grafik einzufügen ist.

3. Wählen Sie in FrontPage Express die Schaltfläche BILD EINFÜGEN (Bild 5.1, links oben). FrontPage Express öffnet jetzt das Dialogfeld BILD zur Auswahl der Grafik (Bild 5.1, Mitte).
4. Jetzt müssen Sie entscheiden, aus welcher Quelle die Grafikdatei bezogen wird. Markieren Sie deshalb eines der Optionsfelder AUS DATEI oder AUS ADRESSE.

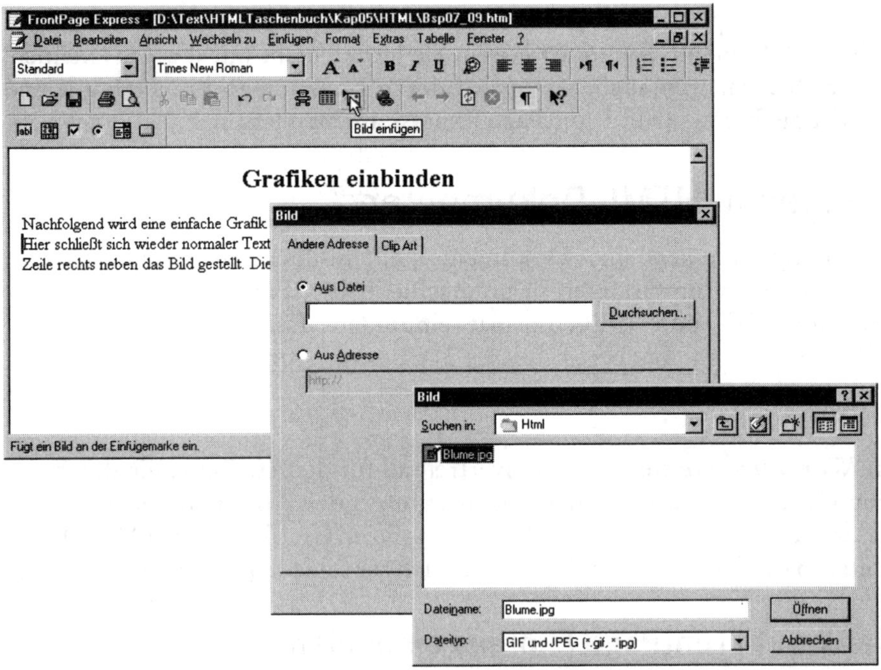

Bild 5.1: Grafik mit FrontPage Express einbinden

5. Soll die Grafikdatei aus dem Internet in die Webseite eingebunden werden, ist das Optionsfeld AUS ADRESSE zu markieren. Dann müssen Sie die URL der Grafikdatei (z.B. *www.mut.de/logo.gif*) im betreffenden Feld eintippen.
6. Häufig werden Grafiken aber aus einem lokalen Ordner bezogen. Dann ist das Optionsfeld AUS DATEI zu markieren und der Pfad zur Grafikdatei wird im Feld AUS DATEI eingetragen.

7. Kennen Sie den Pfad nicht oder ist Ihnen das Eintippen zu mühsam, wählen Sie die Schaltfläche DURCHSUCHEN.
8. Frontpage öffnet das Dialogfeld BILD (Bild 5.1, rechts unten), in dem Sie die Grafikdatei interaktiv wählen.

Sobald Sie die geöffneten Dialogfelder schließen und falls eine URL zu einer Grafikdatei definiert wurde, bindet FrontPage die Grafik im Dokument an der aktuellen Stelle ein. Dabei werden alle erforderlichen Tags und Attribute automatisch generiert.

Fachwort

URL steht als Abkürzung für Uniform Resource Locator. Dies ist der Fachbegriff für Adressangaben im Internet. Eine URL ist so etwas wie *www.microsoft.com/grafik/bild.gif*.

Bild 5.2 zeigt das fertige Dokument aus obigem Beispiel, wie es im Internet Explorer angezeigt wird.

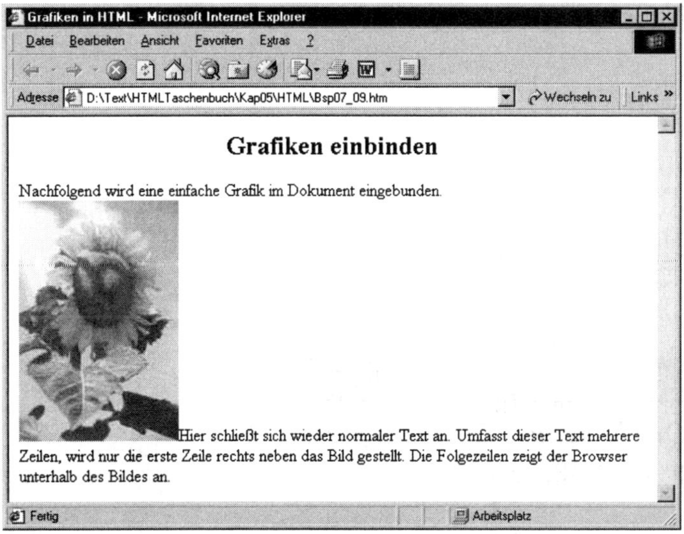

Bild 5.2: HTML-Dokument mit eingefügter Grafik im Internet Explorer

Das Bild wurde direkt an der Stelle im Text eingefügt, die vor Aufruf der betreffenden Funktion markiert war. Der restliche Text wird rechts neben dem Bild an dessen unterer Kante fortgesetzt. Offenbar lässt sich das Bild mitten im Dokumenttext unterbringen. Texte werden dabei standardmäßig am unteren Rand des Bildes vertikal angeordnet. Die Abmessungen des Bildes gibt der Browser dabei korrekt wieder (gemäß den Abmessungen der Originaldatei).

Eigenschaften des Bildes anpassen

FrontPage Express fügt das Bild direkt im Dokument ein. Das Programm erlaubt Ihnen aber, nachträglich bestimmte Eigenschaften des Bildes im Hinblick auf die Darstellung im Browser anzupassen.

1. Klicken Sie mit der rechten Maustaste im FontPage Express Dokumentfenster auf die Grafik.
2. Wählen Sie im Kontextmenü den Befehl BILDEIGENSCHAFTEN.
3. FrontPage Express öffnet ein Dialogfeld BILDEIGENSCHAFTEN, auf dessen Registerkarten Sie die Optionen zur Darstellung anpassen können.

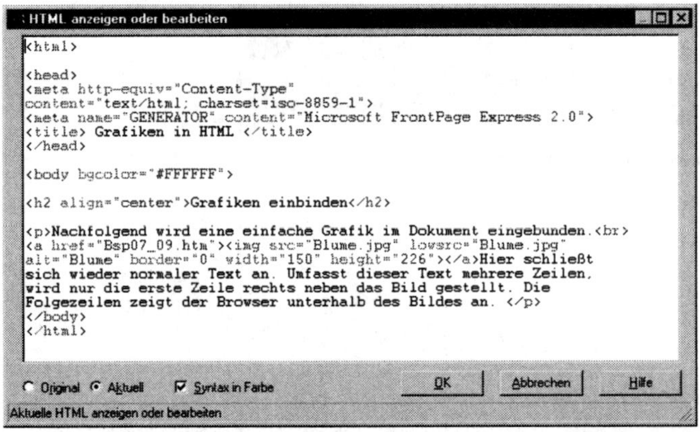

Bild 5.3: HTML-Quellcode zum Einbinden der Grafik in FrontPage Express

Sobald Sie die Registerkarten schließen, passt FrontPage Express die Bildeigenschaften über Attributwerte des <img>-Tags entsprechend an. Auf der Registerkarte ALLGEMEIN finden Sie die Eigenschaften, die sich direkt auf die Einbindung des Bildes beziehen.

Hinweis

Einige Optionen der Gruppe TYP haben aber nichts mit HTML-Attributen zu tun, sondern erlauben FrontPage Express bestimmte Filteroptionen bei der Umwandlung/Speicherung von Grafiken anzuwenden. So kann ein GIF-Bild beim Speichern mit bestimmten Features versehen werden. Ähnliches gilt für JPEG-Bilder (siehe auch das Kapitel zum Thema Grafikformate).

Die Registerkarte ERSCHEINUNGSBILD bietet Optionen zur Ausrichtung des Bildes im Dokument. Dort lassen sich auch die Bildgröße und ein Rahmen festlegen. Die Registerkarte VIDEO erlaubt Videodateien im Dokument aufzunehmen (was hier aber nicht diskutiert werden soll).

In Bild 5.3 finden Sie den HTML-Quellcode, der zum Einbinden des Bilds benutzt wird. Hinweise zu den jeweiligen Attributen liefern die folgenden Abschnitte.

Das <img>-Tag zum Einbinden von Grafiken

Zum Einbinden von Grafiken wird das <img>-Tag verwendet. Attribute regeln dabei die Darstellung der Grafik. Mit der Anweisung

```
<img src="blume.jpg" alt="Blume">
```

binden Sie die Grafikdatei *blume.jpg* aus dem aktuellen Verzeichnis mit im Dokument ein. Der Browser wird dieses Bild dann im Dokument einblenden.

- Das *src*-Attribut legt den Namen der Grafikdatei fest. Sie müssen hier den Dateinamen, die Dateinamenerweiterung und gegebenenfalls den Pfad zur Datei eintragen.
- Mit dem zweiten Attribut *alt* sorgen Sie vor, falls ein Browser keine Grafiken anzeigen kann. Dann wird der im Attribut angegebene Text anstelle der Grafik ausgegeben. Diese Option wird auch wirksam, falls die Grafikdatei aus irgendeinem Grund nicht gefunden wird.

In der obigen Zeile habe ich das Beispiel recht einfach gehalten und dem Attribut *src* lediglich einen Dateinamen zugewiesen. Beim Laden des HTML-Dokuments muss sich die Grafikdatei im gleichen Verzeichnis wie die HTML-Datei befinden.

Hinweis

Eigentlich ist es Ihnen freigestellt, wie Sie die Dateinamen im src-Attribut schreiben. Unter Windows macht es keinen Unterschied, ob der Dateiname *Blume.gif*, *blume.GIF* oder vielleicht *BLUME.GIF* geschrieben wird. Leider sieht die Welt bei Unix etwas anders aus; dort hat die Schreibweise der Dateinamen eine gewissen Bedeutung. Da viele Webserver unter Unix/Linux laufen (z.B. Apache Webserver), sollten Sie peinlichst darauf achten, dass Dateinamen eindeutig in der Groß-/Kleinschreibung sind. Andernfalls laufen Sie in das Risiko, dass HTML-Dokumente beim Hochladen auf einen Webserver nicht mehr funktionieren. Oder können Sie jederzeit ausschließen, dass der Provider keine Unix-Server verwendet?

Hinweise zu Pfadangaben im src-Attribut

Nach diesen ersten Schritten stellt sich die Frage, wie Pfadangaben im *src*-Attribut zu gestalten sind bzw. welche Freiheiten sich Ihnen bieten. In allen Fällen wird das <img>-Tag in der Form

```
<img src="Dateiname">
```

angegeben, d.h., der Platzhalter *Dateiname* enthält den Dateinamen sowie die Dateinamenerweiterung. Dies setzt aber voraus, dass die Grafikdatei im aktuellen Verzeichnis, in dem auch das HTML-Dokument liegt, gespeichert ist.

Bei kleinen Dokumenten mit wenigen Dateien ist dies tragbar. Probleme gibt es aber, wenn Sie eine komplette Website oder eine HTML-Dokumentsammlung erstellen bzw. verwalten möchten. Dann liegen schnell einige hundert Bilddateien vor. Daher wird es häufig so sein, dass die Grafiken in einem getrennten Ordner verwaltet und bei Bedarf in die HTML-Dokumente eingebunden werden.

Bei der Organisation einer Website oder beim Erstellen umfangreicher HTML-Projekte könnten Sie alle Grafiken in einem Verzeichnis hinterlegen. Die Vorteile solcher Ordner für Bilddateien liegen auf der Hand:

> **Hinweis**
> Dies hat vor allem Vorteile, wenn die Bilddateien in verschiedene Dokumentseiten eingebunden werden. Der Designer kann dann aus Dokumentdateien, die in unterschiedlichen Ordnern der Website gespeichert sind, auf die zentralen Bilddateien im Grafikordner zugreifen. Dies stellt sicher, dass nur eine Fassung der Grafikdatei auf dem Server liegt, was sowohl den Speicherplatzbedarf reduziert als auch die Pflege der Grafikdateien überhaupt erst ermöglicht. Oder haben Sie einmal versucht, ein Logo in mehreren hundert Ordnern aufzuspüren und zu aktualisieren?

- Der HTML-Autor braucht die Grafiken nur aus einem Ordner im Dokument einzubinden. Der Austausch und die Pflege einzelner Bilder wird hierdurch wesentlich erleichtert.
- Bei der Weitergabe der HTML-Dokumente lässt sich das komplette Bildverzeichnis mitkopieren. Die Gefahr, dass eine Datei vergessen wird, ist nicht sonderlich hoch.
- Der Browser braucht beim Laden nur auf einen Bildordner zuzugreifen. Dies erleichtert die Prüfung, ob die betreffende Bilddatei bereits im internen Cache enthalten ist (weil sie bereits in einer besuchten Seite enthalten war). Trifft dies zu, wird die Datei nicht erneut aus dem Web geladen.

Nun stellt sich die Frage, wie die Pfadangaben für die Bilddateien im *src*-Attribut anzugeben sind. Da HTML plattformunabhängig ist, dürfte eine Angabe der Form

```
<img src="C:\Beispiele\Bilder\Blume.jpg">
```

nicht funktionieren. Diese Pfadangabe ist zwar in MS-DOS und in Microsoft Windows gültig, UNIX-Maschinen oder Mac-Rechner können mit dieser Angabe aber nichts anfangen. Vielmehr müssen alle Pfadangaben in HTML-Dokumenten als gültige URL-Adresse hinterlegt werden. Eine einfache Form, die Sie vermutlich bereits vom Zugriff auf Web-Dokumente kennen, benutzt eine komplette URL-Angabe auf eine bestimmte Internet-Seite. Die folgende Anweisung greift auf einen bestimmten Ordner innerhalb einer WWW-Seite zu:

```
<img src="http://www.mut.de/Bilder/Blume.gif">
```

Hinweis

Angesichts der obigen Argumente ist es sicherlich für Sie einsichtig, die Grafikdateien in eigenen Ordnern zu hinterlegen. Bevor Sie jedoch umfangreiche Projekte mit diesem Ansatz starten, klären Sie bitte ab, ob die Verlagerung von Bilddateien in eigene Ordner auch zulässig ist. Leider erlauben die Provider mancher Webserver nur ein Verzeichnis pro Nutzer. Dann nützt Ihnen diese Aufteilung in getrennte Ordner nichts, da alle Dateien auf dem Webserver in einem Verzeichnis hinterlegt werden. Auch die unter Microsoft Windows benutzte HTML-Hilfe basiert auf HTML-Dokumenten, die über den so genannten HTML-Help-Workshop in eine CHM-Datei übersetzt werden. Nach meinen Erfahrungen gibt es Probleme beim Umsetzen der HTML-Dokumentdateien in das CHM-Format, wenn Grafikdateien in Unterverzeichnissen hinterlegt werden.

Im ersten Schritt nimmt der Browser Verbindung zur angegebenen URL-Adresse auf (hier wäre dies der Server des Markt & Technik-Verlags). Anschließend wird das Verzeichnis *\Bilder* und in diesem Verzeichnis die Datei *Blume.gif* gesucht. Sobald der Browser die Datei am angegebenen Ort findet, wird diese heruntergeladen und angezeigt. Fehlt die Datei, erscheint dagegen das Symbol des Platzhalters für die Bilddatei. Dies dürfte wohl der Fall sein, wenn Sie obige Adresse benutzen. Vermutlich wird dieses Verzeichnis mit der betreffenden Datei nicht auf dem Verlags-Server zu finden sein.)

Die obige Adressangabe besitzt Vor- und Nachteile. Der Vorteil besteht darin, dass diese Adresse weltweit im WWW gültig ist, d.h., jeder Autor kann diese Grafikdatei mit der gezeigten Anweisung in einem HTML-Dokument einbinden. Solange die Datei auf dem Server gespeichert ist, zeigen alle Browser diese Grafik beim Laden des Dokuments mit an. Diese Art der Adressangabe wird beispielsweise benutzt, um die Logos der Browser von Microsoft und Netscape in Internetseiten einzublenden. Die Firmen geben dann den Speicherort der Datei vor. Dies bietet eine sehr einfache Möglichkeit, diese Logos bei Bedarf zu modifizieren, da ja nur eine Datei geändert werden muss.

Der Pferdefuß bei der Sache: Um die Grafik erstmalig anzuzeigen, muss der Browser Verbindung zur betreffenden Webseite im Internet aufnehmen. Ist der Webserver nicht aktiv oder überlastet, kommt es zu sehr langen Ladezeiten bzw. die Grafik wird überhaupt nicht angezeigt. Benutzer, die die HTML-Dokumente offline erhalten haben, können die Grafik nur dann abrufen, wenn Sie einen Online-Anschluss besitzen. Man bezeichnet diese Art der Pfadangabe auch als »absolute Adressierung«. Einzelheiten zu diesem Thema finden Sie auch weiter unten im Zusammenhang mit der Gestaltung von URL-Adresse in Hyperlinks.

Neben der absoluten Adressierung einer Webseite haben Sie natürlich auch die Möglichkeit, die Lage einer Grafikdatei auf einem lokalen Rechner festzulegen. Dies ist hilfreich, wenn HTML-Dokument nur lokal auf einem Rechner gehalten werden. Wie dies funktioniert, soll an einem einfachen Beispiel demonstriert werden. Die folgende Anweisung verweist nicht auf eine URL-Adresse im Internet, sondern auf eine lokale Grafikdatei in einem Ordner der Festplatte.

```
<img src="file:///G:/Grafik/webhtml.gif">
```

Die betreffende Datei *webhtml.gif* befindet sich im Verzeichnis *Grafik* des Laufwerks G:. Genau dieser Pfad wurde als Wert für das *src*-Attribut der obigen Anweisung angegeben.

Mit diesen Erläuterungen sollte die Angabe einer Zieladresse kein größeres Problem mehr darstellen. Sobald Sie den Ordner und das Laufwerk kennen, tragen Sie den betreffenden Pfad im *src*-Attribut ein, und schon ist die »Sache geritzt«. Stört Sie etwas an dieser Pfadangabe mit Absolutheitsanspruch? Falls Sie mit Unix oder mit dem Macintosh arbeiten, dürfte die Angabe der Laufwerksnamen ein Problem aufwerfen. Beide Betriebssysteme verwalten die Speichermedien etwas anders als DOS/Windows. Folglich gibt es dort auch keine Laufwerksnamen gemäß der oben angegebenen Kombination. Aber auch unter DOS/Windows werden Sie ein gewaltiges Problem bekommen. Was passiert denn, wenn der Benutzer das HTML-Dokument samt Ordner mit Grafikdateien auf ein anderes Laufwerk verschiebt? In diesem Fall lässt sich zwar das HTML-Dokument öffnen. Da der Browser aber die Grafikdatei im Laufwerk G: sucht, wird die Grafik nur dann angezeigt, wenn dieses Laufwerk existiert, die Ordnerstruktur vorhanden und die Datei im Unterordner *Grafik* gespeichert ist.

Hinweis

Um dem Browser mitzuteilen, dass die Datei nicht im Web, sondern auf einem lokalen Laufwerk liegt, wurde der Vorspann *file:* vor die Pfadangabe gesetzt. (Der Browser benötigt daher kein besonderes Protokoll zum Zugriff auf die Datei. Die einzelnen Ordnernamen sind hier nicht mit dem Backslash-Zeichen \, sondern mit einem Slash-Zeichen / getrennt. Dies hat historische Gründe, da verschiedene Betriebssystem das Slash-Zeichen zur Trennung von Ordnernamen verwenden. Bei Adressangaben in HTML müssen Sie immer auf solche Feinheiten achten (obwohl einige Browser in der Lage sind, auch Backslash-Zeichen in der Pfadangabe zu interpretieren).

Achtung

HTML erlaubt Ihnen bei der Angabe der Dateinamen und Verzeichnisse viele Freiheiten. Dies führt dann aber schnell zu Problemen, die nur schwer zu lokalisieren sind. Auch wenn eine Angabe der Form »*file:///g*|/Grafik/webhtml.gif« zulässig ist, verwenden Sie niemals solche absoluten Adressangaben auf lokale Speichermedien in Ihren HTML-Dokumenten. Lädt der Benutzer das Dokument auf ein anderes Laufwerk oder in ein anderes Verzeichnis herunter, stimmt der Verweis auf das Bild nicht mehr und das Bild wird auch nicht mehr angezeigt. Sie geraten mit Sicherheit in arge Bedrängnis, sobald Sie diese Dateien später an andere Nutzer weitergeben.

Gibt es die Möglichkeit, Pfadangaben relativ zu gestalten?

Nachdem Ihnen die Probleme bei der Verwendung absoluter Pfadangaben klar sind, stellt sich die Frage: Wie lassen sich HTML-Dokumente unabhängig von ihrem Speicherort gestalten? Dic Lösung liegt in relativen Pfadangaben. Was verbirgt sich hinter diesem Begriff? Schauen Sie sich einmal die einfachste Form der Dateiangabe an:

```
<img src="webhtml.gif">
```

> **Hinweis**
>
> Vielleicht fragen sich manche Web-Profis, wie man überhaupt auf die Idee kommen kann und absolute Adressangaben auf lokale Verzeichnisse im HTML-Code nutzt. Jeder fängt einmal klein an, und bei den ersten Schritten ist nicht ersichtlich, welche Probleme sich ggf. ergeben. Weiterhin zeigt die Analyse des von manchen Werkzeugen generierten HTML-Quellcodes, dass genau diese Art der Adressgenerierung benutzt wird. Mit FrontPage Express ist es mir bereits mehrfach passiert, dass URL-Angaben plötzlich absolut erfolgten. Grund: Die Grafikdateien lagen auf einem anderen Laufwerk als die HTML-Dateien. Dann muss das Programm eine absolute Pfadangabe verwenden.

Diese Angabe weist den Browser an, die Grafikdatei an dem Speicherort zu suchen, von dem aus die HTML-Datei geladen wurde. Der Browser kennt diesen Speicherort ja aus der URL-Angabe, die zum Zugriff auf das Dokument benutzt wurde (der Browser ergänzt in der URL-Adresse einfach den Namen der HTML-Datei durch den Namen der Grafikdatei). Handelt es sich um eine Web-Adresse, verwendet der Browser folglich die URL-Adresse der betreffenden Webseite. Bei lokalen Dateien wird das Laufwerk samt Pfad zur betreffenden HTML-Datei benutzt und der Name der Grafikdatei eingesetzt.

Der springende Unterschied besteht jetzt aber darin, dass der »absolute Adressteil« vom Browser dynamisch eingesetzt wird, während der HTML-Quellcode nur noch eine relative Angabe einer Teiladresse enthält. Verschiebt der Benutzer das HTML-Dokument in ein anderes Verzeichnis, muss er auch eine andere URL-Adresse zum Laden der HTML-Datei angeben. Anschließend fügt der Browser nur noch die relative Adressangabe aus der HTML-Datei für den Bezug auf die Grafikdatei hinzu und zeigt das Ergebnis an. Der im HTML-Dokument gespeicherte Adressbezug ändert sich also nicht. Diese Erkenntnis wird nachfolgend zum Zugriff auf über- und untergeordnete Verzeichnisse benutzt.

Zugriff auf untergeordnete Verzeichnisse

Der im vorherigen Schritt besprochene Ansatz lässt sich weiterverfolgen: Nehmen Sie an, die Grafikdateien befinden sich nicht im Ordner mit dem aktuellen Dokument, sondern sind im Unterverzeichnis *bilder*. Die Pfadangabe für eine Grafikdatei mit dem Namen *webhtm.gif* lässt sich dann folgendermaßen im *src*-Attribut hinterlegen:

```
<img src="bilder/webhtml.gif">
```

Im Vergleich zur Grundfassung wurde hier nur der Name des Unterverzeichnisses vor den Dateinamen gestellt. Das Slash-Zeichen / trennt dabei den Ordnernamen vom Dateinamen (oder von anderen Ordnernamen). Mit der Anweisung

```
<img src="bilder/web/webhtml.gif">
```

würde beispielsweise die Bilddatei *webhtml.gif* im Unterverzeichnis *bilder/web* geladen. In allen Fällen ergänzt der Browser diese Angabe um den fehlenden Adressteil zum aktuellen Ordner des HTML-Dokuments (z.B. *file:///C|/Beisp/Kap05/* wird mit *bilder/web/webhtml.gif* kombiniert). Zusammen mit dem relativen Adressteil aus dem HTML-Dokument ergibt sich dann eine vollständige Adresse, die der Browser zum Dateizugriff nutzt.

Wie lässt sich ein übergeordnetes Verzeichnis ansprechen?

Die bisherigen Beispiele wurden recht einfach gehalten, Sie verweisen entweder auf den aktuellen Order oder auf dessen untergeordnete Verzeichnisse. Was ist aber, wenn der Ordner mit den Grafiken parallel zum aktuellen Verzeichnis oder sogar in einem übergeordneten Verzeichnis zu finden ist? Nehmen Sie an, die HTML-Dokumente liegen im Ordner */Beisp/Kap07*, während die Bilddateien im Ordner */Beisp/Icons* zu finden sind. Um auf dieses Verzeichnis zuzugreifen, muss der Browser erst zum übergeordneten Verzeichnis */Beisp* zurückgehen. Anschließend kann er zum Unterverzeichnis */Icons* wechseln und die Bilddatei laden. Bei DOS und bei UNIX wird ein solcher Wechsel zum übergeordneten Verzeichnis durch zwei Pünktchen .. angedeutet. Genau dieser Ansatz lässt sich auch bei relativen Pfadangaben in HTML-Dateien verwenden. Um aus dem Verzeichnis */Beisp/Kap07* auf eine Grafikdatei */Beisp/Icons/webhtml.gif* zuzugreifen, ist folgende HTML-Anweisung erforderlich:

```
<img src="../icons/webhtml.gif">
```

Die beiden Pünktchen veranlassen den Browser zum übergeordneten Verzeichnis zu wechseln und dann den Unterordner */icons* zu öffnen. Existiert dieser Ordner mit der gesuchten Datei, wird diese im Dokument angezeigt. Diesen Formalismus können Sie beliebig fortsetzen. Um beispielsweise aus dem Dokumentordner */Beisp/Kap07* auf eine Datei zuzugreifen, die parallel zum Verzeichnis */Beisp* im Ordner */Bilder/gif* liegt, ist folgende Anweisung zu verwenden:

```
<img src="../../Bilder/gif/webhtml.gif">
```

Sie werden in diesem Buch weitere Beispiele für solche relativen Adressangaben finden. Diese Angaben gelten nicht nur für eingebundene Grafikdateien. Sie können die obigen Ausführungen auf jede Datei anwenden, auf die in einem HTML-Dokument Bezug genommen wird (z.B. Sounddateien, Verweise auf andere HTML-Dokumente etc.).

Hinweis

An dieser Stelle soll nochmals die Warnung ausgesprochen werden: So schön Grafiken in Dokumenten wirken, denken Sie beim Einbinden von Grafiken bitte immer an die Ladezeit (des Browsers und des Downloads). Enthält ein Dokument viele Grafiken, dauert das Laden sehr lange. Dies ist insbesondere beim Laden einer WWW-Seite aus dem Internet äußerst störend, vor allem, wenn der Benutzer für die Verbindung zahlt. Hier gibt es genügend Homepages, die als schlechtes Beispiel dienen.

Noch Probleme mit Dateinamen in Adressangaben?

An dieser Stelle möchte ich noch ein weiteres Problem ansprechen: Besitzer von Windows 9x/NT bzw. Windows 2000, UNIX/Linux oder Mac verwenden in der Regel lange Dateinamen zur Bezeichnung ihrer Grafiken und Dokumente. Dies mag zwar sehr transparent sein, bugsiert aber alle DOS/Windows 3.1-Anwender ins Abseits. Auf diesen Plattformen sind nur Dateinamen im 8.3-Format zulässig. Die betreffenden Dateien werden beim Transfer auf diese Plattformen von langen Dateinamen in kurze 8.3-Dateinamen umgesetzt. Enthält das HTML-Dokument Verweise auf lange Dateinamen, kann der Browser nicht mehr darauf zugreifen.

Aber auch Benutzer, die unter Windows 95/NT arbeiten, können Probleme mit langen Dateinamen bekommen. Nach den Erfahrungen des Autors unterstützen 16-Bit-Browser (wie Microsoft Internet Explorer 2.0, Netscape Navigator 2.0 oder der Mosaic Browser 4.0) Grafiken mit langen Dateinamen nicht. Bei diesen Dokumenten erscheint plötzlich das Platzhaltersymbol für eine fehlende Datei. Diese Browser werden zwar kaum noch eingesetzt, jedoch konnte ich feststellen, dass auch neuere Werkzeuge noch 16-Bit-Code enthalten müssen. Anders ist beispielsweise nicht zu erklären, dass HTML-Dateien, die mit Microsoft Office 97 erzeugt wurden, keine langen Dateinamen bei Grafiken unterstützen!

Ein anderer häufig gemachter Fehler besteht darin, dass statt der Slash-Zeichen / das Zeichen \ zum Trennen der Pfadangaben verwendet wird. Auch wenn einige Browser die Dateien finden, können Sie sich nicht unbedingt auf diese Eigenart verlassen. Es könnte sein, dass die Dokumente plötzlich nicht mehr einwandfrei angezeigt werden. Auch eine Angabe der Form *»/Bilder/Webhtml.gif«* wird vom Browser nicht honoriert. Das führende Slash-Zeichen verhindert, dass der Browser das Unterverzeichnis erkennt. Es besteht zwar die Möglichkeit, einen Punkt vor den Ordnernamen zu setzen (z.B. *».\/Bilder/Webhtml.gif«*), aber dies bringt andere Probleme mit sich. Daher sollten Sie sich peinlich an die obigen Vorgaben zum Aufbau relativer Adressangaben halten.

Abschließend noch einige Bemerkungen zum Thema absolute oder relative Adressangaben für Grafikdateien. Nach der Lektüre der vorherigen Seiten gehen Sie vermutlich davon aus, dass relative Adressangaben jegliche Probleme vermeiden. In 99% der Fälle haben Sie Recht. Aber es gibt einen gravierenden Fall, wo Ihnen relative Bezüge auf Dateien nicht weiterhelfen: Sobald sich die Datei auf einem anderen Datenträger befindet, müssen Sie auf eine absolute Adressangabe ausweichen. Dies ist unter DOS/Windows beispielsweise der Fall, wenn die Grafikdateien auf einer anderen Festplatte als die HTML-Dokumente gehalten werden.

Das alt-Attribut als Grafikersatz

Auf den vorhergehenden Seiten wurde lang und breit beschrieben, was alles beim Einbinden von Grafikdateien über das *src*-Attribut schief gehen kann. Noch schlimmer sind Anwender dran, die den textorientierten Browser *Lynx* verwenden, der die Grafiken nicht darstellen kann.

Achtung

Das Tückische an dieser Sache ist, dass sich der Autor bei Verwendung von WYSIWYG-Werkzeugen zum Erstellen der HTML-Dokumente kaum um diese Feinheit kümmern muss. Die Dialogfelder zur Eingabe der Adresse enthalten zwar eine Option, um dem Benutzer die Wahl zwischen absoluter und relativer Adressierung zu ermöglichen. Liegt die Grafikdatei in einem Unterverzeichnis vor, erzeugt das Werkzeug beim Einfügen der URL-Adresse relative Verweise und setzt auch die betreffende Option im Dialogfeld. Erst wenn der Benutzer eine Grafikdatei angibt, die auf einem anderen Laufwerk liegt, gibt es Probleme. Das Werkzeug könnte zwar die Grafikdatei in das aktuelle Dokumentverzeichnis kopieren (was aber selten gemacht wird). Vielmehr erzeugt das Werkzeug eine HTML-Anweisung mit einer absoluten Adresse der Form *»file:///...«* mit einem Verweis zur betreffenden Datei. Das Tückische an diesem Ansatz: Solange der Benutzer die so erzeugten HTML-Dokumente lokal testet, wird er diesen Fehler nicht bemerken. Erst beim Hochladen der HTML-Seiten auf einen Server tritt das Problem auf – und dann ist guter Rat teuer bzw. die Korrektur wird aufwendig. Daher sollten Sie Ihre Dokumente vor dem Hochladen auf einem Webserver auf dem Computer in ein neues Verzeichnis verschieben und auf fehlerhafte Verweise zu Grafiken oder Dokumenten testen.

Weiterhin gibt es Benutzer, die genervt durch die vielen mit Grafiken überladenen Webseiten die Anzeige der Grafiken im Browser abschalten. In diesem Fall erscheint bei der Anzeige der betreffenden HTML-Dokumente lediglich ein Platzhalter anstelle der Grafik. In Bild 5.4 ist dies im unteren Bereich gleich zweimal zu sehen.

Für die Benutzer ist es teilweise ärgerlich, wenn die Dokumente ohne Grafiken angezeigt werden und lediglich Platzhalter an deren Stellen erscheinen. Die HTML-Spezifikation sieht daher ein eigenes *alt*-Attribut vor, mit dem der HTML-Autor dem Benutzer einen alternativen Text anstelle der Grafik anzeigen kann. Das Attribut wird folgendermaßen eingesetzt:

```
<img src="Wibhtml.gif" alt="HTML-Logo">
```

Bild 5.4: Anzeige bei fehlenden Grafiken im Internet Explorer

Hinweis

Diese Platzhalter sehen Sie übrigens auch, wenn eine HTML-Seite mit vielen Grafiken aus dem Web geladen wird. Bedingt durch die langsame Übertragung lädt der Browser erst den HTML-Code, interpretiert diesen und gibt die Textanteile aus. Anschließend werden die Grafikdateien vom Webserver angefordert und sukzessive im Dokument eingefügt.

Dies bedeutet, der Browser versucht die im *src*-Attribut angegebene Grafikdatei zu laden. Schlägt dies fehl, zeigt er den im *alt*-Attribut angegebenen Alternativtext neben dem Platzhalter für die fehlende Grafik an. Dies wurde in Bild 5.4 beim rechten Bild genutzt.

Hinweis

In FrontPage Express lässt sich der Text für das *alt*-Attribut über das Feld TEXT auf der Registerkarte ALLGEMEIN angeben (siehe Bild 5.2). Im Hinblick auf gut gestaltete HTML-Dokumente sollten Sie das *alt*-Attribut generell beim Einbinden von Grafiken mit angeben.

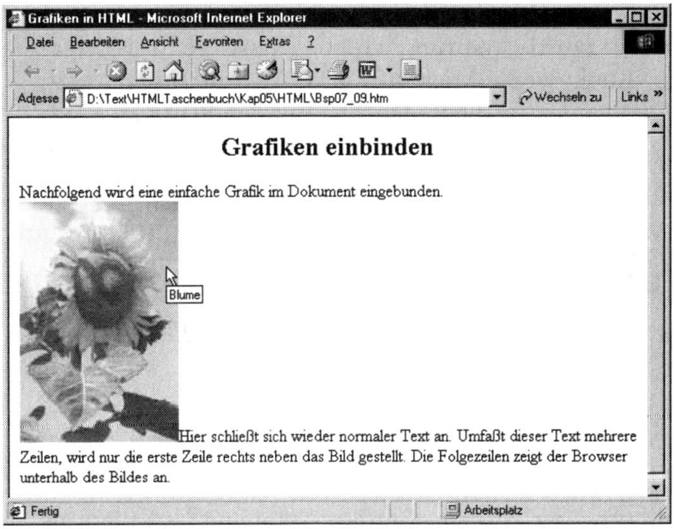

Bild 5.5: QuickInfo einer Grafik im Internet Explorer

In Bild 5.5 sehen Sie übrigens noch einen netten Nebeneffekt des *alt*-Attributs, der sowohl im Internet Explorer 4.x/5.x als auch im Netscape Navigator unterstützt wird. Zeigt der Benutzer auf eine Grafik, blendet der Browser den *alt*-Text als QuickInfo in der Anzeige ein.

Grafiken mit niedriger Auflösung verwenden

An dieser Stelle möchte ich kurz auf eine Spezialität zu sprechen kommen. Wenn Sie in FrontPage Express Grafikeigenschaften anpassen, fällt Ihnen vielleicht das Feld NIEDRIGE AUFLÖSUNG (Bild 5.2) auf. In diesem Feld können Sie den Pfad zu einer Grafikdatei angeben, die das gleiche Motiv, aber mit niedrigerer Auflösung enthält. Der Browser kann dann diese Datei laden, falls das Laden der hochauflösenden Datei sehr lange dauert. Die Option wird als

```
<img src="Blume.jpg" lowsrc="Blume.jpg" alt="Blume">
```

hinterlegt. Das Attribut *lowscr* nimmt den Namen der betreffenden Datei auf.

> **Hinweis**
>
> Das Attribut wurde ursprünglich von Netscape im Navigator eingeführt. Auch wenn Microsoft das Attribut unterstützt, wird es selten verwendet, da die Bedeutung mit den heutigen Möglichkeiten zur Datenübertragung per Modem/ISDN abgenommen hat. Besser ist es, die Zahl der Grafiken zu reduzieren.

Grafiken skalieren

Zur Skalierung der Grafik lassen sich die Attribute *width* und *height* angegeben. Die Anweisung

```
<img src="bullet.gif" width=20 height=20 alt="*">
```

> **Hinweis**
>
> Die Skalierung von Bitmap-Grafiken ist aber alles andere als trivial, und entsprechend sehen die Anzeigen im Browser aus. Achten Sie daher darauf, dass die Original-Abmessungen der Grafik im <img>-Tag angegeben werden, oder lassen Sie die Attribute *width* und *height* weg. FrontPage Express oder Microsoft Office Programme generieren z.B. automatisch die beiden Attribute im HTML-Quellcode.

bindet zum Beispiel einen Schmuckpunkt im Dokument ein. Dann skaliert der Browser die Grafik mit 20 x 20 Bildpunkten. Umfasst die Grafikdatei mehr oder weniger Bildpunkte, versucht der Browser, das Bild zu vergrößern oder zu verkleinern. Bild 5.6 zeigt eine Webseite, die die gleiche Grafik in unterschiedlichen Skalierungen enthält.

Horizontale Ausrichtung der Grafiken

Die Browser richten die Grafiken standardmäßig linksbündig aus. Eventuell auf die Grafik folgender Text wird dann in der ersten Zeile rechts neben dem Bild ausgegeben. Sie haben aber die Möglichkeit, die Grafik nach bestimmten Kriterien auszurichten. Da diese Optionen in HTML 3.2 allgemein festgeschrieben wurden, sollten die meisten modernen Browser diese Optionen unterstützen.

Bild 5.6: Anzeige skalierter Grafiken im Internet Explorer

Grafiken zentrieren

Eine horizontale Zentrierung einer Grafik ist auf der einen Seite eine recht einfache Angelegenheit. Um eine Grafik horizontal zu zentrieren, bietet HTML die Anweisungsfolge:

```
<center>
<img src="bilder/webhtml.gif" alt="*">
<center>
```

Diese setzt auf das <center>-Tag und sorgt somit für eine zentrierte Anzeige der Grafik (Bild 5.7).

Eine solchermaßen ausgerichtete Grafik wird von fast allen Browsern unterstützt.

Zusätzlich kompliziert wird die Sache dadurch, dass für das <img>-Tag das *align*-Attribut definiert wurde. Ursprünglich war dieses Attribut zwar zur vertikalen Ausrichtung der Grafiken gedacht. In HTML 3.2 wurde jedoch das Attribut *align* mit den Werten »left« und »right« neu aufgenommen. Verwenden Sie den Attributwert »left«, wird die Grafik linksbündig angeordnet, »right« schiebt die Grafik an den rechten Rand des Browsers. Denkbar wäre es auch, den Wert »center« im *align*-Attribut des <img>-Tags zu benutzen. Die folgende HTML-Sequenz verdeutlicht dies:

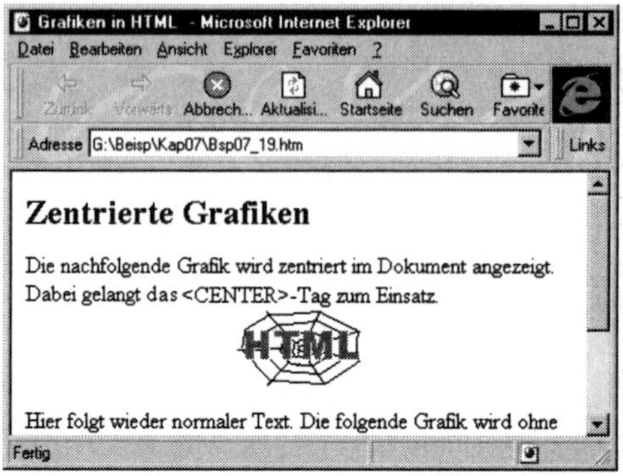

Bild 5.7: Zentrierte Grafik im Microsoft Internet Explorer

Hinweis

Allerdings ist dieses <center>-Tag gemäß der neuen HTML 4.0-Spezifikation für zukünftige Dokumente verpönt. Die HTML 4.0-Spezifikation schlägt vor, bei neuen HTML-Dokumenten auf Cascaded Style Sheets zur Ausrichtung der Grafik zuzugreifen.

```
<html>
<head>
<meta http-equiv="Content-Type"
content="text/html; charset=iso-8859-1">
<title> Grafiken in HTML </title>
</head>
<body bgcolor="#FFFFFF">
<h2>Zentrierte Grafiken</h2>
<p align="center">Die nachfolgende Grafik wird zentriert im Dokument
angezeigt. Dabei gelangt das &lt;CENTER&gt;-Tag zum Einsatz.<br>
<img src="Bilder/Webhtml.gif" alt="HTML" width="94" height="56"></p>
<p>Hier folgt wieder normaler Text. Die folgende Grafik wird ohne
&lt;CENTER&gt; aber mit dem Attribut ALIGN=&quot;center&quot;
ausgegeben.<br>
<img src="Bilder/Webhtml.gif" alt="HTML" align="center"
width="94" height="56"> </p>
</body>
</html>
```

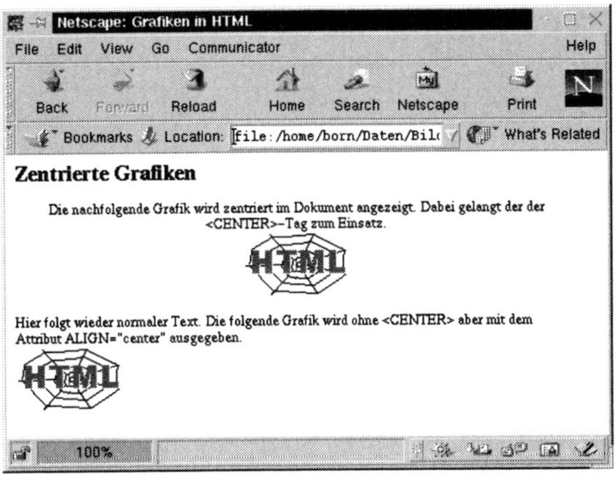

Bild 5.8: Ausrichten von Grafiken (Netscape Navigator in Linux)

Die oberste Grafik wird mit <center> ausgerichtet, während in der zweiten Grafik versuchsweise *align="center"* benutzt wird. Leider ist dieser Attributwert nicht definiert, Browser wie der Microsoft Internet Explorer oder der Netscape Navigator ignorieren das Attribut und stellen die Grafik linksbündig ausgerichtet dar. Lediglich der bereits etwas in die Jahre gekommene Mosaic Browser unterstützt das Attribut. In Bild 5.8 sehen Sie ein Dokument im Netscape Navigator unter Linux. Das unterste Bild ist linksbündig ausgerichtet, obwohl das Attribut *align="center"* gewählt wurde. Eine rechtsbündige Anordnung wäre über das Attribut *align="right"* möglich.

Text und Grafik mischen

Wenn Sie die im vorhergehenden Beispiel gezeigte Sequenz an HTML-Befehlen betrachten, fallen Ihnen vermutlich die <p>- und
-Tags auf. Mit diesen Tags erreichen Sie, dass der Browser die jeweils letzte Textzeile eines Absatzes umbricht.

Eine eingebundene Grafik gelangt dabei in eine neue Zeile und wird in dieser Zeile zentriert. Folgt hinter dem <img>-Tag wieder ein
- oder <p>-Tag, beginnt der Folgetext ebenfalls in einer neuen Zeile. Falls Sie diese
-Tags nicht einsetzen, zieht der Browser die erste Textzeile neben die Grafik. Enthält die HTML-Sequenz Text, der vor dem <img>-Tag auftritt, hängt der Browser die Grafik einfach an den Text an.

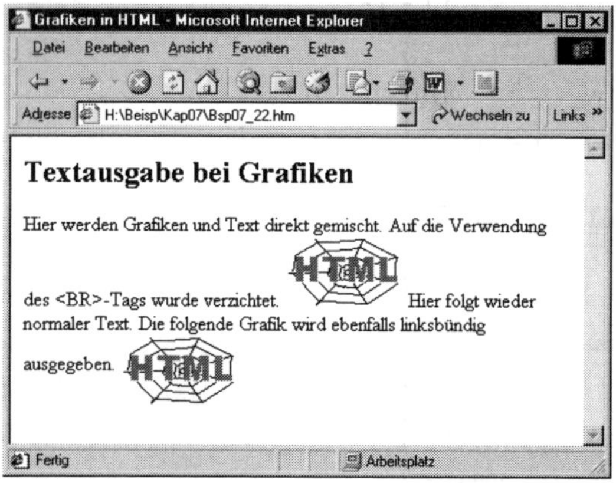

Bild 5.9: Text und Grafik gemischt (Microsoft Internet Explorer)

Dies führt bei den meisten Grafiken dazu, dass die Textzeilen an den betreffenden Stellen sehr weit auseinander gezogen werden (Bild 5.9). Sie müssen daher entweder mit
- bzw. <p>-Tags die Grafiken vom Text trennen. Oder Sie greifen auf das im nachfolgenden Abschnitt beschriebene *align*-Attribut zurück und verwenden dort Werte wie »left« oder »right«.

Grafiken vertikal ausrichten

Das *align*-Attribut ist seit HTML 2.0 zur vertikalen Ausrichtung der Texte neben den Grafiken vorgesehen. Über die Werte dieses Attributs können Sie dem Browser vorgeben, wie er die Grafiken an einem nebenstehenden Text vertikal ausrichten soll. Die Anweisung

```
<img src="bilder/webhtml.gif" alt="*" align="top">
```

richtet den Text am oberen Rand der Grafik aus. Mit dem Befehl

```
<img src="bilder/webhtml.gif" alt="*" align="middle">
```

wird das Bild mittig mit dem danebenstehenden Text ausgerichtet. Um das Bild am unteren Textrand auszurichten, ist die Anweisung

```
<img src="bilder/webhtml.gif " alt="*" align="bottom">
```

zu verwenden. Das Ergebnis sehen Sie in Bild 5.10; die einzelnen Textabsätze zeigen sehr gut die Ausrichtung an den betreffenden Bildrändern. Diese Option wird von modernen Browsern wie Internet Explorer und Netscape Navigator unterstützt.

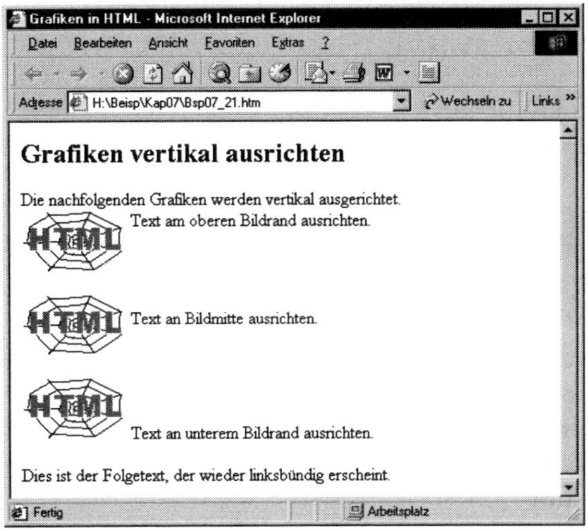

Bild 5.10: Vertikale Ausrichtung zwischen Text und Grafik

Hinweis

Falls Sie Grafiken in FrontPage Express einbinden, lassen sich die Optionen zur Ausrichtung auf der Registerkarte ERSCHEINUNGSBILD über das Listenfeld AUSRICHTUNG der Gruppe LAYOUT festlegen (Bild 5.2). An dieser Stelle möchte ich auf den im Literaturverzeichnis unter /1/ aufgeführten Titel verweisen. Dort sind weitere Effekte aufgeführt, die sich im Zusammenhang mit dem Einbinden von Grafiken ergeben.

Grafikrahmen ein-/ausblenden

Im Vorgriff auf das Kapitel über die Verwendung von Grafiken in Hyperlinks soll an dieser Stelle noch das *border*-Attribut vorgestellt werden. Sobald ein Bild in einem Verweis eingebunden wird, umgibt der Browser die

Grafik mit einem Rahmen. Sie können die Dicke dieses Rahmens mit dem *border*-Attribut vorgeben. Die Anweisung

```
<img src="bilder/webhtml.gif" alt="*" border="2">
```

erzeugt einen Rahmen, der zwei Pixel dick ist. Mit der Angabe

```
<img src="bilder/webhtml.gif" alt="*" border="0">
```

wird dagegen die Ausgabe eines Rahmens unterdrückt. Bild 5.11 zeigt einige Grafiken mit unterschiedlichen Rahmendicken.

Bild 5.11: Grafiken mit unterschiedlichen Rahmenstärken

> **Hinweis**
>
> Das <img>-Tag verfügt über weitere Attribute, mit denen sich bestimmte Bildeigenschaften setzen lassen. Näheres finden Sie in der HTML-Referenz im Anhang.

Grafik und Überschriften

Sie können eine Grafik innerhalb einer Überschriftzeile anordnen. Es reicht aber nicht, die Grafik mit den folgenden Befehlen in einem Dokument einzubinden:

```
<img src="ponny.gif"><h2>Pferde</h2>
```

Der Browser zieht eine Überschrift immer in eine eigene Zeile, folglich wird hier die Grafik oberhalb der Überschrift ausgegeben (Bild 5.12, obere Grafik).

Sie müssen das <img>-Tag vielmehr innerhalb der <hx>-Tags angeben:

```
<h2><img src="ponny.gif"> Pferde</h2>
```

In diesem Fall zeigt der Browser das Bild direkt vor der Überschrift an (Bild 5.12, unten). Durch ein * *-Zeichen können Sie einen Leerraum zwischen Grafik und Text erzwingen.

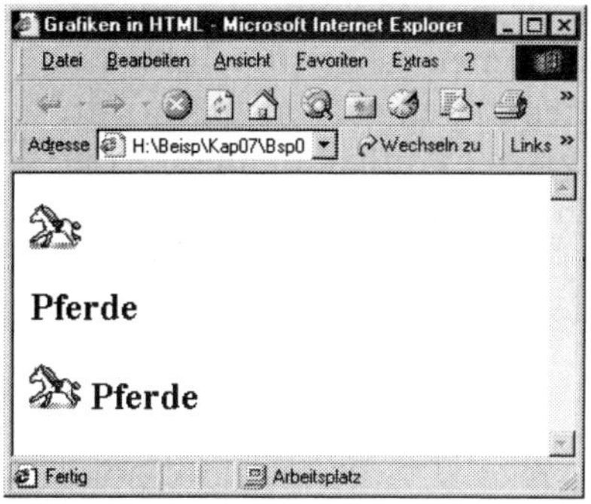

Bild 5.12: Grafik in Überschrift einbinden

Die nachfolgenden HTML-Anweisungen erstellen das Beispiel aus Bild 5.12. In der ersten Überschrift taucht die Grafik nicht auf, sondern sie wird eine Zeile oberhalb ausgegeben. Erst wenn Sie das <img>-Tag in das <h2>-Tag einbinden, gibt der Browser das Bild in der gleichen Zeile aus.

```
<html>
<head>
<meta http-equiv="Content-Type"
content="text/html; charset=iso-8859-1">
<title> Grafiken in HTML </title>
</head>
<body>
<p><img src="Bilder/Pony.gif" width="32" height="32"> </p>
<h2>Pferde</h2>
<h2><img src="Bilder/Pony.gif" width="32" height="32"> Pferde</h2>
</body>
</html>
```

Hinweis

Denken Sie beim Einbinden von Grafiken bitte immer an die Ladezeit (des Browsers und des Downloads). Enthält ein Dokument viele Grafiken, dauert das Laden sehr lange. Dies ist besonders beim Laden einer WWW-Seite aus dem Internet äußerst störend, vor allem, wenn der Benutzer für die Verbindung zahlt. Hier gibt es genügend Homepages, die als schlechtes Beispiel dienen. Was nutzt eine Leitseite, die nach 30 bis 40 Sekunden Ladezeit ein buntes Bildchen mit dem Firmennamen zeigt, die Informationen zum Zugriff auf die gewünschten Daten aber nicht enthält? Binden Sie ggf. eine Fassung mit reduzierter Auflösung und Größe im HMTL-Dokument ein. Über einen getrennten Hyperlink kann der Benutzer dann bei Bedarf die Original-Grafik laden (Hinweise finden Sie in dem im Literaturverzeichnis unter /1/ aufgeführten Titel).

Grafische Aufzählungssymbole

In den vorhergehenden Abschnitten wurde gezeigt, wie sich Grafiken in HTML-Dokumenten einbinden lassen. Das letzte Kapitel befasste sich mit Aufzählungen in HTML-Dokumenten. Vielen Webdesignern reichen die in HTML gebotenen Optionen zur Darstellung von Aufzählungssymbolen nicht aus. Wie wäre es denn, Grafiken als Schmuckpunkte in Aufzählungen unterzubringen? Voraussetzung ist lediglich, dass Grafikdateien mit den entsprechenden Aufzählungssymbolen (Punkten, Sternchen, Kästchen etc.) vorliegen. Um eine solche Grafik als »Pseudo«-Schmuckpunkt in einem HTML-Dokument aufzunehmen, wird diese mit dem <img>-Tag eingebunden. Dies sieht in der allgemeinen Form folgendermaßen aus:

```
<img src="Datei.ext">Text des Absatzes ...
```

Das <img>-Tag bewirkt, dass die im *src*-Attribut angegebene Grafikdatei geladen und vom Browser angezeigt wird. Der Name der Grafikdatei wird anstelle des Platzhalters *datei.ext* eingesetzt. Sie können hierbei auf GIF- oder auf JPEG-Dateien zurückgreifen. Der folgende HTML-Quellcode zeigt, wie sich ein Dokument mit solchen Schmuckpunkten versehen lässt.

```
<html>
<head>
```

```
<meta http-equiv="Content-Type"
content="text/html; charset=iso-8859-1">
<title> Grafische Aufzählungssymbole in HTML </title>
</head>
<body>
<ol>
<img src="punkt1.gif" width="10" height="10">Ankunft der Teilnehmer<br>
<img src="punkt1.gif" width="10" height="10">Vorbereitung Tagesplan
<br>
<img src="punkt1.gif" width="10" height="10">Gruppenarbeit an
verschiedenen Themen <br>
</ol>
<p>Nach dem Mittagessen werden dann die Ergebnisse der einzelnen
Arbeitsgruppen dargestellt.</p>
<img src="punkt1.gif" width="10" height="10"> Vorstellung der
Ergebnisse aus Gruppe 1<br>
<img src="punkt1.gif" width="10" height="10"> Vorstellung der
Ergebnisse aus Gruppe 2<br>
<p>Ende der Veranstaltung ca. gegen 16:00. </p>
</body>
</html>
```

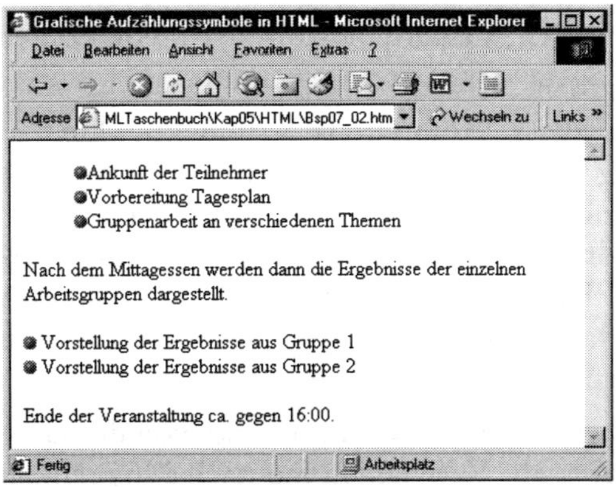

Bild 5.13: Grafiken als Schmuckpunkte im Internet Explorer

Das vom Browser angezeigte Ergebnis sehen Sie beispielsweise in Bild 5.13. In der ersten Aufzählungssequenz wurden die Absätze mit den Tags <ol> .. </ol> eingefasst. Der Browser zieht die Absätze etwas nach rechts ein. Im

Gegensatz zu einer normalen Aufzählung fehlen die <li>-Tags am Zeilenanfang. Daher ist jeder Aufzählungsabsatz am Zeilenende mit jeweils einem
-Tag abzuschließen. Andernfalls zeigt der Browser die einzelnen Aufzählungspunkte direkt in einer Zeile an.

Bei der Analyse des angezeigten Ergebnisses fällt weiterhin auf, dass der Abstand zwischen Schmuckpunkt (Grafik) und Text in der obersten Aufzählungssequenz zu gering ist. Aus diesem Grunde wurde in der zweiten Sequenz ein Leerzeichen zwischen Grafik und Textanfang eingefügt. Außerdem wurde auf die Verwendung des <ol>-Tags verzichtet.

Probleme und Voraussetzungen beim Einsatz grafischer Symbole

Der Einsatz von Grafiken als Schmuckpunkte ist keinesfalls trivial. Trotzdem ist diese Technik für viele Designer äußerst attraktiv. Nachfolgend finden Sie noch einige Hinweise auf die notwendigen Voraussetzungen zum Einsatz solcher Grafiken bzw. zu den dabei auftretenden Problemen.

- Am besten lassen sich solche Aufzählungssymbole verwenden, wenn der folgende Text recht kurz ist und nur eine Zeile umfasst. Da keine <ol>- und <li>-Tags benutzt werden, muss sich der HTML-Autor selbst um die Zeilenumbrüche kümmern. Folgezeilen werden daher nicht eingezogen.
- Weiterhin müssen Sie geeignete Symbole als Schmuckpunkte zur Verfügung haben. Wichtig ist, dass diese Symbole als transparente GIF-Dateien vorliegen. Andernfalls gibt es vielfältige Überraschungen, wenn die Hintergrundfarbe geändert wird (Bild 5.14). (Aus diesem Grund eignen sich JPEG-Grafikdateien auch nicht besonders gut für Schmuckpunkte, da der Benutzer den Bildhintergrund mit dem Dokumenthintergrund abstimmen muss.)
- Der Abstand zwischen Schmuckpunkt und Text hängt von der Größe des verwendeten Symbols ab. Verwenden Sie nach Möglichkeit immer das gleiche Symbol innerhalb einer Aufzählung, um unterschiedliche Abstände zwischen Text und Symbol zu verhindern. Sie können auch das Zeichen * * mehrfach im Text hinterlegen, um den Abstand zum Schmuckpunkt zu vergrößern.

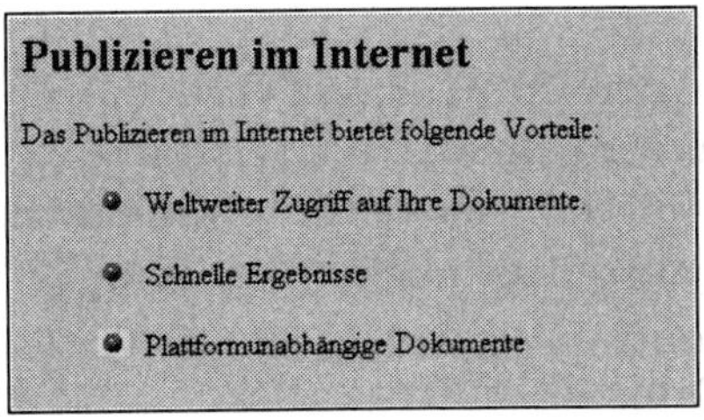

Bild 5.14: Schmuckpunkt mit fehlender Transparenz

Sind diese beiden Bedingungen erfüllt, lassen sich recht ansprechende Aufzählungen realisieren.

Achtung

Beim Internet Explorer 5.x habe ich aber festgestellt, dass transparente GIF-Grafiken beim ersten Aufruf der Seite nicht richtig dargestellt werden. Vielmehr erscheint ein roter Schmuckpunkt beispielsweise mit dunkler Farbe. Erst wenn die Seite aktualisiert wird, zeigt der Browser die Farbe richtig an.

Zeilenumbruch mit NOBR unterdrücken

Ein generelles Problem bei der Verwendung von Grafiken als Schmuckpunkte stellt der Einzug der Folgezeilen dar. Falls Sie ein Symbol an den Absatzanfang stellen, erhalten die Folgezeilen keinen Einzug. Bei mehrzeiligen Absätzen ist es denkbar, mit Tabellen zu arbeiten und das Aufzählungssymbol in die erste Tabellenspalte zu setzen.

Aber auch bei sehr kurzen Aufzählungstexten tritt ein Problem auf: Der Benutzer darf das Browser-Fenster auf jede beliebige Größe setzen. Reicht der Absatztext über den rechten Rand hinaus, bricht der Browser die betreffende Zeile um. Dies wirkt bei Aufzählungen äußerst störend. Moderne Browser wie Microsoft Internet Explorer und Netscape Navigator (beide ab der Version 2.0) unterstützen das <nobr>-Tag. Alle Texte, die zwischen <nobr> und </nobr> stehen, werden vom Browser nicht mehr umbrochen, d.h., der Text reicht über den rechten Fensterrand hinaus. Sie haben aber die Möglichkeit, gezielt Zeilenumbrüche mittels der <p>- oder
-Tags im Text einzufügen.

Achtung

Dieses Tag ist nicht Bestandteil der HTML 3.2/HTML 4.0-Spezifikationen und wird nicht von allen Browsern unterstützt. Weiterhin verleitet dieses Tag viele Web-Designer dazu, des Guten zu viel zu tun. Im Hinblick auf die benutzerfreundliche Gestaltung Ihrer HTML-Dokumente sollten Sie dieses Tag daher nur sehr restriktiv einsetzen und auf eine vernünftige Zeilenlänge achten.

Grafiken als Linien einfügen

Das im vorhergehenden Kapitel vorgestellte <hr>-Tag erlaubt Ihnen, auf recht einfache Weise horizontale Linien in Ihre HTML-Dokumente aufzunehmen. Trotz der in den Beispielen vorgestellten und mittlerweile in HTML 3.2 allgemein vereinbarten Attributen reichen den meisten Web-Designern die Möglichkeiten dieses Tags oft nicht aus.

Sie können zu einem Trick greifen: Binden Sie einfach eine Grafik im Dokument ein, die die Form einer Linie aufweist. Bei geeignet gestalteten Grafiken lassen sich sehr pfiffige Designs innerhalb der Web-Dokumente realisieren. Zum Einbinden der Linie wird (ähnlich wie bei grafischen Schmuckpunkten) das <img>-Tag benutzt. Sie können dieses Tag in folgender Form einsetzen:

```
<img src="linie.gif">
```

Der Browser lädt dann die angegebene Grafikdatei aus dem aktuellen Verzeichnis und zeigt diese im Dokument an. In Bild 5.15 sehen Sie ein HTML-Dokument, das solche Liniengrafiken enthält.

Bei der obersten Linie handelt es sich lediglich um einen einfarbigen Strich mit definierter Länge. Im Gegensatz zum *color*-Attribut, das nur vom Microsoft Internet Explorer angezeigt wird, lässt sich diese Linie in allen Browsern anzeigen. Die restlichen Linien in Bild 5.15 demonstrieren bereits, was mit solchen Grafiken möglich ist. Die unterste Linie benutzt einen abgestuften Farbverlauf, der mit keinem Attribut nachbildbar ist. Die dritte Linie (von oben) zeigt ein kleines Symbol, während die zweite (von oben) Linie zweifarbig aufgebaut ist. Sofern Sie über geeignete Grafiken verfügen, lassen sich auch animierte Linien in HTML-Dokumenten einbinden. Die nachfolgende HTML-Sequenz zeigt, wie die betreffenden Grafiken im Dokument eingebunden werden.

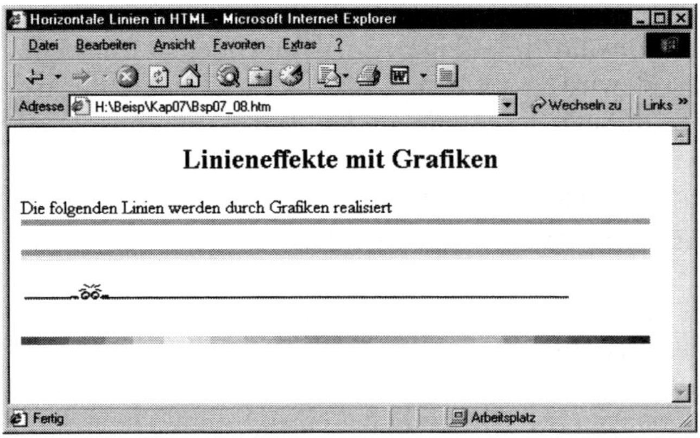

Bild 5.15: Linieneffekte mit Grafiken

Nachfolgender HTML-Code zeigt die Befehle, um die Liniengrafiken im Dokument einzubinden.

```
<html>
<head>
<meta http-equiv="Content-Type"
content="text/html; charset=iso-8859-1">
<title> Horizontale Linien in HTML </title>
</head>
<body>
<h2 align="center">Linieneffekte mit Grafiken</h2>
<p>Die folgenden Linien werden durch Grafiken realisiert</p>
<img src="linie1.gif" width="542" height="7"><br>
<img src="linie2.gif" width="542" height="12"><br>
<img src="linie3.gif" width="472" height="26"><br>
<img src="linie4.gif" width="542" height="7"><br>
</body>
</html>
```

Was ist bei Liniengrafiken zu beachten?

In einer Grafik lassen sich beliebige Linienformen hinterlegen. Auch das Nutzen von Farben ist bei Grafiken kein Problem. Allerdings gibt es einige Hinweise, die beim Einbinden von Liniengrafiken zu beachten sind.

- Da es sich um kein <hr>-Tag handelt, müssen Sie sich um die Zeilenumbrüche kümmern. Vor und hinter der betreffenden Liniengrafik ist daher ein
- oder <p>-Tag einzufügen. Welches der beiden Tags im betreffenden Dokument benutzt wird, müssen Sie selbst ausprobieren.
- Eine Liniengrafik verhält sich wie eine per <hr>-Tag definierte Linie, die über das *width*-Attribut mit einer fixen Linienlänge in Pixel versehen wurde. Dies bedeutet, dass der Browser die Liniengrafik nicht anpasst, wenn der Benutzer das Fenster verkleinert. Wählen Sie die Breite der Grafikdatei so, dass die Linie auch bei einem sinnvoll verkleinerten Dokumentfenster nur einen Teil der Fensterbreite einnimmt. Andererseits soll die Linie bei einer Vollbilddarstellung lang genug sein, um eine optische Trennung der Dokumentteile zu erreichen.
- Die per <img>-Tag eingebundenen Liniengrafiken werden standardmäßig linksbündig im Dokument angeordnet. Sie müssen gegebenenfalls die Grafik über <center> zentrieren.
- Achten Sie beim Einbinden der Grafik darauf, dass die Pfadangabe zu den Dateien korrekt hinterlegt wird. Denken Sie bei der Weitergabe des HTML-Dokuments daran, auch die Grafikdateien mitzuliefern. Andernfalls erscheint bei der Anzeige des Dokuments lediglich der Platzhalter für fehlende Grafiken anstelle der erwarteten Linie (ein Effekt, der gerne auftritt, aber zu erheblichem Frust bei den Lesern führt).
- Verwenden Sie nach Möglichkeit nicht zu viele unterschiedliche Grafikdateien in einem HTML-Dokument. Einmal gibt es sicherlich Probleme, alle erforderlichen Dateien weiterzugeben. Weiterhin dauern das Herunterladen und das Anzeigen von HTML-Dokumenten mit vielen Grafiken unnötig lange. Benutzen Sie dagegen eine Grafikdatei mehrfach, kann der Browser bei der Darstellung auf einen internen Grafik-Cache zurückgreifen.

Falls Sie selbst Liniengrafiken erstellen möchten, sind die gleichen Regeln wie beim Erstellen von Schmuckpunkten zu beachten (siehe auch vorhergehende Seiten). Die Linien müssen als transparente GIF-Grafiken angefertigt werden. Andernfalls müssen Sie den Dokumenthintergrund auf die Hintergrundfarbe der Liniengrafik abstimmen. Sonst kommt es zu unschönen Effekten, da die Liniengrafik im Dokument mit ihren Abmessungen sichtbar wird.

Hintergrundbilder für Webseiten

HTML-Dokumente werden im Browser standardmäßig mit einem grauen Hintergrund dargestellt. In Kapitel 2 haben Sie aber gelernt, wie Sie die Hintergrundfarbe einer Seite über das *bgcolor*-Attribut des <body>-Tags ändern können. Die meisten Browser (Netscape Navigator, Internet Explorer) und HTML 3.2 unterstützen Optionen, um den Hintergrund neben einer anderen Farbe auch mit einem Bild zu versehen. Um ein GIF-Bild im Hintergrund einzubinden, benutzen Sie die das *background*-Attribut:

```
<body background="wiblue.gif">
```

Hinweis

Es muss kein komplettes Hintergrundbild mit 640 x 480 Pixel oder mehr geladen werden. Der Browser kann auch kleine Bilder (z.B. 40 x 40 Pixel) kacheln. Wenn Sie zwei Striche unterschiedlicher Farbe (z.B. Weiß und Rot) zu einer dünnen Linie von der Bildschirmbreite kombinieren und als GIF-Datei speichern, ergibt dies einen zweifarbig geteilten Hintergrund (Bild 5.16). Auf der unter /1/ erwähnten CD finden Sie Grafikdateien mit solchen Hintergrundbildern sowie Symbole und Linien.

Hier wird die Datei *wiblue.gif* geladen und angezeigt. Beachten Sie aber bei der Verwendung von Hintergrundbildern, dass die Sichtbarkeit von Texten unter Umständen stark leidet und die Ladezeiten erhöht werden.

Was ist bei der Auswahl der Grafiken zu beachten?

Bei maßvoller Anwendung lassen sich HTML-Seiten mit Grafiken optisch aufwerten. Allerdings müssen Sie über die geeigneten Grafiken verfügen. Vielleicht stellt sich Ihnen die Frage, wo Sie diese Grafiken, Aufzählungssymbole, Linien etc. herbekommen? Die Frage nach der Quelle für solche Grafiken lässt sich recht einfach beantworten: Fast jedes HTML-Werkzeug wird mit einer Sammlung an Cliparts und Symbolen ausgeliefert. Auf der Begleit-CD-ROM zu dem im Literaturverzeichnis unter /1/ aufgeführten Buch finden Sie ebenfalls das Verzeichnis *Bilder.* In dessen Unterverzeichnissen wurden einige Symbole für Schmuckpunkte hinterlegt.

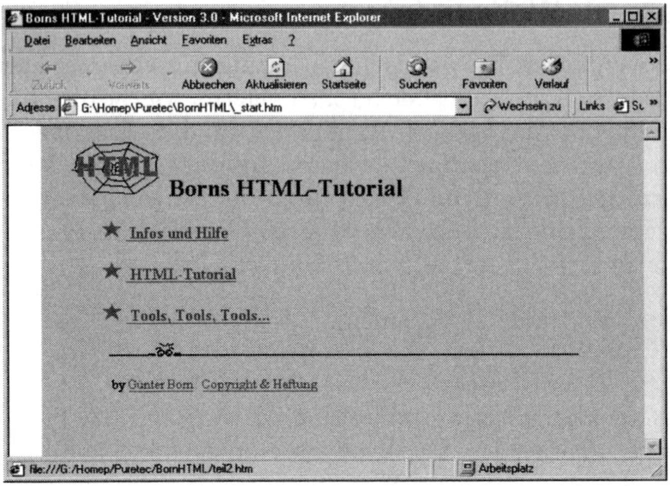

Bild 5.16: Zweifarbiger Hintergrund und Liniengrafik im Internet Explorer

Weiterhin gibt es eine Anzahl an Webseiten, die komplette Sammlungen an Web-Symbolen für Schmuckpunkte, Linien, Hintergründe etc. anbieten.

> **Achtung**
>
> Vor der Verwendung solcher Symbole aus dem Internet oder aus anderen HTML-Dokumenten sollten Sie aber die Copyright-Frage geklärt haben. Nicht alle Bilder aus dem Internet dürfen lizenzfrei auf eigenen Webseiten oder in HTML-Dokumenten weitergegeben werden. Falls die Lizenzfrage unklar ist oder falls Ihnen die vorhandenen Symbole nicht gefallen, ist es naheliegend, sich eigene Symbole zu entwerfen. Hierzu können Sie (fast) alle Werkzeuge benutzen, die GIF- oder JPEG-Dateien erzeugen und speichern können.

Welche Grafikformate sind verwendbar?

In Web-Dokumente lassen sich Grafiken (bisher) nur als Bitmaps einfügen (andernfalls benötigen Sie so genannte Plug-ins zur Anzeige im Browser). Grafiken in HTML-Dokumenten müssen die Formate GIF oder JPEG besitzen.

- GIF ist ein Grafikformat zur Speicherung von Bildern mit 2, 16, 256 Farben oder 256 Graustufen. Intern werden beim GIF-Format noch die Varianten GIF87a und GIF89a unterschieden. Zur Anzeige einfacher Bilder können Sie beide Varianten verwenden. Lediglich für transparente oder animierte Bilder ist das GIF89a-Format erforderlich.
- JPEG ist das Grafikformat, mit dem sich Fotos, die meist mehr als 256 verschiedene Farben aufweisen, in Dateien hinterlegen lassen. Solche Dateien erhalten die Erweiterung JPG oder JPEG (bei Betriebssystemen mit langen Dateinamen).

Liegen bei Ihnen Grafiken in anderen Formaten (z.B. BMP oder TIFF) vor, müssen Sie diese vor dem Einbinden in ein HTML-Dokument in die beiden oben genannten Grafikformate umwandeln.

Achtung

Der Internet Explorer kann auch Grafiken im BMP-Format in Webseiten anzeigen. Wegen der Lizenzprobleme bei Verwendung des GIF-Formats (das bei diesem Dateiformat benutzte Komprimierungsverfahren ist durch die Firma Unisys patentiert, und die Firma kassiert Lizenzgebühren von Programmherstellern und Betreibern von Webservern, wenn GIF-Bilder benutzt werden), ist in HTML 4.0x das PNG-Format als Alternative vorgesehen. Allerdings setzt sich dieses Format nur sehr zögernd durch. Der Microsoft Internet Explorer unterstützt ab der Version 4.0 dieses Format. Hinweise zu den Grundlagen von Grafikformaten, zum Erstellen animierter GIF-Grafiken etc. finden Sie in einem eigenen Kapitel.

Verweise in HTML-Dokumenten

Die Stärke von HTML liegt in der Möglichkeit zur Einbindung von Referenzen (auch als Querverweise oder Hyperlinks bezeichnet). Der Benutzer kann durch Anwahl einer Referenz zum angegebenen Dokument verzweigen. In Bild 5.17 sehen Sie ein Beispiel mit solchen Verweisen im Microsoft Internet Explorer.

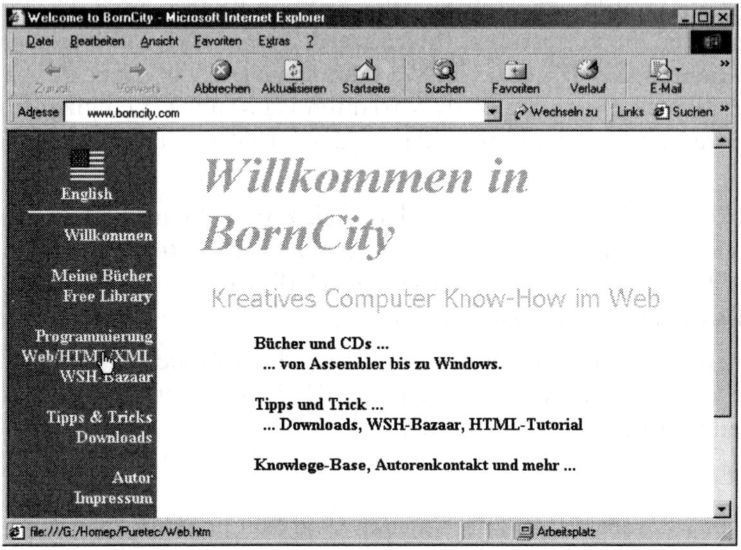

Bild 5.17: Anzeige eines HTML-Dokuments mit Verweisen im Internet Explorer

Die linke Spalte der Webseite enthält mehrere Hyperlinks. Diese Verweise sind optisch hervorgehoben, und sobald Sie per Maus auf einen Verweis zeigen, ändert sich die Form des Cursors. Gleichzeitig wird das Verweisziel in der Statuszeile des Browsers angezeigt. Der nachfolgende Abschnitt befasst sich mit der Frage, wie sich Verweise erzeugen lassen und was es zu beachten gilt.

Einen Verweis in FrontPage Express definieren

Zum Erstellen von Verweisen in HTML-Dokumenten lässt sich das Programm FrontPage Express verwenden. Sie können anschließend den HTML-Code analysieren um herauszufinden, wie Verweise als Tags im Code eingefügt werden. Lassen Sie uns im ersten Schritt das Programm benutzen, um einen Verweis auf eine Webseite und auf eine lokale Datei anzulegen. Starten Sie FrontPage Express und erstellen Sie das gewünschte Dokument. Speichern Sie dieses Dokument in der gewohnten Form. Anschließend führen Sie die folgenden Schritte aus:

Bild 5.18: Hyperlink in FrontPage Express erstellen oder bearbeiten

1. Markieren Sie die Stelle im Dokument, an der der Hyperlink einzufügen ist (Bild 5.18) und klicken Sie dann in der Symbolleiste auf die Schaltfläche HYPERLINKE ERSTELLEN ODER BEARBEITEN.
2. FrontPage Express öffnet dann das Dialogfeld HYPERLINK, auf dessen Registerkarten Sie die Eigenschaften des Hyperlink (URL) angeben oder anpassen können (Bild 5.18).

> **Hinweis**
>
> FrontPage Express versucht dabei über verschiedene Registerkarten unterschiedliche Szenarien abzubilden und Ihnen das Festlegen des Verweisziels zu erleichtern. Im HTML-Code werden aber die Eingaben auf den unterschiedlichen Registerkarten zu einem Tag zusammengefasst. Lediglich die Attributwerte können sich unterscheiden.

Nehmen wir jetzt einmal an, Sie möchten den Verweis auf eine Webseite als Hyperlink an der markierten Dokumentstelle einfügen. Dann benötigen Sie die Registerkarte WWW (Bild 5.19). Der Name der Registerkarte zeigt bereits an, dass hier Verweise ins Web eingetragen werden dürfen.

Hinweis

FrontPage Express ist dafür ausgerichtet, gleich mehrere Webseiten zu erstellen bzw. zu verwalten. Haben Sie bereits solche Webseiten erstellt und sind diese noch geöffnet, können Sie diese auf der Registerkarte GEÖFFNETE SEITE direkt auswählen. Dann fügt FrontPage Express automatisch im Hyperlink als Verweisziel den Namen der gewählten Seite ein. Die Registerkarte NEUE SEITE bietet Ihnen dagegen die Möglichkeit, eine neue Webseite zu erstellen und als Verweisziel zu verwenden. Beide Optionen sollen an dieser Stelle nicht weiter behandelt werden.

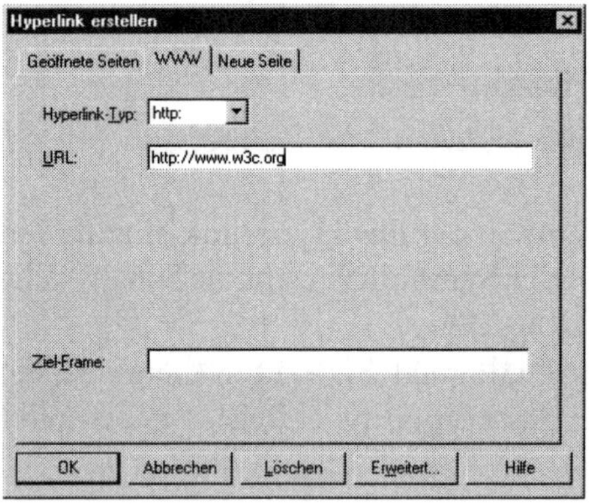

Bild 5.19: Registerkarte WWW *im Dialogfeld* HYPERLINK ERSTELLEN

Nehmen wir an, Sie kennen das Verweisziel (URL) und möchten dieses jetzt eintragen.

1. FrontPage Express fügt bereits automatisch einen Ausdruck im Feld URL ein. Wählen Sie als erstes im Listenfeld HYPERLINK-TYP den gewünschten Typ. Für eine Adresse im WWW ist dies der Typ »http:« (Bild 5.19).
2. FrontPage Express ersetzt dann den Beginn der URL mit dem Text »http://«. Korrigieren Sie den Rest der URL, d.h., löschen Sie ggf. die Vorgabe und ergänzen Sie die Domain (z.B. *www.w3c.org*) der Webseite und hängen Sie bei Bedarf den Pfad zur Webseite (z.B. */html/index0.htm*) an.

Das Ergebnis kann dann so ähnlich wie in Bild 5.26 aussehen. Sobald Sie auf die OK-Schaltfläche klicken, schließt FrontPage Express das Dialogfeld und fügt den Hyperlink im Dokument ein. Sie sehen dies in der Dokumentansicht. Zeigen Sie per Maus auf diesen Hyperlink, erscheint in der Statusleiste das Verweisziel (Bild 5.20).

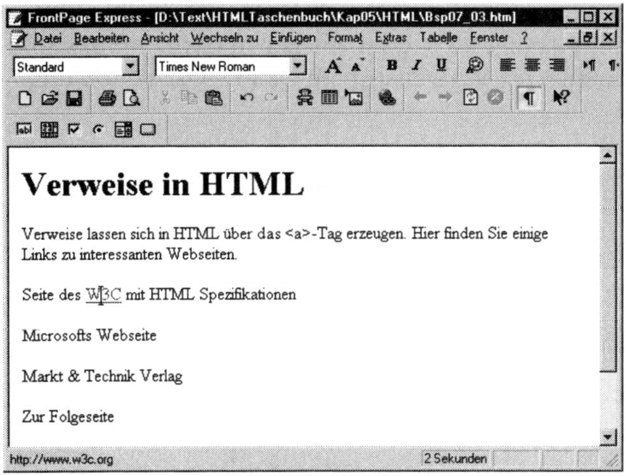

Bild 5.20: Hyperlink in FrontPage Express

Auf diese Weise können Sie in FrontPage Express auf sehr einfache Art Verweise auf Folgedokumente erstellen. Um einen Verweis anzupassen reicht es, diesen in FrontPage Express anzuwählen und dann auf die Schaltfläche HYPERLINK ERSTELLEN ODER BEARBEITEN zu klicken.

> **Hinweis**
>
> Möchten Sie direkt in FrontPage Express die Seite mit dem Verweisziel aufrufen? Sofern diese Seite erreichbar ist (z.B. Rechner ist online bei Zugriffen auf WWW-Ziele), reicht es, die `Strg`-Taste zu drücken und den Verweis anzuklicken. Sobald die `Strg`-Taste gedrückt wird, nimmt der Mauszeiger bereits die Form eines Pfeils an, wenn er sich über einem Hyperlink befindet.

An dieser Stelle möchte ich aber noch im Vorgriff auf die nachfolgenden Erläuterungen auf ein Problem bzw. eine Falle in FrontPage Express zu sprechen kommen. Wenn Sie eine Website (also eine Sammlung an Webseiten) mit dem Programm erstellen und später pflegen, werden die Dateien selten im Web vorliegen. Sie brauchen dann keine URL der Art *www.domain.de/born/index.htm*. Vielmehr werden die Verweise auf HTML-Dokumente zielen, die im gleichen Ordner hinterlegt sind, in dem sich auch das aktuell geladene Dokument befindet. Nehmen wir an, Sie haben das Dokument mit dem Namen *index.htm*, in dem ein Verweis auf die Datei *angebot.htm* untergebracht werden soll.

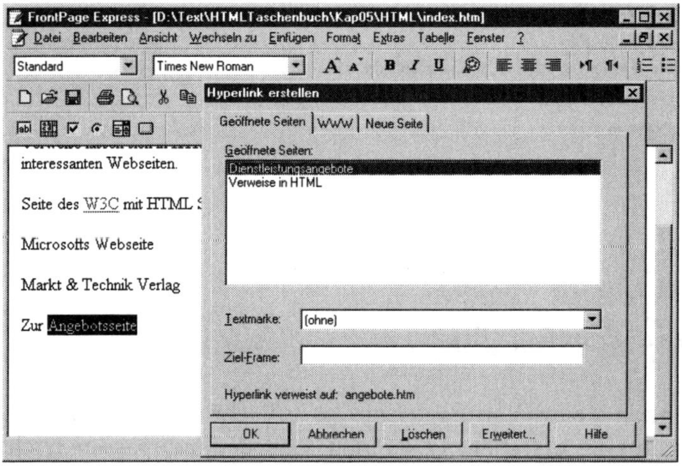

Bild 5.21: Hyperlink in FrontPage Express auf Folgeseite definieren

Wenn Sie die Verweisstelle im Dokument markieren, können Sie anschließend auf die Schaltfläche HYPERLINK ERSTELLEN UND BEARBEITEN klicken. Die anschließenden Schritte hängen dann von der aktuellen Situation ab. Haben Sie die Seite, die als Verweisziel dient (hier *angebot.htm*) ebenfalls in FrontPage Express geladen, wählen Sie im Dialogfeld HYPERLINK ERSTELLEN die Registerkarte GEÖFFNETE SEITEN und klicken auf den in der Liste angezeigten Seitentitel (dies wird in Bild 5.21) gezeigt. Sobald Sie die Registerkarte über die OK-Schaltfläche schließen, fügt FrontPage Express die Angaben für den Verweis im HTML-Code ein (auf die Details komme ich gleich zu sprechen).

Bei einer Website mit mehreren hundert Einzelseiten werden Sie diese aber nicht alle in FrontPage Express (oder in einem anderen Werkzeug wie FrontPage) laden wollen, nur um ggf. einen Verweis einzutragen. Üblicherweise enthält Ihre Festplatte einen Ordner, in dem alle Dateien der Website lokal zur Bearbeitung gespeichert sind. Erst nach dem Ändern laden Sie diese auf den Webserver hoch.

Hinweis

Dies gilt übrigens auch, wenn Sie keine HTML-Dokumente für Webseiten erstellen, sondern das HTML-Format benutzen, um Dokumente für lokale Medien wie beispielsweise CD-ROMs zu erstellen.

Wenn jetzt die Dateien im lokalen Ordner vorliegen, sollte es doch möglich sein, einen Verweis direkt auf die betreffende Datei anzulegen. Und FrontPage unterstützt dies auch direkt. Allerdings hat die Sache einen Haken.

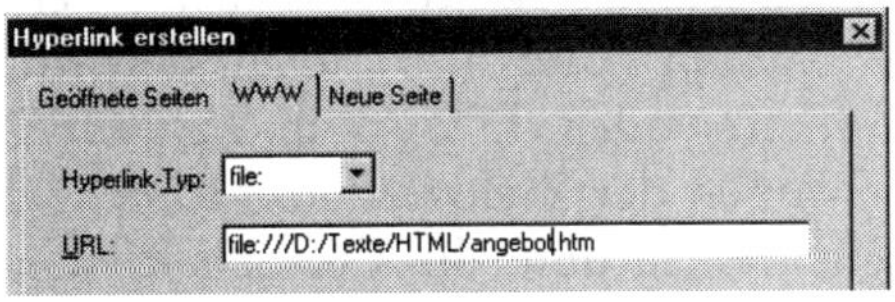

Bild 5.22: Hyperlink in FrontPage Express auf eine Datei erstellen

Nehmen wir an, Sie haben ein Verweisziel in der Seite markiert und die Schaltfläche HYPERLINK ERSTELLEN UND BEARBEITEN angeklickt. Jetzt ist die Registerkarte WWW geöffnet und im Feld HYPERLINK-TYP stellt FrontPage Express automatisch den Typ »file:« ein. Es ist jetzt naheliegend, im Feld URL den Pfad zur gewünschten Datei zu ergänzen (wie dies in Bild 5.22 getan wurde). Wenn Sie die Registerkarte schließen, die HTML-Dokumentdatei speichern und im Browser testen, wird der Link auch wunderbar funktionieren.

Die Überraschung kommt erst, wenn die HMTL-Dateien zum Webserver übertragen oder in ein anderes Verzeichnis verschoben werden. Sobald der angegebene Ordner nicht mehr existiert, funktioniert der Hyperlink nicht mehr. Der Grund: Mit »file:///« wird ein Verweis auf eine existierende Datei angelegt, der eine absolute Pfadangabe verwendet.

Hinweis

Diese Problematik hatte ich bereits im Abschnitt über das Einbinden von Grafiken behandelt, ich komme zusätzlich noch weiter unten auf die unterschiedlichen Verweisarten detaillierter zu sprechen.

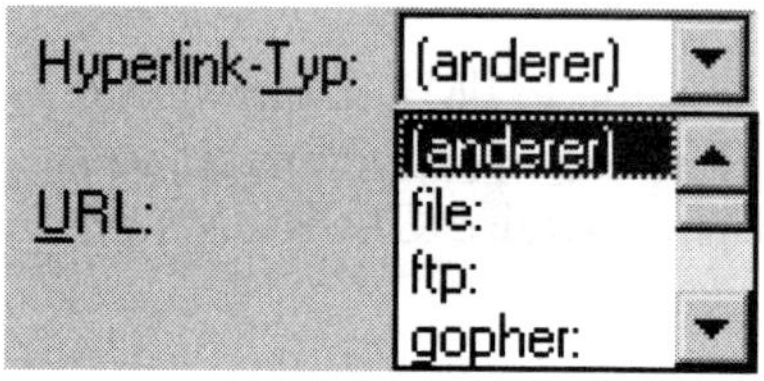

Bild 5.23: Auswahl des Hyperlink-Typs in FrontPage Express

Möchten Sie, dass der Verweis unabhängig von der Lage der HTML-Zieldatei funktioniert, solange sich aktuelles Dokument und Verweisziel im gleichen Ordner befinden, müssen Sie auf der Registerkarte WWW im Feld HYPERLINK-TYP den Typ »(anderer)« wählen (Bild 5.23). Dies bewirkt, dass FrontPage Express den Vorspann »file://« oder »http://« im Feld URL weglässt. Sie können anschließend den Namen der Zieldatei direkt im Feld eingeben (Bild 5.24) und dann die Registerkarte über die OK-Schaltfläche schließen. Dies bewirkt, dass FrontPage Express einen so genannten relativen Verweis im HTML-Code einfügt, der auch funktioniert, wenn der Ordner mit den HTML-Dateien verschoben wird.

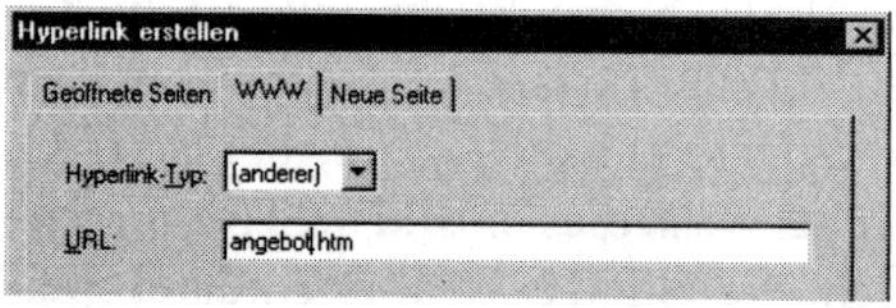

Bild 5.24: URL in FrontPage Express

> **Hinweis**
>
> Was relative Verweise sind, wird weiter unten noch detaillierter erläutert. Wichtig erscheint mir an dieser Stelle lediglich der Hinweis darauf, dass FrontPage Express unglücklicherweise den Hyperlinktyp beim Öffnen der Registerkarte WWW immer auf »file://« stellt. Noch schlimmer: Haben Sie den Typ bereits auf »(anderer)« umgestellt, wechseln mal schnell zur Ordnerdarstellung im Windows Explorer, um den genauen Dateinamen nachzusehen und schalten dann zu FrontPage Express zurück, setzt das Programm den Hyperlinktyp sofort auf »file:« zurück. Dann ist schnell ein absoluter Verweis als URL eingefügt. Der Fehler fällt beim oberflächlichen Testen im lokalen Ordner nicht auf.

Verweise im HTML-Code definieren

Im vorhergehenden Abschnitt habe ich gezeigt, wie sich Verweise in Front-Page Express erstellen lassen und was es dabei zu beachten gilt. Nun ist es an der Zeit,einen Blick auf den HTML-Code zu werfen. Verweise werden in HTML mit dem <a>-Tag definiert. Der Buchstabe *a* steht dabei für den Begriff *anchor* (Anker), d.h., ein Verweis stellt einen Anker auf ein Ziel (-dokument) dar. Das im Verweisziel angegebene Dokument darf sich dabei lokal, im Netzwerk oder im Internet befinden. Schauen wir einmal den HTML-Code an, der in obigem Beispiel durch FrontPage Express erstellt wurde. In der Beispielseite waren zwei Verweise (einer ins Internet und einer zu einer lokalen Datei) definiert. Der HTML-Code sieht dann folgendermaßen aus:

```
<html>
<head>
<meta http-equiv="Content-Type"
content="text/html; charset=iso-8859-1">
<title>Verweise in HTML</title>
</head>
<body bgcolor="#FFFFFF">
<h1>Verweise in HTML</h1>
<p>Verweise lassen sich in HTML über das &lt;a&gt;-Tag erzeugen. Hier
finden Sie einige Links zu interessanten Webseiten.</p>
<p>Seite des <a href="http://www.w3c.org">W3C</a> mit HTML
Spezifikationen</p>
<p>Microsofts Webseite</p>
```

```
<p>Markt &amp; Technik Verlag</p>
<p>Zur <a href="angebot.htm">Angebotsseite</a></p>
</body>
</html>
```

In dieser Codesequenz kommt das <a>-Tag gleich zweimal vor. Verweise auf andere Dokumente besitzen dabei immer ein einleitendes und ein abschließendes Tag der Form:

```
<a href="www.w3c.org">W3C</a>
<a href="angebot.htm">Angebotsseite</a>
```

Das erste Tag <a href...> leitet den Verweis auf die Referenz ein. In diesem Tag wird das Attribut href verwendet, um das Verweisziel (auch als URL bezeichnet) anzugeben. In der obigen ersten Zeile ist dies eine Internetadresse der Form *www.w3c.org*. Die zweite Zeile umfasst eine Datei *angebot.htm* im aktuellen Verzeichnis (aus dem die aktuelle Dokumentdatei geladen wurde). Auf dieses einleitende Tag folgt nun ein Abschnitt des HTML-Dokuments, der im Browser als Hot-Link (Hyperlink) hervorzuheben ist. Für die obige erste Zeile stellt dies der Text *W3C* dar. Dieser Teil wird im Dokument später als Hyperlink hervorgehoben und ist anklickbar. Das Ende des Verweises wird durch das abschließende Tag </a> markiert. Die obigen Anweisungen erzeugen dann Zeilen, die im Browser dann meist blau hinterlegt (und teilweise unterstrichen) dargestellt werden.

Hinweis

Der Wert des *href*-Attributs enthält eine Pfadangabe zum Zieldokument. Was es dabei zu beachten gilt, wird nachfolgend besprochen.

Relative oder absolute Verweise

Der Verweis im *href*-Attribut kann auf verschiedene Weise angegeben werden. Grundsätzlich wird dabei zwischen relativen und absoluten Verweisen unterschieden. Nehmen wir einmal einen Verweis der folgenden Art:

```
<a href="http://www.microsoft.com">Microsoft</a>
```

Hinweis

Vielleicht fragen Sie sich, welche Datei bei Anwahl des obigen Hyperlink geladen wird? Hier kommt noch ein Trick zum Einsatz. Der Webserver erhält vom Browser die Anfrage mit der URL und der Aufforderung, die zugehörige Seite zu schicken. Wird keine Seite, sondern nur eine Domain (dies ist die reine URL in der Form *www.name.xxx*) oder ein Ordner (z.B. *http://www.microsoft.com/ie*) angegeben, ist es dem Server freigestellt, welche Datei er dem Browser schickt. Webserver werden so eingestellt, dass in diesem Fall eine Standarddatei geliefert wird. Diese Dateien haben meist den Namen *index.htm* oder *welcome.htm.* Manche Server erwarten auch Dateien mit der Erweiterung *.html.* Wenn Sie HMTL-Dokumente für Websites erstellen, müssen Sie die Startdatei der Homepage meist entsprechend benennen. Dies ist beispielsweise bei AOL-Homepages so. Bei CompuServe haben Sie dagegen die Möglichkeit, beim Hochladen der Seiten die Default-Datei anzugeben. Dann wird diese Datei als Standard im Server vermerkt. Details zur Benennung der Startseite erfahren Sie in der Dokumentation zur Website oder zum Server.

Dieser Verweis zeigt auf eine URL-Adresse im WWW. Es handelt sich um einen absoluten Verweis, denn nur wenn diese URL-Adresse existiert, kann der Benutzer diese Seite abrufen. Der Vorspann *http:* besagt noch, dass die Seite aus dem WWW mit dem so genannten *http*-Protokoll geholt werden soll.

Eine Datei auf einem lokalen Rechner lässt sich auf ähnliche Weise in der Form

```
<a href="file:///c|kap1/kap01.htm ">Kapitel 1</a>
```

angeben. Hier wird das Dokument aus dem Ordner *kap1* im Laufwerk *c:* geladen (der Doppelpunkt im Laufwerksbuchstaben wird meist durch das Zeichen | ersetzt). Auch diese URL-Angabe ist als absoluter Verweis ausgeführt. Dies bedeutet, dass Sie die betreffenden Dokumente nicht mehr verschieben können. Der Browser sucht bei der Anwahl des letzten Hyperlinks die Datei *kap01.htm* im Verzeichnis *kap1* auf dem Laufwerk *c:* des lokalen Rechners. Verschieben Sie die Datei *kap01.htm* in ein anderes Verzeichnis oder benennen Sie das Verzeichnis um, wird das angegebene

Dokument nicht mehr gefunden. Dies hat fatale Folgen, wenn Sie ein HTML-Dokument erstellen und später auf einem Webserver oder im Intranet publizieren.

Um diese Nachteile zu umgehen, lassen sich relative Verweise benutzen. Hier bezieht sich die URL-Angabe eines Hyperlinks immer relativ auf die URL, aus der das aktuelle HTML-Dokument geladen wurde. Die Angabe

```
<a href="kap01.htm">Kapitel 1</a>
```

lädt zum Beispiel die Datei *kap01.htm* aus dem aktuellen Verzeichnis. Es ist dabei egal, ob sich die Datei auf einem Webserver oder auf der lokalen Festplatte befindet. Der Browser kennt ja die URL des aktuell geladenen Dokuments, weiß also, ob sich ein relativer Verweis auf einen lokalen Ordner oder eine Webadresse bezieht. Sobald der Benutzer den Hyperlink anklickt, ersetzt der Browser den Dateinamen in der aktuellen URL durch die Angaben im relativen Verweis. Dies ergibt eine neue absolute Adresse, die aber dynamisch innerhalb des Browsers gebildet und nicht statisch im HTML-Code festgelegt ist. Verschieben Sie das Dokument, müssen Sie ja das Hauptdokument irgendwann einmal im Browser laden. Hier wird dann die absolute Adresse angegeben, alle Folgeverweise über relative Adressen werden bei deren Anwahl automatisch vom Browser umgerechnet.

Wie sieht es jetzt aber aus, wenn sich die Zieldatei nicht im aktuellen Ordner befindet? Vielleicht haben Sie ein Dokument kapitelweise unterteilt. Das Inhaltsverzeichnis befindet sich im Verzeichnis *buch*, während sich die einzelnen Teildokumente in Unterordnern mit den Namen *kap1*, *kap2* etc. befinden. Haben Sie zum Beispiel das Inhaltsverzeichnis mit den Hyperlinks aus dem Ordner *buch* geladen, lässt sich mit folgender Anweisung auf Dokumente des Ordners *kap1* zugreifen:

```
<a href="kap1/kap01.htm">Kapitel 1</a>
```

Der Browser sucht im aktuellen Verzeichnis den Ordner *kap1*, wechselt zu diesem Ordner und sucht die Datei *kap01.htm*. Verschieben Sie das Verzeichnis *buch* mit den Dokumenten von Laufwerk *c:* zum Beispiel nach *g:\texte\HTML\buch*, hat dies keine Auswirkungen auf die Verweise innerhalb der Dokumente des Ordners *buch*. Der Browser verwendet die URL der aktuell geladenen Datei und ergänzt diese durch die relative URL im Verweis. Dadurch können Sie die Dokumente auch auf einen Server im Internet oder im Intranet verlagern, ohne dass die Adressierung innerhalb der

URL-Angaben berührt wird. HTML erlaubt Ihnen dabei nicht nur den Zugriff auf untergeordnete Verzeichnisse. Sie können auch in parallele Verzeichnisse oder in übergeordnete Verzeichnisse wechseln. Nachfolgend sehen Sie eine weitere Angabe für einen Verweis:

```
<a href="../buch1/kap1/kap01.htm">Kapitel 1</a>
```

Hier wird ein Verweis auf die Datei *kap01.htm* im Zweig *buch1/kap1* festlegt. Da es sich um ein paralleles Unterverzeichnis zum aktuellen Verzeichnis handelt, muss dies dem Browser mitgeteilt werden. Die Adressierung erfolgt durch die Zeichenfolge ../. Die zwei Pünktchen werden in UNIX dazu benutzt, zum übergeordneten Verzeichnis zu wechseln. Die Angabe ../ bewirkt daher, dass vom aktuellen Verzeichnis zum übergeordneten Verzeichnis gewechselt wird. Anschließend wird die Pfadangabe in der URL gelesen und zum untergeordneten Verzeichnis */buch1* gewechselt. Mit der Angabe

```
<a href="../../buch1/kap1/kap01.htm">Kapitel 1</a>
```

wechselt der Browser zum Beispiel zwei Stufen in Richtung Hauptverzeichnis und sucht dann das Unterverzeichnis *buch1*.

Achtung

Im Gegensatz zu den Pfadangaben unter Windows wird hier kein Backslash-Zeichen \ sondern ein Slash-Zeichen / zum Trennen der Verzeichnisnamen benutzt. Achten Sie bei der Angabe einer URL auch auf Groß-/Kleinschreibung. Linux- und UNIX-Server unterscheiden Groß-/Kleinbuchstaben im Dateinamen. Der Name *Buch1* ist dann nicht gleich *buch1*. Wird dies nicht berücksichtigt, besteht die Gefahr, dass die Verweise nicht mehr funktionieren, sobald die HTML-Dokumente auf einen Webserver geladen wurden.

Verwenden Sie in Ihren URLs bevorzugt relative Adressangaben, erreichen Sie, dass die Dokumente verschiebbar bleiben. Der Benutzer kann die Dateien auch nach dem Download vom Server im Browser anzeigen.

Wo braucht man absolute Verweise?

Vielleicht stellt sich Ihnen die Frage, warum man nicht generell mit relativen Adressangaben in den URLs arbeitet? Dies verhindert den Ärger, dass Verweise nach dem Hochladen auf einen Server nicht mehr funktionieren. Es gibt einige Fälle, wo Sie an absoluten Verweisen nicht vorbeikommen. Einmal gibt es Dokumente, die auf anderen Webservern liegen. Ein Verweis auf solche Dokumente ist nur mit einem absoluten Verweis der Art *http://www.name.xxx/...* möglich. Ändert sich die Webadresse, wird der Link allerdings ungültig – ein Effekt, den man häufig bei Webseiten beobachten kann.

Aber es gibt noch einen zweiten Fall. Nehmen wir an, Sie arbeiten nicht im Web, sondern auf einem lokalen Rechner oder in einem Netzwerk (z.B. einem Intranet). Solange sich die Zieldateien irgendwo in der Verzeichnishierarchie befinden, können Sie durch Angabe des Pfads zu den Unterordnern und durch ../ in diesem Baum navigieren. Unter Unix/Linux erreichen Sie dabei die komplette Verzeichnishierarchie des lokalen Rechners. In Windows sieht die Sache jedoch anders aus. Dieses Betriebssystem kann mehrere Laufwerke verwalten. Befindet sich die Zieldatei jetzt auf einem anderen Laufwerk, hilft die Angabe ../ nicht weiter. Sie müssen also einen absoluten Verweis der Art *file://laufwerk:/pfad* verwenden.

Hinweise zu Verweistypen

Beim Erstellen von Hyperlinks wird im *href*-Attribut ein Präfix der Art *http://* vor die eigentliche URL-Adresse gestellt. Dieses Präfix teilt dem Browser mit, welches Protokoll er zum Zugriff auf das Verweisziel verwenden soll. Der Name *http* steht dabei für *hypertext transfer protocol.* Es gibt aber weitere Protokolle, die Sie im *href*-Attribut als Wert eintragen dürfen. In FrontPage Express werden diese Typen in einem Listenfeld aufgeführt (siehe oben). Die folgende Tabelle enthält einen Überblick über die möglichen Typen.

Hyperlink-Typ	Bemerkung
file:	Verweis auf eine lokale Datei auf einem Laufwerk (z.B. »*file:///c|/.../datei.html*«).

Tabelle 5.1: Hyperlink-Typen

Hyperlink-Typ	Bemerkung
http:	Verweis ins World Wide Web mit Verwendung des http-Protokolls (z.B. *»http://www.w3c.org«*).
https:	Verweis ins World Wide Web mit Verwendung des https-Protokolls (z.B. *»https://www.w3c.org«*). Das secure http-Protokoll ist ein sicheres Protokoll zur Übertragung von kritischen Daten (z.B. Zahlungsinformationen).
ftp:	Zugriff auf einen FTP-Server unter Verwendung des ftp-Protokolls (z.B. *»ftp://www.w3c.org«*).
gopher:	Zugriff auf einen Gopher-Server (z.B. *»gopher://www.w3c.org«*).
mailto:	Angabe einer E-Mail-Adresse (z.B. *»mailto:/billg@microsoft.com«*). Aktiviert den E-Mail-Editor zum Verfassen einer E-Mail.
news:	Erlaubt den Zugriff auf eine Newsgroup im Usenet (z.B. *»news://microsoft.public.wsh«*).
telnet:	Zugriff auf einen Telnet-Server (z.B. *»telnet://www.public.com«*).

Tabelle 5.1: Hyperlink-Typen (Forts.)

Noch ein paar Randbemerkungen zu Verweisen

Verweise in HTML-Dokumenten stellen eine der Stärken des Webs dar und erlauben dem Benutzer eine elegante Navigation zwischen den Dokumenten. Dies hat viel zur Popularität des WWW beigetragen. Wenn Sie selbst HTML-Dokumente mit Verweisen erstellen, sollten Sie einige Tipps beherzigen.

- Standardmäßig geben Sie einen Verweis auf ein Unterverzeichnis in der Art *name/datei* an, wobei *name* der Unterverzeichnisname ist. Sie könnten eine URL-Angabe auch in der Form *./name/datei* angeben. Der Verweis bedeutet, dass vom aktuellen Verzeichnis auf ein Unterverzeichnis verwiesen wird. Es gibt aber Browser (z.B. Internet Explorer), die Probleme bereiten, sobald dieser Verweis in einer Datei enthalten ist, die im Hauptverzeichnis eines Laufwerks liegt. Dann funktioniert der Hyperlink nicht mehr.

- Lassen Sie den Punkt vor dem Slash weg (z.B. */buch/kap1/kap01.htm*), funktionieren die Hyperlinks im Netscape Navigator und im Microsoft Internet Explorer zwar unter Windows. Aber UNIX verwaltet alle Platten in einem einzigen Verzeichnisbaum. Die Angabe / bewirkt aber einen Wechsel zum *root*-Verzeichnis. Folglich führt die Anwahl des betreffenden Verweises unter UNIX zu Problemen.
- Lange Dateinamen sind zwar recht komfortabel, aber es gibt Betriebssysteme und Browser, die diese Namen nicht unterstützen. Um auf der sicheren Seite zu sein, sollten Sie daher 8.3-Dateinamen verwenden. Dies ist auch bei CD-ROMs hilfreich – obwohl sich die Problematik mittlerweile durch die Weiterentwicklung der Technik stark entschärft hat.
- Weiterhin müssen Sie die Einschränkungen bezüglich der Dateinamen beachten (z.B. Groß-/Kleinschreibung, Länge der Dateinamenerweiterungen etc.). Unter DOS/Windows ist die Schreibweise zwar egal, aber unter UNIX wird dies nicht akzeptiert. Hier müssen Sie auf die korrekte Schreibweise mit Groß- und Kleinbuchstaben achten.

Verweise in HTML-Dokumenten sollten auch ehrlich sein. Was glauben Sie, was der Leser empfindet, wenn er einen Verweis, der angeblich auf weiterführende Informationen führt, anklickt und dann auf Ihrer Werbeseite landet? Gehen Sie beim Anlegen von Verweisen auch nach wirtschaftlichen Kriterien vor: Zu viele Verweise in einem HTML-Dokument verleiten den Benutzer, ständig zu anderen Stellen zu springen – der Überblick geht verloren, und Sie müssen einen riesigen Aufwand zum Einfügen und Testen der Verweise treiben. Auch hier gilt die Devise: Weniger ist oft mehr!

Arbeiten mit lokalen Verweisen

Verweise können nicht nur auf ein Dokument, sondern auch auf eine bestimmte Stelle innerhalb eines Dokuments zeigen. Um einen lokalen Verweis anzugeben, muss zuerst ein Anker als Marke am Ziel vereinbart werden. Das betreffende Tag sieht folgendermaßen aus:

```
<a name="anker">Text</a>
```

Auch hier kommt das <a>-Tag zum Einsatz, allerdings wird das *name*-Attribut anstelle von *href* verwendet. Im Anker lässt sich dann ein beliebiger, aber gültiger HTML-Bezeichner eintragen (siehe Anhang unter Namen). Achten Sie auch hier auf die korrekte Schreibweise, wenn auch viele Browser nicht zwischen Groß- und Kleinbuchstaben unterscheiden. Ein Anker könnte folgendermaßen aussehen:

```
<a name="top">Inhaltsverzeichnis</a>
```

Der lokale Verweis wird dann im *href*-Attribut des <a>-Tags mit dem #-Zeichen versehen.

```
<a name="#top">Zurück zum Dokumentanfang</a>
```

Das folgende Beispiel zeigt Ihnen, wie sich ein lokaler Verweis in einem HTML-Dokument anlegen und verwalten lässt.

```
<a name="top">Bei</a> vielen HTML-Dokumenten kommen lokale Verweise zum
Einsatz. Es ist nicht sonderlich schwer, einen entsprechenden Anker im
Dokument zu vergeben. Allerdings sollten Sie bei der Namensgebung auf
die korrekte Schreibweise der Bezeichner achten (Umlaute und
Sonderzeichen sind tabu).
<a href="#top">Zurück zum Anfang</a>
```

Die erste Anweisung *<a name="top">..</a>* definiert den lokalen Anker mit dem Namen *top*. Sie können dann aus anderen Dokumentstellen auf dieses Verweisziel zugreifen. Der Verweis erfolgt durch das <a>-Tag, wobei im *href*-Attribut das Zeichen # vor den Namen der Marke gestellt wird. Die Anweisung *<a href="#top">Anfang</a>* in obiger Sequenz verweist auf eine lokale Marke. Der Browser erkennt am #-Zeichen, dass es sich um eine lokale Referenz handelt.

Neben lokalen Verweisen im aktuellen Dokument lässt sich diese Technik auch verwenden, um direkt Dokumentstellen innerhalb einer externen Dokumentdatei anzuspringen. Hierzu muss in dieser externen Datei ein Anker mit dem betreffenden Namen definiert sein. Dann können Sie selbstverständlich die lokale Referenz mit der URL-Angabe auf die externe Datei kombinieren. Dies sieht dann zum Beispiel so aus:

```
<a href="kap1/kap01.htm#z2">....</a>
```

Hier wird die lokale Marke #z2 in der Datei *kap01.htm* im Unterverzeichnis *kap1* angesprungen.

> Hinweis
>
> Bei sehr alten Browsern ist diese Funktion nicht vorhanden. Gängige Browser wie Internet Explorer oder Netscape Navigator unterstützen diese Art der Navigation aber einwandfrei.

Lokaler Verweis in FrontPage Express anlegen

Nachdem Sie jetzt wissen, wie sich lokale Verweise im HTML-Code eintragen lassen, bleibt die Frage, wie dies in FrontPage Express genutzt werden kann. In diesem Programm müssen Sie lokale Verweise in zwei Schritten erstellen:

- Im ersten Schritt erstellen Sie eine lokale Textmarke an der Stelle, die als Ankerziel dienen soll.
- Im zweiten Schritt markieren Sie die Stelle mit dem Verweis und fügen das Verweisziel als Hyperlink ein.

Um eine Textmarke als Verweisziel im Dokument zu erstellen, klicken Sie auf die betreffende Dokumentstelle, wählen im Menü BEARBEITEN den Befehl TEXTMARKE und tragen den Namen der Marke im Dialogfeld TEXTMARKE ein (Bild 5.25).

Sobald Sie das Dialogfeld TEXTMARKE über die OK-Schaltfläche schließen, fügt FrontPage eine <a name="...">...</a>-Codesequenz an der betreffenden Stelle ein. Die Stelle wird in der Dokumentvorschau durch ein stilisiertes Fähnchen dargestellt.

Soll jetzt ein Verweis auf diese Marke hinterlegt werden, gehen Sie folgendermaßen vor:

1. Gehen Sie als erstes im Dokument zur Verweisstelle und markieren den als Hyperlink vorgesehenen Dokumentteil per Mausklick.
2. Dann wählen Sie die Schaltfläche HYPERLINK ERSTELLEN ODER BEARBEITEN.

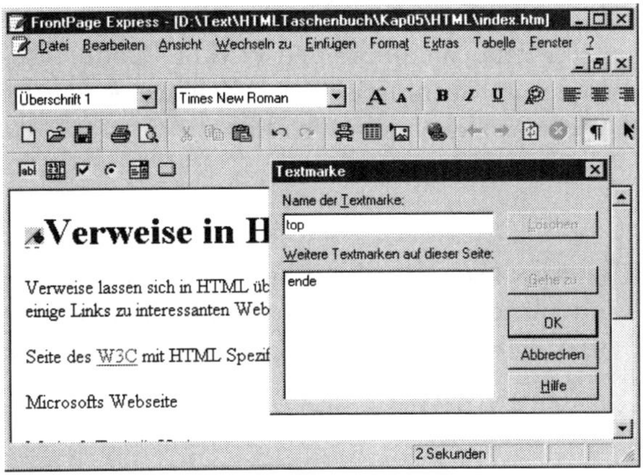

Bild 5.25: Einfügen einer Textmarke als Ankerziel in FrontPage Express

> **Hinweis**
>
> Sie können ein solches Fähnchen mit der rechten Maustaste anklicken und im Kontextmenü den Befehl TEXTMARKENEIGENSCHAFTEN wählen, um die Textmarke neu zu definieren.

3. Klicken Sie auf die Registerkarte GEÖFFNETE SEITEN, wählen in der Liste den Eintrag für das aktuelle Dokument und selektieren im Listenfeld TEXTMARKE den gewünschten Namen (Bild 5.26).

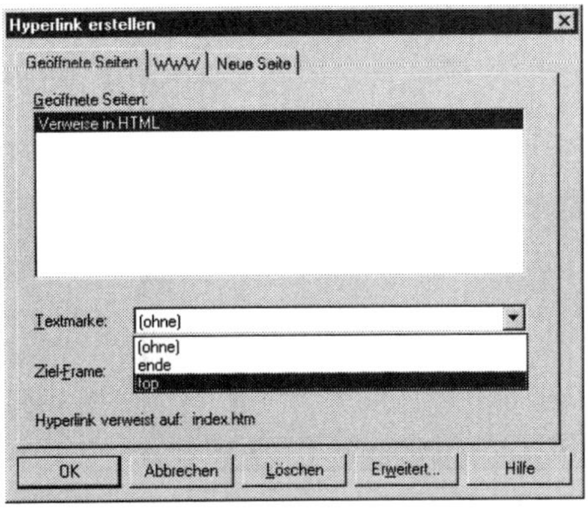

Bild 5.26: Lokalen Verweis in FrontPage Express abrufen

Sobald Sie die Registerkarte über die OK-Schaltfläche schließen, erzeugt FrontPage Express den lokalen Verweis. Wenn Sie den HMTL-Code ansehen, erkennen Sie, dass das Programm automatisch das Zeichen # gefolgt vom Namen der Textmarke als Verweisziel eingetragen hat.

Grafiken als Verweis

Durch Schachtelung mehrerer Tags lässt sich eine Grafik auch als Verweis definieren bzw. in einen Verweis mit aufnehmen. Mit der folgenden Anweisung binden Sie die Grafik *home.gif* zusätzlich zum Text Zurück in den Verweis ein:

```
<a href="doku1.htm"><img src="home.gif" alt="Zurück">Zurück</a>
```

Hier wird als erstes ein Verweis durch das <a href...>-Tag eingeleitet. Alles was nach diesem Tag kommt, wird in den Verweis einbezogen. Im obigen Beispiel habe ich eine Grafik per <img>-Tag eingebunden und zusätzlich den Text »Zurück« in der Zeile angegeben. Der Verweis wird anschließend mit dem Tag </a> abgeschlossen. Im Ergebnis benutzt der Browser die Grafik und den Text als Hyperlink (Bild 5.27).

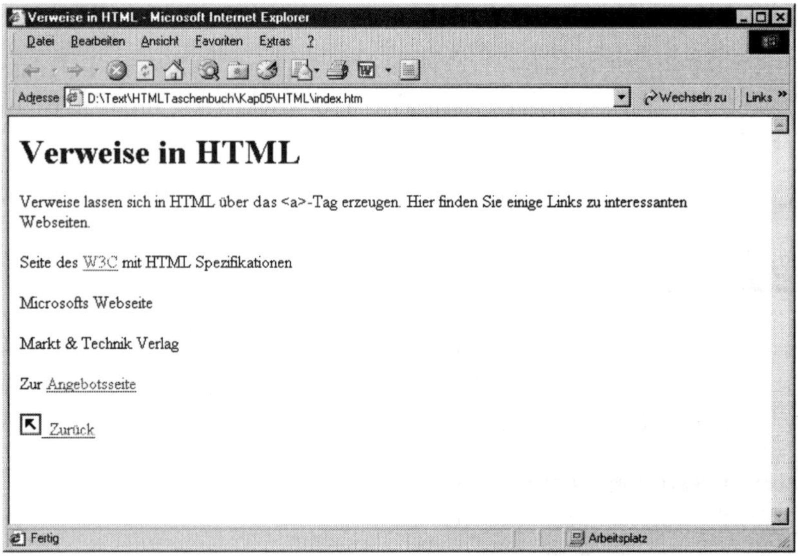

Bild 5.27: Verweis mit Grafik im Internet Explorer

Hinweis

Falls Sie das unterstrichene Leerzeichen zwischen Grafik und Text im Hyperlink stört, müssen Sie die Grafik als Hyperlink und dann den Text als eigenen Hyperlink definieren (einfach jeweils das Element markieren und dann den Hyperlink definieren).

Die in einem Hyperlink befindliche Grafik wird mit einem blauen Rahmen angezeigt. Zur Anwahl des Verweises reicht ein Mausklick auf die Grafik oder auf den Verweistext.

Ob eine Grafik innerhalb eines Verweises mit einem blauen Rahmen versehen wird, lässt sich über das *border*-Attribut des <img>-Tags steuern. Fehlt das Attribut, erhält die Grafik einen Rahmen. Mit

```
<a href="born.htm">
<img src="icon.gif" alt="Zurück" border="0"></a>
```

wird die Anzeige des blauen Rahmens unterdrückt. Näheres zu diesem Attribut finden Sie im Referenzteil.

Hinweis

In FrontPage Express können Sie dieses Attribut übrigens über die Eigenschaften der Grafik beeinflussen. Auf der Registerkarte ERSCHEINUNGSBILD finden Sie die betreffenden Optionen, um die Rahmendicke anzugeben.

An dieser Stelle möchte ich das Kapitel beenden. Sie kennen jetzt die wichtigsten HTML-Befehle, um mit Dokumenten zu arbeiten, sowie um Text, Grafiken und Verweise im Dokument einzubinden. In den folgenden Kapiteln lernen Sie dann spezielle Techniken zum Gestalten von HTML-Dokumenten kennen. Dies umfasst den Umgang mit Tabellen, das Arbeiten mit Frames, die Nutzung von Cascaded Style Sheets und die Verwendung von Skripten.

Kapitel 6
Spezialitäten

Neben den in den vorhergehenden Kapiteln besprochenen HTML-Tags werden Sie als Autor von Webdokumenten auch auf neuere oder erweiterte Funktionen zurückgreifen wollen. Als Stichworte seien Tabellen, Frames etc. genannt. Das folgende Kapitel reißt die Möglichkeiten, die Sie mit diesen Erweiterungen haben, an.

Tabellen in HTML-Dokumenten

Tabellen sind ein Gestaltungselement, welches zwar bereits durch die Browser von Netscape und Microsoft ab der Version 2.0 unterstützt wurde. Die offiziellen Weihen enthielten Tabellen jedoch erst ab HTML 3.2, da in dieser Spezifikation die entsprechenden Tags spezifiziert wurden. Nachfolgend soll auf das Gestalten von Tabellen eingegangen werden.

FrontPage Express zur Tabellengestaltung nutzen

Zum Erstellen von Tabellen bieten sich Werkzeuge wie FrontPage Express an, da diese Programme einen interaktiven Entwurf zulassen. Um eine Tabelle interaktiv zu erstellen, sollten Sie vorab wissen, aus wie vielen Zeilen und Spalten diese besteht. Dann gehen Sie in folgenden Schritten vor, um die Tabellenstruktur zu erzeugen:

1. Klicken Sie im Dokumentbereich auf die Stelle, an der die Tabelle einzufügen ist.
2. Klicken Sie in der Symbolleiste auf die Schaltfläche TABELLE EINFÜGEN. FrontPage klappt jetzt ein Fenster mit einer stilisierten Tabellenstruktur in Form einer Palette auf (siehe Bild 6.1).
3. Markieren Sie per Maus die Zahl der Zeilen und Spalten innerhalb der Palette. Das Markieren lässt sich durch Ziehen per Maus erledigen.

Sobald Sie die linke Maustaste nach dem Ziehen loslassen, fügt FrontPage Express eine leere Tabellenstruktur mit der vorgegebenen Anzahl an Zeilen und Spalten im Dokument ein. Diese Struktur wird durch gestrichelte Linien dargestellt (siehe Bild 6.1 im Dokumentbereich).

> **Hinweis**
>
> An dieser Stelle noch ein wichtiger Tipp: Vermeiden Sie auf jeden Fall, dass die Tabelle als einziges Element im Dokumentbereich vorliegt. Fügen Sie vorher einige Leerzeilen in dem Bereich ein, in welchem die Tabelle im Dokument vorgesehen ist. Diese Leerzeilen erlauben Ihnen später noch etwas im Dokument vor oder nach der Tabelle einzufügen. Ist das Dokument fertig, können Sie die überflüssigen Zeilen löschen. Vergessen Sie diese Leerzeilen, wird es später sehr aufwendig bis unmöglich, eine Zeile ober- bzw. unterhalb der Tabelle zu markieren, um Text einzufügen bzw. anzuhängen.

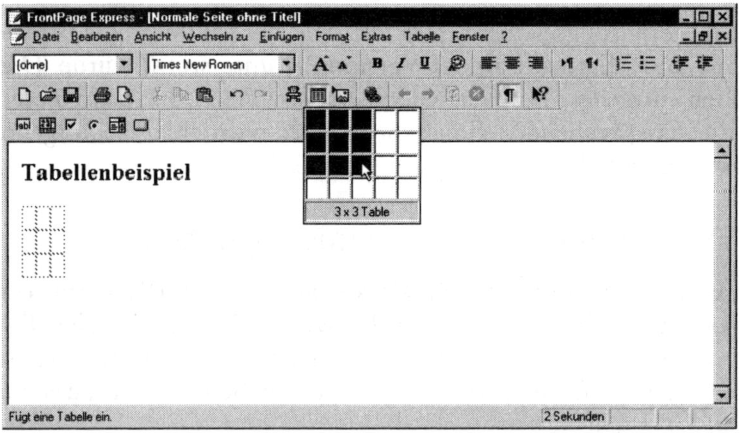

Bild 6.1: Tabellenentwurf in FrontPage Express

Sobald die Rohtabelle vorliegt, können Sie deren Struktur anpassen, Daten eintragen oder die Tabellenparameter verändern.

- Möchten Sie eine neue Zeile an die Tabelle anfügen, klicken Sie auf die letzte Tabellenzelle in der rechten unteren Ecke. Sobald Sie dann die [Tab]-Taste drücken, wird eine neue Zeile angehängt.
- Eine komplette Tabellenzeile oder -spalte lässt sich markieren, indem Sie mit der Maus auf den äußeren Rand der Tabelle (linker Rand oder oberer Rand) klicken. Zeigen Sie auf den Tabellenrand der linken Spalte, nimmt der Mauszeiger bereits die Form eines Pfeils an.

- Eine markierte Tabellenzeile oder -spalte lässt sich über die Tastenkombination Strg+c kopieren bzw. über Strg+x ausschneiden. Mit Strg+v können Sie eine in der Zwischenablage befindliche Tabellenzeile erneut in der Tabelle einfügen.

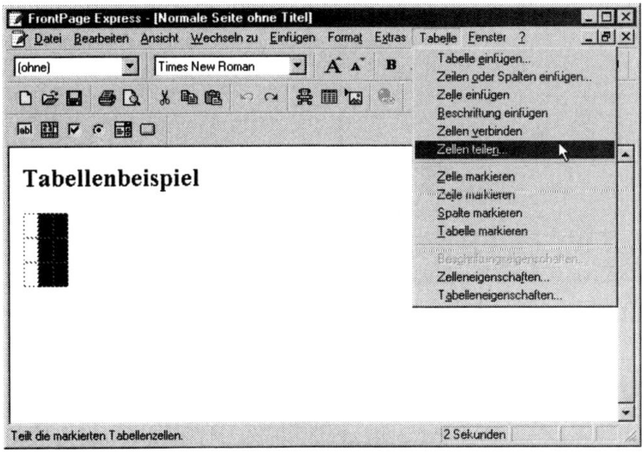

Bild 6.2: Tabellenbearbeitung in FrontPage Express

- Haben Sie eine Tabellenzelle angeklickt oder einen Bereich der Tabelle markiert, lassen sich im Menü TABELLE Befehle zum Bearbeiten der Tabelle abrufen (Bild 6.2). Sie können beispielsweise Zellen teilen oder zusammenfügen.
- Mit einem Rechtsklick auf die Tabelle erscheint das Kontextmenü. Über dieses Kontextmenü bzw. über das Menü TABELLE können Sie die Befehle ZELLENEIGENSCHAFTEN und TABELLENEIGENSCHAFTEN wählen. In den zugehörenden Dialogfeldern lässt sich das Aussehen der Tabelle bzw. der Zelle anpassen.

Zu den Tabelleneigenschaften gehören die Optionen zum Ein-/Ausblenden von Rahmenlinien, der innere Rand der Zellen, die Hintergrundfarbe der Tabelle oder die Tabellenbreite (Bild 6.3). Die Tabellenbreite lässt sich in Prozent der Fensterbreite oder absolut in Pixel festlegen.

Einige Eigenschaften können sich auf die Gesamttabelle (Bild 6.3) oder auf eine Zelle (Bild 6.4) beziehen. Eigenschaften einer Zelle überschreiben dabei Eigenschaften der Gesamttabelle (z.B. die Hintergrundfarbe der Zelle).

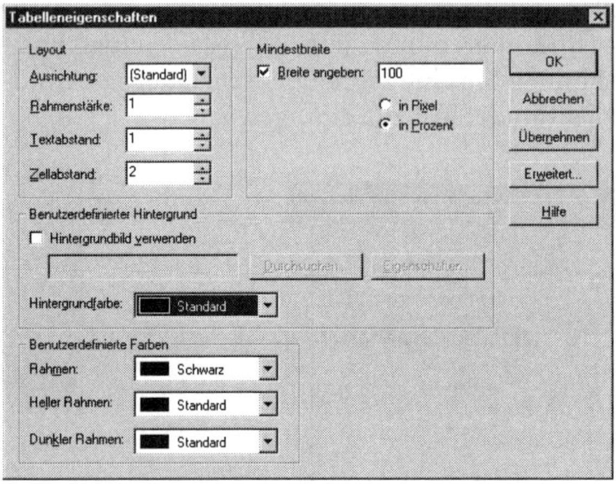

Bild 6.3: Tabelleneigenschaften in FrontPage Express

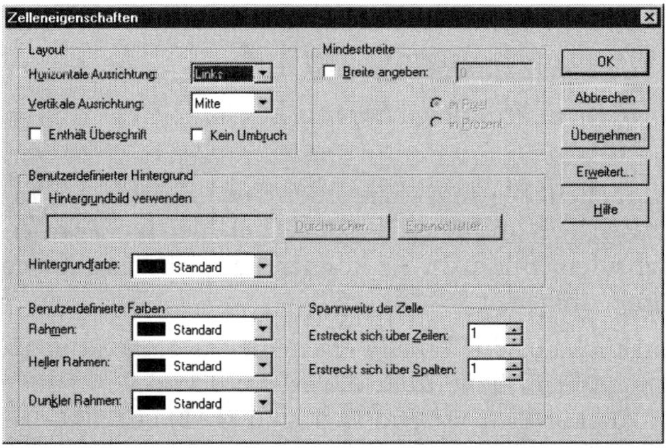

Bild 6.4: Zelleneigenschaften in FrontPage Express

Die in den betreffenden Dialogfeldern (Bild 6.3, Bild 6.4) gezeigten Optionen erlauben Ihnen, die Tabelle individuell zu formatieren. Auf die Wirkung dieser Optionen komme ich in den nachfolgenden zurück.

HTML-Tags zur Tabellengestaltung

HTML 3.2 definiert verschiedene Tags, die zur Gestaltung von Tabellen benutzt werden können. Bevor wir uns mit weiteren Beispielen befassen, möchte ich diese Tags kurz vorstellen.

- Eine Tabelle wird immer durch die beiden Tags <table>... </table> geklammert. Über das *border*-Attribut dieses Tags lässt sich festlegen, ob eine Linie um die Zellen der Tabelle gezeichnet wird. Das Attribut *width* legt die Breite der Tabelle in Bezug auf die Seitenbreite fest. Mit <center>..</center> lässt sich die Tabelle in der Seitenmitte zentrieren.

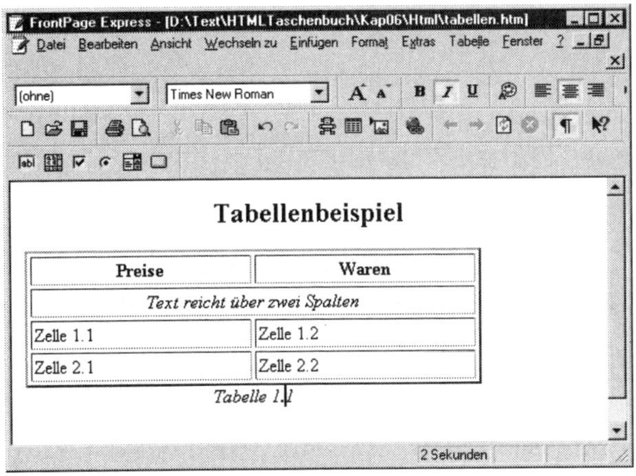

Bild 6.5: Beispieltabelle in FrontPage Express

- Eine Tabelle ist zeilenweise aufgebaut und jede Zeile wird mit dem <tr>-Tag eingeleitet (*tr* steht für table row) sowie mit </tr> abgeschlossen. Innerhalb dieser Tag-Kombination finden sich die Tags zur Definition der einzelnen Zellen.
- Für den Tabellenkopf kann die <th>..</th>-Tag-Kombination benutzt werden (th steht für table header).
- Zellen mit Werten werden mit der Tag-Kombination <td>..</td> (td steht für table definition) festgelegt.

▶ Eine Tabellenbeschriftung kann mit <caption>..</caption> festgelegt werden, wobei dieses Tag innerhalb der <table>.. </table>-Sequenz stehen muss.

Auf den nachfolgenden Seiten finden Sie Beispiele, in denen die Verwendung dieser Tags diskutiert wird.

Bild 6.5 zeigt eine sehr einfache Tabelle in der Entwurfsansicht von FrontPage Express. Diese Tabelle wird durch die nachfolgenden HTML-Anweisungen erzeugt:

```
<html>
<head>
<meta http-equiv="Content-Type"
content="text/html; charset=iso-8859-1">
<title>Tabellenbeispiel</title>
</head>
<body bgcolor="#FFFFFF">
<h2 align="center">Tabellenbeispiel</h2>
<table border="2" cellpadding="2" cellspacing="3" width="80%"
bgcolor="#FDFFEA" bordercolor="#000000" bordercolordark="#000080"
bordercolorlight="#808080">
    <tr>
        <th><b>Preise</b></th>
        <th><b>Waren</b></th>
    </tr>
    <tr>
        <td align="center" colspan="2"><i>Text reicht über zwei
Spalten</i></td>
    </tr>
    <tr>
        <td>Zelle 1.1</td>
        <td>Zelle 1.2</td>
    </tr>
    <tr>
        <td>Zelle 2.1</td>
        <td>Zelle 2.2</td>
    </tr>
    <caption align="bottom"><i>Tabelle 1.1</i></caption>
</table>
</body>
</html>
```

In diesem Beispiel wurden verschiedene HTML-Features zur Gestaltung der Tabelle verwendet.

- Die Zellinhalte werden innerhalb der einleitenden Tags mit dem *align*-Attribut ausgerichtet. Um die Tabellenköpfe etwas hervorzuheben, wurde das <b>-Tag verwendet.
- Interessant ist das *colspan*-Attribut, welches in obiger Sequenz in einem <td>-Tag verwendet wird. Dieses Attribut gibt an, dass die folgende Zelle über mehrere Spalten reicht. Damit wird die betreffende Zelle auf die Tabellenbreite erweitert.
- Attribute wie *bgcolor* erlauben die Hintergrundfarben der Tabelle oder einzelner Tabellenzeilen bzw. Tabellenzellen zu beeinflussen. Das Attribut bezieht sich immer auf das HTML-Element, in dessen Tag es auftritt.

Die folgende Sequenz definiert eine sehr einfache Tabelle mit zwei Zeilen und jeweils zwei Tabellenzellen pro Zeile. Die Tabelle besitzt einen einfachen Rand, auf die Verwendung von Farben, Kopf- oder Fußzeilen etc. wird verzichtet. Dadurch wird die Tag-Struktur sehr einfach.

```
<table border="1" cellpadding="2" cellspacing="3">
 <tr>
  <td>...</td>
  <td>...</td>
 </tr>
 <tr>
  <td>...</td>
  <td>...</td>
 </tr>
</table>
```

Details zu den einzelnen Tags und Attributen entnehmen Sie der Referenz im Anhang sowie den nachfolgenden Seiten.

Tabellenbreite und Zelleigenschaften

Eine Tabelle besitzt eine Breite, die sich absolut oder in Bezug auf die Fensterbreite festlegen lässt. Diese Einstellung erfolgt über die Attribute des <table>-Tags.

```
<table border="2" cellpadding="2" cellspacing="3" width="340">
```

Die Breite der Tabelle wird hier mit dem Attribut *width* auf 340 Bildpunkte gesetzt. Geben Sie den Wert dagegen in Prozent an (z.B. »80%«), bezieht der Browser die Tabellenbreite auf die Breite des Anzeigefensters. Das *cellpadding*-Attribut legt den Abstand des Zellinhalts zum Zellrand in Pixel fest. Mit dem Attribut *cellspacing* vereinbaren Sie dagegen den Abstand zwischen zwei Zellen (umgangssprachlich: der Abstand zwischen den Rahmen um einzelne Zellen, wenn Rahmenlinien eingeblendet sind).

Rahmenfarbe und -stärke festlegen

Die Tabellenzellen werden gemäß Bild 6.5 durch eigene Linien getrennt. Der Abstand zwischen den Linien einzelner Zellen legt das bereits erwähne *cellspacing*-Attribut fest. Sie können nun noch wählen, ob die Zellen mit einem sichtbaren Rahmen umgeben werden sollen. Die Farbe der Rahmenlinien innerhalb der Tabelle sowie deren Stärke lässt sich über Attribute einstellen. Die Anweisung

```
<table border="6" bordercolor="#0000ff" width="340">
```

erzeugt eine Tabelle, deren Rahmenlinic über das *border*-Attribut auf die Dicke 6 gesetzt sind. Die Farbe dieser Linien ist über das *bordercolor*-Attribut als Blau definiert. Ein solcher Rahmen kann aber dreidimensional interpretiert werden. Dann werden die einzelnen Kanten mit unterschiedlichen Farbstufen angezeigt (es wird eine Art »Lichteinfall« simuliert, wobei die Licht-abgewandte Seite dunklere Farben aufweist). Diese unterschiedlichen Farben werden über die Attribute *bordercolordark* (Schattenkante der Linie) und *bordercolorlight* (Lichtkante der Linie) definiert:

```
<table border="2" cellpadding="2" cellspacing="3" width="80%"
bgcolor="#FDFFEA" bordercolor="#000000" bordercolordark="#000080"
bordercolorlight="#808080">
```

Die Breite der Tabelle wird hier übrigens mit dem Attribut *width* auf 80% der Fensterbreite gesetzt.

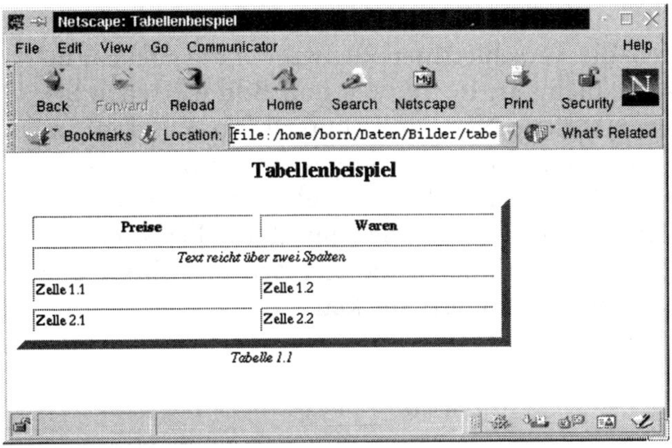

Bild 6.6: Tabellenanzeige im Netscape Navigator

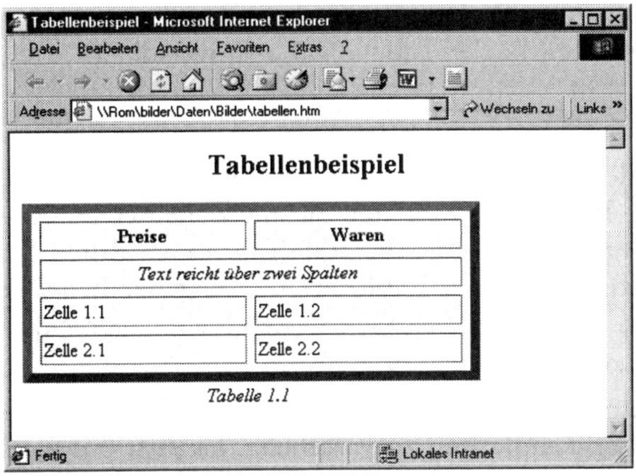

Bild 6.7: Tabellenanzeige im Internet Explorer

Hintergrundfarben in Tabellen

Seit der Microsoft Internet Explorer 3.0 die Möglichkeit bietet, die Hintergrundfarbe der Tabellenzellen zu verändern, wurde diese Option auch in anderen Browsern eingeführt (und als Attribut in HTML 4.0 definiert). Das Tag, in dem das *bgcolor*-Attribut untergebracht wird, bestimmt, welche Teile der Tabelle einzufärben sind. Um beispielsweise den gesamten Tabellenhintergrund auf Blau zu setzen, ist folgende Anweisung zu verwenden:

> **Hinweis**
>
> Leider stellen die verschiedenen Browser die Tabellenrahmen etwas unterschiedlich dar. In Bild 6.6 und Bild 6.7 sehen Sie, wie eine Tabelle im Netscape Navigator (unter Linux) und im Internet Explorer (unter Windows) wiedergegeben werden. Während der Internet Explorer die Farben korrekt anzeigt, fallen die Lichtkanten im Netscape Browser bei den gewählten Farben kaum auf. Dies sollten Sie bedenken, bevor Sie viel Zeit und Energie in aufwendig gestaltete Tabellenlayouts stecken.

```
<table bgcolor="#0000 ff ">
...
</table>
```

Alternativ können Sie auch einzelne Zellen oder Zeilen einfärben (und dies unabhängig von der Hintergrundfarbe der Tabelle). Die Anweisung

```
<td width-"33%" valign="top" bgcolor="#ff0000" height=33>
```

setzt die Hintergrundfarbe der aktuellen Tabellenzelle (diese wird mit dem <td>-Tag eingeleitet) auf die Farbe Rot. Möchten Sie alle Zellen einer Zeile einfärben, bringen Sie das *bgcolor*-Attribut im <tr>-Tag unter. Rufen Sie eine solche Tabelle im Microsoft Internet Explorer auf, zeigt der Browser die betreffende Tabellenfarbe. Auf diese Weise lassen sich recht ansprechende Dokumente mit Tabellen gestalten.

FrontPage Express erlaubt Ihnen dabei wahlweise die gesamte Tabelle oder nur einzelne Zellen mit Hintergrundfarben zu versehen. Das Attribut wird dann den betreffenden Tags zugewiesen. Ein in einer Tabellenzelle gesetzter Attributwert überschreibt dabei einen für die Tabelle geltenden Wert.

Tabellen als Gestaltungshilfen

In HTML gibt es einige Schwierigkeiten, Elemente innerhalb der Seite vernünftig anzuordnen. Ein Bild lässt sich nicht beliebig an einer Stelle der Seite anordnen. Enthält eine Zeile Bilder und Text, wird der Text an den Bildern ausgerichtet. Die Verwendung von Tabellen löst einige dieser Probleme.

> **Hinweis**
>
> Natürlich können Sie Tabellen mit Hintergrundfarben hinterlegen und dann auch noch die Textfarbe anpassen. Das Problem beginnt aber, sobald die Dokumente im Web publiziert werden. Um die Tabelleninhalte vom Hintergrund abzuheben, müssen Sie in der Regel die Textfarbe ändern. Bei dunklem Tabellenhintergrund verwenden Sie helle Textfarben. Stellen Sie daher auf jeden Fall sicher, dass die Tabelleninhalte noch vernünftig zu lesen sind.

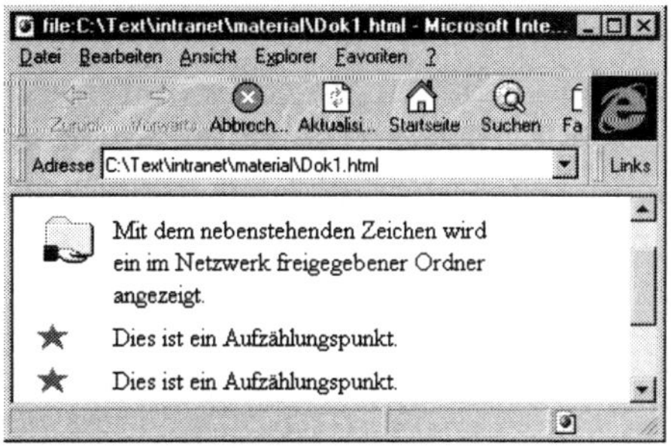

Bild 6.8: Beispiel für ein tabellengestütztes Seitenlayout

In Bild 6.8 sehen Sie zwei Anwendungsfälle, bei denen Tabellen zur Verbesserung des Layouts beitragen. Hier wird eine Tabelle ohne Rahmen benutzt, um die einzelnen Bild- und Textelemente aufzunehmen. Der Benutzer, der dieses Dokument abruft, bekommt in der Regel nichts von der Tabelle mit (es sei denn, der Browser unterstützt keine Tabellen).

- Der obere Teil des Beispiels enthält ein Ordnersymbol und rechts daneben einen mehrzeiligen Absatztext. Ohne Tabelle wird die Ausrichtung des Absatztexts schwierig. (Es wird nur die erste Textzeile an der Grafik ausgerichtet.) Durch die Tabelle lassen sich Grafik und Text in getrennte Zellen einfügen.
- Die beiden unteren Zeilen enthalten eine Aufzählung, die mit grafischen Elementen realisiert wurde. Hier wurden die Sternchen und die Aufzählungstexte in getrennten Zellen der Tabelle untergebracht.

Der Vorteil der Tabellen besteht darin, dass Sie über die Zellenbreite die Abstände zwischen Grafik und Text einstellen können. Weiterhin lassen sich die Zellinhalte vertikal innerhalb der Zelle ausrichten. Bei Aufzählungen macht sich noch ein weiterer Vorteil bemerkbar: Muss der Browser den Text umbrechen, erzwingt die Tabelle einen Einzug der Folgezeilen am Anfang der betreffenden Zelle.

Weitere Hinweise zur Bedeutung der Tags für Tabellen finden Sie im Referenzteil sowie in dem im Literaturverzeichnis unter /1/ angegebenen Titel.

Arbeiten mit Frames

Frames heißt soviel wie Rahmen. Mit Frames erhalten Sie ein weiteres Gestaltungselement für HTML-Dokumente, mit dem Sie den Dokumentbereich des Browserfensters in verschiedene Teilfenster aufteilen können. In jedem Teilfenster (Frame) kann dann ein anderes Dokument angezeigt werden. Seit Frames von Netscape mit der Version 2.0 des Navigators eingeführt wurden und der Microsoft Internet Explorer ab Version 3.0 diese Funktion unterstützt, erfreut sich diese Technik steigende Beliebtheit. Daher hat die W3C-Organisation Frame-Tags im HTML 4.0-Standard vereinbart.

Hinweis

Einige Werkzeuge unterstützen auch den Entwurf von Frames (z.B. Microsoft PowerPoint verwendet Frames). FrontPage Express besitzt aber keine Funktion zur Verwaltung der Frames. Lediglich bei Hyperlinks lässt sich als Ziel ein Frame angeben (siehe auch folgende Seiten).

Bild 6.9 zeigt ein Beispiel für ein Browserfenster mit zwei Frames. Die linke Spalte enthält eine Art Inhaltsverzeichnis mit Links, über die sich Dokumentseiten im rechten Frame abrufen lassen. Klicken Sie auf einen Link, bleibt das Inhaltsverzeichnis in der linken Spalte erhalten, lediglich der Inhalt des rechten Frames wechselt. Dies erlaubt eine komfortable Benutzerführung in Webseiten.

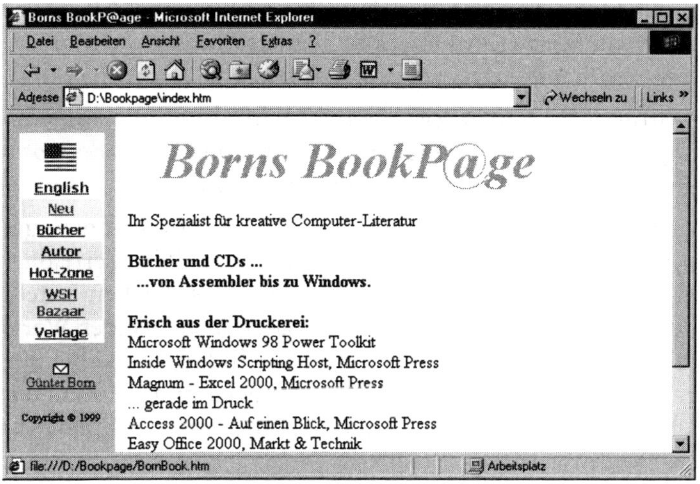

Bild 6.9: Anzeige eines Dokuments mit Frames im Internet Explorer

Die Größe und Lage der Frames sowie deren Inhalte wird in einem eigenen HTML-Dokument festgelegt. Ein solches Dokument weist eine Grundstruktur mit folgenden Tags auf:

```
<html>
<head>
<title>Frame-Beispiel</title>
</head>
<frameset xxx>
 <frame Hier stehen die Frame-Definitionen...>
 <frame Hier stehen die Frame-Definitionen...>
</frameset>
</html>
```

Das <frameset>-Tag erlaubt es Ihnen, das Browserfenster in verschiedene Teilfenster (Rahmen = Frames) aufzuteilen. Das Tag signalisiert dem Browser, dass anschließend <frame>-Tags kommen, die die Abmessungen des jeweiligen Teilfensters festlegen. In jedem Teilfenster kann ein eigenes HTML-Dokument über das <frame>-Tag angezeigt werden.

Die Struktur ähnelt dem Aufbau anderer HTML-Dokumente. Lediglich anstelle des <body>-Tags wird die Kombination <frameset> .. </frameset> verwendet. Innerhalb dieser Tag-Kombination befinden sich dann die <fra-

me>-Anweisungen zur Definition der einzelnen Fensterinhalte. (Alternativ können auch weitere <frameset>-Kombinationen auftreten, um einen Frame weiter zu unterteilen – ein Beispiel folgt weiter unten.)

Die Aufteilung des Browserfensters in zwei Frames wird durch Attribute im <frameset>-Tag festgelegt. Hierbei können Sie die Attribute *cols* oder *rows* benutzen, um das Fenster vertikal bzw. horizontal zu teilen.

- *rows* = "Zeilenliste": Dieses Attribut enthält durch Kommas getrennte Angaben, die die Höhe der Frames angeben. Die Werte dürfen in Pixel, Prozent oder * angegeben werden. Das Zeichen * stellt dabei einen Platzhalter dar. Tritt der Platzhalter anstelle eines Werts auf, wird dieser Platzhalter vom Browser durch den verbleibenden Platz ersetzt.. Die Zahl der Einträge der Liste bestimmt die Zahl der Frames. Fehlt das *rows*-Attribut, vergibt der Browser ein Frame für das Fenster. Die Anweisung
  <frameset rows="20%,60%,*">
  teilt den Anzeigebereich des Browsers vertikal (also durch horizontal verlaufende Linien) in drei Frames mit 20%, 60% und 20% der Fensterhöhe ein.
- *cols* = "Spaltenliste": Dieses Attribut enthält durch Kommas getrennte Angaben (Pixel, Prozent oder *), die die Breite der Spalten des Frame angeben. Die Zahl der Einträge der Liste bestimmt die Zahl der horizontal (also durch vertikale Linien) geteilten Frames. Fehlt das *cols*-Attribut, vergibt der Browser eine Spalte für das Fenster. Die Anweisung <frameset cols="20%,*"> teilt das Windows-Fenster z.B. horizontal in zwei Frames, die 20% und 80% der Fensterbreite umfassen.

Sobald Sie die Aufteilung eines Fensters in Frames mit <frameset> vereinbart haben, benötigt der Browser noch einige Angaben zum Frame-Inhalt. Hierzu ist für jeden Frame ein eigenes <frame>-Tag erforderlich. Dieses Tag kann sechs verschiedene Attribute aufnehmen, die Inhalt und Eigenschaften des Frame festlegen:

- *src* gibt die URL des im Frame anzuzeigenden HTML-Dokuments an.
- *name* legt den Namen des Frame fest. Unter diesem Namen lässt sich der Frame aus anderen Dokumenten ansprechen. Die Adressierung erfolgt dabei über das *target*-Attribut (z.B. <a href="index.htm" target="index">).

- *marginwidth* bestimmt die Breite des Randes für das betreffende Frame. Fehlt dieses Attribut, wird der Rand auf 0 gesetzt.
- *marginheight* definiert die Höhe des Randes für das betreffende Frame. Ein fehlendes Attribut setzt diesen Rand auf 0.
- *scrolling* steuert die Anzeige der Bildlaufleisten.
- *noresize* legt fest, dass das Fenster des Frame in der Größe nicht verändert werden darf.

Um zum Beispiel ein Browserfenster vertikal zu teilen, setzen Sie folgenden Befehl ein:

```
<frameset rows="25%,*">
 <frame name="x1" scrolling="yes" src="inhalt.htm">
 <frame name="x2" scrolling="yes" src="beispiel.htm">
</frameset>
```

Mit diesen Anweisungen wird der Browser angewiesen, 25% des Dokumentbereichs für das erste Fenster x1 zu reservieren. Der restliche Dokumentbereich (hier 75%) wird für das zweite Fenster x2 benutzt. Das Ergebnis ist in Bild 6.10 zu sehen.

Bild 6.10: Unterteilung in zwei vertikale Frames

Soll das Fenster dagegen horizontal geteilt werden, verwenden Sie die nachfolgenden Anweisungen mit dem *cols*-Attribut:

```
<frameset cols="50%,*">
 <frame name="x1" scrolling="yes" src="inhalt.htm">
 <frame name="x2" scrolling="yes" src="beispiel.htm">
</frameset>
```

Hier soll der Dokumentbereich des Browsers in zwei Teile von je 50 % unterteilt werden. Das Ergebnis ist schematisch in Bild 6.11 zu sehen.

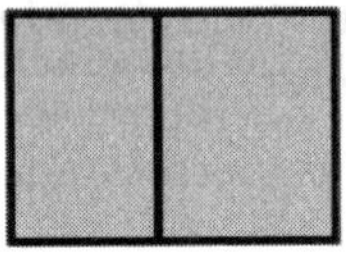

Bild 6.11: Unterteilung in zwei horizontale Frames

Der Name des Fensters sowie dessen Inhalt wird in beiden Fällen durch ein <frame>-Tag festgelegt. Dieses Tag besitzt die Form

```
<frame name="x1" scrolling="yes" src="inhalt.htm">
```

Das Attribut *name* weist dem Frame einen Namen zu. Damit kann dieses Fenster in Verweisen angesprochen werden. (Dies erfolgt über das *target*-Attribut in den <a>-Tags.) Das Attribut *scrolling* bestimmt, ob das Fenster Bildlaufleisten erhält. Weiterhin muss noch die Datei angegeben werden, die vom Browser im Frame angezeigt wird. Dies erfolgt durch eine URL-Angabe im *src*-Attribut. Die in den vorhergehenden Schritten gezeigten <frameset>- und <frame>-Anweisungen führen zu dem in Bild 6.12 gezeigten horizontal geteilten Browserfenster.

Natürlich können Sie den Bereich des Browserfensters auch in drei Frames unterteilen. Die Anweisung

```
<frameset rows="25%,*,50%">
```

erzeugt zum Beispiel drei horizontale Frames, deren Inhalt durch drei <frame>-Tags definiert werden kann. Alternativ haben Sie die Möglichkeit, ein Frame in weitere Unter-Frames zu teilen. Die betreffenden HTML-Anweisungen sehen dann folgendermaßen aus:

```
<frameset cols="25%,*">
 <frameset rows="80%,20%">
  <frame name="inhalt" scrolling="yes"
             src="./inhalt.htm">
  <frame name="navi" scrolling="no" src="./navi.htm">
 </frameset>
 <frame name="text" scrolling="yes" src="./logo.htm">
</frameset>
```

Hier werden zwei geschachtelte <frameset>-Tag-Kombinationen zum Erzeugen der Frames benutzt. Die innere <frameset>-Tag-Kombination unterteilt das Frame nochmals in zwei vertikale Bereiche, deren Inhalt durch zwei <frame>-Tags definiert wird.

Was ist mit Browsern, die keine Frames unterstützen?

Frames sind eine feine Sache, erlauben Sie dem HTML-Autor doch eine Aufteilung der Dokumente auf mehrere Fenster. Sie können zum Beispiel ein Inhaltsverzeichnis in einem Fenster und den zugehörigen Dokumentinhalt in einem weiteren Fenster ausgeben. Dann braucht der Benutzer nur auf einen Eintrag im Inhaltsverzeichnis zu klicken, und schon erscheint im Inhaltsfenster das zugehörige Dokument. Was ist aber mit den Benutzern, deren Browser keine Frames unterstützt?

Diese Benutzer sehen bei der Anwahl einer HTML-Seite mit Frames nur ein leeres Browserfenster. Dies liegt an der Forderung, dass ein Browser unbekannte Tags überlesen soll. Um auch diesem Benutzerkreis etwas mitzuteilen, gibt es zum <frameset>-Tag noch die Ergänzung <noframe>. Dies sieht dann folgendermaßen aus:

```
<frameset>
...
</frameset>
<noframes>
<body>
<p>Ihr Browser unterstützt keine Frames!
</body>
</noframes>
```

Im Anschluss an das </frameset>-Tag fügen Sie die Tag-Kombination <noframes>..</noframes> im HTML-Code ein. Dieser Teil wird von den frame-fähigen Browsern überlesen (diese Browser werten ja den <frameset>-Teil aus). Ein Browser, der keine Frame-Tags erkennt, überliest alle unbekannten Tags. Dann stößt er schließlich auf das <body>-Tag innerhalb der <noframes>-Sequenz. Dies ist aber für solche Browser der Anfang eines normalen HTML-Dokuments. Daher können Sie zwischen

```
<noframes>
<body>
...
</body>
</noframes>
```

beliebige HTML-Anweisungen einfügen. In obigem Listing habe ich lediglich einen Hinweis untergebracht, dass der Browser keine Frames unterstützt. Sie könnten dort aber auch einen Verweis auf eine nicht frame-orientierte Fassung Ihrer Dokumente hinterlegen.

Adressierung der Frames – ein Beispiel

Das Arbeiten mit Frames soll jetzt an einem einfachen Beispiel demonstriert werden. Eine HTML-Dokument soll das Abrufen von Länderinformationen erlauben. Zu jedem Land existiert eine Seite, in der Informationen zusammengetragen wurden. Die Länder werden dabei nach Kontinenten geordnet. Ruft der Benutzer die Startdatei *index.htm* auf, erscheint das Fenster aus Bild 6.12. Im linken Frame findet er ein Inhaltsverzeichnis, dessen oberste Ebene nach Kontinenten gegliedert ist. Im rechten Frame ist beim Start eine Seite mit einem Impressum zu sehen. Die HTML-Datei *index.htm* zum Aufteilen des Browserfensters in Frames sieht folgendermaßen aus:

```
<html>
<head>
<title>Länderinfo</title>
<meta http-equiv="Content-Type"
content="text/html; charset=iso-8859-1">
</head>
<frameset frameborder="NO" cols="180,*">
 <frame name="Index" src="inhalt.htm" noresize
        scrolling="auto">
 <frame name="Info" src="logo.htm" scrolling="auto">
</frameset>
</html>
```

Über ein <frameset>-Tag wird das Browserfenster in zwei Teile gegliedert. Mit den <frame>-Tags lassen sich dann zwei HTML-Dokumente *inhalt.htm* und *logo.htm* in die beiden Frames laden. In diesen Tags werden auch die Namen für die Frames vergeben.

Der Benutzer kann nun einen Kontinent im linken Frame anklicken. Dann wird im gleichen Frame die Länderliste für diesen Kontinent abgerufen (Bild 6.13). Klickt der Benutzer anschließend auf den Hyperlink eines Ländernamens, soll die Infoseite dieses Landes im rechten Frame erscheinen (Bild 6.13).

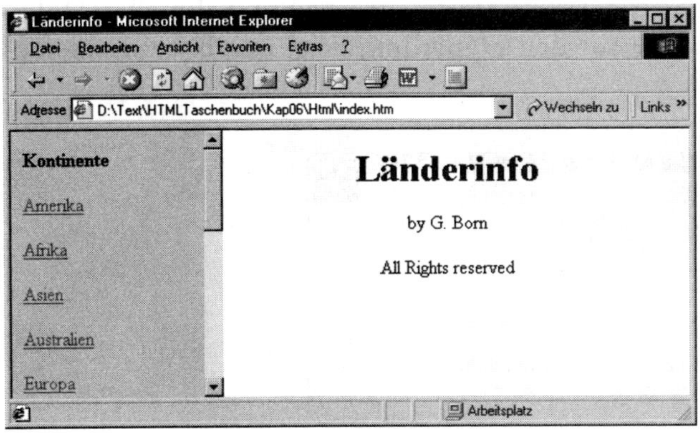

Bild 6.12: Frame mit Inhaltsverzeichnis

Die Realisierung ist recht einfach, erfolgt doch die gesamte Steuerung der Verweise im linken Frame, der die Datei *inhalt.htm* aufweist. Es handelt sich dabei um eine ganz normale HTML-Datei, die eine Liste mit Verweisen enthält. Bei der Anwahl eines Verweises muss der Browser lediglich wissen, welches Frame als Ziel gemeint ist.

> **Hinweis**
>
> Sie können mittels Verweisen innerhalb eines Frames oder über Frame-Grenzen hinaus navigieren. Wird ein HTML-Dokument geladen, das nicht für Frames vorbereitet ist, wirken sich alle Hyperlinks im aktuellen Frame aus.

Alle Verweise auf Ländernamen im linken Frame werden wie gewohnt über das <a>-Tag abgebildet. Die Linkliste mit den Kontinenten wird aus folgendem HTML-Code erzeugt:

```
<h4><a name="top"></a>Kontinente</h4>
<p><a href="#amerika">Amerika</a></p>
<p><a href="#afrika">Afrika</a></p>
<p><a href="#asien">Asien</a></p>
<p><a href="#amerika">Australien</a></p>
<p><a href="#europa">Europa</a></p>
```

Jeder Hyperlink zeigt auf eine lokale Marke innerhalb des aktuellen Dokuments. Klickt der Benutzer auf den Hyperlink, zeigt der Browser einfach den Dokumentabschnitt an.

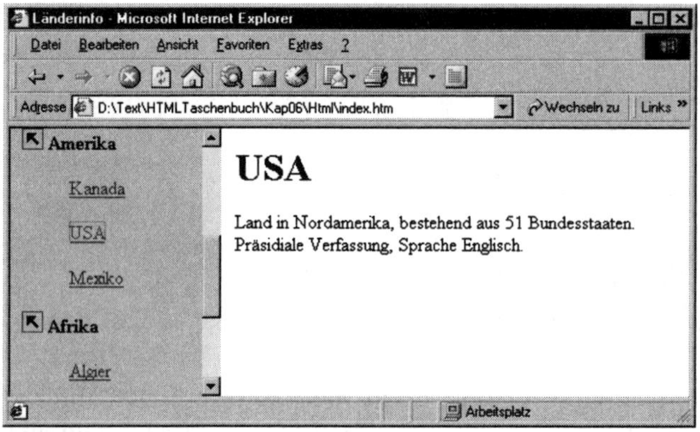

Bild 6.13: Abrufen von Informationen im rechten Frame

Den Hyperlinks zu den einzelnen Länderinformationen ist eine Überschrift mit dem Kontinentnamen vorangestellt. Klickt der Benutzer auf den Pfeil in dieser Zeile, gelangt der Benutzer an den Anfang des Inhaltsverzeichnisses zurück. Hierzu wird folgender Code benutzt:

```
<h4><a href="#top"><img src="back.gif" border="1"
width="16"height="16"></a>
<a name="amerika"></a>Amerika</h4>
```

Kommen wir jetzt zum Fall, wo der Benutzer auf den Namen eines Landes klickt. Dann soll der Browser die betreffende Landesseite im rechten Frame abrufen (Bild 6.13). Diese Art der Navigation unterscheidet sich in nichts von der Navigation in normalen HTML-Dokumenten. Der HTML-Code sieht aber etwas anders aus.

```
<ol>
 <a href="Kanada.htm" target="Info">Kanada</a><p>
 <a href="USA.htm" target="Info">USA</a></p>
 <p><a href="Mexiko.htm" target="Info">Mexiko</a></p>
</ol>
```

Hinweis

Als Frame-Namen kennen die meisten Browser noch einige vordefinierte Begriffe, mit denen sich bestimmte Effekte erzielen lassen. Mit »_blank« wird das Dokument in einem neuen unbekannten Fenster geöffnet. Die Angabe »_new« öffnet dagegen das Dokument in einem eigenen Browserfenster. Verwenden Sie »_self«, um das Dokument im aktuellen Frame anzuzeigen. Über »_parent« erreichen Sie dagegen, dass der Browser das Dokumentfenster auf den übergeordneten <frameset>-Bereich bezieht. Soll die Frame-Darstellung aufgehoben werden, setzen Sie »_top« ein.

Das <ol>-Tag bewirkt lediglich einen Einzug der Hyperlinks. Diese Hyperlinks werden über das <a>-Tag mit einem *href*-Attribut gebildet. In diesem Tag kommt jedoch auch das *target*-Attribut vor, welches den Frame mit dem Namen *Info* adressiert. Dies bewirkt, dass das Verweisziel nicht im aktuellen Frame, sondern im rechten Frame erscheint – die gewünschte Datei wird angezeigt. Sie sehen also, mit einigen kleinen Modifikationen können Sie eine recht komfortable Benutzerführung realisieren.

So können Sie bestehende HTML-Dokumente an Frames anpassen

Was bedeutet dies aber für Alt-Dokumente im HTML-Format, die noch ohne Frame-Technik erstellt wurden? Nehmen wir einmal an, Sie verfügen über eine ältere Datei *Inhalt.htm*, die als eine Art Inhaltsverzeichnis Verweise auf andere HTML-Dokumente enthält. Um die Zieldokumente in einem zweiten Frame anzuzeigen, müssten Sie im HTML-Quellcode alle <a>-Tags suchen und das *target*-Attribut mit dem Frame-Namen ergänzen. Dies artet in Arbeit aus und ist zudem noch fehleranfällig. Hier gibt es einen einfachen Trick: Fügen Sie am Anfang der HTML-Datei *Inhalt.htm* (nach dem <head>-Tag oder zumindest direkt nach dem <body>-Tag) folgende Anweisung ein:

```
<base target="Text">
```

Das <base>-Tag erlaubt Ihnen, die URL für ein Dokument anzugeben. Netscape benutzt jedoch das Zusatzattribut *target*, um das Standard-Frame für Verweise zu definieren. Konkret heißt dies, alle Verweise, die kein *target*-

Attribut aufweisen, werden mit obiger Anweisung im Frame *Text* ausgegeben. Damit reicht im günstigsten Fall eine einzige Anweisung, um das bereits vorhandene HTML-Dokument auf die Frame-Technik umzustellen.

Hinweis

Fügen Sie im Dokument <base target="_new"> ein, öffnet der Browser beim Anklicken eines Hyperlinks das gewählte Dokument in einem neuen Fenster.

Achtung

Links auf fremde Webseiten sollten Sie so anlegen, dass deren Inhalt erkennbar nicht zu Ihrer Seite gehört (z.B., indem die Webseiten in getrennten Fenstern geöffnet werden). Dies hat mehrere Gründe. Blenden Sie die fremde Webseite in einem Frame ein, und verwendet diese Seite ebenfalls Frames, kommt es zu einer Schachtelung und der darstellbare Bereich wird immer kleiner. Dieser Fehler lässt sich in verschiedenen Webseiten beobachten. Der zweite Grund ist eher rechtlicher Natur. Ein Besucher Ihrer Webseite kann nicht unbedingt erkennen, dass Inhalte fremder Webseiten eingebunden wurden. Der Urheber dieser Webseiten kann Ihnen daher die Einbindung untersagen lassen (es sei denn, es handelt sich um eine Seite, deren Inhalte explizit in andere Seiten aufgenommen werden dürfen). Weiterhin gibt es ein Urteil des Landgerichts Hamburg aus dem Jahr 1998, in dem festgestellt wird, dass der Urheber eines Links auf eine andere Webseite für deren Inhalte verantwortlich sein kann, sofern er sich nicht ausdrücklich davon distanziert. Neben einem rechtlichen Hinweis auf der Leitseite sollten Sie daher auch durch die Seitengestaltung (Aufruf der fremden Seite in einem eigenen Fenster) der Seite deutlich machen, dass es sich um fremde Inhalte handelt.

So unterstützt FrontPage Express Frames

FrontPage Express erlaubt keine direkte Erstellung der Frame-Steuerdateien. Das Programm bietet Ihnen aber Optionen, um Links auf andere Frame-Seiten in HTML-Dokumenten zu pflegen.

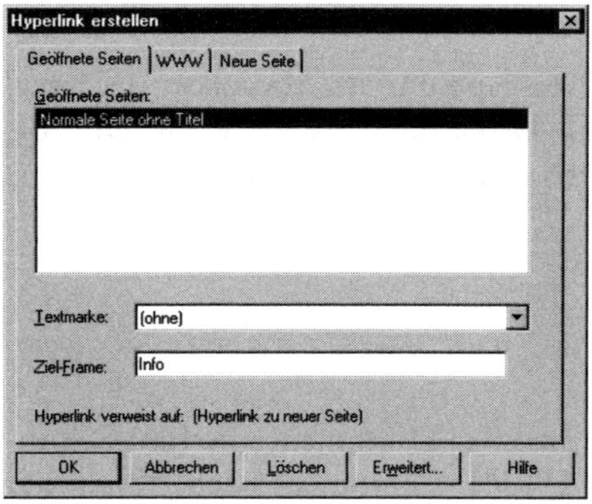

Bild 6.14: Hyperlink mit Ziel-Frame in FrontPage Express erstellen

Wenn Sie einen Hyperlink erstellen, finden Sie auf der Registerkarte GEÖFFNETE SEITEN das Feld ZIEL-FRAME (Bild 6.15). Tragen Sie in diesem Feld den Namen des Ziel-Frames ein, setzt FrontPage Express automatisch das *target*-Attribut im <a>-Tag mit ein.

<Meta>-Tags

Das <meta>-Tag ist im Header einer HTML-Datei anzugeben und ermöglicht es Ihnen, zusätzliche Dokumenteigenschaften zu vereinbaren. In den vorhergehenden Kapiteln haben Sie dieses Tag bereits zum Festlegen der Zeichenkodierung benutzt. Der Inhalt des <meta>-Tags wird vom Browser zwar nicht angezeigt, kann aber von Servern oder dem Browser ausgewertet werden. Die Anweisung

```
<meta name="Author"
content="Günter Born">
<meta name="Keywords"
content="HTML, Referenz">
```

definiert sowohl den Namen des Autors als auch Stichworte für den Dokumentinhalt. Ein Server oder ein Auswertprogramm kann diese <meta>-Tags lesen und die betreffenden Informationen extrahieren. Über den Eintrag *Keywords* lassen sich zum Beispiel Stichworte für Suchmaschinen im Web vereinbaren.

Client-Pull-Dokumente

Die <meta>-Anweisung lässt sich (im Netscape und im Microsoft Browser) verwenden, um so genannte Client-Pull-Dokumente zu erstellen. Die folgende Sequenz enthält ein Beispiel für ein solches Dokument:

```
<meta http-equiv="Refresh"
content="5">
<title>Client pull</title>
...
```

Diese <meta>-Anweisung sorgt dafür, dass das Dokument alle fünf Sekunden neu geladen wird. Um ein anderes HTML-Dokument nach Ablauf der Wartezeit aufzurufen, ist die URL mit im <meta>-Tag anzugeben. Die folgenden HTML-Anweisungen sorgen dafür, dass das zweite Dokument nach Ablauf der Wartezeit vom Server geladen wird.

```
<html>
<head>
<title>Client-Pull-Demo Programm 1</title>
<meta http-equiv="Refresh"
content="10; URL=doc5_01b.htm">
</head>
<body>
<h2>Beispiel f&uuml;r ein Client-Pull-Dokument</h2>
<h3>Seite 1</h3>
Dies ist die erste Seite der Sequenz. Nach 10 Sekunden<br>
schaltet der Browser automatisch zur n&auml;chsten Seite<br>
weiter.<hr>
<small><a href="doc5_01b.htm">weiter</a></small>
</body>
</html>
```

Beachten Sie dabei, wie trickreich die URL-Angabe erfolgen muss. Das <meta>-Tag erlaubt nur zwei Attribute. Daher wurde im *content*-Attribut sowohl die Verzögerungszeit als auch die URL-Angabe für das Folgedokument hinterlegt. Im Gegensatz zu den üblichen Auszeichnungen darf der Inhalt des *content*-Strings in Anführungszeichen gesetzt werden. Die URL-Angabe besitzt dagegen keine Anführungszeichen! Die Parameter werden durch ein Semikolon getrennt.

Marquee im Internet Explorer

Microsoft hat im Internet Explorer eine weitere Spezialität in Form des <marquee>-Tags hinterlassen. Mit diesem Tag können Sie, ähnlich wie beim Windows-Bildschirmschoner Marquee, einen Text horizontal gescrollt ausgeben. Der auszugebende Text muss dabei zwischen einem einleitenden und einem abschließenden Tag stehen. Die folgende Anweisung zeigt, wie sich dieses Tag verwenden lässt.

```
<marquee height="20%" scrolldelay="5" scrollamount="50">
html
</marquee>
```

Aufpassen müssen Sie beim Schachteln von Tags. Die Kombination

```
<marquee><h2>HTML</h2></marquee>
```

wird zum Beispiel vom Browser nicht als Marquee erkannt. Ändern Sie die Anordnung dagegen in

```
<h2><marquee>HTML</marquee></h2>
```

gibt der Browser den Marquee-Text im Format der Überschriftsebene 2 aus. Auf diese Weise können Sie auch die Farbe und Größe des Marquee-Texts einstellen sowie eine Zentrierung mit dem <center>-Tag erzwingen. Browser, die das Tag nicht unterstützen, zeigen dann den Lauftext als statischen Text an. Aufpassen müssen Sie bezüglich der Hintergrundfarbe. Die Farbe Schwarz wird im Microsoft Internet Explorer 3.0 als Auto interpretiert, d.h., der Dokumenthintergrund erscheint im Marquee-Bereich. Weitere Hinweise zu diesem Tag finden Sie auch im Referenzteil.

Kapitel 7
Skripting und CSS

Mit Skripten sowie mit Cascading Style Sheets (CSS) können HTML-Dokumente mit neuen Funktionen versehen werden. Das vorliegende Kapitel zeigt einige Möglichkeiten auf, die Sie mit diesen Erweiterungen haben.

Einführung in Jscript/JavaScript

Einen Schritt in Richtung dynamisches HTML stellen die beiden Scriptsprachen JavaScript und VBScript dar. JavaScript stellt eine von der Firma Netscape definierte Programmiersprache dar. Beim Microsoft Browser heißt das JavaScript-Pendant JScript und setzt auf dem ECMA-Standard auf (ECMA steht für European Computer Manufacturer Association).

Die Struktur eines JavaScript-Programms

JavaScript-Programme besitzen eine feste Struktur, in die die Programmanweisungen einzubetten sind. Die nachfolgende Programmsequenz enthält eine Funktion *zeige*, die einen als Parameter übergebenen Text in einem Dialogfeld anzeigt.

```
// Beispiel für eine Funktion zeige
function zeige (text)
{
  alert (text);    // Text anzeige
}
```

Zeilen, die mit den Zeichen // beginnen, werden als Kommentare interpretiert. Der Browser ignoriert dann alle Zeichen, die hinter // folgen. Dies gilt auch, falls die Zeichen // am Ende einer Zeile gefolgt von einem Kommentartext auftreten. Alternativ kann ein Kommentar zwischen die Zeichen /* .... */ gestellt werden.

Werden JavaScript-Anweisungen direkt im HTML-Code (per <script>-Anweisung, siehe unten) eingebettet, führt der Browser die Anweisungen direkt beim Laden oder Aktualisieren des Dokuments aus. In obigem Beispiel wurde die Anweisung *altert* jedoch in eine Funktion eingebettet. Eine Funktion besteht dabei immer aus dem Schlüsselwort *function*, gefolgt vom Funktionsnamen sowie den Parametern in Klammern (z.B. *function zeige (text)*). Die Anweisungen der Funktion werden in geschweifte Klammern {...} gestellt. Ein Rückgabewert ist mit der Anweisung *return* zu setzen (z.B. *return 12*;). Bei JavaScript werden die Anweisungen (abgesehen von einigen Ausnahme wie IF-Abfragen oder Funktionen) durch Semikola abgeschlossen.

Variable werden in JavaScript durch das Schlüsselwort *var* deklariert (z.B. *var preis = 12.00;*). Wird eine Variable innerhalb einer Funktion deklariert, ist dies auch nur innerhalb der Funktion gültig. Deklarieren Sie eine Variable im Hauptmodul, gilt diese auch in allen Funktionen, d.h., die Variable ist global gültig.

Wichtig ist, dass in JavaScript bei den Namen von Variablen, Funktionen oder Objekten Groß-/Kleinschreibung unterstützt wird. Es ist daher nicht egal, ob eine Variable *preis* oder *Preis* genannt wird. Anweisungen dürfen sich dabei durchaus über mehrere Zeilen erstrecken. Das abschließende Semikolon signalisiert eindeutig das Ende der Anweisung.

Hinweis

Eine detaillierte Beschreibung der JavaScript-Syntax finden Sie auf der Netscape-Webseite (*www.netscape.com*). Auf der Microsoft-Webseite *msdn.microsoft.com/scripting* finden Sie eine herunterladbare Hilfedatei mit einem Tutorial sowie der Sprachreferenz zu JScript.

JavaScript-Anweisungen in HTML-Dokumente einbinden

JavaScript stellt eine Möglichkeit dar, um in den Netscape-Browsern (ab Version 2.0) und im Microsoft Internet Explorer (ab Version 3.0) zusätzliche Funktionalitäten zu nutzen. Im Gegensatz zu den vorkompilierten Java-Applets liegen die JavaScripts im Quellcode vor. Die JavaScript-Anweisungen sind zwischen die beiden Tags <script>..</script> zu stellen. Dies sieht dann folgendermaßen aus:

```
<script language="javascript" >
<!-- gib den Text im Dokument aus
```

```
 function zeige (text)
{
  document.write (text)  // Text ausgeben
}
//-->
</script>
```

Hier wurde eine Funktion mit dem Namen *zeige* vereinbart, die den als Argument übergebenen Text im Dokument ausgibt.

> **Hinweis**
>
> Im Microsoft Internet Explorer wird das *language*-Attribut auch auf den Wert »JScript« gesetzt, um anzudeuten, dass die Microsoft-Implementierung JScript als Skriptsprache verwendet wird.

Damit Browser, die JavaScript nicht unterstützen, nicht durch die Anweisungen beeinflusst werden, werden diese als Kommentar hinterlegt. Hierzu wird vor der ersten JavaScript-Anweisung die Zeichenfolge <!-- angegeben. Abzuschließen ist der Kommentar durch die Zeichenfolge //-->. Die beiden Zeichen // leiten in JavaScript einen Kommentar ein. Dies ist erforderlich, damit der JavaScript-Interpreter die Zeichenfolge --> als Kommentar überliest. Vergessen Sie die beiden Zeichen // und schließen die Sequenz mit --> ab, meldet der Microsoft Internet Explorer ggf. einen Fehler. Der Interpreter vermutet hinter der Zeichenfolge --> einen Befehl und löst folgerichtig eine Fehlermeldung aus. Alternativ können Sie die Zeichenfolgen <!-- --> zum Abschließen der JavaScript-Sequenz benutzen. Das nachfolgend gezeigte Listing benutzt die bereits im vorhergehenden Listing definierte Funktion zur Ausgabe eines Texts.

```
<html>
<head>
<title>JavaScript - Demo</title>
<script language="JAVASCRIPT" >
<!-- vereinbare die Funktion zur Textausgabe
 function zeige (text)
{
  document.write (text)
}
```

```
//-->
</script  >
</head>
<body text="#000000" link="#0000ff" vlink="#800080" bgcolor="#ffffff">
<h2>Demo mit JavaScript-Elementen</h2>
Der nachfolgende Text wird mit der Funktion <i>zeige</i>
ausgegeben.<br>
<!-- gib den Text über die Funktion zeige aus -->
<p><script><!--
 zeige("<h3><i>Hallo</i></h3>") //--></script></p>
Jetzt erscheint der Text direkt durch einen JavaScript-Aufruf.<br>
<!-- hier wird eine JavaScript-Funktion direkt aufgerufen -->
<script><!--
document.write ("<h2>Dies ist ein Text</h2>")
//--></script></p>
</body>
</html>
```

Beachten Sie dabei, dass die Anweisungen im Dokumentteil ebenfalls in <script>-Tags einzuschließen sind. Wichtig ist hierbei auch, dass die Kommentare und die eigentlichen JavaScript-Anweisungen in getrennten Zeilen stehen (andernfalls gibt es Probleme in einigen Browserversionen).

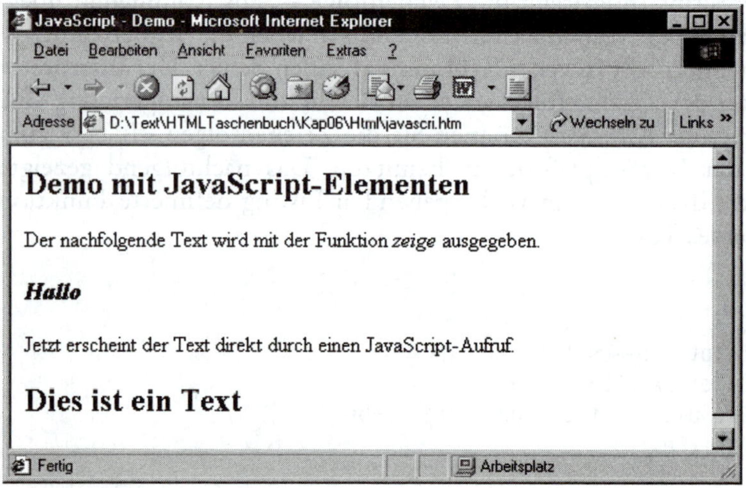

Bild 7.1: Beispielausgabe mit JavaScript

Wenn Sie sich das obige Listing ansehen, fällt Ihnen vielleicht auf, dass sich nicht nur Texte, sondern auch HTML-Tags mit ausgeben lassen. Beim Lesen des HTML-Codes erkennt der Browser die JavaScript-Anweisungen. Befindet sich die Anweisung im Dokumentteil (d.h. hinter dem <body>-Tag), wird der Code ausgeführt. Die Funktion *zeige* schreibt aber lediglich einen Text in das laufende Dokument. Nach Ausführung der JavaScript-Funktion liest der Browser das restliche Dokument (und damit auch den gerade per JavaScript ausgegebenen Text). Enthält der Text HTML-Tags, werden diese wie gewohnt ausgewertet und dargestellt. Zum Kontrast habe ich in obigem Listing eine direkte Textausgabe über die JavaScript-Funktion *write* eingefügt. Mit *document.write (»text«)* wird der im Argument übergebene Text im aktuellen Dokument ausgegeben. Die Anweisungen aus dem obigen Listing erzeugen eine Ausgabe gemäß Bild 7.1.

Weiterhin lassen sich bei einigen Tags JavaScript-Anweisungen als Attribute aufnehmen. Die folgenden HTML-Anweisungen verdeutlichen dies:

```
Weitere Hinweise: <a href="Referenz.htm"
onMouseOver="status='Liste aller HTML-Befehle'">HTML-Referenz</a><br>
```

Hier wird ein Verweis über ein <a>-Tag auf die Datei *Referenz.htm* definiert. Als Attribut wurde aber zusätzlich *onMouseOver* benutzt. Über den Namen *status* lässt sich der angegebene Text in der Statuszeile des Browserfensters anzeigen. Sobald der Benutzer mit dem Mauscursor auf den Verweis zeigt, sollte also der angegebene Text in der Statuszeile erscheinen.

Skriptanweisungen in FrontPage Express einfügen

Möchten Sie in FrontPage Express Skriptanweisungen in einem Dokument einfügen? Dies ist kein Problem:

1. Markieren Sie die Stelle im Dokument, an der der Skriptcode aufgenommen werden soll.
2. Wählen Sie im Menü EINFÜGEN den Befehl SKRIPT. FrontPage Express öffnet das Dialogfeld SKRIPT.
3. Wählen Sie im Dialogfeld in der Gruppe SPRACHE eines der Optionsfelder VBSCRIPT oder JAVASCRIPT.
4. Anschließend tippen Sie die Skriptanweisungen (allerdings ohne das <script> ... </script>-Tag und ohne die Kommentaranweisung <!-- .. --> ein.

Sobald Sie das Dialogfeld über die OK-Schaltfläche schließen, fügt FrontPage Express den Skriptcode in einem <script> ... </script>-Tag-Paar in der erforderlichen Syntax ein. Im Dokument erscheint dann an der betreffenden Stelle ein kleines Viereck mit dem Logo für Skriptcode. Dieses Logo dient als Platzhalter. Doppelklicken Sie auf das Logo, wird das Dialogfeld zur Bearbeitung des Skriptcodes erneut geöffnet.

Hinweis

Skriptcode im Dokumentbereich wird beim Laden des Dokuments sofort ausgeführt. Sie können dies nur verhindern, indem Sie die Skriptanweisungen in eine Prozedur oder Funktion der betreffenden Sprache einbetten. Dann lässt sich diese Funktion/Prozedur über ein Ereignis (z.B. onClick) aufrufen.

Hinweis

Die zweite Möglichkeit zur Eingabe von Skriptcode besteht darin, in die HTML-Codeansicht zu wechseln. Dann lassen sich Skriptanweisungen auch im <head> ... </head>-Bereich des Dokuments unterbringen.

Benutzerabfrage mit JavaScript

In Bild 7.2 sehen Sie ein Dialogfeld mit einer Altersabfrage, welches beim Aufruf des HTML-Dokuments erscheint. In Abhängigkeit von der gewählten Schaltfläche soll der Benutzer zu zwei unterschiedlichen URL-Adressen geführt werden.

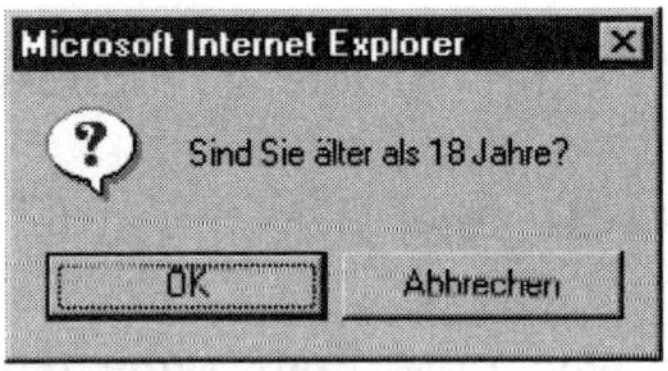

Bild 7.2: Dialogfeld zur Benutzerabfrage (in Windows)

Diese Abfrage samt Ausführung der Verzweigungen sind in JavaScript mit wenigen Anweisungen möglich.

```
<html><head><title>JavaScript-Demo</title></head>
<script language="JavaScript">
<!--
function alter()
{
  if (!confirm("Sind Sie älter als 18 Jahre?"))
   window.location.href="http://www.microsoft.com/"
  else
   window.location.href="http://www.theresa.com/"
  return " "
}
document.writeln(alter()) //-->
<!--Ende -->
</script>
<body>
</body>
</html>
```

Die Funktion *alter* zur Altersabfrage wird im Kopf des HTML-Dokuments definiert. Über die JavaScript-Funktion *confirm* wird das Dialogfeld mit den beiden Schaltflächen erzeugt. Je nach angeklickter Schaltfläche gibt diese Funktion einen Wert zurück, der in einer *If*-Anweisung ausgewertet wird. Die Zweige der *If*-Anweisung enthalten dann den Befehl

```
window.location.href="..."
```

mit dem zu einer URL-Adresse verzweigt wird. Die Prüfung des Alters erfolgt dann mit der Anweisung

```
document.writeln(alter())
```

Diese Anweisung befindet sich im Dokumentkopf und wird noch vor dem Inhalt des <body>-Bereichs ausgeführt. Beim Laden des Dokuments erkennt der Browser den Befehl *alter()* und ruft die betreffende Funktion auf. Dadurch kann der <body>-Bereich leer bleiben, der Benutzer sieht nur die Abfrage und gelangt dann zu einer der beiden Seiten. Natürlich können Sie in einer solchen Funktion auch den Inhalt des Dokumentfensters in Abhängigkeit von der Benutzerwahl gestalten. Das folgende Listing zeigt ein Beispiel, in dem das Alter als Zahl über die JavaScript-Funktion *prompt* abgefragt wird. Danach wird das Dokumentfenster mit einem individuellen Text gefüllt.

```
<html><head><title>JavaScript-Demo</title></head>
<script language="JavaScript">
<!--
function alter()
{
  var alt = prompt ("Bitte das Alter eingeben","18")
  if (parseInt(alt,10) < 18)
   {
    document.writeln ("<center>")
    document.writeln("<h3>For Kids only!</h3>")
    document.writeln ("Bitte hier klicken: ")
    document.writeln ("<a href='http://www.itp.de/'>")
    document.writeln (
          "Entertainment mit Harry Hops</a>")
    document.writeln ("<center>")
   }
   else
   {
   document.writeln ("<center>")
   document.writeln(
   "<h2>Willkommen zu Willis Einkaufsparadies</h2>")
   document.writeln ("Bitte hier klicken: ")
   document.writeln (
     "<a href='http://www.willi.com/'>")
   document.writeln ("Shopping ohne Ende</a>")
   document.writeln ("</center>")
   }
   return " "
}
<!--Ende -->
</script>
<body>
<center><h2>Willkommen zum Alterstest</h2></center>
<script>
<!--
 document.writeln(alter()) //-->
</script>
```

```
</body>
</html>
```

Bild 7.3: Benutzerabfrage in JavaScript

Bei der *prompt*-Funktion sind zwei Parameter, der Text im Dialogfeld und die Vorgabe für das Eingabefeld, anzugeben. Beide Parameter erscheinen im Dialogfeld (Bild 7.3). Schließt der Benutzer das Dialogfeld, liefert die Funktion den aktuellen Wert des Eingabefelds als String zurück. Mittels der *parsInt*-Funktion lässt sich dieser String in einen numerischen Wert überführen. Im Gegensatz zum vorherigen Listing wird im aktuellen Beispiel kein Verweis auf ein anderes Dokument genutzt. Vielmehr enthält die JavaScript-Funktion zur Altersabfrage Anweisungen, um das Dokumentfenster zu füllen. Der Aufruf der Altersabfrage erfolgt jetzt auch innerhalb des Dokumentteils. Die *writeln*-Funktion hängt im Gegensatz zu *write* nach der Ausgabe noch einen Zeilenvorschub an den Text an.

> Hinweis
>
> Textausgaben in Dialogfeldern lassen sich durch Escape-Zeichen in mehrere Zeilen umbrechen. Die Zeichenkombination \n bewirkt beispielsweise einen Zeilenumbruch. Mit *alert (»Zeile 1 \n Zeile 2«);* erzeugt ein Dialogfeld mit zwei Zeilen. Weitere Details zu JavaScript finden Sie auch in dem im Literaturverzeichnis unter /1/ aufgeführten Titel.

Einführung in VBScript

VBScript ist die Erweiterung des Microsoft Internet Explorer (seit der Version 3.0x), mit der sich ähnlich wie bei JavaScript zusätzliche Befehle im HTML-Dokument realisieren lassen. VBScript benutzt dabei eine Untermenge der Befehle der Programmiersprache Visual Basic.

Die Struktur eines VBScript-Programms

Bei VBScript werden die Programmanweisungen wie bei JScript ebenfalls per <script>-Tag im HTML-Dokument eingebettet. Bei VBScript gibt es eine Reihe von vordefinierten Funktionen (z.B. MsgBox, InputBox) und Konstanten (z.B. vbOKonly, vbYesNo etc.). Im Gegensatz zu JScript unterscheidet VBScript bei Variablen- und Funktionsnamen nicht zwischen Groß- und Kleinschreibung.

Kommentare werden in VBScript entweder mit dem Schlüsselwort REM eingeleitet oder dem Kommentar wird das Zeichen ' vorangestellt. Sie können daher Kommentare bequem an das Ende einer Anweisungszeile anhängen.

Anweisungen, die auf mehrere Zeilen aufgeteilt werden, sind jeweils am Ende mit dem Zeichen _ abzuschließen. Nur die letzte Zeile weist dieses Zeichen nicht auf.

Konstante lassen sich direkt mit dem Schlüsselwort *Const* im Programm vereinbaren, während das Schlüsselwort *Dim* für die Vereinbarung von Variablen zuständig ist.

VBScript-Programme in HTML einbinden

Um VBScript-Programme in HTML-Quellcode einzubinden, sind ähnliche Regeln wie bei JavaScript zu befolgen (allerdings gibt es einige Abweichungen). Bei Skripts werden zwei Varianten unterschieden:

- Skriptanweisungen, die beim Laden des Dokuments auszuführen sind. Diese sind über das <script>-Tag im Dokument aufzunehmen.
- Skriptanweisungen, die auf ein Ereignis reagieren. Diese Anweisungen lassen sich in verschiedenen Ereignisattributen der Tags unterbringen.

Das <script>-Tag besitzt dabei folgenden Aufbau:

```
<script Attribute>
<!---

'--->
</script>
```

Das <script>-Tag leitet die Definition mit den Skriptanweisungen ein. Über Attribute lässt sich anschließend festlegen, um welche Skriptsprache es sich handelt. Die Tag-Folge

```
<script>
...
</script>
```

kann dabei an verschiedenen Stellen des Dokuments auftauchen. VBScript-Code lässt sich im <head> ... </head>-Bereich des Quellcodes oder im <body>-Teil des Dokuments unterbringen. Beachten Sie, dass das <script>-Tag innerhalb einer HTML-Datei mehrfach auftreten kann. Weiterhin lässt HTML 4.0 es zu, dass die Anweisungen des Skriptprogramms innerhalb der <script> ... </script>-Sequenz oder in einer externen Datei hinterlegt werden.

Beispiel: Skript an Schaltfläche anbinden

Abschließend noch ein kurzes Beispiel, in dem ein VBScript-Skript an eine Schaltfläche angebunden wird. Die folgende Codesequenz erzeugt eine Schaltfläche. Wird diese angeklickt, erscheint ein Meldungsfeld (Bild 7.4).

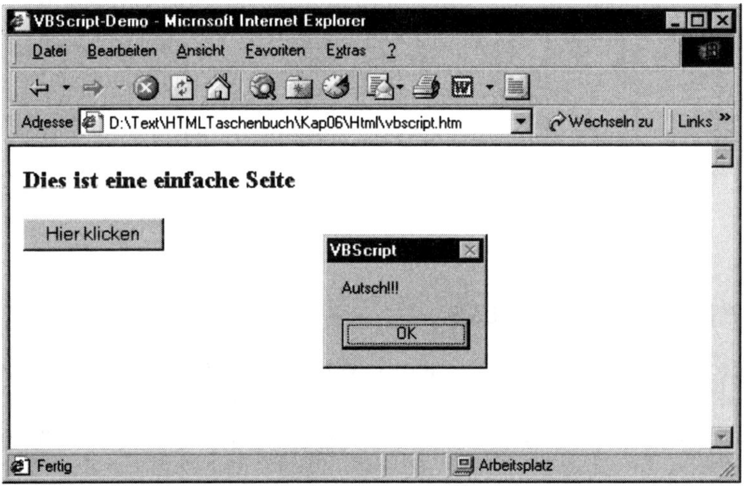

Bild 7.4: Anzeige des VBScript-Beispiels

```
<html>
<head><title>VBScript-Demo</title>
<script language="VBScript">
<!--
Sub Button1_OnClick
   MsgBox "Autsch!!!"
End Sub
-->
</script>
</head>
<body>
<h3>Dies ist eine einfache Seite</h3>
<form><input name="Button1" type="BUTTON" value="Hier klicken"></form>
</body>
</html>
```

Hier wird die Prozedur *Button1_OnClick* aufgerufen, sobald der Benutzer auf die Schaltfläche *Button1* klickt.

Hinweis

Hinweise zur Syntax der Sprachen JScript und VBScript liefert Microsoft in Form von Windows-Hilfedateien. Diese Hilfedateien lassen sich frei aus dem Internet laden (*msdn.microsoft.com/scripting*). Interessant sind diese Skriptsprachen vor allem unter Windows in Verbindung mit dem Windows Script Host, der verschiedene Funktionen zugänglich macht. Näheres zu diesem Thema sowie eine Einführung in JScript/VBScript finden Sie in dem Microsoft Press Titel »Inside Windows Script Host« (Microsoft Press).

Arbeiten mit Style Sheets

Style Sheets sind ein neues Element, welches von Microsoft im Microsoft Internet Explorer 3.0 eingeführt wurde. Seit vom W3-Konsortium Empfehlungen mit dem Titel *Cascading Style Sheets, Level 1 und 2* existieren, wird diese Feature durch die gängigen Browser unterstützt. Mit dem <style>-Tag lassen sich die Stile einzelner Elemente innerhalb eines HTML-Dokuments angeben. Das <style>-Tag darf im <head>...</head>-Bereich des Dokuments auftreten. Dies könnte in etwa so aussehen:

```
<html>
<head>
<title>Einführung in Style Sheets</title>
<style type="text/css" title="Sommerfarben">
<!--
body { color : white}
p {  color : blue;
     font-size : 12pt;
     font-family : Arial}
h1 { color : red;
     font-size : 18pt}
-->
</style>
</head>
<body>
Hier kommen die gewohnten HTML-Tags
...
</body>
</html>
```

Die obige Sequenz legt die Farbe Weiß für den <body>-Teil des Dokuments fest. Die Überschriften der Ebene 1 sollen in Rot mit einer Größe von 18 Punkt erscheinen. Absätze (Paragraphen) werden in Blau mit einer Schriftgröße von 12 Punkt Arial dargestellt. Die einzelnen Definitionen bestehen dabei aus einem Namen, der einem Tagnamen entsprechen kann (z.B. h1, p, hr etc.), gefolgt von zwei geschweiften Klammern { ...}. Innerhalb der Klammern stehen dann die verschiedenen Definitionen. Nachfolgend finden Sie eine kurze Übersicht über Einträge, die in diesen Klammern stehen können:

- Mit *body {font-family: helvetica, arial}* lassen sich z.B. Schriftarten angeben. In diesem Beispiel werden alle Texte im <body>-Bereich mit den betreffenden Schriftarten angezeigt.
- Die Schriftgröße lässt sich dann z.B. mit der Anweisung *p {font-size: 12}* definieren. Der Zeilenabstand lässt sich mit *p {line-height: 14}* angeben. In diesem Beispiel werden die Zeilen der Absätze mit 15 Punkt Abstand ausgegeben.
- Die Farbe des Textes (Vordergrund) wird über das *color*-Attribut definiert. Die Farbe des Hintergrunds ist über *background-color* zu setzen (z.B. *h2 {color = blue; background-color = white}*).

- Mit *text-indent* lässt sich ein Text einziehen (z.B. *p {text-indent: 3%}*). Die Optionen *margin-top*, *margin-right*, *margin-bottom* und *margin-left* legen die Seitenränder des Dokuments in Bezug auf das Browserfenster fest (z.B. *h1 {margin-left: 13}*).

Neben diesen hier erwähnten Anweisungen gibt es noch eine Reihe weiterer Attibute, die Sie den einzelnen Elementen innerhalb der Style-Definition zuweisen können. Neben der Aufnahme einer Style-Definition im Kopf der HTML-Datei können Sie diese Anweisungen in einer eigenen Style-Datei ablegen und über das <link>-Tag adressieren:

```
<link rel="stylesheet" type="text/css"
 href="http://www.foo.com/sheet" title="Sommerfarben">
```

Die dritte Alternative besteht darin, das Schlüsselwort *style* als Attribut in einem Tag zu verwenden. Nachfolgend sehen Sie eine solche Anweisung:

```
<h1 style="color : #FF0000">Überschrift 1</h1>
```

Hier wird die Farbe für die Überschriftebene 1 auf Rot gesetzt. Zusätzlich besteht die Möglichkeit, einzelne Klassen über den *class*-Selektor zu definieren und zu nutzen. Sie können alle Elemente innerhalb des <body>-Abschnitts mit dem *class*-Attribut versehen. Nehmen wir an, es ist folgende Definition im <head>-Bereich vereinbart:

```
p.textrot { color : #FF0000}
```

Dann lässt sich dieser Stil einem Absatz mit folgender Anweisung zuweisen:

```
<p class="textrot">Hier folgt der Text des Absatzes</p>
```

Damit wird der gesamte Text zwischen den beiden <p>-Tags mit der in *textrot* definierten Farbe angezeigt. Für einen anderen Absatz könnten Sie eine weitere Klasse, z.B. *textgreen,* definieren und zuweisen. Lassen Sie bei der Definition der Klasse das HTML-Element weg

```
.textrot { color : #FF0000}
```

können Sie diesen Stil mit class="textrot" allen Elementen zuweisen. Es ist auch zulässig, statt des *class*-Schlüsselworts mit *id* zu arbeiten. Das Ganze sieht dann folgendermaßen aus:

```
#textrot { color : #FF0000}
...
<p id="textrot">Text mit neuer Farbe</p>
```

Beim *id*-Attribut muss der Bezeichner (z.B. textrot) eindeutig sein, d.h. der Bezeichner darf nicht gleichzeitig für eine weitere Klasse benutzt werden. Weiterhin muss das Zeichen # im Style Sheet vor die Definition gestellt werden, während bei *class* der Punkt benutzt wird.

Neben dem <p>-Tag können Sie natürlich auch andere Tags, die Wörter auszeichnen, mit Style Sheets umdefinieren. Mit dem <strong>-Tag lassen sich zum Beispiel Textstellen hervorheben. Nehmen wir an, Sie haben die folgende Anweisung im Style Sheet oder im Kopf der HTML-Datei vereinbart:

```
strong { color : #00ff00}
```

Dann werden alle mit <strong> ... </strong> markierten Textstellen mit der definierten Farbe (hier Grün) ausgezeichnet. Mit

```
p strong { color : #00FF00}
```

begrenzen Sie die Auszeichnung der mit <strong> markierten Textstellen auf Abschnitte innerhalb eines mit <p> <strong>... </strong></p> definierten Abschnitts. Dann werden die hervorgehobenen Stellen in Grün dargestellt. Andere Auszeichnungen mit <strong> bleiben dagegen in der alten Farbe erhalten.

```
<p><strong>Bäume sind im Frühjahr grün.</strong></p> Im Winter ist die
Farbe<strong>braun</strong> oder grau.
```

Durch Verwendung solcher Styles lassen sich recht ansprechende Effekte erreichen.

Ein Beispiel für die Gestaltung einer Seite

Bild 7.5 zeigt ein Beispiel, das mit Style Sheets gestaltet wurde. Der HTML-Code zur Ausgabe dieser Seite ist nachfolgend zu sehen.

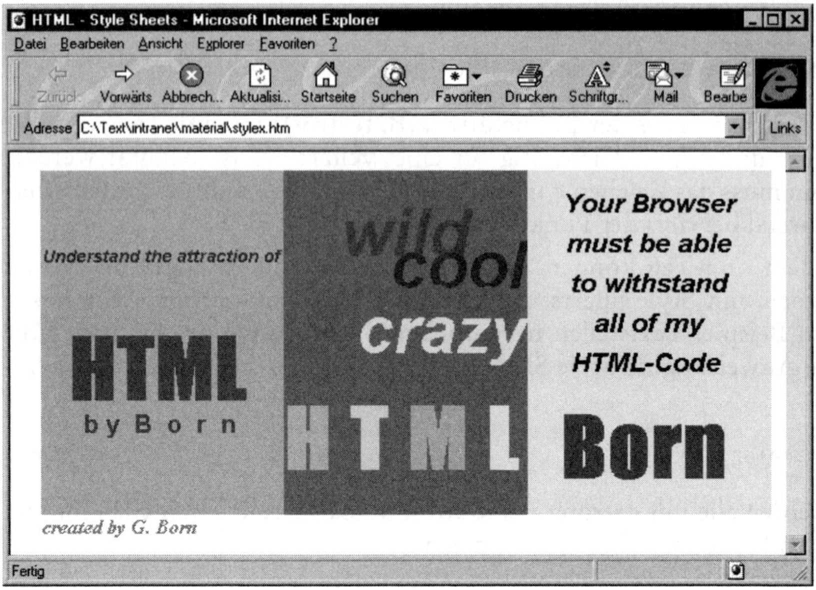

Bild 7.5: Beispiel einer mit Style Sheets gestalteten Seite

```
<html>
<title>HTML - Style Sheets</title>
<style type="text/css">
<!--
body     {
       font-weight: bold;
       font-style: italic;
       background: white;
       color: gray;
       margin-left: 10px;
       margin-right: 10px;
       text-align; center;
       }

.cell1 { background: orange;
          text-align: center;
          color: red;
       }
```

```
.cell1copy {
       font: 11pt/40pt "arial";
       color: purple;
       }

.cell2 { font: 18pt "arial";
          background: olive;
          text-align: right;
          color: purple;
               }
.cell2copy {text-align: left;}

.aqua {color: aqua; }
.orange {color: orange; }
.pink  {color: pink;    }
.yel {color: yellow;    }

.red  {font: 40pt/20pt "arial";
        color: red;
      }
.yellow  {font: 40pt/20pt "arial";
       color: yellow;
      }
.purple  {font: 40pt/20pt "arial";
        color: purple;
      }
.fuchsia  {font: 40pt/20pt "arial";
        color: fuchsia ;
      }

.cell3 { font: 16pt "arial";
          text-align: center;
          background: yellow;
          color: green;
       }

.cell3copy {line-height: 24pt;
              color: navy;
       }

.logo1 { font: 50pt/50pt "impact";
```

```
           font-style: none;
           font-weight: none;
        }
.logo2 { font: 15pt/20pt "arial";
           font-style: none;
           font-weight: none;
        }
-->
</style>

<body>
<center>
<table cellpadding=1 border=0 cellspacing=0>
<!        1. Zelle        >
<td width=195 height=275 class=cell1>
<span class=cell1copy>Understand the attraction of<br><br></span>
<br><br><span class=logo1>HTML</span>
<span class=logo2><br>b y  B  o  r  n</span>
</td>
<!        2. Zelle       >
<td width=195 height=275 class=cell2>
<span class=red>wild   <br></span>
<span class=purple>cool<br></span>
<span class=fuchsia>groovy<br></span>
<span class=yellow>  crazy</span><br><br>
<span class=logo1>
<span class=aqua>H</span>
<span class=pink>T</span>
<span class=orange>M</span>
<span class=yel>L</span>
</span><br>
</td>

<!        3. Zelle        >
<td width=195 height=275 class=cell3>
<span class=cell3copy>Your Browser<br>must be able<br>to
withstand<br>all of my<br>HTML-Code</span>
<br><br><span class=logo1>Born</span>
</td>
<!        credit        >
<tr><td class=caption colspan=3>created by G. Born</td></tr>
```

```
</table>
</center>
</body>
</html>
```

Die in Bild 7.5 gezeigte Seite benutzt eine Tabelle mit drei Zellen zur Aufnahme der Textinhalte. Die Farben für Tabellenhintergrund und Texte sowie das Textlayout wurden über Styles im Kopf der HTML-Datei definiert. Das <span>-Tag wird hier dazu benutzt, dem Text ein im Style definiertes Attribut zuzuweisen. (Die Inspiration zu diesem Beispiel entstammt übrigens einer von Tim Girvin entworfenen Werbeseite *http://www.girvindesign.com/*.) Das Beispiel lässt sich im Microsoft Internet Explorer 3.0x und höher anzeigen und gibt einen ersten Eindruck, was sich alles mit Style Sheets realisieren lässt. Insbesondere eröffnen Style Sheets eine Möglichkeit, um Elemente auf einer Seite genau zu positionieren.

> **Hinweis**
>
> Die Empfehlung des W3-Konsortiums zu Cascading Style Sheets, Level 1 finden Sie im Web unter *http://www.w3.org/pub/WWW/TR/REC-CSS1*. Einige weitere Beispiele und Erläuterungen für Style Sheets finden sich auch in dem im Literaturverzeichnis unter /1/ angegebenen Titel.

An dieser Stelle möchte die Einführung in HTML beenden. Sie haben die wichtigsten Möglichkeiten kennen gelernt, um HTML-Dokumente zu gestalten. Es gäbe zwar noch viel zu erwähnen. Der Umfang dieses Taschenbuchs erlaubt aber keine tiefergehende Diskussion des Stoffs. Mit den Ausführungen in den vorliegenden Kapiteln sollten Sie aber eine solide Einführung in die Gestaltung von HTML-Seiten erhalten haben. Außerdem finden Sie zusätzliche Hinweise im Anhang in der Referenz. Bei weiterführenden Fragen sei auf das im Literaturverzeichnis unter /1/ aufgeführte HTML-Kompendium des Verlags verwiesen, das auf rund 1000 Seiten die Thematik diskutiert. Das folgende Kapitel enthält noch eine kurze Einführung in Grafikgrundlagen sowie in den Entwurf von Webseiten.

Kapitel 8
Grafikgrundlagen und Design

Dieses Kapitel vermittelt Ihnen einige Grundlagen im Hinblick auf Grafikformate sowie auf Webgrafiken. Weiterhin geht es kurz auf Fragen zum Design von Webseiten ein.

Grafikgrundlagen

In diesem Abschnitt möchte ich einige Hinweise zum Thema Grafikformate im Zusammenhang mit HTML-Dokumenten geben.

Was sind Bitmap-Grafiken?

Bilder oder Fotos werden in Bitmap-Grafiken abgebildet. Hierbei unterteilt das Programm das Bild in einzelne Punkte, die zeilenweise nebeneinander angeordnet werden. Jeder dieser Bildpunkte erhält jetzt eine eigene Farbe zugewiesen. Durch Aneinanderreihen dieser Bildpunkte ergibt sich jetzt das Bildmotiv. Die einzelnen Bildpunkte werden im englischen Sprachraum auch als »Pixel« (Picture Elements) bezeichnet. Daher ist auch der Name Pixelgrafik im Gebrauch. Man bezeichnet diese Anordnung der Bildpunkte aber auch als Bitmap oder Rastergrafik.

Der Vorteil der Bitmap-Grafiken besteht darin, dass die Aufteilung in einzelne Bildpunkte die Ausgabe auf Bildschirm oder Drucker sehr vereinfacht. Nachteilig sind Bitmap-Grafiken, wenn es sich um Zeichnungen mit Linien oder Figuren handelt. Beim Verkleinern des Bildes werden einzelne Zeilen oder Spalten herausgefiltert. Dies führt aber dazu, dass dünne Linien eventuell herausfallen. Beim Skalieren einer Bitmap-Grafik ergeben sich häufig unschöne Effekte.

Noch ein Wort zur Komprimierung

Eine normale Bitmapgrafik kann sehr groß (mehrere Megabyte) werden. Dies gilt insbesondere, wenn diese unkomprimiert im Windows-BMP-Dateiformat in eine Datei gespeichert wird. Die Größe hängt von der Zahl der verwendeten Farben und den Bildabmessungen ab. Diese großen Dateien verschwenden Platz auf der Festplatte. Weiterhin dauert das Laden solcher Dateien unter Umständen sehr lange. In diesem Zusammenhang sollten Sie Folgendes wissen:

- Bei einigen Grafikformaten sind unterschiedliche Komprimier- und Speicherverfahren zulässig. Nicht immer unterstützen die Programme alle definierten Speichervarianten. Dies ist insbesondere beim JPEG-Format ein Problem.
- Bei der Komprimierung werden zwei Klassen hinsichtlich der Ergebnisse unterschieden. Es gibt die klassischen verlustfreien Komprimiermethoden, bei denen die Bilder ohne Qualitätsverluste beliebig komprimiert und wieder entpackt werden können. Den Gegenpart stellen die verlustbehafteten Komprimierverfahren dar. Hier tritt bei jedem Komprimiervorgang ein Qualitätsverlust auf, der sich nicht mehr rückgängig machen lässt.

Wie sich dies auf die im Internet gebräuchlichen Formate GIF und JPEG auswirkt, wird auf den nachfolgenden Seiten detaillierter besprochen.

Farbdarstellung in Bitmap-Bildern

Ein wichtiges Thema stellt auch die Farbdarstellung in Bitmap-Bildern dar. Einerseits entscheidet sich damit, wie viele Farben in einem Bild gleichzeitig dargestellt werden können. Weiterhin bestimmt die Farbdarstellung häufig auch die Größe der Grafikdatei.

Die einfachste Variante zur Darstellung eines Bildes stellt die Verwendung von Schwarz und Weiß dar (Monochrom-Darstellung). Diese Variante kennen Sie von Fotokopien, aus Zeitungen und von Schwarzweißfotos. Der Bildhintergrund ist dabei weiß, das Bild wird durch schwarze Punkte dargestellt. Der Vorteil besteht darin, dass sich jeder Bildpunkt mit einem Bit darstellen lässt. Die meisten Bitmap-Formate unterstützen daher auch die Speicherung monochromer Bilder.

Fachwort

➚ Bei Schwarzweißbildern wird nur ein Bit pro Bildpunkt benötigt. Man spricht von einer Farbtiefe von 1 Bit pro Pixel.

Farbbilder mit Palette

Häufig sind Bilder mit Farben darzustellen. In diesem Fall muss jedem Bildpunkt eine eigene Farbe zugewiesen werden. In der Bitmap reicht ein Bit pro Bildpunkt nicht mehr zur Darstellung der Farben aus. Um beispielsweise 16 Farben in einem Bild anzuzeigen, wird jeder Bildpunkt mit Werten zwischen 0 und 15 repräsentiert. Dies entspricht aber bereits 4 Bit pro Pixel. Bei 256 Farben benötigten Sie 256 verschiedene Werte, d.h., jeder Punkt umfasst bereits 8 Bit pro Pixel. Und bei 16 Millionen Farben müssen Sie mit 24 Bit pro Pixel arbeiten (hierbei wird jeder Farbwert aus den Grundfarben Rot, Grün und Blau gemischt).

Hinterlegen Sie diese Farbinformationen für die Bildpunkte in der Datei, wächst der Speicherbedarf für farbige Grafiken sehr schnell.

Um die Dateigröße zu reduzieren, dürfen pro Bildpunkt nicht diese 24 Bit gespeichert werden. Vielmehr nutzt man jetzt einen Trick:

- Die Definition der 256 Farben wird in einer so genannten Farbpalette gespeichert. Diese Farbpalette umfasst für jede Farbe einen 24-Bit-Wert. Dies ergibt einen Speicherbedarf von 768 Byte.
- Die einzelnen Bildpunkte der Grafik werden dann nicht mehr mit 24 Bit sondern nur noch mit 8 Bit gespeichert. Diese 8 Bit repräsentieren einen Zeiger in die Tabelle mit den Farbdefinitionen (Bild 8.3). Der Wert 0 gibt dann die erste Farbe an, der Wert 1 die zweite Farbe etc.

Mit diesem Kunstgriff erhält die Grafikkarte nur noch einen Zeiger in die Farbtabelle und kann dann anhand des (24-Bit-)Eintrags die gewünschte Mischfarbe bestimmen und in der Grafik anzeigen. Dies reduziert die Größe der Bilddateien erheblich und erlaubt doch eine (in gewissen Grenzen) realitätsnahe Farbdarstellung.

Echtfarbenbilder (True Color, High Color)

Bei Farbfotos reicht die Limitierung auf 256 Farben pro Bild nicht mehr aus. Fast jedes Foto weist mehr als 256 Farben oder Farbtöne auf (und die heutigen Grafikkarten können mehr Farben darstellen). Um die Farben möglichst naturgetreu wiederzugeben, müssen die einzelnen Bildpunkte mit mehr als 256 Farben gespeichert und angezeigt werden. Hierbei unterscheidet man

True Color (Speicherung der kompletten Farbinformation für jeden Bildpunkt, 24 Bit pro Pixel) und *High Color* (es werden nur 15 oder 16 Bit pro Bildpunkt gespeichert).

> **Hinweis** Eine detaillierte Übersicht über verfügbare Formate sowie deren Interna erhalten Sie in dem von mir bei Galileo Press publizierten Titel *Dateiformate – Die Referenz* (siehe auch *www.My-Galileo.de* oder *www.borncity.de*).

Welche Grafikformate sind für HTML zulässig?

In Web-Dokumente lassen sich Grafiken (bisher) nur als Bitmaps einfügen (andernfalls benötigen Sie so genannte Plug-ins zur Anzeige im Browser). Bei Bitmap-Bildern gibt es jedoch eine große Anzahl an Dateiformaten, die sich an den Endungen wie BMP, PCX, IMG, TIF, GIF, JPG etc. in den Dateinamen erkennen lassen. Grafiken in HTML-Dokumenten müssen die Formate GIF oder JPEG besitzen.

- GIF ist ein Grafikformat zur Speicherung von Bildern mit 2, 16, 256 Farben oder 256 Graustufen. Intern werden beim GIF-Format noch die Varianten GIF87a und GIF89a unterschieden. Zur Anzeige einfacher Bilder können Sie beide Varianten verwenden. Lediglich für transparente oder animierte Bilder ist das GIF89a-Format erforderlich.
- JPEG ist das Grafikformat, mit dem sich Fotos, die meist mehr als 256 verschiedene Farben aufweisen, in Dateien hinterlegen lassen. Solche Dateien erhalten die Erweiterung JPG oder JPEG (bei Betriebssystemen mit langen Dateinamen).
- PNG ist ein weiteres Format, welches das GIF-Format ablösen soll und herstellerübergreifend definiert ist. Leider wird das PNG-Format von älteren Browsern nicht unterstützt.

Liegen bei Ihnen Grafiken in anderen Formaten (z.B. BMP oder TIFF) vor, müssen Sie diese vor dem Einbinden in ein HTML-Dokument in die beiden oben genannten Grafikformate umwandeln. Hierzu gibt es Werkzeuge wie zum Beispiel das Programm Paint Shop Pro der Firma JASC oder Photo Finish der Firma Corel. Auch der mit Microsoft Office mitgelieferte Photo Editor erlaubt die Konvertierung und Bearbeitung von Grafiken für das Web.

Achtung

Wegen der Lizenzprobleme bei Verwendung des GIF-Formats (das bei diesem Dateiformat benutzte Komprimierungsverfahren ist durch die Firma Unisys patentiert, und die Firma kassiert Lizenzgebühren von Programmherstellern und Betreibern von Webservern, wenn GIF-Bilder benutzt werden), ist in HTML 4.0x das PNG-Format als Alternative vorgesehen. Allerdings setzt sich dieses Format nur sehr zögernd durch. Der Microsoft Internet Explorer unterstützt ab der Version 4.0 dieses Format sowie auch die Einbindung von BMP-Grafiken. Ältere Browser unterstützen diese Formate aber nicht.

GIF oder JPEG, was ist am besten geeignet?

Vielleicht stehen Sie vor der Frage, welches Grafikformat sich am besten zur Speicherung von Bildern für Web-Dokumente eignet.

Um die Download-Zeiten zu minimieren, verwenden Sie das Format, das die kompaktesten Dateien liefert. Beide Grafikformate erlauben eine Komprimierung der Bilddaten, wodurch sich die Größe der Bilddatei erheblich reduzieren lässt. Allerdings gibt es gravierende Unterschiede:

- Beim GIF-Format werden die Bilddaten nach einem bestimmten Algorithmus verlustfrei komprimiert. Dies bedeutet, Sie können die GIF-Datei in einem Grafikprogramm einlesen, bearbeiten und erneut im GIF-Format speichern. Die Qualität des Bildes ändert sich durch das mehrfache Komprimieren beim Speichern nicht.
- Beim JPEG-Verfahren wurde jedoch aus verschiedenen Gründen ein anderes Komprimierverfahren gewählt, welches mit einer Reduktion der Bilddaten arbeitet. Das menschliche Auge kann bestimmte Farbunterschiede in einem Bildbereich nicht mehr auflösen. Folglich lassen sich diese Farbunterschiede reduzieren, was zu einer Komprimierung der Bilddaten führt. Man spricht hier deshalb von einem verlustbehafteten Verfahren.

Beim JPEG-Verfahren können Sie den Komprimierungsgrad zwischen den Faktoren 1 und 99 wählen. Je höher der Komprimierungsfaktor gewählt wird, umso kleiner werden die Grafikdateien. Gleichzeitig reduziert sich aber auch die Bildqualität, was irgendwann dem Betrachter auffällt.

In Bild 8.4 sehen Sie zwei Bilder einer Sonnenblume zum Vergleich. Die linke Darstellung wurde aus dem Original mit dem Komprimierfaktor 1 im JPEG-Verfahren gespeichert und umfasst 38 KByte. Das rechte Bild zeigt das gleiche Objekt nach dem Speichern mit dem Komprimierfaktor 99. Die JPEG-Datei benötigt nur noch 10 KByte, weist aber deutliche Qualitätsverluste auf.

Bild 8.1: Beispiel für den Verlust der Bildqualität beim JPEG-Verfahren

Achtung

Damit sollte Ihnen auch klar sein, warum Sie eine JPEG-Datei niemals einlesen, bearbeiten und dann erneut im JPEG-Format speichern dürfen. Bei jedem Speichern erfolgt eine Komprimierung, die gleichzeitig die Bildqualität reduziert.

Nachdem Sie jetzt die Unterschiede in den beiden Komprimierverfahren kennen, ist die Auswahl des Formats über diesen Ansatz möglich: Benötigen Sie das Bild später nochmals zur Bearbeitung, lässt es sich auf 256 Farben reduzieren und verlustfrei im GIF-Format speichern. Alle anderen Bilder werden dagegen im JPEG-Verfahren gespeichert. Hier möchte ich jedoch vor einer solch pauschalen Vorgehensweise warnen. Ziel ist eine möglichst kleine Grafikdatei, um die Downloadzeiten der Bilder zu reduzieren. Leider versagen die GIF- und JPEG-Komprimierungsmethoden bei manchen Bildern. An dieser Stelle möchte ich zwei Faustregeln hinsichtlich der Eignung der beiden Komprimierverfahren geben:

- Bei GIF-Dateien ist die Komprimierung besonders wirksam, wenn das Bild Flächen mit gleicher Farbe enthält. Bei Fotos oder Bildern mit stark wechselnden Punktmustern bringt das in GIF-Dateien benutzte Komprimierungsverfahren kaum eine Reduzierung der Dateigröße (teilweise werden die Dateien sogar größer als das Original).
- Beim JPEG-Verfahren können Sie Bilder mit großen einfarbigen Flächen nicht komprimieren (es lassen sich ja keine Farbinformationen entfernen). Die Stärken des bei JPEG-Dateien benutzten Komprimierungsverfahrens kommen bei Fotos und Bildern mit stark wechselnden Mustern oder Farbverläufen zum Tragen.

Sie müssen daher prüfen, ob eine Reduzierung auf 256 Farben und Speicherung im GIF-Format wirklich die erhoffte Verkleinerung der Bilddatei bringt. Beim JPEG-Verfahren gilt Ähnliches; greift die Komprimierung, lässt sich der Komprimierungsgrad zwischen 1 (geringe Komprimierung) und 99 (maximale Komprimierung) wählen. Hier ist der Komprimierungsgrad über Erfahrungswerte oder Versuche herauszufinden.

Hinweis

Die Bearbeitung von Farbgrafiken (z.B. mit Filtern und Effekten) ist in der Regel nur dann möglich, wenn diese noch in Echtfarbendarstellung vorliegen. Beim Scannen sollten Sie daher die maximal mögliche Farb- und Bildauflösung wählen. Anschließend ist zu empfehlen, das Originalbild in dieser Auflösung unkomprimiert (z.B. im BMP-Format) zu speichern. Anschließend arbeiten Sie mit Kopien dieser Datei.

Wo benötigen Sie unbedingt das GIF-Format?

Das Resultat der Überlegungen aus dem vorhergehenden Abschnitt heißt: Es gibt nicht *das* Verfahren zur Speicherung von Grafiken. Je nach Einzelfall kommen GIF- und JPEG-Format zum Einsatz. Fotos und Bilder mit Mustern dürften wohl überwiegend im JPEG-Verfahren gespeichert werden, während das GIF-Format seine Stärken bei flächigen Bildern (z.B. Schaltflächen, Symbolen etc.) hat. Es gibt aber noch einige Gebiete, wo Sie am GIF-Format nicht vorbeikommen:

- Beim Download von Grafiken ist es hilfreich, wenn der Benutzer bereits während des Ladens eine Art Vorschau auf das Bild erhält. Im GIF-Format werden daher die Varianten interlaced und non-interlaced unterschieden. Das Interlaced-Verfahren sorgt für eine versetzte Übertragung der einzelnen Bildzeilen. Dadurch erhält der Benutzer recht schnell eine grobe Vorschau auf das Bild, in der einzelne Bildzeilen nach und nach ergänzt werden. Beim JPEG-Verfahren ist zwar die Variante Progressive Coding mit ähnlichen Ergebnissen vorgesehen. Wegen fehlender Standardisierung des JPEG-Dateiformats unterstützen aber erst wenige Programme diese Kodierungsvariante. Daher sind Sie bei Bildern, die im Interlaced-Verfahren zu speichern sind, zurzeit noch auf das GIF-Format angewiesen.
- Es wurde bereits weiter oben erwähnt: Bei Schmuckpunkten und Symbolen soll der Hintergrund des Bildes unsichtbar bleiben. Dies ist vor allem beim Wechsel der Hintergrundfarbe wichtig (kann vom Benutzer oder vom HTML-Dokument initiiert werden). Bei Bildern mit transparentem Hintergrund kommen Sie am GIF89a-Format nicht vorbei.
- Ein anderes Thema stellen animierte Bilder dar. Im GIF89a-Format ist die Möglichkeit vorgesehen, mehr als ein Bild in einer Datei zu hinterlegen. Seit Netscape im Navigator 2.0 die Möglichkeit zur Anzeige animierter GIF-Bilder anbietet, hat sich hier eine sprunghafte Szene entwickelt. Hier kann das JPEG-Verfahren keine Alternative bieten.

Obwohl das GIF-Format wegen der Benutzung des von der Firma Unisys patentierten Komprimierverfahrens in die Kritik geraten ist, werden Sie wohl noch viele Bilder in diesem Format vorfinden (und auch Bilder in diesem Format ablegen).

Hinweis

Detaillierte Informationen rund um das Thema Grafik finden Sie in dem im Literaturanhang unter /1/ aufgeführten Titel.

Design von Webseiten

Das Erstellen von HTML-Dokumenten für Webseiten bedingt auch, dass Sie sich mit den Randthemen befassen. Vor einer Erstellung einer Homepage oder einer Intranet-Site müssen Sie sich Gedanken über die Ziele sowie über die Organisation der Site machen. Ein weiteres Thema ist die Gestaltung der eigentlichen Dokumentseiten. Was ist gutes Design, was ist zu beachten und welche HTML-Befehle sind zu verwenden? Alles dies sind Fragen, die rund um das Thema Design kreisen. Auf den folgenden Seiten finden Sie Anregungen und Hinweise zu diesem Thema.

Vorbereitung Ihrer HTML-Präsentation

Wenn Sie HTML-Dokumente für eine Web-Präsentation, für Ihr Intranet, für eine CD-ROM-Dokumentation oder für was auch immer erstellen, sollten Sie sich vorher einige grundsätzliche Gedanken machen. Die zu beantwortenden Fragen reichen von: »Welche Ziele werden verfolgt?« bis hin zu »Wie sind die Dokumente zu organisieren?«. Nachfolgend finden Sie einige Gedankenstützen zur Vorgehensweise bei der Vorbereitung einer HTML-Präsentation.

Bevor Sie mit dem Schreiben der ersten Seite beginnen, sollten Sie sich die folgenden Fragen stellen und möglichst auch die Antworten geben:

1. Was wollen Sie mit Ihrer Präsentation darstellen?
2. Wie soll das Material aufbereitet werden?
3. Wo wird das Material publiziert?

Die Gestaltung der HTML-Seiten (insbesondere im Web) richtet sich häufig nach der Art der zu erwartenden Präsentation. Sie könnten beispielsweise ein wissenschaftliches Exzerpt über irgend ein Thema schreiben, welches lediglich einige Seiten umfasst und als komplettes Dokument auf eine Webseite gestellt wird. In diesem Fall müssen Sie sich sicherlich nicht allzu viele Gedanken um Layout und Dokumentorganisation machen. Planen Sie dagegen eine Firmenpräsentation im Internet, dürften sicherlich eine Reihe von Fragen auftreten. Dies reicht von der Verwendung und Platzierung von Firmenlogos bis hin zu Fragen, welche Informationen wirklich auf die Seite sollen. Legen Sie Ihre persönliche Homepage für das Web an, werden die Inhalte sicherlich anders zu bewerten sein als für eine Firmenpräsentation. Möchten Sie eine Site einrichten, die Kundenansprache (Verkaufsseiten oder Kundendienst) erfordert, ergeben sich sicherlich wiederum andere Gesichtspunkte.

Hinweis

Viele Werkzeuge (wie z.B. FrontPage) bieten bereits vorbereitete Schablonen, nach denen komplette Websites (dies sind alle Seiten, die zu einem Projekt oder einer Firma gehören) angelegt werden.

Sie sollten sich auch Gedanken bezüglich der Aufbereitung des Präsentations-Materials machen. Sicherlich ist klar: Es soll alles in HTML publiziert werden. Aber hier lassen sich Unterscheidungen bezüglich des Seitenlayouts und der Organisation der Seiten treffen. Sollen alle Informationen in eine Dokumentdatei hinterlegt werden oder gibt es eine Sammlung an Dokumentdateien, die untereinander mit Links zu verknüpfen sind? Auf diese Fragestellung wird weiter unten noch eingegangen.

Wegen der Universalität der Sprache HTML kommt es häufig vor, dass die Dokumente mit der Zeit auf verschiedenen Medien angeboten werden. Begonnen wird vielleicht mit einem Dokument für ein lokales Intranet. Später stellt man fest, dass dieses Dokument eigentlich auch im Internet gut aufgehoben ist. Oder Sie erstellen einen Katalog zur Weitergabe auf CD-ROM. Anschließend kommt der Vertrieb und möchte die Sachen auch lokal im Intranet sowie auf der Internet-Seite des Unternehmens haben (wobei möglichst noch eine Bestellverwaltung zu integrieren ist).

Das Publikationsmedium bestimmt unter Umständen auch, für welche Browser Sie die Webseiten optimieren müssen. Bei der Veröffentlichung im Web stehen Sie der gesamten Vielfalt der Browser gegenüber, während bei einer Publikation auf CD-ROM mit mitgeliefertem Browser die Inhalte ganz auf diesen Browser zugeschnitten werden können.

Eine andere nervige Sache: Die Dokumente auf einer Webseite sind zwar alle hübsch kurz und lassen sich recht zügig laden. Angesichts der Online-Kosten ziehen es viele Benutzer vor, die Dokumentinhalte offline zu lesen. Was macht wohl der Browser, wenn Sie nur zwei Seiten eines mehrere hundert Seiten umfassenden Dokuments geladen haben? Sie erhalten bei jedem Aufruf der Seiten eine Meldung des Browsers, dass dieser Verbindung zum Internet aufnehmen möchte. Häufig bleiben dann die Dokumente ungelesen. Bieten Sie aber das komplette Dokument ggf. als Archivdatei an, kann der interessierte Leser sich das Dokument herunterladen, entpacken und in Ruhe lesen.

Die Aufzählung der obigen Beispiele zeigt Ihnen also bereits, wo die Haken und Ösen des HTML-Publishing liegen.

Ziele und Inhalte planen

Nachdem die grundlegenden Fragen beantwortet sind, sollten Sie die nachfolgenden Punkte bearbeiten. Zu Beginn müssen Sie sich die Ziele bewusst machen, die Sie mit der Präsentation verfolgen. Hier lassen sich folgende Fragen abprüfen:

1. Was soll mit der Präsentation erreicht werden (allgemeine Information, Kundenansprache, Bestellabwicklung, Dokumentation, Feedback des Kunden, Verkauf etc.)?
2. Welche Motivation hat der Besucher der Seite und wie erreiche ich, dass diese Motivation erhalten bleibt? Dies ist eine der heißesten Fragen aller Betreiber von Websites, die sich mit Vertrieb beschäftigen. Der Besuch der Webseiten kostet den Kunden Geld! Wenn er keinen Vorteil sieht, wird er fern bleiben. Hier sollten Sie sich die drei Grundregeln des Marketing vor Augen halten. Eine Leistung muss für den Kunden wahrnehmbar, wichtig und dauerhaft sein, wenn sie Erfolg haben soll.
3. Welcher Personenkreis wird mit der Präsentation angesprochen? Dies bestimmt unter Umständen stark die Gestaltung der Seiteninhalte. Eine Seite mit technischen Informationen sieht sicherlich anderes aus als eine Seite mit Angeboten zu Kosmetika.
4. Was darf die Präsentation kosten und was muss sie an Ergebnissen bringen? Diese Frage ist aus kommerzieller Sicht wichtig. Gerade eine Web-Präsentation verursacht zuerst Kosten. Hier ist wichtig, dass später auch ein Maßsystem existiert, um den Nutzen zu bewerten.

Wenn wir schon bei den Kosten sind, sollten Sie sich auch eine Vorstellung vom Aufwand zum Erstellen und zur Pflege der ganzen Präsentation verschaffen. Kann die Präsentation intern erstellt werden oder ist der Zugriff auf externe Dienstleister erforderlich?

Organisation und Navigation

Neben der Beherrschung der Werkszeuge (Editoren, Browser und HTML) sollten Sie das Design Ihrer HTML-Seiten nicht gänzlich aus den Augen verlieren. Mehr noch: Gut gestaltete Webseiten, HTML-Dokumente oder Intranet-Sites fallen durch ein durchgängiges und elegantes Design auf:

1. Legen Sie daher zuerst eine Art Storyboard an, in dem die einzelnen Dokumentseiten der Präsentation festgehalten werden. Dieses Storyboard verschafft Ihnen einen visuellen Überblick, was an Informationen angeboten wird.
2. Gliedern Sie die Dokumentinhalte nach sinnvollen Kriterien. Dies gilt insbesondere für Seiten mit längeren Texten. Hier können Sie beispielsweise mit Überschriften und Aufzählungen arbeiten.
3. Die Gliederung der Dokumente sowie die Anordnung der Seiten im Storyboard geben Ihnen einen guten Überblick, was den Benutzer erwartet. Im Browser bekommen Sie diese Informationen nicht (außerdem ist es dann für Eingriffe zu spät).

Anhand des Entwurfs ist dann auch die Organisation der Dokumente festzulegen. Sie müssen sich entscheiden, welche Art der Navigation dem Benutzer angeboten wird (hier soll noch nicht auf Fragen wie die Verwendung von Frames etc. eingegangen werden). Sie müssen sich vielmehr darüber klar werden, wie die Links zwischen den Dokumenten organisiert werden:

Hinweis

Ein häufig benutzter Ansatz besteht in einer streng hierarchisch gegliederten Organisation der Einzeldokumente. In einer Art Inhaltsverzeichnis wird auf Folgeseiten der untergeordneten Ebene verwiesen. Rückverweise beziehen sich immer auf die jeweils überlagerten Dokumente. Die Planung und Verwaltung dieser Projekte ist recht einfach, lässt sich aber nicht immer durchhalten.

HTML-Dokumente überprüfen

Testen Sie die Dokumente möglichst in zwei der populärsten Browser (Microsoft Internet Explorer und Netscape Navigator – wenn Sie Windows nicht durch eine Installation des Netscape Navigators ruinieren möchten, wie wäre es mit Linux, welches von Hause aus diesen Browser beinhaltet?). In den vorausgegangenen Kapiteln dieses Buches gibt es ebenfalls zahlreiche Hinweise, was beim Einsatz bestimmter Attribute und Tags zu beachten ist. Sofern Sie dies beachten, sollten die von Ihnen erstellten HTML-Dokumente kein unüberwindbares Hindernis für die gängigen Browser darstellen.

Vom W3-Komitee wird mit Tidy ein Validierungsdienst für HTML-4.0-Dokumente angeboten. Besuchen Sie die Webseite *http://validator.w3.org/* und informieren Sie sich über den angebotenen Validierungsdienst für HTML-4.0-Dokumente.

Hinweis

Vorteil des W3C-Validierungsdienst ist, dass dieser die neue HTML-4.01-Spezifikation sowie Zusätze wie XHTML abdeckt. Allerdings müssen die Dokumente im Web stehen, und es wird auch nur das angegebene Dokument überprüft.

Regeln zur Gestaltung von HTML-Dokumenten

Ein fest umrissenes Regelwerk zur Gestaltung guter HTML-Seiten gibt es nicht und wird es wohl auch nie geben. Die Anforderungen und Vorstellungen an HTML-Seiten sind einfach zu unterschiedlich. Außerdem wird jeder Autor in der Praxis Kompromisse eingehen müssen. Trotzdem lassen sich einige allgemeine Hinweise und Regeln zur Gestaltung der HTML-Seiten (insbesondere im Bezug auf Webseiten) aufstellen:

1. Verfassen Sie alle Dokumentinhalte immer mit dem Gedanken im Kopf, dass diese online gelesen werden – lange Texte sind zu vermeiden.
2. Schreiben Sie kurz und bündig. Der Leser möchte schnell den Kern der Sache erfassen.
3. Bedenken Sie auch, dass es bei der Anzeige im Browser keine festen Seitenabmessungen gibt.
4. Geben Sie dem Besucher Ihrer Seiten eine Chance die Dokumentstruktur zu überschauen. Die meisten Leute möchten auf die Schnelle die wichtigs-

ten Fakten erfassen. Überschriften und Aufzählungen lassen die wichtigen Stellen leicht identifizieren. Sorgen Sie für eine klare Navigationsstruktur. Der Benutzer möchte schnell und ohne Probieren zu den relevanten Seiten gelangen.

5. Denken Sie auch an die Leser, die ggf. die Dokumente in Ruhe offline lesen möchten. Bieten Sie nach Möglichkeit eine komplette Fassung in einer Datei (notfalls als Archivdatei zum Entpacken) zum Download an.
6. Gebrochene Links in externe Webseiten sind ein leidiges Thema für sich. Nichts ist kurzlebiger als eine Webadresse (dies muss ich täglich bei der Pflege der eigenen Webseiten erfahren).
7. Achten Sie bei URL-Referenzen auf Groß-/Kleinschreibung. Verzichten Sie auf absolute URL-Referenzen mit Laufwerksangaben. Verwenden Sie aussagekräftige und ehrliche Verweise (der Benutzer soll erkennen, wo es hingeht).
8. Belassen Sie nach Möglichkeit auch die Farben für Verweise. Nichts ist schlimmer, als wenn Unterstreichungen und Hyperlinks die gleichen Farben und Formate benutzen.
9. Bei Verweisen auf Dateien zum Herunterladen sollten Sie etwas beschreibenden Text unterbringen. Geben Sie nicht nur einen Hinweis auf den Inhalt der Datei, sondern auch auf deren Größe sowie auf das benutzte Dateiformat (wichtig bei Archivdateien).
10. Gehen Sie sparsam mit Auszeichnungen wie fett, kursiv, unterstrichen und Farben um. Nicht alle Browser setzen diese Auszeichnungen um. Außerdem verwirren zu viele Hervorhebungen (und bergen die Gefahr der Inkonsistenz). Oder was halten Sie von unterstrichenen Textstellen, die sich beim Anklicken doch nicht als Hyperlink entpuppen?
11. Verwenden Sie Bilder dort, wo es sinnvoll ist. Ein Bild sagt mehr als tausend Worte. Aber übertreiben Sie es nicht mit den Bildern. Denken Sie vor allem an die Ladezeiten bei der Anwahl der Webseiten. Hinterlegen Sie auf jeden Fall Alternativtexte für textorientierte Browser.
12. Frames werden zwar durch Netscape und Microsoft unterstützt, es gibt jedoch viele nicht-framefähige Browser. Fügen Sie zumindest eine <noframes>-Sequenz in den Code ein, um den Benutzern einen Hinweis auf die fehlenden Fähigkeiten zu liefern. Bei Verweisen auf externe Seiten sollten diese in getrennten Fenstern und nicht in einem Frame geöffnet werden.

Weiterhin sollten Sie die Dokumentseiten auf Rechtschreibfehler und fehlerhafte oder missverständliche Formulierungen prüfen. Bei Verwendung einfacher HTML-Editoren ist dies sicherlich ein Problem. Aber bereits der Netscape Composer und Microsoft FrontPage sind mit einer Rechtschreibprüfung ausgestattet, die sogar funktioniert.

Ein netter (und eigentlich recht hilfreicher) Zug ist es, wenn Sie am Ende der Seite einen Hinweis auf den Autor hinterlassen. Bei umfangreichen Web-Projekten (oder im Intranet) sollte zumindest auf der Leitseite ein Verweis auf die Person untergebracht werden, die die betreffenden Seiten pflegt und verwaltet. Dies gibt den Besuchern die Möglichkeit, dem so genannten Web-Master Hinweise auf Fehler oder gebrochene Links zu schicken.

An dieser Stelle möchte ich das Thema beenden. Weitere Hinweise zur Gestaltung von Webseiten finden Sie beispielsweise in dem im Literaturverzeichnis unter /1/ aufgeführten Titel. Eine amüsante Quelle für den angehenden Web-Designer stellen auch die »Goldenen Regeln für schlechtes HTML« dar, die von Stefan Karzauninkat unter *http://www.karzauninkat.com/* publiziert werden.

Anhang A
HTML-Tag-Referenz

Die nachfolgenden Seiten enthalten eine Übersicht über die HTML-Befehle der Version 4.01. Beachten Sie, dass verschiedene Attribute lediglich optional sind. Dies wird durch eckige Klammern [] gekennzeichnet. Einige Attribute wie *dir*, *lang*, *id* etc. lassen sich bei allen Tags verwenden und wurden nicht gesondert aufgeführt. Dies gilt auch für die Ereignisattribute (wie *onClick*). Hinweise zu den Attributen finden Sie in Anhang B. Auf den folgenden Seiten wird auch (in Anlehnung an die HTML-4.0x-Spezifikation) das Synonym URI (Uniform Resource Identifier) anstelle der allgemein gebräuchlichen URL (Uniform Resource Locator) benutzt.

<!– –> (Kommentar) HTML 2.0-4.0x

In HTML 4.0 lassen sich Kommentare durch die Zeichen <!-- --> einschließen. Kommentare sind seit HTML 2.0 zulässig. Die folgenden Zeilen zeigen solche Kommentare:

```
<!-- Kommentartext -->
<!--
Kommentartext
-->
```

Kommentare dienen auch dazu, um JavaScript-, VBScript- und style-Anweisungen im Dokument unterzubringen (damit ältere Browser diese Elemente ignorieren). Zusätzlich werden Kommentare benutzt, um so genannte »Server side Includes« mit den Zeichen <--# einzubinden.

<!DOCTYPE ...> HTML 2.0-4.0x

Die Anweisung soll ab HTML 2.0 ein HTML-Dokument einleiten. Die Zeile besitzt in HTML 4.0 die Form:

```
<!DOCTYPE HTML PUBLIC "-//W3C//DTD HTML 4.0//EN" "http://www.w3.org/tr/
REC-html40/strict.dtd">
```

Die HTML-Version wird hinter den Zeichen DTD angeben. Für die verschiedenen Versionen von HTML gibt es unterschiedliche DTDs. Für HTML 2.0 können Sie optional die Anweisung

```
<!DOCTYPE HTML PUBLIC "-//IETF//DTD HTML 2.0//EN//">
```

im Dokument aufnehmen. HTML-3.2-konforme Dokumente müssen jedoch mit der Zeile

```
<!DOCTYPE HTML PUBLIC "-//W3C//DTD HTML 3.2 Final//EN//">
```

beginnen.

<a ...> (Anker) HTML 2.0-4.0x

Das <a>-Tag erlaubt die Definition von Hyperlinks und Ankern im HTML-Dokument. Das Tag ist immer als Kombination der Form

<a> ... </a>

anzugeben. Zwischen den beiden Tags sollte ein Text stehen (<a ...></a> ist nicht zulässig). Bei einem Verweis (Hyperlink) zu einer anderen Dokumentstelle, kann dies ein lokaler Verweis zu einer Position im aktuellen Dokument

```
<a href="#top">Verweistext</a>
```

oder ein Verweis auf ein anderes Dokument

```
<a href="a.htm">Folgedokumente</a>
<a href="http://www.stars.com/">Developers Lib</a>
```

sein. Um mit dem Tag einen Anker für einen lokalen Verweis innerhalb eines Dokuments zu definieren ist die Anweisung

```
<a name="top"> ... </a>
```

zu verwenden. Diese benutzt den Namen *top*, um den gleichnamigen Anker im Dokument zu definieren. Auf diesen Anker können sich andere Verweise beziehen. Innerhalb der Tags <a...> ... </a> dürfen Sie beliebige Texte sowie Tags wie <br>, <h1> oder <img> einfügen. Eine Schachtelung der <a>-Tags ist nicht zulässig. Das Tag muss mindestens ein und darf mehrere Attribute der Form

```
<a attribute> ... </a>
```

aufweisen. Hierbei sind die folgenden Attribute definiert:

href	Definiert das Ziel der Referenz in der Form: <a href="URI"> ... </a> Innerhalb des URI werden Groß-/Kleinschreibung unterschieden.
name	Dieses Attribut definiert den Namen eines lokalen Ankers (z.B. <a name="top"> ... </a>). Der Anker muss eindeutig für das Dokument sein und den HTML-Namenskonventionen entsprechen. Groß-/Kleinschreibung werden unterschieden.
[rel]	Definiert die Beziehung des Ankerpunkts zum Zielobjekt (nur bei *href*).
[rev]	Beziehung des Zielobjekts zum Ankerpunkt (bei *href*).
[title]	Fenstertitel für das Zielobjekt. Ermöglicht die Titelvergabe für Zielobjekte wie Bilder, Textdateien etc., die selbst keinen Titel enthalten. Der Titel wird vom Browser bei Anwahl des Verweises angezeigt.
target	Legt das (Ziel-)Fenster (Frame) zur Anzeige des Dokuments fest. Das Fenster lässt sich auch über <base target="..."> vereinbaren.

Neben den hier aufgeführten Attributen lassen sich noch die Attribute *charset, type, rel, accesskey, shape, coords, tabindex, onFocus* und *onBlur* aufnehmen. Informationen zu diesen Attributen finden Sie in Anhang B.

Die folgende Anweisung definiert einen Anker:

```
<a name="top">HTML 4.0</a>
```

Auf diesen Anker können Sie mit der Anweisung

```
<a href="#top">HTML 4.0</a>
```

zugreifen. Ein Bezug auf diesen Anker aus einer anderen Datei ist in der Form:

```
<a href="beisp.htm#top">HTML 4.0</a>
<a href="beisp.htm#top">HTML 4.0</a>
<a href="file:///c|/buch/referenz/beisp.htm#top"> HTML 4.0</a>
```

möglich. Ein Verweis auf eine WWW-Seite besitzt dagegen folgendes Format:

```
<a href="http://www.mut.com">M&T-Verlag</a>
```

Möchten Sie mit Frames arbeiten, lässt sich die Ausgabe beispielsweise mit

```
<a href="bsp.htm#top" target="Text">HTML 4.0</a>
```

in das Fenster *Text* umleiten.

<abbr> HTML 4.0x

Mit <abbr>WWW</abbr> wird eine Abkürzung im Dokument ausgezeichnet. Das Tag wird kaum von Browsern unterstützt.

<acronym> HTML 4.0x

Mit <acronym>WWW</acronym> wird eine Abkürzung im Dokument ausgezeichnet.

<address> HTML 2.0-4.0x

Dieses Tag kennzeichnet einen Text als Adressfeld. Das Tag wird in der Form:

<address> Text ...</address>

im HTML-Dokument benutzt. Innerhalb des Texts lassen sich Zeilenumbrüche mit <br> oder <p> markieren. Weiterhin lassen sich im Text Verweise (mit <a>) oder Bilder (mit <img>) einfügen. Der Browser stellt die Informationen im Text meist als Fließtext in kursiver Schrift dar. Standardmäßig benötigt das Tag keine Attribute. Sie können aber die HTML-4.0-Attribute wie *dir, lang, id* etc. im Tag verwenden. Die folgenden Anweisungen zeigen den Einsatz dieses Tags:

```
<address>
Web-Master<br>
D. Duck<br>
Hucky Finn-Weg 19<br>
33333 Entenhausen<br>
</address>
```

<applet> HTML 3.2-4.0x

Dieses Tag wird von Netscape im Navigator ab Version 2.0 und von Microsoft im Internet Explorer ab Version 3.0 benutzt, um Java-Applets einzubinden. Das Tag ist ebenfalls Bestandteil der HTML-3.2-Spezifikation. Das Tag besitzt folgendes Format:

```
<applet
    [codebase = codebaseurl]
```

```
    code = appletfile
    [alt =alternatetext]
    [name = appletinstancename]
    width = pixel
    height = pixel
    [align = alignment]
    [vspace = pixel]
    [hspace = pixel]>
[<param name = appletattribute1 value = wert>]
[<param name = appletattribute2 value = wert>]
...
[zusätzliche HTML-Anweisungen]
</applet>
```

Im Tag werden die folgenden Attribute verwendet:

code	Das Attribut definiert den Namen der Applet-Datei.
alt	Optionales Attribut für Browser, die Java unterstützen. Der Text wird dann im Browser angezeigt.
name	Optionales Attribut, welches dem Applet einen Namen zuweist.
width/ height	Legen die Anfangsbreite und -höhe des Applet-Anzeigebereichs in Pixel fest.
align	Definiert die Ausrichtung des Applets (*left, right, top, middle, bottom*).
vspace/ hspace	Definieren die Pixel für den Leerraum oberhalb/unterhalb (*vspace*) und seitlich (*hspace*) vom Applet.
param name	Erlaubt Parameter über die Namen an das Applet zu übergeben.

Um ein Applet in eine HTML-Seite einzubinden, fügen Sie folgendes Tag in das HTML-Dokument ein:

```
<p>Dies ist ein HTML-Dokument mit einem
Java-Applet<br>
<applet code="myapplet.class"
 width=100 height=140>Hallo</applet>
```

Die Anweisung veranlasst den Browser, das übersetzte Applet aus der Datei *myapplet.class* (im gleichen Verzeichnis wie die HTML-Datei) zu laden und die Anfangsgröße auf 100 x 140 Pixel zu setzen. Die folgenden Anweisungen laden ein Applet vom Sun-Server:

```
<applet codebase="http://java.sun.com/jdk-prebeta1/applets/nervoustext"
code="nervoustext.class" width="400" height ="75" align="center">
<param name="text" value="Tanzender Text Viewer.">Java</applet>
```

Verwenden Sie einen Browser, der solche Scripts ausführt, lädt dieser das Applet und zeigt es an. Sofern das obige Applet aus der URL geladen wird, sollte ein »tanzender« Text auf dem Bildschirm auftauchen.

Achtung HTML 4.0 sieht aber das <object>-Tag als Ersatz vor.

<area> HTML 3.2-4.0x

Das Tag beschreibt einen anklickbaren Bereich (Client-side Image Map). Das Tag wurde ursprünglich von Netscape eingeführt und wird ab HTML 3.2 offiziell unterstützt. Die folgende Sequenz erzeugt ein solches Verweis-sensitives Bild:

```
<map name="bild2">
<area shape="rect" coords="1,1,240,50" href="#a1">
<area shape="rect" coords="1,51,140,300" href="#a2">
<area shape="rect" coords="251,1,390,400" href="#a3">
<area shape="rect" coords="151,51,249,300" href="#a4">
<area shape="rect" coords="1,301,249,399" nohref>
</map>
<img src="grafik.gif" usemap="#bild2" border=0>
```

Mit *<map name="name">* wird die Definition der Verweis-sensitiven Bereiche der Grafik eingeleitet. *»name«* definiert einen beliebigen Namen für die Verweis-sensitive Grafik, der den Konventionen für HTML-Bezeichner entsprechen muss. An das einleitende <map>-Tag schließen sich die *<area...>*-Tags mit den Koordinatendefinitionen für die verweis-sensitiven Bereiche an. Für das Tag sind die folgenden Attribute definiert:

coords	Definiert die Koordinaten des anklickbaren Bereichs. Das *shape*-Attribut definiert die Form und damit die Wertepaare. Der Nullpunkt des Koordinatensystems liegt in der linken oberen Ecke der Grafik, und die Koordinaten sind in Pixel anzugeben.

href	Definiert die URI für den Verweis.
[nohref]	Optionales Attribut zur Definition von Bereichen, die nicht anklickbar sind.
[shape]	Definiert optional einen der vier Formtypen *circle*, *rect*, *poly* oder *point* (Standard ist »rect«).
alt	Definiert einen Ersatztext für den Browser zur Anzeige.
[target]	Legt das Target-Fenster eines Frame fest, in dem das Verweisdokument angezeigt wird. Als Target lassen sich vordefinierte Namen (_blank, _parent, _self, _top, _new) oder benutzerdefinierter Frame-Namen verwenden.

<b> HTML 2.0-4.0x

Das Tag dient zur (physischen) Auszeichnung von fett formatierten Textstellen. Das folgende Beispiel zeichnet einen kurzen Text fett aus:

```
Dies ist ein <b>fetter Text</b>, der mit dem &lt;b&gt;-Tag
ausgezeichnet wurde.
```

<base> HTML 2.0-4.0x

Das optionale <base>-Tag wird zwischen <head> ... </head> eingefügt, um die URI des aktuellen Dokuments zu überschreiben. Alle Verweise lassen sich dann relativ zu der im Tag definierten URI angeben. Dies hat Vorteile, falls das HTML-Dokument verschoben wird. Bei Verwendung von Frames dient das <base>-Tag dazu, den Standard-Frame zur Anzeige der per Hyperlink angewählten Dokumente festzulegen. Das Tag kann folgende Attribute aufnehmen:

[href]	Absoluter Verweis (URI) auf die Lage des Dokuments.
[target]	Gibt den Namen des Zielfensters für die Ausgabe bei Verwendung von Frames an. Als Target lassen sich Namen definierter Frames einschließlich (_blank, _parent, _self, _new und _top) verwenden.

Die folgende Anweisung legt das Standard-Ausgabefenster in den Frame *Text*:

```
<base target="Text">
```

Mit der Anweisung

```
<base href="www.born.de/intro.html">
```

wird die Basis-URL des Dokuments festgelegt. Ein relativer Verweis wie z.B. <img src="icons/logo.gif"> wird dann über die URL *www.born.de/icons/logo.gif* geladen.

<basefont> HTML 3.2-4.0x

Das Tag erlaubt es, die Basisschrift der Texte in der Größe zu verändern. Alle mit normaler Schriftgröße ausgezeichnete Texte (d.h. keine Überschriften) werden mit dem neuen Schriftgrad dargestellt. Außerdem beziehen sich die <font size="+x">- bzw. <font size="-x">-Angaben auf die über <basefont ....> eingestellt Grundschrift und erhöhen oder erniedrigen diese. Es sind mehrere <basefont>-Tags pro Dokument zulässig, wobei es kein abschließendes Tag gibt. Die folgende Anweisung setzt die Grundschrift auf die Größe 5.

```
<basefont size="5">
```

Das Tag besitzt in HTML 4.0 die folgenden Attribute:

size	Definiert die Größe der Grundschrift als relative Größenangabe (1 bis 7, Standard ist 3).
[color]	Setzt optional die Textfarbe (als Farbname oder #rrggbb-Wert).
[face]	Definiert die im basefont benutzte Schriftart.

Im Tag dürfen weiterhin die allgemein definierten Attribute *id, class, lang, dir, title* und *style* benutzt werden. In HTML 4.0 wird jedoch empfohlen, dieses Tag nicht mehr zu verwenden und statt dessen auf Style Sheets zurückzugreifen.

<bdo> HTML 4.0x

Dieses Tag wird ab HTML 4.0 benutzt, um die Ausgaberichtung für Texte von links nach rechts bzw. von rechts nach links umzuschalten. Der zwischen einleitendem und abschließenden Tag enthaltene Text wird in der über das Attribut *dir* angegebenen Richtung angezeigt. Zur Textrepräsentation lassen sich auch spezielle Unicode-Zeichen (wie Code 202D für »Überschreiben links/rechts« oder Code 202E für »Überschreiben rechts/links«) verwenden. Das Tag wurde neu in HTML 4.0 eingeführt und besitzt folgende Attribute:

dir	Gibt die Ausgaberichtung für Texte an (ltr = links nach rechts, rtl = rechts nach links).
[lang]	Gibt den Sprachcode (de, fr etc.) des Textes an.

Zusätzlich lassen sich Attribute wie *id, class, style* und *title* in diesem Tag verwenden. Die folgende Anweisung gibt einen Text aus:

```
Die ist Text <bdo dir="rtl">Hebräisch</bdo> mit wechselnden
Ausgaberichtungen.
```

<big> HTML 3.2-4.0x

Texte zwischen dem einleitenden und abschließenden Tag werden mit vergrößerter Schrift dargestellt. Die Browser von Netscape (Version 2.0) und Microsoft (Version 3.0) unterstützen dieses Tag. Das folgende Beispiel zeichnet einen kurzen Text mit <big> aus:

```
Dies ist ein <big>Text mit Schrift</big>.
```

Standardmäßig benötigt das Tag keine Attribute. Sie dürfen aber die für alle Tags gültigen Attribute wie *id, class* etc. verwenden.

<blockquote>

Erlaubt einen als Absatz verfassten Text als Zitat zu kennzeichnen. Die Auszeichnung erfolgt in der Regel durch eine kursive Schreibweise und einen Absatzeinzug am linken Rand. Das Tag ist in der Form <blockquote> ... </blockquote> anzugeben. Das folgende Beispiel zeigt die Verwendung des Tags:

```
Ein einfaches Zitat:<p>
<blockquote>
Es denkt der Mensch, solang er lebt.<br>
</blockquote>
Hier folgt normaler Text...
```

Das Tag unterstützt das *cite*-Attribut, in dem ein URI auf die Zitatstelle hinterlegt werden kann. Sie können aber die allgemein verwendbaren Attribute wie *id, class, lang, title* etc. einfügen. In dem mit <blockquote> ausgezeichneten Absatz können fast alle anderen Tags zur Darstellung des Textes benutzt werden.

<body> HTML 2.0-4.0x

Das <body>-Tag leitet den Abschnitt der HTML-Datei mit den eigentlichen Dokumentdaten (Text, Bilder etc.) ein und schließt ihn am Dokumentende mit dem Tag </body> ab. <body> ist optional, da er in Frames nicht auftauchen muss. Sie sollten das Tag jedoch in normalen HTML-Dokumenten angeben. Das <body>-Tag kann verschiedene Attribute zum Einstellen der Farben für Hintergrund und Verweise aufnehmen. Verweise werden vom Browser meist blau unterstrichen hervorgehoben. Bei Bildern in Verweisen werden diese mit einem blauen Rahmen umgeben, es sein denn, der Rahmen ist abgeschaltet. Bereits angewählte Verweise erscheinen standardmäßig in violetter Farbe. Die Farbe für die Verweise kann durch die Attribute *alink* und *vlink* im <body>-Tag verändert werden. In HTML 4.0 wird jedoch von der Verwendung solcher Attribute abgeraten, da zukünftig Style Sheets zur Festlegung der Verweisfarben zu benutzen sind.

[alink]	Definiert die Farbe für den aktiven Verweis (z.B. alink="red").
[bgcolor]	Hintergrundfarbe des Dokuments (bgcolor="#000000").
[background]	Hintergrundbild (GIF oder JPEG) einbinden.
[link]	Farbe der noch nicht angewählten Verweise.
[text]	Farbe für alle normalen Textstellen der Seite festlegen.
[vlink]	Farbe der bereits besuchten Verweise.

Zusätzlich können Sie einige Attribute wie *lang, title* etc. einfügen. Der Microsoft Internet Explorer kennt einige herstellerspezifische Attribute zum Einstellen der linken/oberen Textränder. Die folgende Anweisung sorgt für die Anzeige eines Hintergrundbildes im Browser und definiert die Text- und Verweisfarbe:

```
<body background="STARS.GIF"
   Text="#COFFCO" vlink="#010101">
Text der Seite
</body>
```

In HTML 4.0 wird von der Benutzung der Attribute abgeraten. Die Farben für Verweise, Hintergründe und Randeinstellungen lassen sich stattdessen mit Style Sheets definieren.

 HTML 2.0-4.0x

Das
-Tag bewirkt einen Zeilenumbruch im Text. Die Folgezeile wird mit normalem Abstand zum vorhergehenden Text angezeigt.
 besitzt kein abschließendes Tag. Standardmäßig benötigt das Tag keine Attribute. Sie können aber das folgende Attribut verwenden:

[clear]	Bei Elementen, die von umfließendem Text umgeben werden (weil align="left" benutzt wurde), bewirkt das Attribut einen Zeilenumbruch. clear="left" sorgt für einen Leerraum bis zum unteren Ende des Bildes. clear="right" erzeugt einen Zeilenumbruch im Text, der am rechten Bildrand auszuführen ist. Mit clear="all" bezieht sich der Zeilenumbruch sowohl auf den linken als auch auf den rechten Bildrand, der nächste Absatz wird in allen Fällen unterhalb des Bildes platziert.

Der folgende Text enthält einige Zeilen mit dem
-Tag:

```
Zeilenumbrüche in HTML-Dokumenten <br>
sind immer mit einem &lt;br&gt;-Tag <br>
umzubrechen. Ein Zeilenumbruch per Editor<br>
ist wirkungslos.<br>
```

Weiterhin können Sie die allgemein verwendbaren Attribute wie *id, class, lang, title* etc. im
-Tag verwenden.

<button> HTML 2.0-4.0x

Das <button>-Tag wird bei Formularen benutzt und erzeugt eine Befehlsschaltfläche (in 3D-Format) im Dokument. Es wird dabei immer ein einleitendes und ein abschließendes Tag benötigt. <button> funktioniert wie das <input>-Tag, erlaubt jedoch zusätzliche Ausgabeoptionen. Das Tag besitzt eine Reihe von Attributen, die die Benutzereingaben steuern.

name	Definiert den Namen des Steuerelements.
value	Definiert den Wert der Schaltfläche. Dieser wird zur Beschriftung benutzt.
type	Gibt den Typ (submit, button , reset) der Schaltfläche an. Der Typ legt damit die Funktion fest (Submit-, Reset- oder Befehlsschaltfläche)

Zusätzlich lassen sich noch Attribute wie *disabled, accesskey, usemap, onFocus, onBlur, onClick, onDblClick, onMouseDown, onMouseUp, onMouseOver, onMouseMove, onMouseOut, onKeypress, onKeyDown, onKeyUp* vereinbaren. Außerdem sind die allgemein gültigen Attribute wie *id, class* etc. zulässig.

Das nachfolgende Beispiel erzeugt die Schaltflächen *Submit* und *Reset* über das <button>-Tag und bindet ein Bild ein.

```
<form action="http://somesite.com/prog/adduser" method="post">
<p>Vorname: <input type="text" name="Vorname"><br>
Name: <input type="text" name="Name"><br>
Email: <input type="text" name="Email"><br>
<button name="submit" value="Submit" type="submit">
Send<img src="/icons/wow.gif" alt="wow">
</button>
<button name="reset" type="reset">
Reset<img src="/icons/oops.gif" alt="oops">
</button>
</p>
</form>
```

Die Texte vor dem <img>-Tag erlauben es älteren Browsern, Alternativtexte anstelle der Bilder anzuzeigen.

<caption> HTML 4.0x

Das Tag dient in der Tabelle zur Festlegung einer Tabellenüberschrift (Tabellenlegende). Er wird von Netscape und Microsoft unterstützt. Das Tag muss innerhalb der <table> ... </table>-Sequenz aber außerhalb der <tr>-Definitionen auftreten. Die Ausrichtung des Textes kann über ein *align*-Attribut gesteuert werden.

[align]	Legt die Textausrichtung fest. align="top" zeigt den Text oberhalb der Tabelle an (Voreinstellung). Mit align="bottom" erscheint die Überschrift unterhalb der Tabelle. Der Werte »left« und »right« steuern die horizontale Ausrichtung am linken/rechten Tabellenrand.

Die folgende Sequenz an HTML-Anweisungen gibt eine Tabellenüberschrift aus:

```
<table border cellspacing="0" cellpadding="5">
<caption align="bottom"><i>Tabelle 1.1</i></caption>
<tr><th align="left">Text</th>
<th align="left">Bedeutung</th></tr>
<tr Valign="baseline"><td>Hallo</td>
<td>Dies ist ein Teil der Tabelle</td></tr>
</table>
```

Diese Definitionen führen im Browser zu der Anzeige aus Bild A.1.

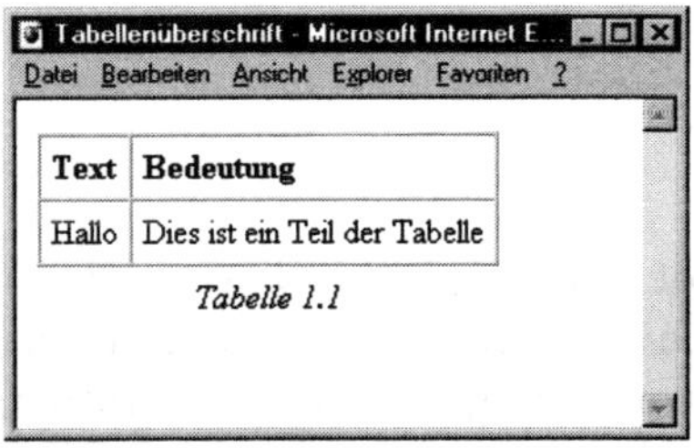

Bild A.1: Tabelle mit Tabellenüberschrift

<center> HTML 2.0-4.0x

Der zwischen einleitendem und abschließenden Tag enthaltene Dokumentinhalt (wie Bilder, Texte und Tabellen) wird horizontal zentriert. Die Anweisungsfolge

```
<center>
Dies ist ein zentrierter Text
</center>
```

stellt die betreffende Zeile zentriert dar, der Folgetext erscheint wieder normal ausgerichtet. Dieses Tag wurde von Netscape eingeführt und ist weit verbreitet. Die HTML-3.2-Spezifikation erwähnt dieses Tag als Äquivalent zu <div align="center">. In HTML 4.0 wird aber empfohlen, zukünftig auf dieses Tag zu verzichten. Statt dessen sind Style Sheets mit dem *align*-Attribut zum Ausrichten der Elemente einzusetzen.

<cite> HTML 2.0-4.0x

Das Tag hebt den zwischen <cite> und </cite> stehenden Text als Zitat typischerweise in kursiver Schrift hervor. Innerhalb des Texts dürfen andere Tags wie <a>, <br> etc. auftreten. Die Anweisungsfolge

```
Dies ist <cite>ein Zitat </cite>
```

zeichnet den Text »ein Zitat« entsprechend aus. Das Tag benötigt keine Attribute. Sie können aber in HTML 4.0 die für alle Tags verwendbaren Attribute wie *title, id, class* etc. angeben.

<code> HTML 2.0-4.0x

Der zwischen einleitendem und abschließendem Tag stehende Text wird mit einer anderen Schriftart (typischerweise eine nicht-proportionale Courier-Schriftart) formatiert. Dies erlaubt eine Hervorhebung von Textabschnitten, die als Code auszuzeichnen sind. Innerhalb der Tags können weitere Tags wie <a>, <br>, <p> etc. auftreten. Besonders zu beachten ist, dass Zeilenumbrüche mit dem
- bzw. Absatzwechsel mit dem <p>-Tag auszuführen sind. Die folgende Sequenz an HTML-Befehlen zeigt, wie sich das Tag einsetzen lässt.

```
Hier wird ein Text in anderer Schriftart dargestellt.<br>
<code>
Dies ist ein Codeabschnitt, der<br>
mit &lgt;code&gt; ausgezeichnet<br>
wurde.
</code>
```

Das Tag benötigt standardmäßig keine Attribute. Sie können aber die in allen Tags zulässigen Attribute wie *lang, id, class* etc. verwenden. Zur Auszeichnung vorformatierter Texte sollten Sie vorzugsweise auf das <pre>-Tag ausweichen.

<col> HTML 4.0x

Dieses Tag wurde im Internet Explorer 3.0 erstmalig eingeführt. Es wird bei Tabellen benutzt, um bestimmte Informationen bezüglich einer Tabellenspalte anzugeben. Das Tag folgt hinter einem <colgroup>-Tag und erlaubt die folgenden Attribute für eine Tabellenspalte anzugeben:

[align]	Das Attribut bestimmt die horizontale Ausrichtung der Zelleninhalte der Spalte (left, center, right und justify)
[valign]	Das Attribut bestimmt die vertikale Ausrichtung der Zelleninhalte der Spalte (top, bottom, middle, baseline).
[width]	Gibt die Standardbreite für die betreffende Tabellenspalte an. Zulässig sind xx% (in Prozent der Tabellenbreite), xx als absolute Breite in Pixel und x* als Mindestmaß.
[span]	Definiert eine Integerzahl > 0, die die Zahl der Spalten angibt, auf die sich <col> bezieht. Die Attribute werden dann auf die betreffenden Spalten angewandt.

Zusätzlich lassen sich weitere Attribute wie *id, class, lang, dir, title, style, char, charoff, valign* sowie diverse Ereignisattribute auf dieses Tag anwenden. Das folgende Beispiel erstellt eine kleine Tabelle, wobei das <col>-Tag benutzt wird.

```
<table border="1" cellpadding="5"
 cellspacing="0" width="70%">
<colgroup span="2" align="center" valign="top">
<col align="left">
```

```
<col align="right">
<tr>
<th align="left">Spalte 1</th>
<th align="left">Spalte 2</th>
</tr>
<tr><td>Zelle 1.1</td><td>Zelle 1.2</td></tr>
<tr><td>Zelle 2.1</td><td>Zelle 2.2</td></tr>
</table>
```

Dieses Tag wird jedoch nur durch moderne Browser wie den Microsoft Internet Explorer 4.0 vollständig unterstützt.

<colgroup> HTML 4.0x

Das Tag wurde im Internet Explorer 3.0 erstmalig eingeführt und erlaubt, einige Spalten einer Tabelle zu Gruppen zusammenzufassen. Das Tag muss innerhalb einer <table>-Definition stehen. Im Tag lassen sich die gleichen Attribute wie beim <col>-Tag verwenden.

[align]	Das Attribut bestimmt die horizontale Ausrichtung der Zelleninhalte der Spalte (left, center, right und justify).
[valign]	Das Attribut bestimmt die vertikale Ausrichtung der Zelleninhalte der Spalte (top, bottom, middle, baseline).
[width]	Gibt die Standardbreite für jede Tabellenspalte der Gruppe an. Zulässig sind xx% (in Prozent der Tabellenbreite), xx als absolute Breite in Pixel und x* als Mindestbreite zur Darstellung des Spalteninhalts. Die Angabe x* führt jedoch zu einer langsameren Tabellenanzeige.
[span]	Definiert eine Integerzahl > 0, die die Zahl der Spalten angibt, auf die sich <colgroup> bezieht. Fehlt dieses Attribut, wird der Wert 1 angenommen. Das Attribut ist zu ignorieren, falls <col>-Tags folgen.

Beachten Sie, dass die Attribute durch die im <col>-Tag angegebenen Attribute überschrieben werden. Das folgende Beispiel zeigt die Verwendung des <colgroup>-Attributs:

```
<table border="1" cellpadding="5"
 cellspacing="0" width="70%">
<colgroup span="2" align="center" valign="top">
<col align="left">
```

```
<col align="right">
<tr>
<th align="left">Spalte 1</th>
<th align="left">Spalte 2</th>
</tr>
<tr><td>Zelle 1.1</td><td>Zelle 1.2</td></tr>
<tr><td>Zelle 2.1</td><td>Zelle 2.2</td></tr>
</table>
```

Beachten Sie, dass zusätzliche Attribute wie beim <col>-Tag zulässig sind.

<dd> HTML 2.0-4.0x

Dieses Tag wird in mit dem <dl>-Tag erzeugten Listen benutzt, um den Texteintrag (Definition Description) anzugeben. Das Tag folgt auf ein <dt>-Tag und muss nicht mit </dd> abgeschlossen werden. Im Texteintrag können weitere Tags zur Formatierung benutzt werden. Das Tag benötigt keine Attribute. Sie können aber die in allen Tags zulässigen Attribute wie *id, class* etc. verwenden. Die nachfolgende Sequenz zeigt den Einsatz des Tags.

```
<dl>
<dt>HTML<dd>Beschreibungssprache für Internet-Dokumente
<dt>URI<dd>Abkürzung für Universal Resource Identifier
</dl>
```

Diese Sequenz wird im Browser gemäß Bild A.2 dargestellt.

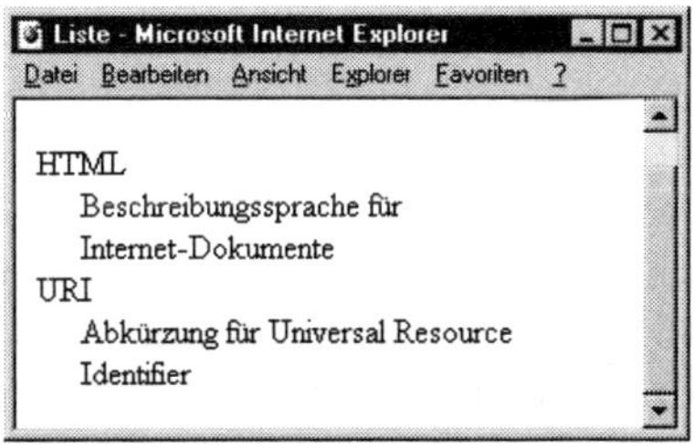

Bild A.2: Anzeige einer Definition List

<del> HTML 4.0x

Dieses Tag wurde neu in HTML 4.0 eingeführt und erlaubt die Kennzeichnung zu löschender Textstellen im Dokumente. Der zwischen <del> und </del> eingeschlossene Text wird als gelöscht markiert. Das Tag besitzt die nachfolgenden Attribute.

[cite]	Gibt einen URI an, die auf das Quelldokument oder auf eine Nachricht mit Änderungshinweisen verweist.
[datetime]	Erlaubt ein Änderungsdatum und eine Änderungszeit anzugeben.

Sie können aber die in allen Tags zulässigen Attribute wie *id, class, lang, dir, title, style* sowie diverse Ereignisattribute verwenden. Die nachfolgende Sequenz zeigt den Einsatz des Tags.

```
Bestellmenge: <del>3</del><ins>5</ins> Stck.
```

<dfn> HTML 3.2-4.0x

Dieses Tag spezifiziert eine Instanz des eingeschlossenen Texts. Das Tag benötigt keine Attribute, kann aber die üblichen Attribute wie *id, class, lang, dir, title, style* verwenden. Die folgende Anweisung vereinbart einen Term:

```
<dfn>Dies ist der Text, der als Term vereinbart wird.</dfn>
```

<dir> HTML 2.0-4.0x

Dieses Tag diente zur Darstellung mehrspaltiger Listen (Directories, typischerweise mit bis zu 20 Zeichen Länge). Das Tag besitzt nur das Attribut *compact*, mit dem sich eine kompakte Aufzählung angeben lässt. Weiterhin können Sie natürlich die allgemein verwendbaren Attribute wie *id, class, lang, dir, title, style* verwenden. Die folgende Sequenz erzeugt eine <dir>-Liste:

```
<dir>
<li>A.HTM
<li>B.HTM
<li>caption.HTM
</dir>
```

Die Anweisungsfolge wird dann als Liste mit Schmuckpunkten im Browser dargestellt. Da die gleiche Anzeige mit dem <ul>-Tag erreicht wird, empfiehlt die HTML-4.0-Spezifikation, auf dieses Tag zu verzichten.

<div> HTML 3.2-4.0x

Bei diesem Tag handelt es sich um ein Strukturelement. Die Tags <div> ... </div> wirken wie Container für den eingeschlossenen Dokumentinhalt. Zusammen mit den Attributen *id* und *class* lassen sich Bezüge auf die betreffenden Abschnitt herstellen. Mit dem *href*-Attribut lässt sich auf ein Dokument verweisen, welches zusätzliche Informationen zum <div>-Abschnitt enthält. Über das *align*-Attribut lässt sich die Ausrichtung des Abschnitts festlegen. Sie können auch Attribute wie *lang, dir, title, style* sowie Ereignisattribute verwenden. Die folgende Sequenz demonstriert den Einsatz dieses Tags.

```
<div id="client-born" class="client">
<p><span class="client-title">Client information:</span>
<table class="client-data">
<tr><th>Name:<td>Born</tr>
<tr><th>Vorname:<td>Klaus</tr>
<tr><th>Tel:<td>(111) 0555-1212</tr>
<tr><th>Email:<td>gb@foo.org</tr>
</table>
</div>
<div id="client-burg" class="client">
<p><span class="client-title">Client information:</span>
<table class="client-data">
<tr><th>Name:<td>Burg</tr>
<tr><th>Vorname:<td>Melanie</tr>
<tr><th>Tel:<td>(111) 0555-1212</tr>
<tr><th>Email:<td>gm@foo.org</tr>
</table>
</div>
```

In den obigen HTML-Anweisungen wird das <div>-Tag benutzt, um bestimmte Benutzerdaten in Klassen zusammenzufassen.

<dl> HTML 2.0-4.0x

Dieses Tag leitet eine Definitionsliste ein, die aus einer Aufzählung von Elementen besteht. Das Tag muss mit </dl> abgeschlossen werden. Die Einträge der Liste sind mit den Tags <dt> und <dd> zu definieren. Im Tag lassen sich optional Attribute wie *id, class, lang, dir, title, style* verwenden. Die folgende Sequenz an HTML-Befehlen erzeugt eine einfache Liste mit mehreren Einträgen:

```
<dl>
<dt>HTML<dd>Beschreibungssprache für Internet-Dokumente
<dt>URI<dd>Abkürzung für Universal Resource Identifier
</dl>
```

Das Ergebnis ist in Bild A.2 zu sehen.

<dt> HTML 2.0-4.0x

Dieses Tag wird in Definition Lists (<dl>) benutzt, um einen Begriff für die Liste festzulegen. Es muss kein abschließendes Tag angegeben werden. Der Textinhalt darf jedoch über andere Tags formatiert werden. Im Tag lassen sich optional Attribute wie *id, class, lang, dir, title, style* verwenden. Die folgende Sequenz an HTML-Befehlen erzeugt eine einfache Liste mit mehreren Einträgen:

```
<dl>
<dt>HTML<dd>Beschreibungssprache für Internet-Dokumente
<dt>URI<dd>Abkürzung für Universal Resource Identifier
</dl>
```

Das Ergebnis ist in Bild A.2 zu sehen.

<em> HTML 2.0-4.0x

Es handelt sich um ein Tag zur logischen Formatierung von Texten. Mit <em> und </em> lassen sich Textabschnitte auszeichnen, die hervorzuheben sind. Der dazwischenliegende Text wird meist kursiv hervorgehoben. Innerhalb der Hervorhebung dürfen andere Tags wie <a>, <br> etc. eingefügt werden. Das Tag wird von allen Browsern unterstützt. Optional lassen sich die für alle Tags zulässigen Attribute wie *id, class, lang, dir, title, style* aufnehmen. Die nachfolgende Sequenz zeichnet eine Textstelle mit dem Tag aus:

```
Dies ist ein <em>hervorgehobener </em>Text
```

<fieldset> HTML 4.0x

Das <fieldset>-Tag erlaubt einem Autor, bestimmte Steuerelemente in Formularen thematisch zu gruppieren. Diese Gruppierung erleichtert dem Benutzer die Navigation zwischen den Steuerelementen. Dieses Tag wurde neu in HTML 4.0 eingeführt. Das nachfolgende Beispiel zeigt den Einsatz dieses Tags.

```
<form action="..." method="post">
 <p>
 <fieldset>
  <legend>Persönliche Informationen</legend>
 Name: <input name="name" type="text" tabindex="1">
 Vorname: <input name="vname" type="text" tabindex="2">
  Adresse: <input name=" adresse" type="text" tabindex="3">
  ...weiterer Text...
 </fieldset>
 <fieldset>
  <legend>Medizinische Daten</legend>
  <input name="krankh"
         type="checkbox"
         value="Masern" tabindex="20">Masern
  <input name="krankh"
         type="checkbox"
         value="Mumps" tabindex="21"> Mumps
</fieldset>
```

Durch das <legend>-Tag wird jede Gruppe mit einem Bezeichnungsfeld ausgezeichnet. Das <fieldset>-Tag legt jetzt Gruppen an, deren Anwahlreihenfolge durch das *tabindex*-Attribut der Steuerelemente definiert wird.

<font> HTML 2.0-4.0x

Dieses Tag wurde bereits im Netscape Navigator 1.x eingeführt und erlaubt Ihnen einen Textabschnitt mit einer bestimmten Schriftgröße, einer bestimmten Schriftart und einer bestimmten Schriftfarbe auszuzeichnen. Das Tag wird von vielen Werkzeugen benutzt. Der auszuzeichnende Text muss zwischen <font> und </font> eingeschlossen werden. Dieser Text lässt sich über weitere Tags wie <a>, <br>, <p> etc. gestalten. Die Attribute des <font>-Tags bestimmen dabei die Formatierung (Schriftart, -größe und -farbe). Das Tag kann folgende Attribute aufnehmen:

[size]	Legt den Schriftgrad für den eingeschlossenen Text fest. Es sind feste Werte zwischen 1 bis 7 (<font size="3"> ... </font>) verwendbar. Alternativ können Sie die Schriftgröße relativ zur Grundschrift (<basefont>) angeben (z.B. <font size="+2"> ... </font>)
[color]	Mit diesem Attribut verändern Sie die Textfarbe. Als Farbe lässt ein RGB-Wert in der Form #rrggbb (Hexadezimalwert) oder einer der 16 Farbnamen angeben (z.B. <font color="aqua"> ... </font>).
[face]	Dieses Attribut definiert die zu verwendende Schriftart (<font face="Arial"> ... </font>.

Zusätzlich lassen sich die allgemein verwendbaren Attribute *id, class, lang, dir, title* und *style* für dieses Tag nutzen. Die nachfolgenden Beispiele zeigen, wie das <font>-Tag zu nutzen ist:

```
<font size="5">Text, 5 Einheiten groß</font><br>
<font size="3">Text, 3 Einheiten groß</font><br>
<font size="+3"> Text 3 Einheiten gr&ouml;&szlig;er als die
Basisschrift</font><br>
<font color="#ff0000">Dieser Text ist rot</font><p>
<font face="Arial,Lucida Sans">
Diesen Text mit Arial oder falls nicht vorhanden mit Lucida Sans
anzeigen. Ist dieser Font auch nicht installiert, wird der Standardfont
benutzt.
</font
```

Der Browser zeigt das Dokument (sofern er die Attribute unterstützt) gemäß Bild A.3 an.

Bild A.3: Textauszeichnung mit dem <font>-Tag

Die HTML-4.0-Spezifikation rät aber von der Verwendung dieses Tags ab, da Dokumente sich zukünftig über Style Sheets mit den gleichen Auszeichnungen versehen lassen.

<form> HTML 2.0-4.0x

Dieses Tag leitet ein Formular in einem HTML-Dokument ein und ist mit </form> abzuschließen. Innerhalb dieser beiden Tags werden die Formularelemente und die Methoden, mit der Benutzereingaben weitergeleitet werden, definiert. Sie können in diesem Bereich zusätzlich Texte unterbringen und diese mit anderen Tags wie <a>, <br>, <p> etc. versehen. Ein HTML-Dokument kann durchaus mehrere <form> ... </form>-Abschnitte enthalten. Das <form>-Tag darf aber nicht geschachtelt werden. Das <form>-Tag besitzt verschiedene Attribute, um die Handhabung der Formulare zu steuern.

[action]	Spezifiziert eine URL zu dem Programm, welches die Benutzereingaben im Formular auswertet. Mit dem *http*:-Protokoll werden die Daten an einen HTTP-Server geleitet (Standard). Mit *mailto:* lassen sich die Daten als E-Mail versenden (was aber nicht immer unterstützt wird).
method	Definiert die Methode, mit der die Formulardaten übergeben und verarbeitet werden. *Get* übergibt die Formulardaten in einer Umgebungsvariablen an ein CGI-Skript (Standard). *Post* leitet die Formulardaten als Standardeingabestrom über die Standardeingabeeinheit weiter.

[enctype]	Inhaltstyp für die Weitergabe der Formulardaten bei der *post*-Methode. Standardmäßig ist der Inhaltstyp »application/ x-www-form-urlencoded« definiert. Der Wert »multipart/ form-data« sollte in Verbindung mit dem <input>-Tag und type="file" benutzt werden.
[accept-charset]	Spezifiziert eine Liste von Zeichenkodierungen, die der Server bei der Eingabe akzeptieren muss. Die Liste wird durch Leerzeichen oder Kommas getrennt. Standardmäßig wird das Attribut mit »UNKNOWN« angenommen.
[accept]	Spezifiziert eine (comma-separated) Liste von Inhaltstypen, die der Server zur Bearbeitung des Formulars unterstützen muss.

Zusätzlich können in diesem Tag noch weitere Attribute wie *id, class, lang, dir, style, title, target, onsubmit, onClick, onDblClick, onMouseDown, onMouseUp, onMouseOver, onMouseMove, onMouseOut, onKeypress, onKeyDown, onKeyUp* benutzt werden. Die Bedeutung dieser Attribute wird in anderen Abschnitten sowie in Anhang B beschrieben. Die nachfolgende Sequenz definiert ein Formular:

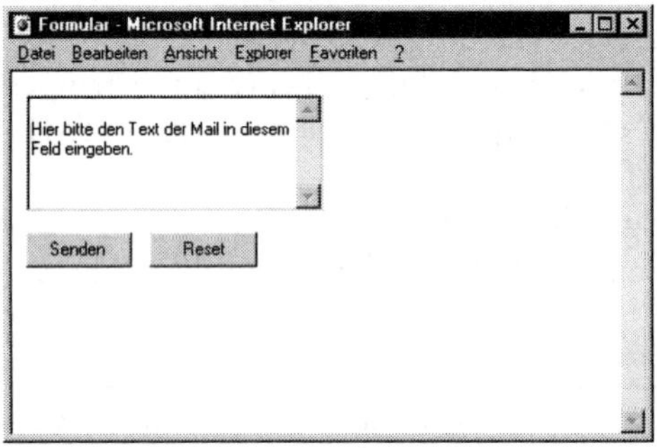

Bild A.4: Formularanzeige

```
<form action="http://www.sample.com/bin/search" method="Post">
<textarea rows="4" cols="40" name="Test">
Texteingabe
</textarea>
<input type="submit" value="Mail">
</form>
```

Dieses Formular wird im Browser gemäß Bild A.4 dargestellt.

<frame> HTML 4.0x

Dieses Tag dient zur Definition von Frames. Frames sind Fenster, die eine getrennte Darstellung bestimmter Dokumentinhalte erlauben (Bild A.5). Durch diese Fenstertechnik lassen sich mehrere Dokumente gleichzeitig anzeigen. Frames werden im Netscape Navigator 2.0 und im Microsoft Internet Explorer ab der Version 3.0 unterstützt.

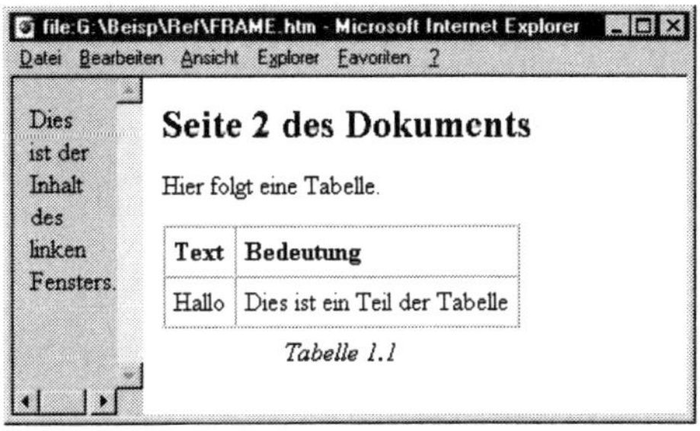

Bild A.5: Browser mit Frame-Darstellung

<frame>-Tags werden mit dem <frameset>-Tag zu Frame-Gruppen zusammengefasst. Das <frame>-Tag leitet dann die Definition eines solches Fensters ein. Es ist kein abschließendes </frame>-Tag erforderlich. Die Attribute definieren die Darstellung des gewünschten Fensters. Für das <frame>-Tag sind folgende Attribute definiert:

src	Definiert den URI des im Frame anzuzeigenden Dokuments.
[frameborder]	Mit den Werten 0 oder 1 lässt sich die Anzeige eines Rands aus- oder einblenden.
[marginwidth]	Optionale Breite des rechten/linken Frame-Randes in Pixel (Wert >= 1).
[marginheight]	Optionale Höhe des oberen/unteren Frame-Randes in Pixel (Wert >= 1).
[name]	Name des Fensters, unter dem der Frame mit *target* angesprochen wird.

[noresize]	Das Fenster (Frame) lässt sich vom Benutzer in der Größe nicht verändern.
[scrolling]	Definiert die Bildlaufleisten dieses Frames. Mit »auto« kann der Browser die Bildlaufleisten bei Bedarf einblenden. Mit »no« bzw. »yes« lassen sich die Leisten zwangsweise aus- oder einblenden.
[longdesc]	Erlaubt, eine lange Textbeschreibung anzugeben. Diese kann von Browsern, die keine Grafik unterstützen, ausgegeben werden.

Zusätzlich lassen sich noch die allgemein verwendbaren Attribute *id, class, title, style* und *target* einsetzen. Das in Bild A.5 gezeigte Beispiel wird mit folgenden HTML-Anweisungen erstellt:

```
<frameset rows="100%" cols="80,*" frameborder="YES">
 <frame name="Frame 1" src="Test1.htm"
  scrolling="YES">
 <frame name="Frame 2" src="Test2.htm"
  scrolling="AUTO">
</frameset>
<noframes>
<body>
Ihr Browser unterstützt keine Frames.<p>
</body>
</noframes>
```

Weitere Beispiele finden Sie beim <frameset>-Tag.

<frameset> HTML 4.0x

Dieses Tag dient zur Definition von Frame-Sets mit einzelnen Rahmen. <frameset> wirkt als Container für <frame>-Tags und muss in der Form <frameset> ... </frameset> angegeben werden. Das einleitende <frameset>-Tag definiert über die Attribute die Größe des Bildausschnitts für ein Frame. Das eigentliche Fenster wird dann innerhalb der <frameset> ... </frameset>-Sequenz mit dem <frame>-Tag festgelegt. Im Tag lassen sich die folgenden Attribute verwenden.

[cols]	Gibt die Breite einzelner Spalten für den Frame-Bereich an (z.B. cols="30%,*" setzt die Breite des ersten Bereichs auf 30% des Anzeigebereichs).

[onload]	Ereignisattribut, das eine Skriptfunktion (z.B. JavaScript) nach dem Laden des Frame aufruft.
[onunload]	Ereignisattribut, das eine Skriptfunktion nach dem Beenden des Frame aufruft.
[rows]	Gibt die Höhe einzelner Zeilen für den Frame-Bereich an (z.B. rows="20%,*" setzt die Höhe des ersten Frame-Bereichs auf 20% der Höhe des Anzeigebereichs).

Zusätzlich lassen sich die allgemeinen Attribute *id, class, title* und *style* einsetzen. Nachfolgend finden Sie noch einige Beispiele zum Einsatz des Tags. Um das Browser-Fenster vertikal in zwei Hälften zu teilen, verwenden Sie folgende Sequenz:

```
<frameset rows="50%,*">
 <frame name="Inhalt"
  scrolling="yes" src="Inhalt.htm">
 <frame name="Text" Scrolling="no"
  src="Text.htm">
</frameset>
```

Das erste Frame erhält den Namen »Inhalt« und zeigt das Dokument *Inhalt.htm* an. Das Fenster für das Frame wird mit Bildlaufleisten ausgestattet. Das zweite Fenster mit dem Namen »Text« enthält keine Bildlaufleisten. Das Browser-Fenster wird dann folgendermaßen geteilt:

Inhalt
Text

Um das Fenster horizontal zu unterteilen, lässt sich die folgende Sequenz verwenden:

```
<frameset cols="25%,*">
 <frame name="Inhalt" scrolling="yes"
  src="Inhalt.htm">
 <frame name="Text" scrolling="yes"
  src="Text.htm">
</frameset>
```

In diesem Fall wird das linke Frame auf 25% des Browser-Fensters begrenzt, während der Rest für das zweite Frame übrig bleibt. Das linke Frame erhält die Bezeichnung *Inhalt* und das rechte Frame wird mit *Text* benannt. In diesem Beispiel haben beide Frames Bildlaufleisten. Die Teilung sieht schematisch folgendermaßen aus:

Inhalt	Text

Sie können das Browser-Fenster auch mehr als in zwei Frames teilen. Die folgende Sequenz erzeugt drei untereinander liegende Frames.

```
<frameset rows="25%,50,*">
  <frame name="Logo" scrolling="no" src="Logo.htm">
  <frame name="Inhalt" scrolling="yes"
   src="Inhalt.htm">
  <frame name="Text" scrolling="yes" src="Text.htm">
</frameset>
```

Die schematische Darstellung des Browser-Fensters sieht dann folgendermaßen aus:

Logo
Inhalt
Text

Die nachfolgende Sequenz definiert drei Frames unter Verwendung geschachtelter <frameset>-Tags:

```
<frameset cols="25%,*">
  <frameset Rows="80%,20%">
  <frame name="Inhalt" scrolling="yes"
   src="Inhalt.htm">
  <frame name="Navig"
    Scrolling="no" src="navig.htm">
  </frameset>
 <frame name="Text" scrolling="yes"
   src="Doc1.htm">
</frameset>
```

Das erste Frame erhält den Namen »Inhalt« und zeigt das Dokument *Inhalt.htm* an. Das Fenster für das Frame wird mit Bildlaufleisten ausgestattet. Das zweite Fenster mit dem Namen »Navig« enthält keine Bildlaufleisten. Die beiden ersten Frames erscheinen untereinander. Das dritte Frame wird im rechten Fensterteil angezeigt:

Inhalt	Text
Navig	

Beim Einsatz von Frames ist auch an die Benutzer zu denken, deren Browser keine Frames unterstützt. Sie sollten daher an die <frameset> ... </frameset>-Sequenz immer die <noframe>-Tags anhängen. Nachfolgend sehen Sie eine entsprechende Erweiterung des letzten Beispiels:

```
<html>
<head>
<title>Frame-Beispiel </title>
</head>
<frameset cols="25%,*">
  <frameset Rows="80%,20%">
  <frame name="Inhalt" scrolling="yes"
   src="Inhalt.htm">
  <frame name="Navig"
    Scrolling="no" src="navig.htm">
  </frameset>
 <frame name="Text" scrolling="yes"
   src="Doc1.htm">
</frameset>
<noframes
 <body>
  Ihr Browser unterstützt keine Frames!<br>
  <a href="old.htm">Weiter</a><p>
 </body>
</noframes>
</html>
```

Rufen Sie dieses Dokument mit einem Browser auf, der keine Frames unterstützt, zeigt dieser den Inhalt des mit <noframes> ... </noframes> eingefassten Abschnitts an.

<h1>...<h6> HTML 2.0-4.0x

Die Tags <h1> bis <h6> erlauben das Auszeichnen von sechs verschiedenen Überschriftebenen in HTML-Dokumenten. Das Tag <h1> ... </h1> ordnet dem eingeschlossenen Text die höchste Überschriftebene zu. Sie können die Überschrift dabei mit weiteren Tags (z.B. <a>, .
 etc.) formatieren. Der Browser zeigt die einzelnen Überschriftebenen mit verschiedenen Schriftgrößen an. Innerhalb des Tags lassen sich verschiedene Attribute einsetzen. Über das *align*-Attribut definieren Sie, wie der Inhalt der Überschrift horizontal auszurichten ist (left= linksbündig, center= zentriert, right= rechtsbündig).

Zusätzlich lassen sich im <hx>-Tag die allgemeinen Attribute *id, class, lang, dir, title* und *style* einsetzen. Weiterhin sind die Ereignisattribute wie *onClick*, *onDblClick*, *onMouseDown*, *onMouseUp*, *onMouseOver*, *onMouseMove*, *onMouseOut*, *onKeypress*, *onKeyDown* und *onKeyUp* zulässig. Die nachfolgende Sequenz zeigt, wie sich alle sechs Überschriftebenen definieren lassen:

```
<h1>Ebene 1</h1>
<h2>Ebene 2</h2>
<h3>Ebene 3</h3>
<h4>Ebene 4</h4>
<h5>Ebene 5</h5>
<h6>Ebene 6</h6>
```

Der Browser zeigt diese Anweisungen in verschiedenen Schriftgrößen in einer eigenen Zeile Bild A.6 an.

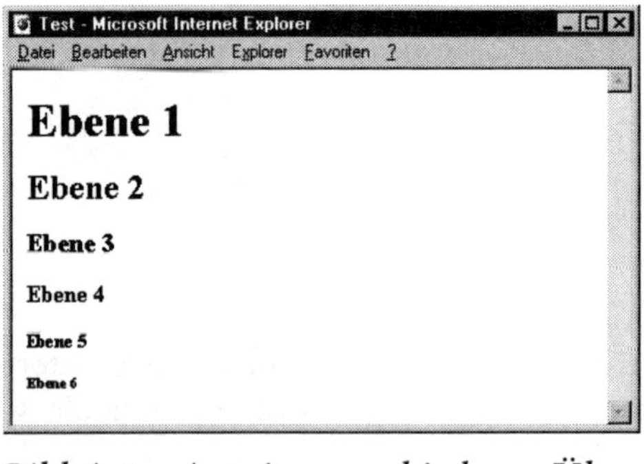

Bild A.6: Anzeige verschiedener Überschriftebenen

<head> HTML 2.0-4.0x

Die optionalen Tags <head> ... </head> definieren den Kopfteil eines HTML-Dokuments. In diesem Kopfteil lassen sich der Dokumenttitel sowie verschiedene Verwaltungsinformationen hinterlegen. Hierzu sind die Tags <base>, <isindex>, <link>, <meta>, <script>, <style> und <title> vorgesehen. Nachfolgend sehen Sie, wie sich das Tag verwenden lässt.

```
<html>
<head>
<title>Test</title>
</head>
<body>
</body>
</html>
```

<hr> HTML 2.0-4.0x

Mit dem <hr>-Tag lassen sich horizontale Linien im Dokument einfügen. Das Tag wird von fast allen Browsern unterstützt. Es gibt allerdings kein abschließendes Tag. In HTML 4.0 lassen sich einige zusätzliche Attribute im Tag hinterlegen, um die Liniengestalt einzustellen.

[align]	Richtet die Linie horizontal aus. Hierbei sind die Werte left (linksbündig), right (rechtsbündig) und center (zentriert) vorgesehen. Standardmäßig wird eine Linie zentriert. Die Ausrichtung wird jedoch nur sichtbar, wenn die Linie kürzer als die Fensterbreite des Browsers ist.
[noshade]	Einfache Linie ohne Schattierung.
[size]	Linienstärke in Pixel.
[width]	Linienbreite in Pixel (width="130") oder in Prozent des Fensters (width="80%"). Standard ist 100%.

Zusätzlich lassen sich in diesem Tag weitere allgemeine Attribute wie *id*, *class*, *lang*, *dir*, *title* und *style* hinterlegen. Auch die Ereignisattribute *onClick*, *onDblClick*, *onMouseDown*, *onMouseUp*, *onMouseOver*, *onMouseMove*, *onMouseOut*, *onKeypress*, *onKeyDown* und *onKeyUp* sind zulässig. Die nachfolgende Sequenz zeigt die Einbindung des <hr>-Tags in ein HTML-Dokument:

```
Dies ist ein einfacher Text.
<hr>
Dies ist ein weiterer Absatz.
<hr size="4" width="40%">
```

Im Browser werden die beiden Textzeilen durch zwei horizontale Linien getrennt, wobei eine Linie 40% der Zeilenbreite einnimmt (Bild A.7).

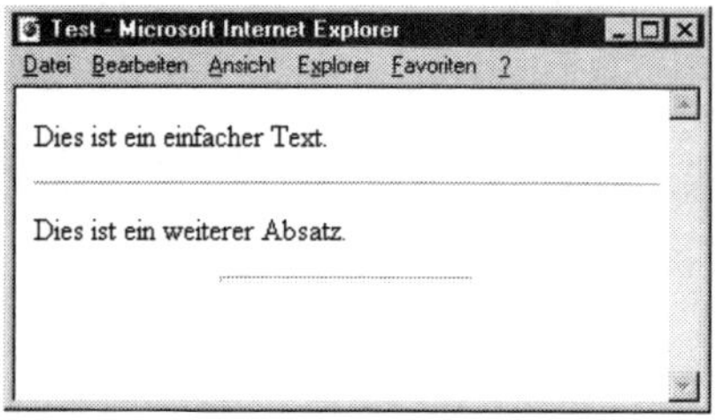

Bild A.7: Dokument mit horizontalen Linien

Die HTML-4.0-Spezifikation empfiehlt, auf die Attribute des <hr>-Tags zu verzichten. Neue Dokumente sollen mit Style Sheets gestaltet werden, die die Attribute des <hr>-Tags global definieren.

<html> HTML 2.0-4.0x

Die optionalen Tags <html> ... </html> bilden den äußeren Rahmen eines HTML-Dokuments. In diesem Rahmen werden die restlichen Tags des Dokuments eingefügt. Die nachfolgende Sequenz zeigt die Einbindung des <html>-Tags in eine HTML-Struktur:

```
<html>
<head>
<title>Test</title>
</head>
<body>
</body>
</html>
```

<i> HTML 2.0-4.0x

Um Textstellen im Dokument kursiv hervorzuheben, lässt sich das Tag in der Form <i> ... </i> einsetzen. In der Sequenz <i> ... </i> dürfen weitere Tags <a>, <br>, <img> etc. zur Gestaltung des Texts verwendet werden. Wenn Sie einen Text kursiv hervorheben möchten, empfiehlt die HTML-Spezifikation, statt des <i>-Tags das Tag <em> ... </em> zu verwenden. Das folgende Beispiel zeichnet einen kurzen Text kursiv aus:

```
Dies ist ein <i>kursiver Text</i>, der mit dem &lt;I&gt;-Tag
ausgezeichnet wurde.
```

In Bild A.8 sehen Sie einen Dokumentausschnitt, in dem verschiedene Auszeichnungen für den Text benutzt wurden.

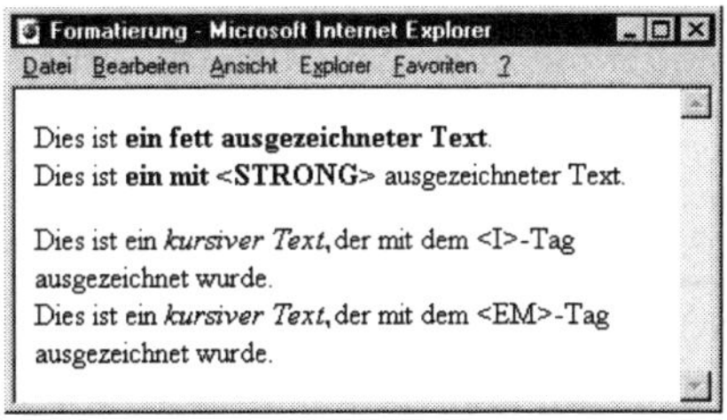

Bild A.8: Textauszeichnungen in HTML

<iframe> HTML 4.0x

Dieses Tag wurde neu in HTML 4.0 aufgenommen und unterstützt die von Microsoft im Internet Explorer 3.0 eingeführten so genannten »floatenden« Frames. Dies sind Fenster, die sich ähnlich wie die Frames verhalten, d.h., im Fenster lassen sich getrennte Dokumentinhalte darstellen. Im Gegensatz zu Frames können IFRAME-Fenster jedoch beliebig im HTML-Dokument positioniert werden. Sie können praktisch Fenster zu anderen Dokumenten schaffen und im Dokument ablegen. Ein <iframe>-Tag kann die nachfolgenden Attribute aufnehmen:

src	Gibt die URI des im IFRAME-Fenster anzuzeigenden Dokuments an.
[marginwidth]	Definiert optional die Breite des rechten/linken Rands des Frame (der Wert muss größer oder gleich 1 sein).
[marginheight]	Legt optional den oberen und unteren Rand des IFRAME-Fensters in Pixel fest (Wert muss größer oder gleich 1 sein).
[name]	Dies ist der Name für das Fenster. Unter diesem Namen wird der IFRAME mit *target* angesprochen.
[scrolling]	Definiert, ob das Frame-Fenster Bildlaufleisten besitzen soll. Der Wert »auto« überlässt dem Browser die Festlegung. Ist der anzuzeigende Inhalt größer als das Fenster, werden Bildlaufleisten eingeblendet. »no« unterdrückt die Bildlaufleisten, während bei »yes« die Bildlaufleisten immer angezeigt werden.
[frameborder]	Steuert, ob das IFRAME-Fenster mit oder ohne Rahmen ausgegeben wird. Das Attribut »0« bewirkt, dass der Rahmen nicht gezeichnet wird.
height	Definiert die Höhe des IFRAME-Fensters in Pixel.
width	Definiert die Breite des IFRAME-Fensters in Pixel.
[align]	Mit diesem Attribut lässt sich die horizontale und vertikale Ausrichtung des IFRAME-Fensters sowie den umgebenden Texts einstellen. Hierbei gibt es folgende Werte: *top*: Umgebenden Text oben am Frame ausrichten. *middle*: Umgebenden Text in der Mitte des Frame ausrichten. *bottom*: Umgebenden Text unten am Frame ausrichten. *left*: Umgebenden Text links vom Frame ausrichten. *right*: Umgebenden Text rechts vom Frame ausrichten. *center*: Zentrierte Ausrichtung des Frame im Text.

Neben diesen explizit aufgeführten Attributen lassen sich weitere für alle Tags gültige Attribute wie *id, class, title* und *style* verwenden. Das folgende Beispiel benutzt eine Tabelle, um einen Text und den IFRAME-Fenster im Dokument einzublenden:

```
<html>
<head>
<title>Floating Frame</title>
</head>
```

```
<body>
<B>Der Internet Explorer 3.0 kann bereits IFRAME-Fenster anzeigen.<p></
B>
<iframe width="280" height="200" scrolling="yes"
  name="floating" src="Test3.htm"></iframe>
</body>
</html>
```

Browser, die dieses Tag unterstützen, zeigen das Dokument gemäß Bild A.9 an.

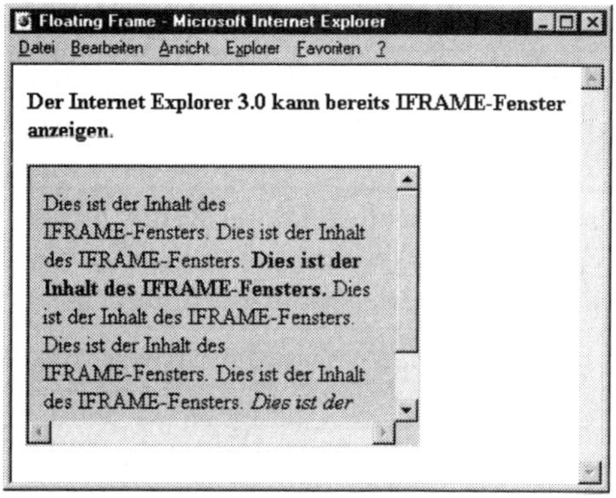

Bild A.9: Dokument mit einem IFRAME-Fenster

<img> HTML 2.0-4.0x

Dies ist das klassische Tag, um Bilder in Form von GIF- oder JPEG-Dateien (sowie PNG-Grafikdateien seit HTML 4.0) in HTML-Dokumente einzufügen (im Grunde können Sie jedes Grafikformat angeben, die meisten Browser unterstützen jedoch nur GIF und JPEG). Das Tag besitzt kein abschließendes </img>-Tag. Dem Tag lassen sich verschiedene Attribute hinzufügen, um die Anzeige und die Bildabmessungen einzustellen.

src	Definiert die URI der einzufügenden Bilddatei. Es muss sich dabei um eine Datei im GIF-, JPEG- oder PNG-Format handeln.
[alt]	Alternativer Ausgabetext, falls der Browser nur Text anzeigt.

[align]	Dieses Attribut bestimmt die vertikale und horizontale Ausrichtung des Bildes am umgebenden Text. Hierbei sind die folgenden Werte definiert: *top*: Bildoberkante an Oberkante Text ausrichten. *middle*: Bildmitte an der Grundlinie des Textes ausrichten. *bottom*: Bildunterkante an der Grundlinie des Textes ausrichten. *left*: Bild linksbündig ausrichten. *center*: Bild horizontal zentrieren. *right*: Bild rechtsbündig ausrichten.
[ismap]	Signalisiert, dass es sich bei der Grafik um eine serverseitige Image-Map handelt.
[longdesc]	Dieses Attribut erlaubt eine lange Beschreibung für das Bild zu hinterlegen. Das neu in HTML 4.0 aufgenommene Attribut ergänzt das *alt*-Attribut.
[border]	Legt die Rahmendicke (in Pixel) des Bildes fest. Dieser Rahmen erscheint, wenn das Bild in Hyperlinks (<a ...><img...></a>) eingebunden ist. Mit border="0" wird die Anzeige des Rahmens unterdrückt.
[height]	Legt die Bildhöhe (in Pixel) fest. Fehlt *width*, passt der Browser die Höhe an den Bildabmessungen an.
[hspace]	Definiert einen leeren horizontalen Rand (in Pixel) für den Bereich links und rechts neben dem Bild.
[usemap]	Signalisiert, dass das Bild zu einer clientseitigen Image-Map gehört (siehe auch map). *usemap* kann gleichzeitig mit *ismap* verwendet werden.
[vspace]	Definiert einen Bereich (in Pixel) am oberen und unteren Bildrand, der leer bleibt. Dies beeinflusst letztendlich den Abstand zwischen Text und Bild.
[width]	Dieses Attribut legt die Breite des Bildes (in Pixel) in der Anzeige fest. Fehlt das Attribut *height*, wird die Bildbreite aus der Grafikdatei ermittelt.

Zusätzlich lassen sich die folgenden allgemein verwendbaren Attribute im <img>-Tag einfügen: *id, class, lang, dir, title* und *style*. Außerdem können Sie Ereignisattribute wie *onClick*, *onDblClick*, *onMouseDown*, *onMouseUp*, *onMouseOver*, *onMouseMove*, *onMouseOut*, *onKeypress*, *onKeyDown* und *onKeyUp* angeben. Die folgenden Beispiele zeigen die Anwendung dieses Tags.

```
<img src="HTML.gif" alt="Logo:">
<a href="http://.../sample.html">
<img src="sample.gif" ismap></a>
<img src="HTML.GIF width="30" height="30">
```

Die nachfolgende Anweisung bindet ein Bild mit einem Verweis auf den Anker *top* im Dokument *Img.htm* in den Text ein:

```
<a href="Img.htm#top">
<img src="HTML.GIF" alt="Anfang"> </a>
```

Dieser Verweis wird im Browser gemäß Bild A.10 angezeigt.

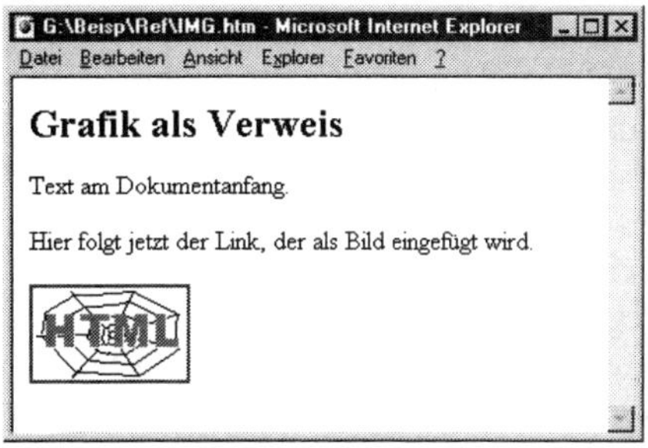

Bild A.10: Dokument mit Grafik als Verweis

<input> HTML 2.0-4.0x

Dieses Tag wird nur bei Formularen verwendet und legt die Steuerelemente des Formulars (checkbox, radio, text etc.) fest. Das Tag besitzt kein abschließendes </input>-Tag. Welches Steuerelement das Tag im Formular erzeugt, wird über *type*-Attribut festgelegt. In HTML 4.0 wurden die Möglichkeiten dieses Tags gegenüber früheren Versionen erheblich erweitert. Es sind die folgenden Attribute für dieses Tag definiert:

[alt]	Erlaubt die Angabe eines alternativen Texts für Browser, die das Steuerelement nicht darstellen können.
[align]	Bestimmt die horizontale Ausrichtung des Steuerelements. Werte sind *left, right, center.*
[checked]	Setzt die Markierung für die Elemente »checkbox« oder »radio«.

[maxlength]	Definiert die maximale Zeichenzahl für Benutzereingaben bei den Steuerelementen vom Typ »text« und »password«.
[name]	Definiert den Namen des Steuerelements (bei »checkbox« oder »radio« dürfen mehrere Elemente eines Formulars den gleichen Namen haben). Über diesen Namen lässt sich das Element identifizieren.
[src]	Gibt die URL der Grafik für den Typ »image« an. Die Grafik ist ein anklickbares Element des Formulars.
[size]	Definiert die Länge des Anzeigebereichs für die Textelemente »text« und »password«.
[type]	Definiert, um welches Steuerelement es sich handelt: *Checkbox*: Erzeugt ein Kontrollkästchen, welches markiert oder nicht markiert sein kann. *Image:* Hier wird ein Bild als Bedienelement eingebunden. Das Bild wird über das *src*-Attribut eingebunden. *Hidden*: Es handelt sich um ein verborgenes Feld ohne Eingabeoption zur Übergabe festgelegter Werte an den Server. *Password*: Definiert ein Textfeld zur Abfrage von Kennwörtern (die eingegebenen Zeichen werden Sternchen * dargestellt). *Radio*: Erzeugt ein Optionsfeld zur Auswahl mehrerer Alternativen. Bei Optionsfeldern lässt sich immer nur eine Option der Gruppe markieren, deren Wert in *value* zurückgegeben wird.
[type]	*Reset*: Erzeugt eine Schaltfläche, mit der sich alle Formularfelder in den Ausgangszustand zurücksetzen lassen (das Attribut *value* definiert die Schaltflächenbeschriftung). *Submit*: Definiert die Schaltfläche zum Abschließen des Formulars. Die Daten werden an den Server übertragen (das Attribut *value* definiert die Schaltflächenbeschriftung). *Text*: Erzeugt ein Eingabefeld für kurze Texte (Standard, bei mehrzeiligen Texten ist das Tag textarea zu verwenden). *File*: Erlaubt, eine Datei an die Formulardaten anzuhängen und zu versenden (z.B. <input type="file" Name="Foto" Size="20" accept="image/*">). Der Typ erzeugt ein Textfeld zur Eingabe des Dateinamens und eine Schaltfläche. Die Schaltfläche öffnet ein Dialogfeld zur Auswahl der anzuhängenden Datei. *Button*: Erzeugt eine Befehlsschaltfläche (wirkt ähnlich wie Reset oder Submit).

[value]	Vorgabewert des Elements und Rückgabewert beim Abschicken (Submit) des Formulars. Bei einigen Elementen bestimmt das Attribut die Beschriftung.
[accept]	Legt die Inhaltstypen fest, die der Server zur Formularbearbeitung unterstützen muss.
[readonly]	Definiert, dass sich das Steuerelement nur auslesen lässt.
[disabled]	Sperrt das betreffende Steuerelement im Formular.
[tabindex]	Gibt eine gerade Zahl an, die die Tabulatorposition in der Reihenfolge der Steuerelemente definiert. Mit »1« wird das Element beim Aufruf des Formulars angewählt.
[accesskeys]	Legt ein Zeichen für eine Zugriffstaste fest. Über diese Taste kann das Element aktiviert werden.
[usemap]	Spezifiziert, dass es sich bei dem Element um eine Image Map handelt.

Zusätzlich lassen sich die folgenden allgemein einsetzbaren Attribute mit diesem Tag kombinieren: *id, class, lang, dir, title* und *style*. Seit HTML 4.0 werden auch die bereits von Netscape eingeführten Attribute zur Ereignisverarbeitung mittels Skriptfunktionen unterstützt. Hierzu stehen die folgenden Attribute zur Verfügung:

[onBlur]	Ereignisattribut, aktiviert eine Skriptfunktion (z.B. JavaScript), sobald das Element den Fokus verliert.
[onChange]	Ereignisattribut, aktiviert eine Skriptfunktion beim Verlassen eines Objekts mit geändertem Inhalt (nur für »text« und »select«).
[onClick]	Ereignisattribut, aktiviert eine Skriptfunktion beim Mausklick auf das Objekt (für »button«, »checkbox«, »radio«, »reset« und »submit«).
[onDblClick]	Ereignisattribut, aktiviert eine Skriptfunktion beim Doppelklick auf das Objekt (für »button«, »checkbox«, »radio«, »reset« und »submit«).
[onFocus]	Ereignisattribut, aktiviert eine Skriptfunktion, sobald das Objekt den Eingabefokus erhält. Diese Attribut lässt sich für die Elemente *label*, *input*, *select*, *textarea* und *button* verwenden.

[onSelect]	Ereignisattribut, aktiviert eine Skriptfunktion, sobald der Benutzer Text in einem Eingabe- oder Textfeld (*input* und *textarea*) selektiert.
[onMouse-Down]	Dieses Ereignis tritt auf, sobald die Maustaste gedrückt wird, solange der Cursor sich über dem Element befindet.
[onMouseUp]	Dieses Ereignis ruft eine Skriptfunktion auf, sobald die gedrückte Maustaste über dem Element losgelassen wird.
[onMouse-Over]	Ereignisattribut, welches eine Skriptfunktion aufruft, sobald sich der Mauszeiger über dem Element befindet.
[onMouse-Move]	Ereignisattribut, welches eine Skriptfunktion aufruft, sobald sich der Mauszeiger über dem Element bewegt.
[onMouse-Out]	Ereignisattribut, welches eine Skriptfunktion aufruft, sobald sich der Mauszeiger vom Element wegbewegt.
[onKeypress]	Wird beim Betätigen (drücken und loslassen) einer Taste ausgelöst, wenn das Element den Fokus besitzt. Es lässt sich eine Skriptfunktion aufrufen.
[onKeyDown]	Wird beim Niederdrücken einer Taste ausgelöst, wenn das Element den Fokus besitzt. Es lässt sich eine Skriptfunktion aufrufen.
[onKeyUp]	Wird beim Loslassen einer Taste ausgelöst, wenn das Element den Fokus besitzt. Es lässt sich eine Skriptfunktion aufrufen.

Das folgende Beispiel erzeugt ein einfaches Text-Eingabefeld, zwei Optionsfelder, ein Kontrollkästchen sowie die beiden Schaltflächen *Reset* und *Senden*:

```
<form action="mailto:xyz@mailer.com" method="get">
Eingabe: <input type="text" value="Hallo" MAXLENGth="30"><br>
<input type="radio" name="01" value="1" CHECKED>Farbe<br>
<input type="radio" name="01" value="2">Mono<br>
<br>
<input type="checkbox" name="02" value="2">Drucken <br>
<br>
<input type="reset" name="03" value="Reset">  
<input type="submit" name="04" value="Senden">
</form>
```

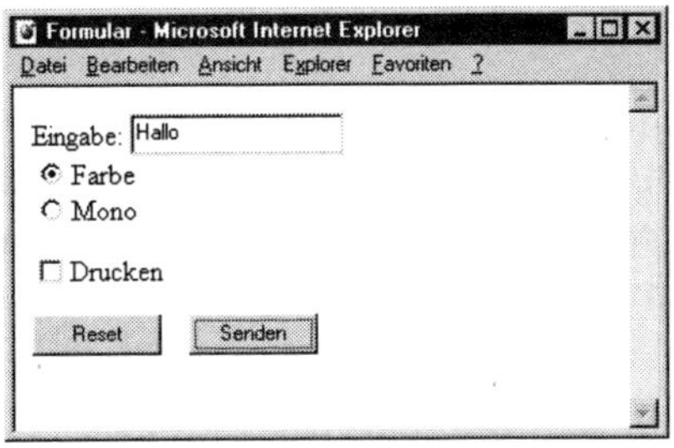

Bild A.11: Beispielformular

Die Steuerelemente werden innerhalb der <form> ... </form>-Tags integriert. Bei Optionsfeldern ist jeweils der gleiche Name im *name*-Attribut zu verwenden, um die Elemente zu einer Gruppe zusammenzufassen. Zum Abschicken eines Formulars über die Schaltfläche SENDEN müssen Sie die Methode (*get* oder *post*) im <form>-Tag festlegen. Das Formular wird dann im Browser gemäß Bild A.11 dargestellt.

<ins> HTML 4.0x

Dieses Tag wurde neu in HTML 4.0 eingeführt und erlaubt die Kennzeichnung neu einzufügender Textstellen im Dokument. Der zwischen <ins> und </ins> eingeschlossene Text wird als einzufügen markiert. Das Tag besitzt die nachfolgenden Attribute.

[cite]	Gibt eine URI an, der auf das Quelldokument oder auf eine Nachricht mit Änderungshinweisen verweist.
[datetime]	Erlaubt, ein Änderungsdatum und eine Änderungszeit anzugeben.

Sie können zusätzlich die in allen Tags zulässigen Attribute wie *id, class, lang, dir, title, style* sowie diverse Ereignisattribute verwenden. Die nachfolgende Sequenz zeigt den Einsatz des Tags.

```
Bestellmenge: <del>3</del><ins>5</ins> Stck.
```

<isindex> HTML 2.0-4.0x

Das (veraltete) Tag besitzt die Form <isindex> und muss im <head> ... </ head>-Bereich eingefügt werden. Er signalisiert dem Browser, dass für das Dokument eine Suchfunktion verfügbar ist. Der Browser muss dann ein Eingabefeld für den Suchbegriff anzeigen (Bild A.12).

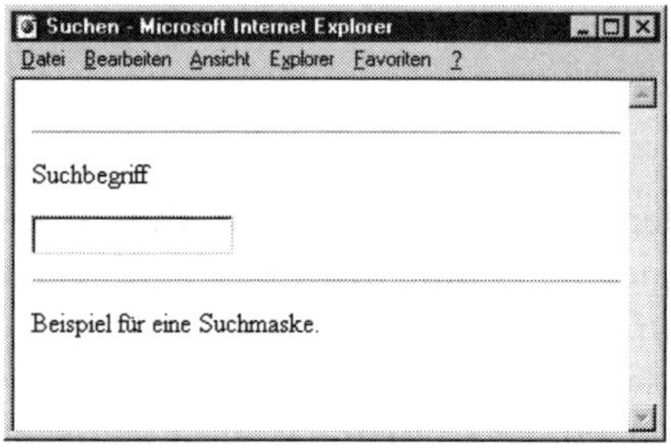

Bild A.12: Feld für den Suchbegriff

Beachten Sie aber, dass die Suchfunktion durch den Server unterstützt werden muss. Dem Tag wurde ab HTML 3.2 das *prompt*-Attribut zugeordnet. Der Wert des Attributs erlaubt es, eine Eingabeaufforderung vor dem Textfeld anzuzeigen. Das folgende Beispiel zeigt die Einbindung des Tags:

```
<html>
<head>
<title>Suchen</title>
<isindex prompt="Suchbegriff">
<head>
<body>
...
</body>
</html>
```

In HTML 4.0 wird jedoch empfohlen, dieses Tag nicht weiter zu verwenden.

<kbd> HTML 2.0-4.0x

Dieses Tag erlaubt die Kennzeichnung von im Dokument enthaltenen Textstellen als Tastatureingaben. Die Textstelle ist zwischen die Tags <kbd> ... </ kbd> zu stellen. Der Browser zeigt den Text typischerweise mit einer nicht-proportionalen Schrift an. Der Text darf weitere Tags wie <a>, <br>, <img> etc. verwenden. Neben den allgemein definierten Attributen wie *id, class, lang, dir, title, style* etc. benötigt das Tag keine eigenen Attribute. Das folgende Beispiel zeichnet einen kurzen Text mit dieser Schriftart aus:

```
Bitte geben Sie zum Drucken den Befehl <kbd>Print</kbd> auf dem
Bildschirm ein.
```

Im Browser wird dieser Text gemäß Bild A.13 dargestellt. Beachten Sie aber, dass diese Darstellung browserabhängig ist.

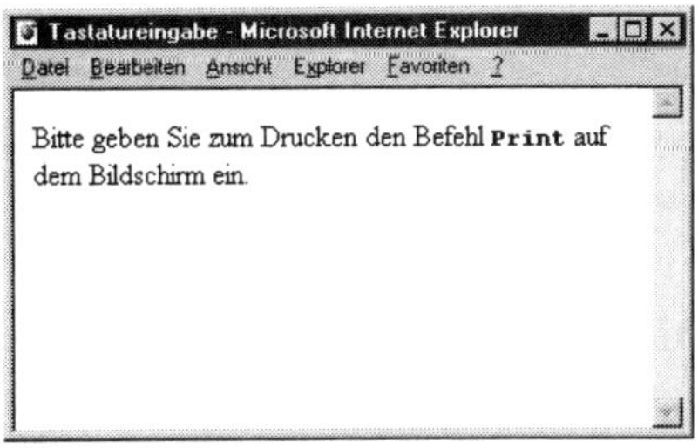

Bild A.13: Anzeige der Auszeichnung <kbd> im Microsoft Internet Explorer

<label> HTML 4.0x

Dieses Tag definiert einen Beschriftungstext für ein Steuerelement in einem Formular. Der Text ist mit einem einleitendem und abschließendem Tag einzufassen. Für das Tag sind in HTML 4.0 folgende Attribute vorgesehen:

[for]	Verknüpft den Text des Bezeichnungsfelds (Label) mit einem anderen Steuerelement.
[accesskey]	Definiert die Abkürzungstaste für das Steuerelement.
[onblur]	Ereignisattribut, welches eine Skriptfunktion ausführt wird, wenn das Element den Fokus verliert.
[onfocus]	Ereignisattribut, welches eine Skriptfunktion ausführt wird, wenn das Element den Fokus erhält.

Zusätzlich lassen sich die allgemeinen Attribute wie *id, class, lang, dir, title* und *style* einsetzen. Ein <label>-Tag kann genau einem Steuerelement zugeordnet werden. Der Wert des *for*-Attributs im <label>-Tag muss mit dem *id*-Attribut des Steuerelements übereinstimmen. Die nachfolgende Sequenz an HTML-Befehlen zeigt den Einsatz dieses Tags.

```
<form action="test.cgi" method="post">
<table>
  <tr>
    <td><label for="fname">Vorname</label>
    <td><input type="text" name="Vorname" id="fname">
  <tr>
    <td><label for="lname">Name</label>
    <td><input type="text" name="lastname" id="lname">
</table>
</form>
```

Das Ergebnis ist in Bild A.14 zu sehen. Die mit <label> definierten Texte werden durch die Tabelle vor die zugeordneten Textfelder gestellt.

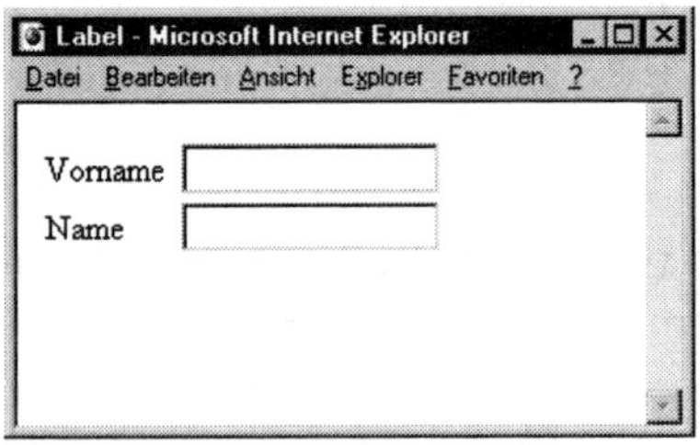

Bild A.14: Bezeichnungsfelder (Labels) in einem Formular

<legend> HTML 4.0x

Dieses Tag wird zusammen mit dem <fieldset>Tag in Formularen benutzt, um eine Gruppe von Steuerelementen zu bezeichnen. <legend> muss mit einem einleitenden und einem abschließenden Tag angegeben werden. Das Tag besitzt folgende Attribute:

[align]	Legt fest, wo die Beschriftung in Bezug auf die Gruppe anzuzeigen ist (left, right, top, bottom). Dieses Attribut soll gemäß der HTML-4.0-Spezifikation nicht mehr verwendet werden. Zur Ausrichtung lassen sich Style Sheets benutzen.
[accesskey]	Legt einen Buchstaben für die Zugriffestaste auf die Gruppe fest.

Zusätzlich lassen sich in diesem Tag die allgemeinen Attribute *id, lang, dir, title* und *style* verwenden. Das Tag unterstützt auch die Ereignisattribute *onClick*, *onDblClick*, *onMouseDown*, *onMouseUp*, *onMouseOver*, *onMouseMove*, *onMouseOut*, *onKeypress*, *onKeyDown* und *onKeyUp*. Nachfolgend finden Sie ein Beispiel für die Verwendung dieses Tags:

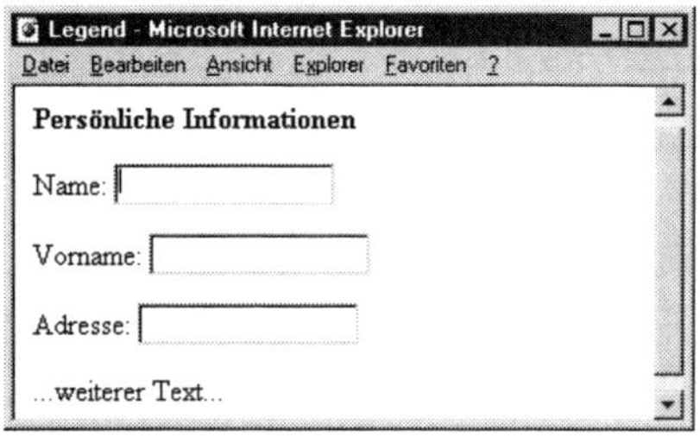

Bild A.15: Anzeige des <legend>-Tags

```
<form action="test.cgi" method="post">
 <p>
 <fieldset>
  <legend><B>Persönliche Informationen</B></legend><p>
 Name: <input name="name" type="text" tabindex="1"><p>
 Vorname: <input name="vname" type="text" tabindex="2"><p>
  Adresse: <input name=" adresse" type="text" tabindex="3"><p>
  ...weiterer Text...
 </fieldset>
</form>
```

In Bild A.15 sehen Sie den per <legend>-Tag definierten Text als Überschrift der Gruppe.

<li> HTML 2.0-4.0x

Das <li>Tag zeichnet die einzelnen Abschnitte in Aufzählungen (<ul>), Nummerierungen (<ol>) und Listen (<dir>) aus. Das abschließende </li>-Tag ist optional und sollte weggelassen werden. Bei <dl>-Listen ist dieses Tag nicht einsetzbar. Die Listenpunkte werden dabei etwas nach rechts eingezogen und mit einem Symbol (Schmuckpunkt oder Nummerierungssymbol) versehen. Der Absatz hinter dem <li>-Tag kann beliebige andere HTML-Tags enthalten. In HTML 4.0 sind verschiedene Attribute definiert, die von den meisten Browser unterstützt werden.

[type]	Definiert beim <ul>-Tag ggf. das anzuzeigende Aufzählungssymbol (Schmuckpunkt). Bei <ol> wird das Nummerierungssymbol festgelegt.
[value]	Legt die Nummer des Listenpunkts fest (nur bei <ol>). Damit lassen sich Nummerierungen überspringen.

Die folgenden HTML-Anweisungen zeigen den Einsatz dieses Tags:

```
<ul>
<li>Apfel
<li>Banane
<li>Traube
</ul>
```

<link> HTML 2.0-4.0x

Dieses Tag lässt sich im Kopfbereich zwischen <head> und </head> eines Dokuments einfügen. Mit dem Tag kann die Beziehung der aktuellen Dokumentseite zu anderen Dokumentseiten (oder Objekten) angegeben werden. Das Tag besitzt kein abschließendes Tag. Mit <link ...> lässt sich eine Verweisstruktur mit den Attributen rel="parent", rel="next" und rel="previous" erzeugen. Im Kopf einer HTML-Datei lässt sich beispielsweise der Eintrag <link rev="made..." href="mailto:..."> einfügen (leider unterstützen bisher kaum Browser oder Server diese Option). <link> wird auch zum Einbinden externer Style Sheets benutzt. Für das Tag sind folgende Attribute definiert:

[href]	URI auf das Verweisziel.
[hreflang]	Gibt die Basissprache für das Dokument im Verweisziel an.
[type]	Definiert den Verweistyp für ein Folgedokument.
[rel]	Beziehung zum Zielobjekt (parent, next, previous).
[rev]	Beziehung des Zielobjekts zu dieser Seite.
[titel]	Fenstertitel für das Zielobjekt.
[charset]	Zeichensatz des Zielobjekts.
[media]	Ausgabemedium für das Dokument.

Zusätzlich lassen sich die allgemeinen Attribute *id, class, lang, dir* und *style* sowie die Ereignisattribute verwenden. Bei Frames kann auch das *target*-Attribut benutzt werden. Der nachfolgende Befehl definiert die Beziehung zum Zielobjekt:

```
<link rel=next href="listing.htm" >
<link rel=prev href="inhalt.htm" >
```

<listing> HTML 2.0

Dies ist ein veraltetes Tag, das nicht im in HTML 4.0 definiert wird. Bitte verwenden Sie stattdessen das <pre>-Tag.

<map> HTML 2.0-4.0x

Das <map>-Tag definiert die anklickbaren Bereiche einer clientseitigen Image Map. Das Tag legt über das *name*-Attribut einen Verweis fest. Dieser Anker muss im <img>-Tag im Attribut *usemap* auftauchen. <map> muss mit </map> abgeschlossen werden. Die nachfolgenden HTML-Anweisungen laden eine Grafik und definieren die clientseitige Image Map.

```
<img src="logo.gif" border="0" usemap="#Objmap" width="540"
height="400">
<map name="Objmap">
<area shape="polygon" coords="178, 249, 344, 249, 344, 282, 178, 282"
href="Beispiel/Beispiel.htm" >
<area shape="polygon" coords="178, 288, 301, 288, 301, 320, 178, 320"
href="Bilder/_start.htm" >
```

```
<area shape="polygon" coords="175, 326, 278, 326, 278, 358, 175, 358"
href="Infos/sonstig.htm" >
<area shape="polygon" coords="178, 211, 353, 211, 353, 243, 178, 243"
href="Infos/_start.htm" >
</map>
```

Weitere Hinweise finden Sie beim <area>-Tag.

marquee (Internet Explorer)

Dieses Tag wurde im Microsoft Internet Explorer 2.0 eingeführt und erlaubt es, ein Textmuster (ähnlich wie der Bildschirmschoner Marquee) im Browser anzuzeigen. Das Tag besitzt folgende Attribute:

align	Gibt die Ausrichtung des Marquee-Bereichs an (top, middle, bottom, left, center, right).
behavior	Das Attribut definiert, wie sich der Text verhalten soll. *scroll* veranlasst, dass der Text von einer Seite horizontal zur anderen Seite scrollt (Standard). Anschließend wird die Ausgabe wiederholt. *slide* gibt den Text ebenfalls horizontal scrollend aus. Die Ausgabe stoppt jedoch, sobald der Text den Rand erreicht. Bei *alternate* wird der Text horizontal von einer Seite zur anderen und wieder zurück gescrollt.
bgcolor	Gibt die Hintergrundfarbe (siehe im Anhang unter Farben) für den Marquee-Bereich an.
direction	Definiert die Richtung (left, right), in der der Text gescrollt wird.
height	Gibt die Höhe des Marquee in Pixel (height="n") oder in Prozent der Bildschirmhöhe (height="n%") an.
hspace	Definiert den linken und rechten leeren Rand außerhalb des Marquee in Pixel.
width	Gibt die Breite des Marquee in Pixel (width="n") oder in Prozent der Bildschirmbreite (width="n%") an.
loop	Dieses Attribut spezifiziert, wie oft der Marquee-Text wiederholt wird, während das Dokument aktiv ist. Mit loop="-1" oder loop="infinite" wird der Text ständig wiederholt.

scrollamount	Definiert die Zahl der Pixel, um die der Text bei jeder Ausgabe verschoben angezeigt wird.
srolldelay	Verzögert die Anzeige des Marquee um n Millisekunden zwischen jeder Ausgabe (z.B. scrolldelay="3").
vspace	Definiert den oberen und unteren leeren Rand außerhalb des Marquee in Pixel.

Die folgenden Anweisungen verwenden dieses Tag:

```
<marquee>Sonderangebot</marquee>
<marquee align="top">Hallo</marquee>
<marquee behavior="slide">Scroll und stoppe</marquee>
<marqucc height="50%" width="80%">Textausschnitt</marquee>
<marquee scrolldelay="5" scrollamount="50">
HTML</marquee>
```

<menu> HTML 2.0

Dieses Tag definiert eine Liste (Menü) und wird immer mit einem einleitenden und abschließenden Tag <menu> ... </menu> angegeben. Einzelne Listenelemente werden durch das <li>-Tag eingeleitet. Eine Schachtelung ist nicht zulässig. Listen lassen sich über <ul> genauso gut erzeugen. Daher sollte das Tag gemäß der HTML-4.0-Spezifikation nicht mehr eingesetzt werden. Die folgende Sequenz erzeugt eine einfache Liste mit mehreren Einträgen:

```
<menu>
<li>Bananen</li>
<li>Birnen</li>
</menu>
```

Diese Anweisungsfolge wird im Browser als Aufzählung dargestellt.

<meta> HTML 2.0-4.0x

Dieses Tag wird im <head>-Abschnitt des HTML-Dokuments benutzt. Mit dem Tag, das kein abschließendes Tag besitzt, lassen sich Eigenschaften des Dokument definieren. Diese Eigenschaften sind zur Verwaltung des Dokuments hilfreich, sie lassen sich durch den Server oder den Browser auswerten. In den <meta>-Tags mit dem Attribut *http-equiv* kann der Server Informationen (z.B. Datum etc.) übergeben. Sie sollten keine Informationen in <meta>-Tags ablegen, die mit anderen HTML-Tags abgebildet werden können (z.B. <meta name="Titel" content="Einführung in HTML">). Das <meta>-Tag besitzt die folgenden Attribute:

[name]	Definiert einen Eigenschaftennamen für den in *content* angegebenen Wert.
[http-equiv]	Dieses Attribut bindet das Element an einen vom Server an den Browser geschickten HTTP-Response Header. Es sind folgende Eigenschaften definiert: *Keywords*: Das Attribut *content* enthält durch Kommas getrennte Stichwörter, die von Suchmaschinen ausgewertet werden können. *Author*: *content* enthält den Namen des Verfassers. *Expire*: *content* enthält das Ablaufdatum des Dokuments. *Language*: *content* enthält die Sprache des Dokuments. PICS-Label: *content* dient zur Definition eines PICS-Labels, welches die Inhaltsklassifikation des Dokuments festlegt.
content	Dieses Attribut enthält den Wert der Eigenschaft.

Die folgenden Zeilen stellen Beispiele für <meta>-Tags dar:

```
<meta http-equiv="expires" content="14.Juli.1998">
<meta http-equiv="keywords"
   content="HTML 3.2, HTML 4.0">
<meta http-equiv="language" content="de">
<meta http-equiv="organization" content="G. Born">
<meta name="generator" content="Handmade by G. Born">
```

Die <meta>-Anweisung lässt sich auch verwenden, um so genannte Client-Pull-Dokumente zu realisieren. Der Browser lädt das Dokument zyklisch neu:

```
<meta http-equiv="Refresh" content="5">
```

Mit content="5; URL=text1.htm" lädt der Browser dagegen das Dokument *text.htm*. Die folgende Anweisung vereinbart ein PICS-Label für das Dokument:

```
<meta http-equiv="PICS-Label" content='(PICS-1.0 "http://www.rsac.org/
ratingsv01.html" l comment "RSACi North America Server" by "Microsoft
Network"  r (n 0 s 0 v 0 l 0))'>
```

<noframes> HTML 4.0x

Die beiden Tags <noframes> ... </noframes> definieren einen Dokumentteil, der von Browsern, die keine Frames unterstützen, ausgewertet wird. Innerhalb der Tags lässt sich der Inhalt einer normalen HTML-Seite (<body> ... </body>) unterbringen. Der Tag besitzt keine Attribute. Die nachfolgende Sequenz zeigt, wie sich das <noframes>-Tag verwenden lässt.

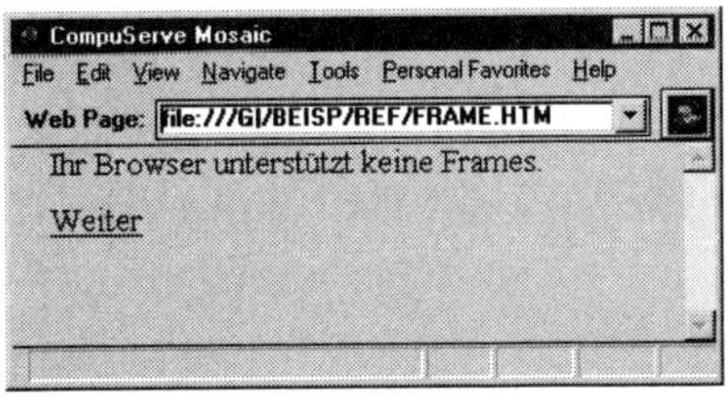

Bild A.16: Darstellung des <noframe>-Inhalts

```
<frameset rows="100%" cols="80,*" frameborder="YES">
 <frame name="Frame 1" src="Test1.htm" scrolling="YES"  >
 <frame name="Frame 2" src="Test2.htm" scrolling="AUTO">
</frameset>
<noframes>
<body>
Ihr Browser unterstützt keine Frames.<p>
<a href="test1.htm">Weiter</a>
</body>
</noframes>
```

Wird dieses Beispiel in einem Browser aufgerufen, der keine Frames kennt, erscheint die in Bild A.16 gezeigte Darstellung.

<noscript> HTML 4.0x

Mit dem <script>-Tag lassen sich Programme wie JavaScript oder VBScript in HTML-Dokumente einbinden. Browser, die diese Skriptsprachen nicht unterstützen, gehen aber »leer« aus. Sie haben aber die Möglichkeit, eine Alternative zwischen die beiden Tags <noscript> ... </noscript> abzulegen. Diese wird dann von den betreffenden Browsern ausgewertet. Ein skriptfähiger Browser wertet dagegen diesen Teil nicht aus. Die nachfolgende Sequenz zeigt, wie sich das <noscript>-Tag verwenden lässt.

```
<script type="text/tcl">
 ...hier steht ein Tcl-Script
</script>
<noscript>
<p>Bitte hier
<a href="http://www.mut.de">klicken.</a>
</noscript>
```

<object> HTML 4.0x

Das <object>-Tag wurde neu in HTML 4.0 aufgenommen, um Objekte wie Bilder, Videos, Java-Applets etc. in HTML-Dokumente einzubinden. Es ersetzt andere Tags wie <applet>. Das Tag kann sowohl im <head>-Bereich als auch im <body>-Bereich in der Form <object> ... </object> angegeben werden. Für das Tag gelten die folgende Attribute:

classid	Gibt die URI an, unter der das Objekt zu finden ist.
[codebase]	Definiert die Basis-URI, unter der das Objekt zu finden ist. Fehlt diese Angabe, wird die URI des aktuell geladenen Dokuments als Basis verwendet.
[codetype]	Gibt den Inhaltstyp für den Objektcode an.
[type]	Gibt den Inhaltstyp für die Objektdaten an.
[data]	Kann verwendet werden, um den Speicherort der Objektdaten in Form einer relativen URI anzugeben.
[name]	Optionales Attribut, welches dem Applet einen Namen zuweist.
width/ height	Legen die Anfangsbreite und -höhe des Objekts in Pixel fest.

[archive]	Erlaubt eine durch Leerzeichen getrennte Liste von URIs anzugeben, die auf für das Objekt relevante Ressourcen verweisen.
[standby]	Dient zur Aufnahme einer Meldung, die beim Laden des Objekts angezeigt wird.
[align]	Definiert die Ausrichtung des Objekts (*left, right, top, middle, bottom*).
[vspace/ hspace]	Gibt einen Rand in Pixel um das Objekt an, der frei bleiben soll.
[usemap]	Definiert, dass eine clientseitige Image Map verwendet wird.
[declare]	Instanzen-Flag deklarieren, aber nicht instantiieren.
[tabindex]	Position des Objekts in der Tabulator-Reihenfolge der Seite.

Zusätzlich lassen sich die allgemeinen Attribute *id, class, lang, dir, title* und *style* sowie die Ereignisattribute *onClick*, *onDblClick*, *onMouseDown*, *onMouseUp*, *onMouseOver*, *onMouseMove*, *onMouseOut*, *onKeypress*, *onKeyDown* und *onKeyUp* verwenden. Die nachfolgende Anweisung zeigt die Anwendung des <object>-Tags.

```
<object id="clock1"
 classid="clsid:663C8FEF-1EF9-11CF-A3DB-080036F12502"
 data="data:application/x-oleobject;base64,
       base64 data ">Uhr
</object>
```

<ol> HTML 2.0-4.0x

Zur Erstellung von Numerierungen (ordered lists) wird das <ol>-Tag in der Form <ol> ... </ol> benutzt. Die Aufzählungsabsätze sind dann durch jeweils ein <li>-Tag einzuleiten. Das <ol>-Tag besitzt in HTML 4.0 die folgenden Attribute:

[compact]	Die Liste soll möglichst kompakt dargestellt werden (der Einzug der Aufzählungsabsätze wird reduziert).

[type]	Legt die Art der Nummerierung fest: 1 arabisch (1,2,3 etc.) I römisch (I,II, III etc.) i römisch (i, ii, iii etc.) A Buchstaben (A, B, C etc.) a Buchstaben (a, b, c etc.)
[start]	Legt den Wert für das erste Nummerierungssymbol der Aufzählung fest. Es ist immer eine Zahl anzugeben auch wenn Sie als *type* etwa Buchstaben gewählt haben.

Diese Attribute sollten jedoch gemäß der HTML 4-0-Spezifikation nicht mehr verwendet werden. Diese Attribute lassen sich in Style Sheets global definieren. Neben diesen spezifischen Attributen können auch die allgemein für jedes Tag gültigen Attribute *id, class, lang, dir, title* und *style* sowie die Ereignisattribute *onClick*, *onDblClick*, *onMouseDown*, *onMouseUp*, *onMouseOver*, *onMouseMove*, *onMouseOut*, *onKeypress*, *onKeyDown* und *onKeyUp* verwendet werden. Das folgende Beispiel erstellt eine einfache nummerierte Liste:

```
<ol type="i" start="4">
<li>Äpfel</li>
<ol>
<li>Birnen</li>
<li>Bananen</li>
</ol>
<li type="a" value="6">Kirschen</li>
<li>Trauben</li>
</ol>
```

Im Browser wird diese Liste dann gemäß Bild A.17 dargestellt.

<optgroup> HTML 4.0x

Dieses Tag wird in Formularen innerhalb einer <select>-Sequenz benutzt, um eine Optionsfeldgruppe zu erstellen. Die Elemente der Gruppe sind in <optgroup> ... </optgroup> einzubetten. Das Tag besitzt lediglich zwei Attribute:

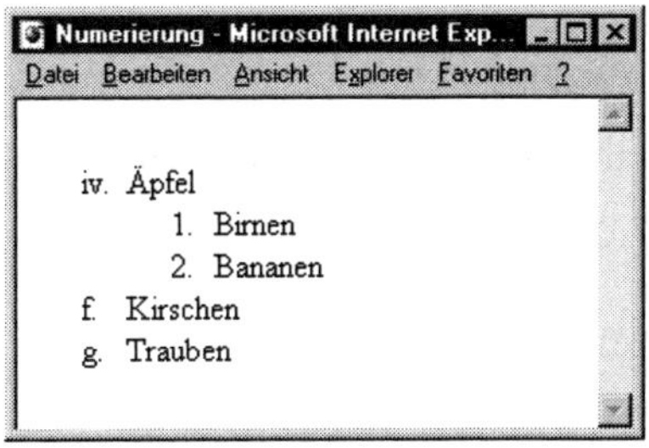

Bild A.17: Aufzählungsliste

[label]	Definiert eine Beschriftung für die Optionsfeldgruppe.
[disabled]	Signalisiert, dass die Optionsfelder der Gruppe gesperrt sind.

Die nachfolgenden HTML-Anweisungen demonstrieren die Anwendung dieses Tags.

```
<form action="http://www.xx.com/prog/test"
  method="post">
 <p>
 <select name="comos">
  <optgroup label="Tor 3">
   <option label="A"
     value="3-A">Tor 3 A
   <option label="B"
     value="3-B">Tor 3 B
   <option label="C"
     value="3-C">Tor 3 C
  </optgroup>
 </select>
</form>
```

<option> HTML 2.0-4.0x

Dieses Tag legt einen Auswahlpunkt in einem per <select>-Tag erzeugten Listenfeld eines Formulars fest. Ein abschließendes </option>-Tag ist nicht zwingend erforderlich. Das Tag darf nur innerhalb einer <select> ... </select>-Sequenz auftreten. Jeder <option>-Eintrag definiert einen Eintrag im Listenfeld. Das Tag besitzt folgende Attribute:

[selected]	Das Attribut wählt einen Eintrag im Listenfeld aus. Fehlt dieses Attribut, wird das erste Element ausgewählt.
[value]	Rückgabewert, falls der Eintrag gewählt wurde. Fehlt das Attribut, wird der Text des Eintrags übergeben.

Das folgende Beispiel erstellt eine solche Liste:

```
<form>
 <label>Obst</label>
 <select name="Früchte">
 <option>Apfel</option>
 <option>Banane</option>
 <option>Erdbeere</option>
 </select>
</form>
```

Im Browser wird dieses Listenfeld dann gemäß Bild A.18 als einzeiliges Listenfeld dargestellt:

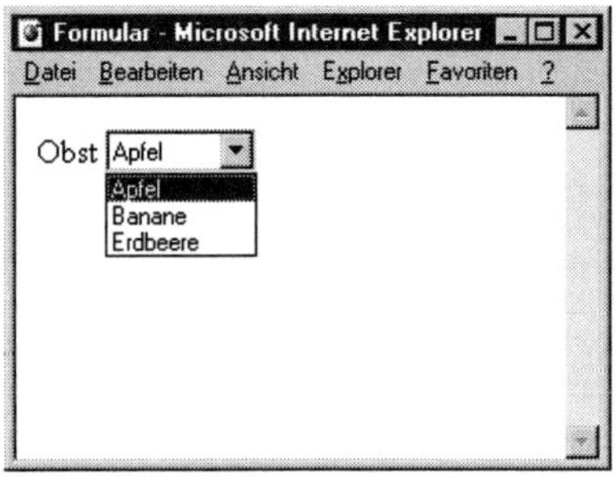

Bild A.18: Listenfeld in einem Formular

<p> HTML 2.0-4.0x

Das Tag leitet einen Absatzwechsel ein, und die Folgezeile wird mit etwas Abstand zum vorhergehenden Text angezeigt. Obwohl ein abschließendes Tag </p> nicht erforderlich ist, empfiehlt die HTML-4.0-Spezifikation, den gesamten Absatz in die Tags <p> ... </p> einzuschließen. Im Hinblick auf XHTML ist das abschließende Tag sogar erforderlich. Das Tag kann mit dem *align*-Attribut benutzt werden. Dieses Attribut definiert, wie der Absatz auszurichten ist (left, right, center). Die HTML-4.0-Spezifikation empfiehlt jedoch, auf dieses Attribut zu verzichten und die Ausrichtung über Style Sheets vorzunehmen. Zusätzlich lassen sich noch die allgemeinen Attribute *id, class, title, dir, lang* und *style* verwenden. Die folgenden Beispiele zeigen die Verwendung dieses Tags:

```
<p>Dies ist eine Zeile im Text.</p>
<p align=right>Der Folgetext wird rechtsbündig ausgerichtet.</p>
```

<param> HTML 4.0x

Dieses Tag wird im <object>-Tag benutzt, um Parameter zu übergeben. Es gibt kein abschließendes Tag. Das Tag benötigt im Wesentlichen die zwei Attribute *name* und *data*, um die Parameter anzugeben. Die nachfolgenden Attribute sind für dieses Tag definiert:

name	Legt im Wert des Attributs den Namen des Parameters fest.
value	Der Wert des Attributs nimmt den Parameter auf.
[valuetype]	Gibt den Typ (data, ref, object) des Werts an.
[id]	Legt einen *id*-Code für das Objekt fest. Dieser *id*-Wert kann in einem Verweis als Anker dienen.
[type]	Gibt den Inhaltstyp der Daten an.

Das nachfolgende Beispiel zeigt, wie das Tag eingesetzt wird.

```
<object  classid="http://www.mut.de/uhr.avi">
 <param name="height" value="40" valuetype="data">
 <param name="width" value="40" valuetype="data">
 Der Browser kennt das Objekt nicht.
</object>
```

Unterstützt der Browser das Tag nicht, erscheint der zwischen <object> ... </object> stehenden Text. Andernfalls wird das Objekt mit den betreffenden Parametern geladen.

<plaintext> HTML 2.0

Dieses Tag ist in HTML 4.0 entfallen. Setzen Sie stattdessen das <pre>-Tag ein.

<pre> HTML 2.0-4.0x

Das Tag ist in der Form <pre> ... </pre> zu verwenden. Innerhalb der Tags lässt sich ein vorformatierter Text (z.B. ein Listing) einfügen. Dieser wird im HTML-Dokument in einer nicht-proportionalen Schriftart angezeigt. Zeilenumbrüche, Tabulatoren und Leerzeichen im vorformatierten Text werden so dargestellt, wie sie im Text vorkommen. Ein Tab-Zeichen wird meist in acht Leerzeichen umgesetzt. Das optionale *width*-Attribut definiert die maximale Länge der Textzeile (wird aber nicht von allen Browsern unterstützt). Das folgende Beispiel enthält einen solchen vorformatierten Text:

```
<pre>Dieser Text ist frei
     formatiert und wird
     entsprechend ausgegeben
</pre>
```

<q> HTML 4.0x

Das (neue HTML-4-)Tag erlaubt die Auszeichnung von Zitaten in einem Dokument und ist in der Form <q> ... </q> zu verwenden. Das optionale *cite*-Attribut definiert eine URI auf die Stelle, an der das Zitat entnommen wurde. Das folgende Beispiel enthält einen solchen vorformatierten Text:

```
In seiner Rede sagte Vater: <q lang="de">Ich sah
die Erfolge meiner Arbeit. Aber die Früchte konnte ich noch nicht
ernten. </q>
```

Sie können weiterhin die allgemein verwendbaren Attribute wie *id*, *class*, *lang*, *dir*, *title* und *style* einfügen.

<s> HTML 2.0

Mit <s> ... </s> lässt sich ein Text als durchgestrichen markieren.

```
In seiner Rede sagte Vater: <s>Ich sah
die Erfolge meiner Arbeit. Aber die Früchte konnte ich noch nicht
ernten. </s>
```

Hier wird der betreffende Text durchgestrichen. Sie können weiterhin die allgemein verwendbaren Attribute wie *id, class, lang, dir, title* und *style* einfügen. Dieses Tag sollte nach der HTML-4.0-Spezifikation jedoch nicht mehr benutzt werden. Durchgestrichene Texte lassen sich auch über Style Sheets realisieren.

<samp> HTML 2.0-4.0x

Dieses Tag wird in der Form <samp> ... </samp> benutzt, um Beispiele (z.B. Programmausgaben) zu markieren. Der zwischen den beiden Tags stehende Text wird mit einer nicht-proportionalen Schriftart (z.B. Courier) dargestellt. Innerhalb des Texts lassen sich die Tags <a>, <br> und <img> verwenden. Sie können die allgemein verwendbaren Attribute wie *id, class, lang, dir, title* und *style* einfügen. Das folgende Beispiel zeichnet einen kurzen Text mit <samp> aus:

```
Das Programm meldet sich mit:<br>
<samp>Windows Version xx.xx</samp><br>
und Sie k&ouml;nnen nun mit der Arbeit beginnen.
```

Im Browser wird dieser Text gemäß Bild A.19 dargestellt.

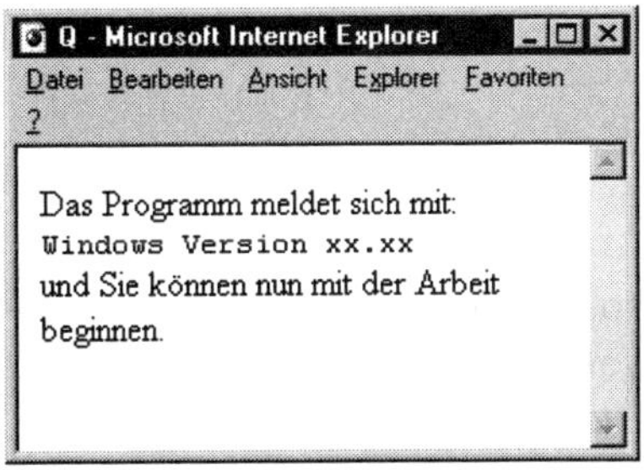

Bild A.19: Textstellen mit >samp< auszeichnen

<script> HTML 4.0x

Dient zum Einbinden von Skriptbefehlen (z.B. JavaScript oder VBScript). Die Skriptbefehle werden zwischen die beiden Tags <script> ... </script> gestellt, wobei das Tag mehrfach im Kopfteil (<head>) und im Dokumentteil (<body>) des HTML-Dokuments vorkommen darf.

Dem Browser sollte die Standard Skriptsprache über ein <meta>-Tag im Header mitgeteilt werden:

```
<meta http-equiv="Content-Script-Type" content="type">
```

Der Platzhalter »type« enthält dann Werte wie »text/tcl«, »text/javascript«, »text/vbscript« etc. In Anlehnung an viele bestehende Skripts wird der Typ jedoch als Attribut im <script>-Tag angegeben. Die Anweisungen des Skript sollen zusätzlich in einen Kommentar mit <!-- ... --> eingebettet werden, um die Fehlinterpretation durch Browser, die keine Skripts unterstützen, zu vermeiden. Dies sieht in JavaScript folgendermaßen aus:

```
<script type="text/javascript">
<!--
Scriptanweisungen
//-->
</script>
```

In VBScript sind die abschließenden Kommentarzeichen mit einem ' anzugeben:

```
<script type="text/vbscript ">
<!--
Scriptanweisungen
'-->
</script>
```

JavaScript wird von Netscape und von Microsoft in ihren Browsern unterstützt. VBScript wird z.Z. nur vom Microsoft Internet Explorer. Für das <script>-Tag sind folgende Attribute definiert:

[language]	Definiert die benutzte Programmiersprache (»JavaScript« beim Netscape Navigator und »JavaScript« bzw. »VBScript« beim Microsoft Internet Explorer). Dieses Attribut sollte gemäß der HTML-4.0-Spezifikation nicht mehr verwendet werden, da die Werte nicht standardisiert sind. (Allerdings zwingen die Browser Sie dazu, das Attribut noch anzugeben. Der Microsoft Internet Explorer nimmt beispielsweise bei fehlendem Attribut JavaScript als Sprache an und löst bei VBScript Fehler aus.)
[charset]	Gibt die Zeichenkodierung des angegebenen Dokuments an.
[type]	Definiert den Inhaltstyp der Skriptsprache (»text/»javascript, »text/vbscript«, »text/tcl« etc.)
[src]	Gibt eine URI für ein externes Skript an.
[defer]	Ist das Attribut vorhanden, signalisiert dies dem Browser, dass keine anzeigbaren Dokumentinhalte durch das Skript erzeugt werden.

Die Syntax innerhalb des Skripts hängt von der verwendeten Skriptsprache ab. Das folgende JavaScript gibt das Datum aus, an dem die HTML-Datei gespeichert wurde.

```
<head>
<title type="text/javascript">Skript-Demo</title>
<Script language="JavaScript">
<!--
 function DateiDate()  // Datum letzte Änderung
{
 var datum = document.lastModified
 datum = datum.substring(7,10) +
         datum.substring(3,8)  +
         datum.substring(20,24)
 return datum
}
//-->
</Script>
</head>
<body>
Dieses Dokument wurde am:
<Script language="JavaScript"><!--
 document.write (DateiDate())
//-->
```

```
</Script>
zuletzt geändert.
</body>
</html>
```

Die betreffende Funktion ermittelt das Datum der letzten Änderung aus den Dateiattributen des HTML-Dokuments, extrahiert das Datum und liefert diesen Wert zurück. Die folgenden Anweisungen enthalten VBScript-Code und liefern das aktuelle Datum im HTML-Dokument zurück:

```
<html>
<head>
<title>Skript-Demo</title>
<Script type="text/vbscript" language="VBScript">
<!--
 Sub Datum  ' aktuelles Datum ausgeben
  document.write (date)
 End sub
'-->
</Script>
</head>
<body>
Aktuelles Datum:
<Script type="text/vbscript">
<!--
 datum ()
'--></Script>
</body>
</html>
```

<select> HTML 2.0-4.0x

Das Tag darf nur innerhalb einer <form> ... </form>-Sequenz auftreten. Es erzeugt ein Listen- oder Kombinationsfeld mit einem oder mehreren auswählbaren Einträgen in einem Formular. Das Tag wird in der Kombination <select> ... </select> angegeben. Zur Definition der Einträge im Listenfeld wird das <option>-Tag benutzt. Das Tag besitzt folgende Attribute:

[size]	Gibt die Zahl der sichtbaren Zeilen in der Anzeige der Auswahlliste an. Fehlt das Attribut, wird ein einzeiliges Kombinationsfeld erzeugt.

[multiple]	Gleichzeitige Auswahl mehrerer Optionen zulassen (nur in Darstellung als mehrzeiliges Listenfeld).
[disabled]	Das Steuerelement ist gesperrt.
[tabindex]	Gibt den Index in der Reihe der anwählbaren Steuerelemente in der Anwahlreihenfolge an.
[onblur]	Ereignisattribut, ruft eine Skriptfunktion beim Verlassen des Objekts auf.
[onchange]	Ereignisattribut, ruft eine Skriptfunktion beim Verlassen des Objekts auf, sofern sich dessen Inhalt geändert hat.
[onfocus]	Ereignisattribut, ruft eine Skriptfunktion auf, sobald das Objekt den Eingabefokus erhält.
[onselect]	Ereignisattribut, ruft eine Skriptfunktion auf, sobald das Objekt ausgewählt wurde.

Das folgende Beispiel erstellt ein solches Listenfeld:

```
<form action="mailto:xyz@mailer.com" method="get">
Eingabe:
<select name="Früchte" size="3" value="Hallo"><br>
<option>Apfel</option>
<option>Banane</option>
<option>Erdbeere</option>
</select><p>
<input type="submit" name="04" value="Senden">
</form>
```

Im Browser wird diese Liste dann entweder als Listen- oder als Kombinationsfeld dargestellt. Dies hängt davon ab, ob das Attribut *size* gesetzt wurde oder nicht. In obigem Beispiel ist *size="3"* gesetzt, d.h., drei Elemente des Listenfelds werden angezeigt. Im Browser sieht das obige Beispiel dann gemäß Bild A.20 aus.

<small> HTML 3.2-4.0x

Der zwischen <small> ... </small> dazwischenliegende Text wird in verkleinerter Schrift ausgegeben.

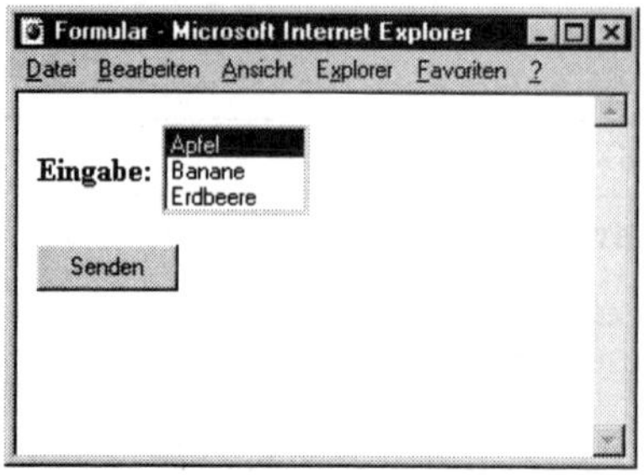

Bild A.20: Listenfeld in einem Formular

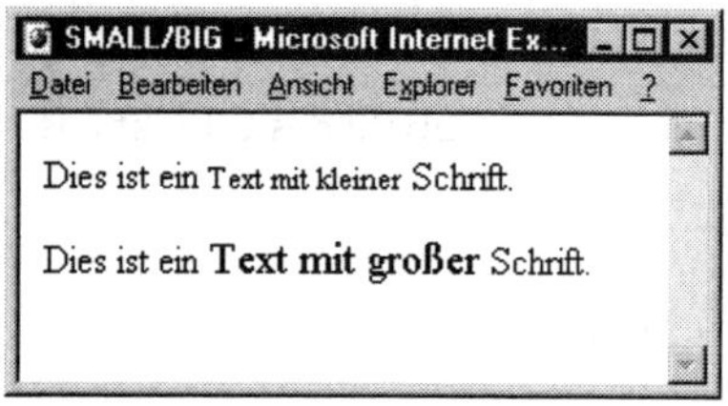

Bild A.21: Mit <big> und <small> ausgezeichnete Texte

Das Tag kann die allgemeingültigen Attribute *id, lang, dir, title* und *style* sowie die Ereignisattribute *onClick*, *onDblClick*, *onMouseDown*, *onMouseUp*, *onMouseOver*, *onMouseMove*, *onMouseOut*, *onKeypress*, *onKeyDown* und *onKeyUp* aufnehmen. Das folgende Beispiel zeichnet einen kurzen Text mit <small> aus:

```
Dies ist ein <small>Text mit kleiner Schrift</small>.
```

In Bild A.21 sehen Sie Texte, die mit <small> und <big> ausgezeichnet wurden.

<span> HTML 4.0x

Dieses Tag markiert Bereiche, die zwischen <span> ... </span> liegen. Über das *id*-Attribut lässt sich auf die Bereiche zugreifen. Die Hauptaufgabe dieses Tags ist es, Textabschnitte mit einem Style Sheet zu kombinieren, die anderweitig nicht mit einem Tag hervorgehoben werden sollen.

style	Definiert den Stil für den Textabschnitt (z.B. Dies ist <span style="color : #FF0000t">ein roter Text</span> im Dokument).
class	Definiert den Klassenstil für das angegebene Textteil (z.B. <span class="textrot">Ein roter Text</span> mit hinterlegten Stellen).

Im Tag lassen sich die allgemeinen Attribute *id, lang, dir, title* und *align* sowie die Ereignisattribute *onClick*, *onDblClick*, *onMouseDown*, *onMouseUp*, *onMouseOver*, *onMouseMove*, *onMouseOut*, *onKeypress*, *onKeyDown* und *onKeyUp* verwenden. Das folgende Beispiel zeigt, wie sich ein Teil eines Textdokuments mit dem <span>-Tag versehen und damit in einem anderen Stil darstellen lässt.

```
Beim Verkauf von Autos kam der Umsatz
<span style="color : #FF0000">1996
nicht über 10 %</span> hinaus.
```

Hier wird nur der zwischen <span> ... </span> stehende Text mit der Farbe ausgezeichnet. Verwenden Sie das *class*-Attribut (z.B. Text <span CLASS="textrot"> in roter Farbe</span> ist möglich), lässt sich der Stil zentral im Dokumentkopf vereinbaren.

<strike> HTML 3.2-4.0x

Mit <strike> ... </strike> lassen sich Textteile durchstreichen. Das Tag kann die allgemeinen Attribute *id, class, lang, dir, title, style* und *align* sowie die Ereignisattribute *onClick*, *onDblClick*, *onMouseDown*, *onMouseUp*, *onMouseOver*, *onMouseMove*, *onMouseOut*, *onKeypress*, *onKeyDown* und *onKeyUp* aufnehmen. Das folgende Beispiel zeichnet einen kurzen Text mit <strike> aus:

```
Dies ist ein <strike>durchgestrichener</strike> Text.
```

Zum Durchstreichen von Textstellen sollten Sie zukünftig auf Style Sheets zurückgreifen.

<strong> HTML 3.2-4.0x

Mit <strong> ... </strong> lassen sich Textstellen hervorheben. Es handelt sich dabei um eine logische Formatierung, die vom Browser üblicherweise in

Fettdruck angezeigt wird. Die HTML-Dokumentation empfiehlt diese Auszeichnung anstelle von <b> zu verwenden. Im Tag dürfen die allgemeinen Attribute *id, class, lang, dir, title, style* und *align* sowie die Ereignisattribute *onClick*, *onDblClick*, *onMouseDown*, *onMouseUp*, *onMouseOver*, *onMouseMove*, *onMouseOut*, *onKeypress*, *onKeyDown* und *onKeyUp* aufgenommen werden. Das folgende Beispiel zeichnet einen kurzen Text mit <strong> aus:

```
Dies ist ein <strong>hervorgehobener Text</strong>.
```

Bild A.22 zeigt ein Dokument mit durchgestrichenem und mit <strong> ausgezeichnetem Text.

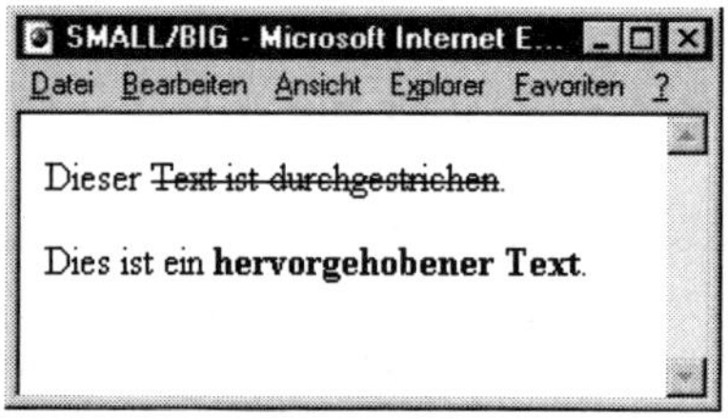

Bild A.22: Hervorgehobener und durchgestrichener Text

<style> HTML 4.0x

Mit diesem Tag werden in HTML 4.0 Vorlagen (Style Sheets) im Dokumentkopf vereinbart. Hierbei ist das Tag in der Form

```
<style>
<--
...
-->
</style>
```

anzugeben. Die Kommentarzeichen sorgen dafür, dass auch ältere Browser, die keine Style Sheets unterstützen, den Inhalt zwischen den Tags überlesen. Das Tag besitzt folgende Attribute:

[type]	Definiert den Inhaltstyp für die Stilangabe (z.B. »text/css«).
[media]	Legt fest, für welches Medium (z.B. »screen«) die Vorlage definiert wurde.
[title]	Definiert einen Titel.

Zusätzlich lassen sich noch die allgemeinen Attribut *lang* und dir einfügen. Das folgende Beispiel zeigt, wie sich ein Stil im HTML-Dokument definieren lässt:

```
<html>
<head>
<title>Style-Intro</title></head>
<style type="text/css">
<!--

body { background: pink }

h2 { font-size: 24pt;
     color : blue;
   }
p  { font-size: 14pt;
     margin-left: 5pt;
   }

.p { font-size: 14pt;
     margin-left: 15pt;
     background: aqua;
   }
-->
</style>
</head>
<body>
<h2>Umgang mit Styles</h2>
<p>Mit Styles lassen sich pfiffige Dokumente gestalten.</p>
<p><span class=p>Dies ist ein eingezogener Absatz</span>
</body>
</noframes>
</html>
```

Bild A.23: Anzeige eines mit Style Sheets gestalteten Dokuments

Im Kopf des Dokuments werden die Styles für das <body>-, das <h2>-Tag und das <p>-Tag vereinbart. Diese überschreiben die Standardvorgaben des Browsers für die betreffenden Tags. Die Anwendung erfolgt, sobald ein Text mit dem Tag ausgezeichnet ist. Weiterhin gibt es im Kopf noch die Klassendefinition *.p*, die sich später mit <span class="p"> einem Text zuweisen lässt. Das Ergebnis ist in Bild A.23 zu sehen.

<sub> HTML 3.2-4.0x

Das Tag erlaubt es, den Text zwischen _{...} tieferzustellen (Subscript). Das Tag kann zusätzlich die allgemein für Tags zulässigen Attribute *id, class, lang, dir, title* und *style* sowie die Ereignisattribute *onClick*, *onDblClick*, *onMouseDown*, *onMouseUp*, *onMouseOver*, *onMouseMove*, *onMouseOut*, *onKeypress*, *onKeyDown* und *onKeyUp* aufnehmen. Das folgende Beispiel zeichnet einen kurzen Text mit <sub> aus:

```
Dies ist ein <sub>tiefgestellter</sub> Text.
```

zeigt einen Text mit hoch- und tiefgestellten Zeichen.

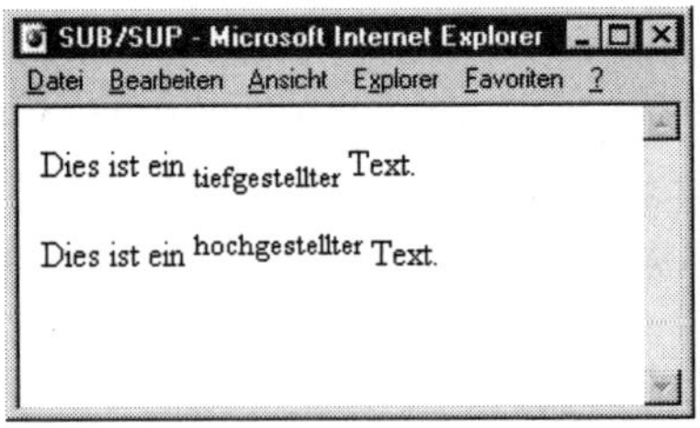

Bild A.24: Hoch-/tiefgestellte Zeichen

<sup> HTML 3.2-4.0x

Das Tag erlaubt Texte, die zwischen ^{...} stehen, hochzustellen (Superscript). Im Tag dürfen zusätzlich die allgemein für Tags zulässigen Attribute *id, class, lang, dir, title* und *style* sowie die Ereignisattribute *onClick*, *onDblClick*, *onMouseDown*, *onMouseUp*, *onMouseOver*, *onMouseMove*, *onMouseOut*, *onKeypress*, *onKeyDown* und *onKeyUp* verwendet werden. Das folgende Beispiel zeichnet einen kurzen Text mit <sup< aus:

```
Dies ist ein <sup>hochgestellter</sup> Text.
```

<table> HTML 3.2-4.0x

Das Tag leitet eine Tabellendefinition ein und kommt immer in der Form <table> ... </table> vor. Innerhalb der Sequenz können die Tags <caption>, <td>, <th> und <tr> sowie die Gruppentags <tfoot>, <tbody>, <thead>, <colgrp> und <col> einfügen, um die Zellen bzw. Gruppen der Tabelle zu definieren. Das <table>-Tag besitzt verschiedene Attribute:

[align]	Bestimmt die Ausrichtung der Tabelle und der Tabellenüberschrift: *left*: Tabelle und Einträge linksbündig ausrichten *right*: Tabelle und Elemente rechtsbündig anordnen *center*: Tabelle zentrieren Dieses Attribut sollte zukünftig durch Style Sheets ersetzt werden.
[border]	Dicke der Rahmenlinie in Pixel. Werte größer 0 sorgen für die Anzeige eines Tabellenrands in Form eines Rahmens. border="0" unterdrückt den Rand.
[cellpadding]	Definiert den Abstand zwischen Zellrand und dem Zellinhalt. Der Wert 0 erlaubt, dass der Text bis zum Zellrand reicht.
[cellspacing]	Legt den Abstand zwischen zwei Tabellenzellen fest.
[width]	Beschreibt die gewünschte Tabellenbreite (absolut in Pixel oder in % der Fensterbreite). Fehlt das Attribut, wird die Breite über den Tabelleninhalt bestimmt.
[summary]	Kann eine Zusammenfassung des Zwecks der Tabelle aufnehmen.
[bgcolor]	Hintergrundfarbe der Tabelle (Hexadezimalwert oder Farbname). Dieses Attribut sollte nicht mehr benutzt werden. Statt dessen sollten Style Sheets verwendet werden.

[frame]	Spezifiziert, welche Seite des äußeren Rahmens anzuzeigen ist: *void*: Entferne alle äußeren Rahmen. *above*: Oberen Rand anzeigen. *below*: Unteren Rand anzeigen. *hsides*: Oberen und unteren Rand anzeigen. *lhs*: Linken Rand anzeigen. *rhs*: Rechten Rand anzeigen. *vside*: Linken/rechten Rand anzeigen. *box*: Rahmen um Tabelle anzeigen. *border*: Rand an allen Seiten anzeigen.
[rules]	Definiert den Linientyp, der für die inneren Zellen der Tabelle benutzt wird: *none*: Entfernt interne Tabellenlinien. *groups*: Horizontale Linien zwischen Tabellengruppen ausgeben. Gruppen werden durch die Elemente *thead*, *tbody* und *tfoot* definiert. *rows*: Zeigt horizontale Linien zwischen allen Zeilen. *cols*: Zeigt vertikale Ränder zwischen den Spalten an. *all*: Zeigt einen Rand für Zeilen und Spalten an.

Weiterhin dürfen noch die Attribute *id, class, lang, dir, title* und *style* verwendet werden. Zusätzlich unterstützt das Tag die Ereignisattribute *onClick*, *onDblClick*, *onMouseDown*, *onMouseUp*, *onMouseOver*, *onMouseMove*, *onMouseOut*, *onKeypress*, *onKeyDown* und *onKeyUp*. Das folgende Beispiel erstellt eine kleine Tabelle:

```
<table border="1" cellpadding="5"
cellspacing="0" width="70%">
<tr>
<th align="left">Spalte 1</th>
<th align="left">Spalte 2</th>
</tr>
<tr><td colspan="2">
<center>
<i>Kursiver Text reicht über zwei Spalten</i>
</center></td></tr>
<tr><td>Zelle 1.1</td><td>Zelle 1.2</td></tr>
<tr><td>Zelle 2.1</td><td>Zelle 2.2</td></tr>
</table>
```

Im Browser wird diese Tabelle gemäß Bild A.25 dargestellt.

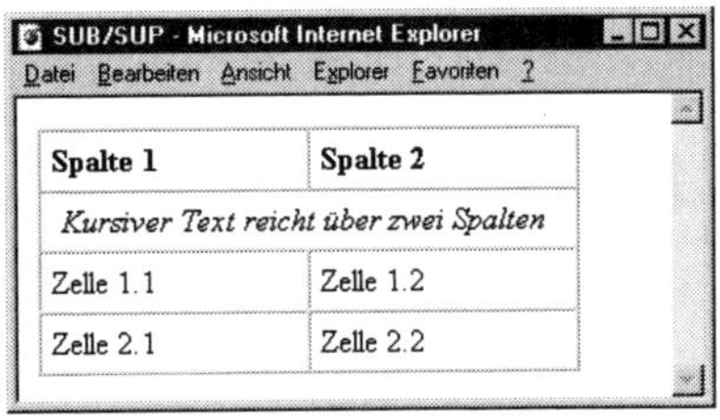

Bild A.25: Einfache Tabelle

<tbody> HTML 4.0x

Dieses Tag legt den Beginn einer Gruppe (Rumpf) der Tabelle fest. Diese Gruppenfestlegung wird gebraucht, wenn das *rules*-Attribut im <table>-Tag benutzt wird. Der Browser soll dann den Rumpf durch eine waagerechte Linie vom Tabellenkopf abgrenzen. Das Tag besitzt keine spezifischen Attribute. Sie können aber die allgemeinen Attribute *id, class, lang, dir, title* und *style* verwenden. Zusätzlich unterstützt das Tag die Ereignisattribute *onClick*, *onDblClick*, *onMouseDown*, *onMouseUp*, *onMouseOver*, *onMouseMove*, *onMouseOut*, *onKeypress*, *onKeyDown* und *onKeyUp*. Das folgende Beispiel zeigt den Einsatz dieses Tags.

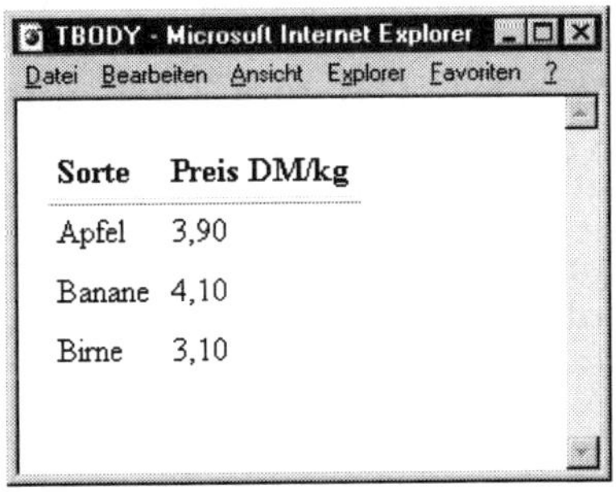

Bild A.26: Beispieltabelle mit <tbody>-Markierung

```
<html>
<head>
<title>tbody</title>
</head>
<body>
```

```
<table border="3" frame="void" cellpadding="3"
  cellspacing="2" rules="groups">
<tr><!-- Kopf der Tabelle -->
<th align="left">Sorte</th>
<th align="left">Preis DM/kg</th>
</tr>
<tbody><!-- Rumpf der Tabelle -->
<tr><td>Apfel</td><td>3,90</td></tr>
<tr><td>Banane</td><td>4,10</td></tr>
<tr><td>Birne</td><td>3,10</td></tr>
</table>
</body>
</html>
```

Das <tbody>-Tag markiert lediglich den Beginn des Tabellenrumpfs. Um diesen Rumpf sichtbar zu machen, wurde im <table>-Tag das Attribut *rules*-Attribut auf »groups« gesetzt. Das Ergebnis sehen Sie in Bild A.26.

<td> HTML 3.2-4.0x

Tabellen werden zeilenweise durch Aneinanderreihung von einzelnen Zellen erstellt. Das <td>Tag wird in der <table> ... </table>-Sequenz innerhalb <tr> ... </tr> zur Beschreibung einer Tabellenzelle mit Daten benutzt (in HTML 4.0 können <td>-Tags auch Kopfzellen angeben). Sie können, müssen aber nicht, das abschließende </td>-Tag angeben. Das <td>-Tag besitzt verschiedene Attribute, um die Eigenschaften der Tabelle zu definieren.

[align]	Bestimmt die horizontale Ausrichtung der Zellinhalte: *left*: linksbündig ausrichten (Standard) *center*: zentriert *right*: rechtsbündig anordnen *justify*: Blocksatz *char*: an Zeichen (z. B. ,) ausrichten
[char]	Gibt das Zeichen an, nach dem die Ausrichtung align="char" erfolgen soll.
[charoff]	Gibt einen Offset in der Spalte an, um dem das auszurichtende Zeichen zu verschieben ist (z. B. <td char="," charoff="70%" align="char">).

[abbr]	Definiert eine Abkürzung für den Zellinhalt, der vom Browser angegeben werden kann.
[axis]	Das Attribut lässt sich verwenden, um eine Zelle in eine Kategorie einzuordnen, die durch ein n-dimensionales Koordinatensystem beschrieben wird.
[header]	Das *head*-Attribut spezifiziert eine Liste der Header-Zellen der Datenzellen. Diese werden als Liste von Zellnamen (*id*-Attribute), die durch Leerzeichen getrennt sind, angegeben.
[scope]	Das Attribut spezifiziert einen Satz an Datenzellen, auf die sich die Header-Zelle bezieht. Das Attribut kann die folgende Werte annehmen: *row*: Enthält Header-Informationen für die restliche Zellreihe. *col*: Der Header bezieht sich auf eine Tabellenspalte. *rowgroup*: Der Header enthält Informationen für den Rest der Zeilen der Gruppe. *colgroup*: Der Header enthält Informationen für den Rest der Spaltengruppe.
[colspan]	Gibt an, ob die Zelle über mehrere Spalten der Tabelle reicht. Ein Wert von 2 erweitert die Zelle um eine Spalte nach rechts.
[rowspan]	Gibt an, ob die Zelle über mehrere Zeilen der Tabelle reicht. Ein Wert von 2 erweitert die Zelle um eine Zeile nach unten.
[valign]	Legt die vertikale Ausrichtung des Zellinhalts fest: *top*: am oberen Zellrand *middle*: vertikal zentriert (Standard) *bottom*: am unteren Zellrand *baseline*: Erstzeile aller Zellen an Grundlinie ausrichten
[bgcolor]	Hintergrundfarbe der Zelle als Hexadezimalwert (#rrggbb) oder als einer der 16 Farbnamen. Überschreibt das Attribut in <table> oder <tr>.
[nowrap]	Zellinhalt am rechten Rand nicht umbrechen. Die Spalte wird entsprechend erweitert.
height	Definiert die Zellhöhe (in % oder in Pixel).
width	Definiert die Zellhöhe (in %, in Pixel oder als Mindestmaß).

Die Attribute *nowrap, height* und *width* sollen gemäß der HTML-4.0-Spezifikation nicht mehr verwendet werden, da die Formatierung über Style

Sheets erfolgen kann. Zusätzlich lassen sich die allgemeinen Attribute *id, class, lang, dir, title* und *style* verwenden. Das Tag unterstützt auch die Ereignisattribute *onClick*, *onDblClick*, *onMouseDown*, *onMouseUp*, *onMouseOver*, *onMouseMove*, *onMouseOut*, *onKeypress*, *onKeyDown* und *onKeyUp*. Die nachfolgenden Anweisungen zeigen den Einsatz dieses Tags:

```
<html>
<head>
<title>td</title>
</head>
<body>
<table border="1">
 <tr>
  <td> </td> <!-- erste Zelle -->
  <td>       <!-- oder so     -->
 </tr>
</table>
</body>
</html>
```

<textarea> HTML 2.0-4.0x

Mit der Kombination <textarea> ... </textarea> lässt sich ein mehrzeiliges Bearbeitungsfeld (Eingabefeld) in einem Formular erzeugen. Das Tag muss im HTML-Dokument im Abschnitt <form> ... </form> auftreten. Das Textfeld kann über das *cols*-Attribut n Zeichen breit und über das *rows*-Attribut n Zeilen hoch angelegt werden. Nachfolgend finden Sie eine Aufstellung der Attribute dieses Tags.

cols	Zahl der Spalten (Breite)
rows	Zeilenzahl
name	Legt den Namen des Textfeld-Steuerelements fest.
[disabled]	Gibt an, dass das Steuerelement gesperrt ist.
[readonly]	Im Textfeld lassen sich keine Eingaben vornehmen.
[tabindex]	Reihenfolge der Aktivierung per ⭾-Taste.
[accesskey]	Legt ein Zeichen für die Zugriffstaste fest.

[onblur]	Ereignisattribut, ruft eine Skriptfunktion beim Verlassen des Objekts auf.
[onchange]	Ereignisattribut, ruft eine Skriptfunktion beim Verlassen des Objekts auf, falls sich dessen Wert geändert hat.
[onfocus]	Ereignisattribut, ruft eine Skriptfunktion auf, wenn das Objekt den Fokus erhält.
[onselect]	Ereignisattribut, ruft eine Skriptfunktion bei einer Änderung der Textauswahl auf.

Zusätzlich lassen sich die allgemeinen Attribute *id, class, lang, dir, title* und *style* verwenden. DasTag unterstützt auch die üblichen Ereignisattribute. Die folgende kleine Sequenz erzeugt ein mehrzeiliges Eingabefeld:

```
<html>
<head>
<title>Textarea</title>
</head>
<body>
<form>
<label><b>Adresse:</b></label><br>
<textarea name="Adresse" cols="30" rows="5">
Hans Albers
Nebelweg 19
20000 Hamburg
</textarea>
</form>
</body>
</html>
```

Der Text innerhalb des Textfelds lässt sich nicht formatieren. Das Ergebnis der obigen Anweisungen ist in Bild A.27 zu sehen.

<tfoot> HTML 4.0x

Dieses Tag markiert den Beginn einer Gruppe von Zellen, die den Tabellenfuß darstellen. Diese Gruppenfestlegung wird gebraucht, wenn das *rules*-Attribut im <table>-Tag benutzt wird. Der Browser soll dann den Fuß durch eine waagerechte Linie vom Tabellenrumpf abgrenzen.

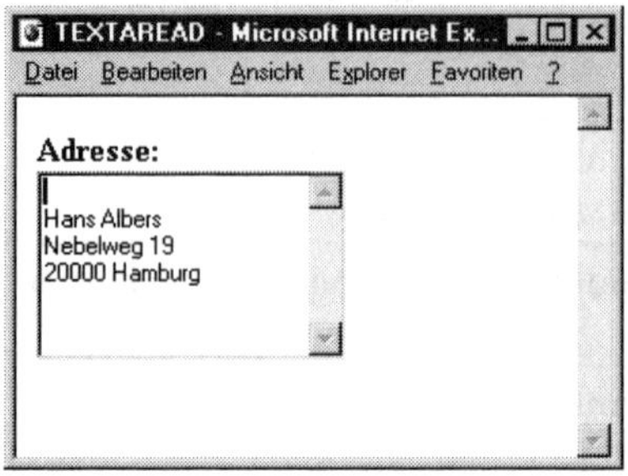

Bild A.27: Beispiel für ein Textfeld

Das Tag besitzt keine spezifischen Attribute. Sie können aber die allgemeinen Attribute *id, class, lang, dir, title* und *style* verwenden. Zusätzlich unterstützt das Tag die Ereignisattribute *onClick*, *onDblClick*, *onMouseDown*, *onMouseUp*, *onMouseOver*, *onMouseMove*, *onMouseOut*, *onKeypress*, *onKeyDown* und *onKeyUp*. Das folgende Beispiel zeigt den Einsatz dieses Tags.

```
<html>
<head>
<title>tfoot</title>
</head>
<body>
<table border="3" frame="void" cellpadding="3"
   cellspacing="2"  rules="groups">
<tr><!-- Kopf der Tabelle -->
<th align="left">Sorte</th>
<th align="left">Preis DM/kg</th>
</tr>
<tbody><!-- Rumpf der Tabelle -->
<tr><td>Apfel</td><td>3,90</td></tr>
<tr><td>Banane</td><td>4,10</td></tr>
<tr><td>Birne</td><td>3,10</td></tr>
<tfoot><!-- Fuß der Tabelle -->
<tr><td colspan=2>Angebot der Woche</td></tr>
</table>
</body>
</html>
```

Das <tfoot>-Tag markiert lediglich den Beginn des Tabellenfußes. Um diesen Fuß sichtbar zu machen, wurde im <table>-Tag das *rules*-Attribut auf »groups« gesetzt. Das Ergebnis sehen Sie in Bild A.28.

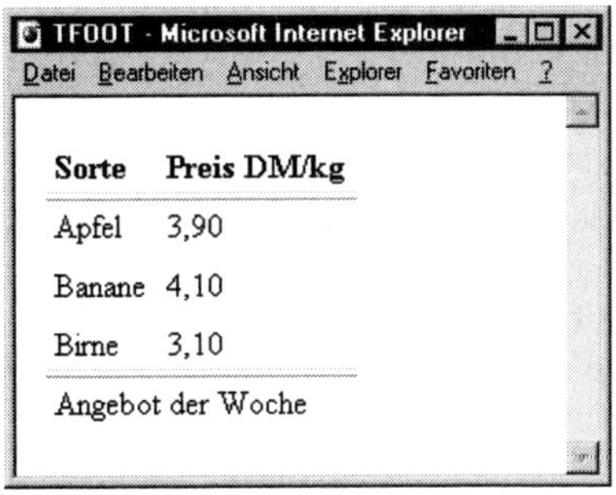

Bild A.28: Tabelle mit markiertem Fuß

<th> HTML 3.2-4.0x

Dieses Tag definiert eine Zelle, die als Tabellenüberschrift (Table Header) benutzt wird. Im Gegensatz zu einem <td>-Tag wird der Inhalt der Zelle zentriert und fett ausgegeben. Sie können dieses Tag innerhalb der Tabelle in jeder Zelle einfügen. Das <th>-Tag besitzt verschiedene Attribute, um die Eigenschaften der Tabelle zu definieren.

[align]	Bestimmt die horizontale Ausrichtung der Zellinhalte: *left*: linksbündig ausrichten (Standard) *center*: zentriert *right*: rechtsbündig anordnen *justify*: Blocksatz *char*: an Zeichen (z.B. ,) ausrichten
[char]	Gibt das Zeichen an, nach dem die Ausrichtung align="char" erfolgen soll.
[charoff]	Gibt einen Offset in der Spalte an, zu dem das auszurichtende Zeichen zu verschieben ist (z.B. <th char="," charoff="70%" align="char">).
[abbr]	Definiert eine Abkürzung für den Zellinhalt, der vom Browser angegeben werden kann.

[axis]	Das Attribut lässt sich verwenden, um eine Zelle in eine Kategorie einzuordnen, die durch ein n-dimensionales Koordinatensystem beschrieben wird.
[header]	Das *header*-Attribut spezifiziert eine Liste der Header-Zellen der Datenzellen. Diese werden als Liste von Zellnamen (ID-Attribute), die durch Leerzeichen getrennt sind, angegeben.
[scope]	Das Attribut spezifiziert eine Satz an Datenzellen, auf die sich die Header-Zelle bezieht. Das Attribut kann die folgende Werte annehmen: *row*: Enthält Header-Informationen für die restl. Zellreihe. *col*: Der Header bezieht sich auf eine Tabellenspalte. *rowgroup*: Der Header enthält Informationen für den Rest der Zeilen der Gruppe. *colgroup*: Der Header enthält Informationen für den Rest der Spaltengruppe.
[colspan]	Gibt an, ob die Zelle über mehrere Spalten der Tabelle reicht. Ein Wert von 2 erweitert die Zelle um eine Spalte nach rechts.
[rowspan]	Gibt an, ob die Zelle über mehrere Zeilen der Tabelle reicht. Ein Wert von 2 erweitert die Zelle um eine Zeile nach unten.
[valign]	Legt die vertikale Ausrichtung des Zellinhalts fest: *top*: am oberen Zellrand *middle*: vertikal zentriert (Standard) *bottom*: am unteren Zellrand *baseline*: Erstzeile aller Zellen an Grundlinie ausrichten
[bgcolor]	Hintergrundfarbe der Zelle als Hexadezimalwert (rrggbb) oder als einer der 16 Farbnamen. Überschreibt das Attribut in <table> oder <tr>.
[nowrap]	Zellinhalt am rechten Rand nicht umbrechen. Die Spalte wird entsprechend erweitert.
[height]	Definiert die Zellhöhe (in % oder in Pixel)
[width]	Definiert die Zellhöhe (in %, in Pixel oder als Mindestmaß).

Die Attribute *nowrap, height* und *width* sollen gemäß der HTML-4.0-Spezifikation nicht mehr verwendet werden, da die Formatierung über Style Sheets erfolgen kann. Zusätzlich lassen sich die allgemeinen Attribute *id, class, lang, dir, title* und *style* verwenden. Das Tag unterstützt auch die Ereignisattribute *onClick*, *onDblClick*, *onMouseDown*, *onMouseUp*, *onMouseOver*, *onMouse Move*, *onMouseOut*, *onKeypress*, *onKeyDown* und *onKeyUp*. Die nachfolgenden Anweisungen zeigen den Einsatz dieses Tags:

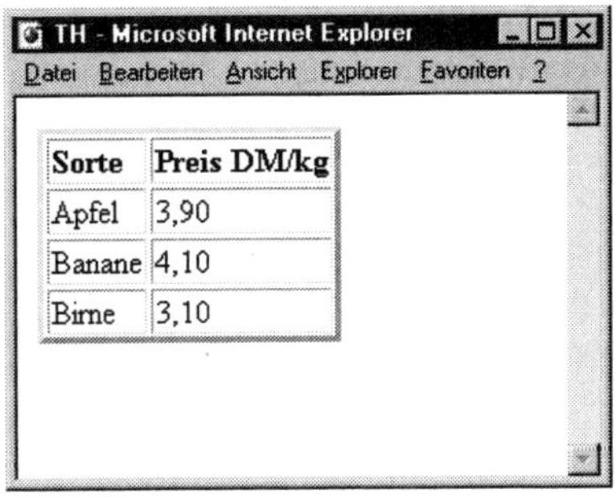

Bild A.29: Anzeige eines Tabellenkopfes per <th>-Tag

```
<html>
<head>
<title>th</title>
</head>
<body>
<table border="3" >
<tr><!-- Kopf der Tabelle -->
<th align="left">Sorte</th>
<th align="left">Preis DM/kg</th>
</tr>
<tr><td>Apfel</td><td>3,90</td></tr>
<tr><td>Banane</td><td>4,10</td></tr>
<tr><td>Birne</td><td>3,10</td></tr>
</table>
</body>
</html>
```

Im Browser wird diese Tabelle gemäß Bild A.29 dargestellt.

<thead> HTML 4.0x

Dieses Tag markiert den Beginn einer Gruppe von Zellen, die den Tabellenkopf darstellen. Diese Gruppenfestlegung wird gebraucht, wenn das *rules*-Attribut im <table>-Tag benutzt wird. Der Browser soll dann den Kopf durch eine waagerechte Linie vom Tabellenrumpf abgrenzen. Das Tag besitzt keine spezifischen Attribute. Sie können aber die allgemeinen Attribute *id, class, lang, dir, title* und *style* verwenden. Zusätzlich unterstützt das Tag die Ereignisattribute *onClick*, *onDblClick*, *onMouseDown*, *onMouseUp*, *onMouseOver*, *onMouseMove*, *onMouseOut*, *onKeypress*, *onKeyDown* und *onKeyUp*. Das folgende Beispiel zeigt den Einsatz dieses Tags:

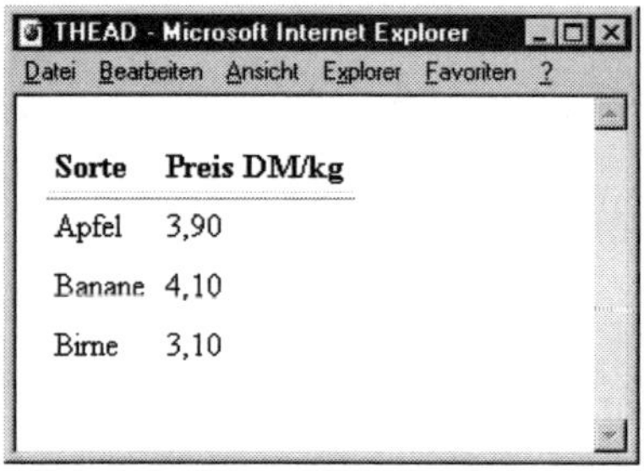

Bild A.30: Tabelle mit Abtrennung für den Tabellenrumpf

```
<html>
<head>
<title>thead</title>
</head>
<body>
<table border="3" frame="void" cellpadding="3"
   cellspacing="2"  rules="groups">
<thead><!-- Kopf der Tabelle -->
<tr>
<th align="left">Sorte</th>
<th align="left">Preis DM/kg</th>
</tr>
<tbody><!-- Rumpf der Tabelle -->
<tr><td>Apfel</td><td>3,90</td></tr>
<tr><td>Banane</td><td>4,10</td></tr>
<tr><td>Birne</td><td>3,10</td></tr>
</table>
</body>
</html>
```

Um den Übergang zwischen Kopf und Rumpf sichtbar zu machen, wurde im <table>-Tag das *rules*-Attribut auf »groups« gesetzt. Das Ergebnis sehen Sie in Bild A.30.

<title> HTML 2.0-4.0x

Das <title>-Tag muss im <head> ... </head>-Abschnitt auftreten und definiert den Dokumenttitel, der vom Browser in der Kopfzeile angezeigt wird. Außerdem zeigt der Browser diesen Text in den Bookmarks und bei Anwahl der Schaltflächen *Vor* bzw. *Zurück* an. Die nachfolgende Sequenz an HTML-Befehlen zeigt, wie der Titel definiert wird.

```
<html>
<head>
<title>Titelanzeige</title>
</head>
<body>
</body>
</html>
```

Der in diesem Beispiel definierte Titel ist in Bild A.31 in der Titelzeile des Browsers zu sehen.

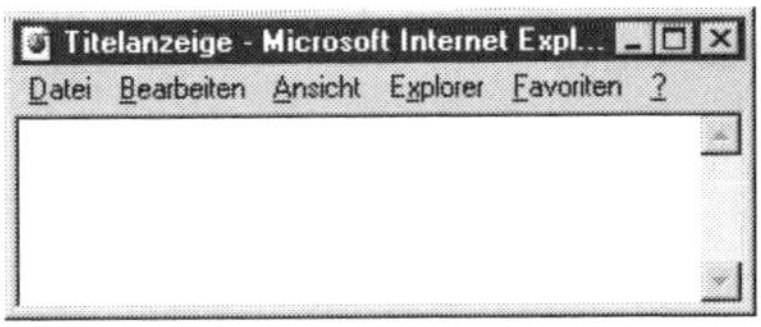

Bild A.31: Anzeige des Titels

<tr> HTML 3.2-4.0x

Das Tag muss innerhalb einer <table>-Definition auftreten und definiert eine Zeile der Tabelle (Table Row). Die Tabellenzellen werden dagegen durch die <th>- oder <td>-Tags festgelegt. Ein abschließendes </tr>-Tag ist nicht erforderlich. Das Tag besitzt verschiedene Attribute, um die Anzeige einer Tabellenzeile zu steuern.

[align]	Bestimmt die horizontale Ausrichtung der Zellinhalte: *left*: linksbündig ausrichten (Standard) *center*: zentriert *right*: rechtsbündig anordnen *justify*: Blocksatz *char*: an Zeichen (z.B. ,) ausrichten
[char]	Gibt das Zeichen an, nach dem die Ausrichtung align="char" erfolgen soll.
[charoff]	Gibt einen Offset in der Spalte an, zu dem das auszurichtende Zeichen zu verschieben ist (z.B. <th char="," charoff="70%" align="char">).
[valign]	Legt die vertikale Ausrichtung des Zellinhalts fest: *top*: am oberen Zellrand *middle*: vertikal zentriert (Standard) *bottom*: am unteren Zellrand *baseline*: Erstzeile aller Zellen an Grundlinie ausrichten

Die Attribute zum Ausrichten sollen gemäß der HTML-4.0-Spezifikation über Style Sheets definiert werden. Das Tag unterstützt zusätzlich die allgemeinen Attribute *id, class, lang, dir, title* und *style* sowie die Ereignisattribute *onClick*, *onDblClick*, *onMouseDown*, *onMouseUp*, *onMouseOver*, *onMouse Move*, *onMouseOut*, *onKeypress*, *onKeyDown* und *onKeyUp*. Die nachfolgenden Anweisungen zeigen den Einsatz dieses Tags:

```
<table border="1" cellpadding="5"
cellspacing="0" width="70%">
<tr>
 <td>Zelle 1
 <td>Zelle 2
</tr>
<tr>
 <td>Zelle 3
 <td>Zelle 4
</tr>
</table>
```

<tt> HTML 2.0-4.0x

Das Tag formatiert den eingeschlossenen Text in <tt> ... </tt> in einer nichtproportionalen Schriftart (meist Courier). Dies erlaubt Ihnen Textbereiche mit einer Art Teletype-Schrift auszuzeichnen. Das Tag unterstützt zusätzlich die allgemeinen Attribute *id, class, lang, dir, title* und *style* sowie die Ereignisattribute *onClick*, *onDblClick*, *onMouseDown*, *onMouseUp*, *onMouseOver*, *onMouseMove*, *onMouseOut*, *onKeypress*, *onKeyDown* und *onKeyUp*. Die nachfolgenden Anweisungen zeigen den Einsatz dieses Tags:

```
Texte lassen sich in HTML unterschiedlich anzeigen.<p>
<tt>Diese Zeile wird als tt angezeigt</tt><br>
Jetzt erfolgt die Darstellung wieder normal.
```

Dieser Textabschnitt wird gemäß Bild A.32 dargestellt. Beachten Sie, dass das Tag keine Zeilenumbrüche oder Absatzwechsel ausführt. Diese müssen mit
- oder <p>-Tags im Text eingefügt werden.

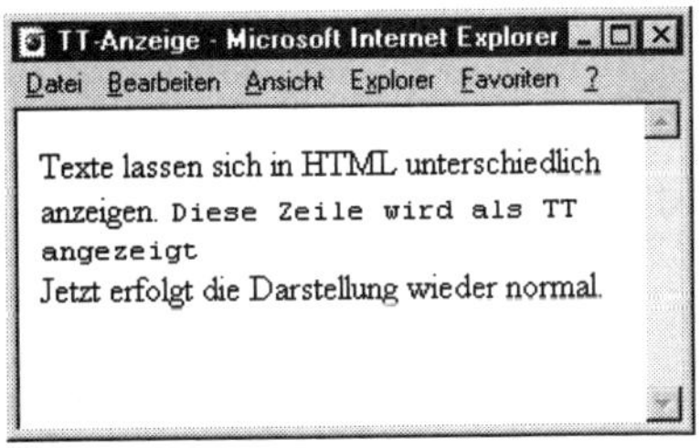

Bild A.32: Darstellung mit tt-Schrift

<u> HTML 3.2-4.0x

Mit <u> ... </u> lassen sich Textstellen angeben, die vom Browser zu unterstreichen sind. In der Sequenz <u> ... </u> dürfen Sie weitere Tags wie <a>, <br> etc. verwenden. Das Tag unterstützt zusätzlich die allgemeinen Attribute *id, class, lang, dir, title* und *style* sowie die Ereignisattribute *onClick*, *onDblClick*, *onMouseDown*, *onMouseUp*, *onMouseOver*, *onMouseMove*, *onMouseOut*, *onKeypress*, *onKeyDown* und *onKeyUp*. Die nachfolgenden Anweisungen zeigen den Einsatz dieses Tags:

```
Dies ist ein <u>unterstrichener</u>Text.<br>
```

Im Browser wird dieser Text unterstrichen dargestellt. Da Hyperlinks ebenfalls unterstrichen erscheinen, sollten Sie allerdings auf dieses Format verzichten. Ältere Browser unterstützen dieses Tag nicht. In HTML 4.0 wird empfohlen, auf dieses Tag zu verzichten und notfalls auf Style Sheets zurückzugreifen.

<ul> HTML 2.0-4.0x

<ul> ... </ul> stellt den Rahmen für Aufzählungen (unsortierte Listen bzw. unordered Lists) dar. Innerhalb dieses Rahmens können Sie Aufzählungsabsätze mit dem <li>-Tag auszeichnen. Diese Absätze werden nach rechts eingerückt und mit Aufzählungssymbolen versehen. Mehrere <ul>-Tags lassen sich schachteln, um gestufte Aufzählungen zu realisieren. Zusätzliche Attribute erlauben das Aufzählungssymbol festzulegen.

[compact]	Die Liste soll möglichst kompakt dargestellt werden (der Einzug der Aufzählungsabsätze wird reduziert).
[type]	Legt die Art des Schmuckpunkts fest: *disc:* runder Schmuckpunkt *circle:* runder hohler Schmuckpunkt *square:* hohles Viereck

Die Attribute sollten gemäß der HTML-4.0-Spezifikation nicht mehr benutzt werden. Das Attribut *compact* wird von vielen Browsern nicht dargestellt. Der Aufzählungstyp lässt sich dagegen durch Style Sheets festlegen. Das Tag unterstützt zusätzlich die allgemeinen Attribute *id, class, lang, dir, title* und *style* sowie die Ereignisattribute *onClick*, *onDblClick*, *onMouseDown*, *onMouseUp*, *onMouseOver*, *onMouseMove*, *onMouseOut*, *onKeypress*, *onKeyDown* und *onKeyUp*. Das folgende Beispiel erstellt drei Listen mit den verschiedenen Schmuckpunkten:

```
<ul type="disc">
<li>Apfel
<li>Birne
<li>Banane
</ul>
<ul type="circle">
<li>Apfel
```

```
<li>Birne
<li>Banane
</ul>
<ul type="square">
<li>Apfel
<li>Birne
<li>Banane
</ul>
```

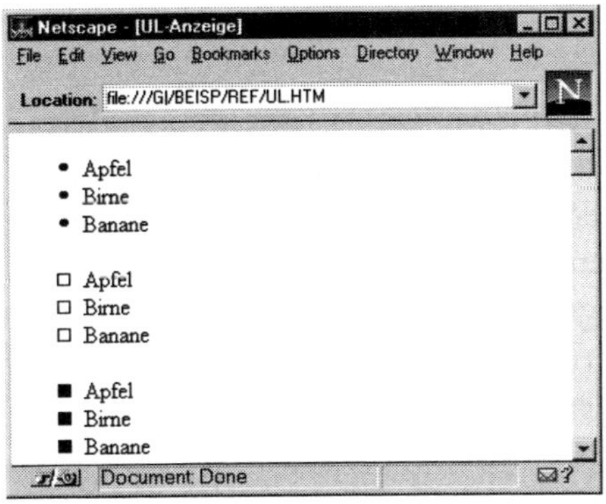

Bild A.33: Anzeige der Schmuckpunkte

Leider unterstützen nicht alle Browser (z.B. der Microsoft Internet Explorer) diese Attribute. In Bild A.33 sehen Sie die Darstellung im Netscape Navigator.

<var> HTML 2.0-4.0x

Das Tag <var> ... </var> zeichnet den dazwischen liegenden Text mit einer besonderen Schriftart aus. Dies erlaubt es, Variablennamen im Text hervorzuheben. Die Anzeige des Textes erfolgt in der Regel in kursiver Schrift. Das Tag unterstützt zusätzlich die allgemeinen Attribute *id, class, lang, dir, title* und *style* sowie die Ereignisattribute *onClick*, *onDblClick*, *onMouseDown*, *onMouseUp*, *onMouseOver*, *onMouseMove*, *onMouseOut*, *onKeypress*, *onKeyDown* und *onKeyUp*. Das folgende Beispiel zeigt den Einsatz dieses Tags.

```
Dies ist eine <var>Variable</var>
```

Das Ergebnis wird gemäß Bild A.34 folgendermaßen dargestellt.

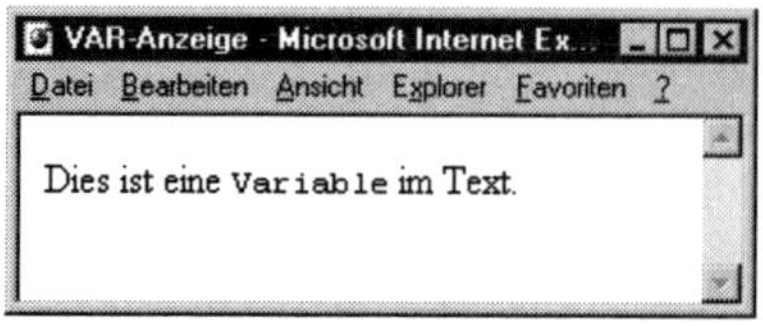

Bild A.34: Anzeige eines Variablennamens

Hinweis

Detailliertere Angaben zu den jeweiligen Elementen finden Sie in der HTML-4.0-Spezifikation. Leider unterstützen viele Browser noch nicht den kompletten HTML-4.0-Befehlsumfang. Zusätzlich kennen die verschiedenen Browser eigene Erweiterungen. Diese wurden hier aber weggelassen, da ältere Erweiterungen nicht mehr relevant sind. Neuerungen wie der Zugriff auf das DOM-Object Modell sprengen den Rahmen dieses Buches.

Anhang B
Attribute in HTML 4.0

Die nachfolgenden Seiten enthalten eine Übersicht über die in HTML 4.0 spezifizierten Attribute und deren Bedeutung.

Attribut	Bemerkung
abbr	Dieses Attribut definiert eine Abkürzung für die Kopfzellen einer Tabelle. Das Attribut lässt sich in den Tags <td> und <th> einsetzen.
charsets	Das Attribut wird im <form>-Tag benutzt und spezifiziert eine Liste von Zeichensätzen, die vom Server zur Bearbeitung des Formulars zu unterstützen sind.
accept	Diese Attribut kann beim <input>-Tag angegeben werden. Es spezifiziert eine Liste der Inhaltstypen (MIME-Typen) für die zum Server zu übertragende Datei.
accesskey	Das Attribut darf bei den Tags <a>, <area>, <button>, <input>, <label>, <legend> und <textarea> angegeben. Es legt das Zeichen für die Zugriffstaste auf das betreffende Element fest.
action	Kommt beim <form>-Tag vor und gibt an, wie die Daten auf dem Server an das Auswerteprogramm zu übergeben sind (*Get* oder *Post*).
align	Dieses Attribut bestimmt die horizontale Ausrichtung des Texts. *Align* lässt sich bei den folgenden Tags verwenden: ▶ Richtet beim <caption>-Tag die Tabellenüberschrift an der Tabelle aus (links, zentriert oder rechts). ▶ Bei den Tags <applet>, <iframe>, <img>, <input> und <object> definiert das Attribut die horizontale oder vertikale Ausrichtung des betreffenden Elements innerhalb der Seite bzw. in Bezug auf den umgebenden Text. ▶ Beim <legend>-Tag wird die Position relativ zu den per <fieldset> definierten Steuerelementen angegeben.

Attribut	Bemerkung
align (Forts.)	▶ Definiert beim <table>-Tag die Tabellenposition relativ zum Dokumentfenster. ▶ Legt beim <hr>-Tag mit den Werten left, center und right die horizontale Position der Linie fest. ▶ Definiert bei den Tags <div>, <h1> bis <h6> und <p> die Textausrichtung im Dokumentfenster. Zulässige Werte sind left, center, right und justify. ▶ Bei den Tags <col>, <colgroup>, <tbody>, <td>, <tfoot>, <th>, <thead und <tr> legt das Attribut die Ausrichtung der Inhalte der betreffenden Tabellengruppen fest. Zulässige Werte sind left, center, right, justify und char.
alink	Dieses Attribut wird im <body>-Tag angegeben und legt die Farbe des aktuell angewählten Hyperlink fest.
alt	Dieses Attribut definiert einen kurzen Beschreibungstext, der vom Browser anstelle eines grafischen Elements angezeigt werden kann. Das Attribut ist in den Tags <applet>, <area>, <img> und <input> verwendbar.
archive	Das Attribut wird bei den Tags <object> und <applet> benutzt, um eine mit Leerzeichen separierte Archivliste (mit den Objekt- oder Applet-Daten) anzugeben.
axis	Wird bei den Tags <td> und <th> benutzt und benennt die Gruppen der zugehörigen Header.
background	Wird beim <body>-Tag benutzt, um die URL eines Hintergrundbildes anzugeben.
bgcolor	Bestimmt die Hintergrundfarbe des betreffenden Elements. Das Attribut lässt sich dabei in folgenden Tags einsetzen: ▶ Bestimmt beim <body>-Tag die Hintergrundfarbe eines Dokuments. ▶ Bei <table>-Tag wird die Hintergrundfarben aller Zellen der Tabelle bestimmt. ▶ Bestimmt beim <tr>-Tag die Hintergrundfarbe einer Tabellenzeile. ▶ Bestimmt bei den Tags <th> und <td> die Hintergrundfarbe eines Tabellenkopfs oder einer Zelle.

Attribut	Bemerkung
border	Legt die Stärke des Rahmens bei den Tags <img> und <object> in Pixel fest. Dieser Rahmen wird jedoch nur angezeigt, wenn das Element Bestandteil eines Verweises ist. Mit border="0" wird der Rahmen ausgeblendet. Beim <table>-Tag kontrolliert das Attribut die Stärke des Rahmens, der die Tabelle umgibt.
cellpadding	Das Attribut wird beim <table>-Tag benutzt, um den Zwischenraum zwischen Zellinhalt und Zellrand in Pixel festzulegen.
cellspacing	Das Attribut wird beim <table>-Tag benutzt, um den Zwischenraum in Pixel zwischen den Zellen festzulegen.
char	Dieses Attribut nimmt als Wert ein Zeichen (z.B. ",") auf. Dieses Zeichen definiert die Position einer Zahl, an der ein Zelleninhalt auszurichten ist. Das Attribut lässt sich bei den folgenden Tabellen-Tags benutzen: <col>, <colgroup>, <tbody>, <td>, <tfoot>, <th>, <thead> und <tr>.
charoff	Dieses Attribut wird zusammen mit *char* angegeben, um den Offset (vom linken Rand der Zelle zu dem im *char* angegeben Zeichen) in den Tabellenzellen anzugeben. Das Attribut lässt sich mit den Tags <col>, <colgroup>, <tbody>, <td>, <tfoot>, <th>, <thead> und <tr> verwenden.
charset	Gibt die Zeichenkodierung des im Verweis angegebenen Dokuments an. Das Attribut ist in den Tags <a>, <link> und <script> verfügbar.
checked	Wird beim <input>-Tag benutzt, um eine Markierung bei Optionsfeldern und Kontrollkästchen zu setzen.
cite	Definiert einen URI zum Quelldokument oder zu Anmerkungen zum Zitat. Das Attribut wird bei <blockquote> und <q> eingesetzt. Bei den Tags <del> und <ins> kann das Attribut die Begründung zum Löschen oder Einfügen des Dokumentinhalts aufnehmen.

Attribut	Bemerkung
class	Das Attribut steht in allen Tags außer <base>, <basefont>, <head>, <html>, <meta>, <param>, <script>, <style> und <title> zur Verfügung. Es nimmt eine mit Leerzeichen separierte Liste von Klassennamen auf. Dies ist bei der Anwendung von Stylesheets relevant (z.B. <p class="blau">).
classid	Wird beim <object>-Tag benutzt, um die Implementierung zu identifizieren.
clear	Dieses Attribut lässt sich beim -Tag einsetzen, um den Textfluss um Bilder bzw. Tabellen zu kontrollieren. Mit den Werten left, all, right und none lässt sich einstellen, ob Text links/rechts von diesem Tag verlaufen soll.
code	Definiert die Applet-Class-Datei im <applet>-Tag.
codebase	Wird beim <object>-Tag benutzt, um den Basis-URI für die id, die Daten und das Archiv anzugeben. Beim <applet>-Tag legt das optionale Attribut den Basis-URI für das Applet (den Code) fest.
codetype	Legt den Inhaltstyp für den Code im <object>-Tag fest.
color	Dieses Attribut bestimmt die Textfarbe und lässt sich in den Tags <basefont> und <font> verwenden. Als Werte sind Farbnamen oder Farbcodes zulässig.
cols	Dieses Attribut gibt beim <frameset>-Tag die Aufteilung des Fenster in Spalten an (cols="25%,*"). Standardmäßig ist der Wert des Attributs mit 100% vorbelegt. Beim <textarea>-Tag legt dieses Attribut die Breite des Textfelds in Zeichen fest.
colspan	Dieses Attribut gibt die Zahl der nachfolgenden Zellenspalten an, die die aktuelle Tabelle überspannen soll. Das Attribut lässt sich bei den Tags <td> und <th> angeben. Standardmäßig ist der Wert des Attributs mit 1 vorbelegt.
compact	Dieses Attribut veranlasst, dass der Browser eine Liste kompakt darstellt. Das Attribut ist für die Tags <dir>, <menu>, <dl>, <ol> und <ul> verfügbar.

Attribut	Bemerkung
content	Wird beim <meta>-Tag benutzt, um den Wert einer Eigenschaft anzugeben. Der Name der Eigenschaft tritt im *name*-Attribut auf.
coords	Tritt beim <area>-Tag auf und enthält die Koordinaten eines anklickbaren Bereichs als kommaseparierte Liste. Beim <a>-Tag wird das Attribut ebenfalls benutzt, um die Koordinaten einer clientseitigen Image Map zu realisieren.
data	Das Attribut definiert eine Referenz zu den Objektdaten und wird im <object>-Tag benutzt.
datetime	Tritt bei den Tags <del> und <ins> auf und enthält das Datum sowie die Uhrzeit der Änderung.
declare	Das Attribut wird beim <object>-Tag benutzt, um ein Flag zu deklarieren aber nicht zu instantiieren.
defer	Tritt im <script>-Tag auf und teilt dem Browser (User Agenten) mit, dass das Skript keine Ausgaben enthält.
dir	Ist in allen Tags bis auf <applet>, <base>, <basefont>, <bdo>, , <frame>, <frameset>, <hr>, <iframe>, <param> und <script> zulässig. Das Attribut kann die Werte *ltr* und *rtl* annehmen. Diese definieren die Ausgaberichtung für Texte (links nach rechts oder rechts nach links). Bei <bdo>-Tag gibt das Attribut ebenfalls die Richtung für die Textausgabe an.
disabled	Wird bei Steuerelementen eines Formulars angegeben, um das Element zu sperren. Das Attribut ist bei den Tags <button>, <input>, <optgroup>, <option>, <select> und <textarea> einsetzbar.
enctype	Das Attribut gibt beim <form>-Tag die Kodierung application/x-www-form-urlencoded an.
face	Wird bei den Tags <basefont> und <font> eingesetzt, um in einer kommaseparierten Liste die Namen der benutzten Schriftarten festzulegen.

Attribut	Bemerkung
for	Wird beim <label>-Tag benutzt, um den Bezug zu einem *id*-Wert anzugeben.
frame	Wird beim <table>-Tag benutzt, um festzulegen, welche Rahmenseiten zu zeichnen sind.
frameborder	Das Attribut kommt beim <frame>- und <iframe>-Tag vor und gibt an, ob der Frame einen Rahmen (Wert = 1) oder keinen Rahmen (Wert = 0) haben soll.
headers	Das Attribut definiert eine Liste der Kopfzellen in den Tags <td> und <th>.
height	Dieses Attribut wird bei verschiedenen Elemente benutzt, um die Höhe in Pixel festzulegen. Beim <iframe> legt das Attribut die Rahmenhöhe fest. Bei den Tags <img> und <object> wird die interne Objekthöhe durch den Attributwert überschrieben. Der Browser nimmt ggf. eine Neuskalierung vor. Beim <applet>-Tag legt der Wert die Initialisierungshöhe für den Anzeigebereich des Applets fest. Bei den Tags <td> und <th> legt das Attribut die Zellhöhe fest.
href	Dieses Attribut kommt bei den Tags <a>, <area> und <link> vor und definiert den URI für das Verweisziel. Ein Verweis über das <a>-Tag wird folgendermaßen angegeben: <a href="...">..</a> Im Verweis lassen sich verschiedene Varianten angeben: ▶ Wird im Wert das Zeichen # benutzt, definiert dies einen lokalen Verweis auf einen Anker im Dokument (href="#top"). ▶ Mit href="File:///F|/.../Datei.html" wird auf eine lokale Datei zugegriffen. ▶ Mit href="http://..." lässt sich ein Verweis auf Seiten des WWW definieren. ▶ Die Angabe href="ftp://..." adressiert einen FTP-Server. ▶ Der Text href="gopher://..." greift auf einen Gopher-Server zu. ▶ Mit href="mailto:..." lässt sich eine E-Mail-Adresse angeben. Der Browser öffnet ein Fenster zum Schreiben der E-Mail.

Attribut	Bemerkung
href (Forts.)	▶ Die Angabe href="news:..." bezeichnet einen Verweis zu einer Newsgroup im Usenet. ▶ Die Anweisung href="telnet://..." definiert die Adresse eines Telnet-Servers. Beim <base>-Tag legt das *href*-Attribut die Basic-URL des Dokuments fest. Alle relativen Verweise beziehen sich dann auf diese Basisadresse, und nicht auf die Dokumentadresse.
hreflang	Dieses Attribut lässt sich bei den Tags <a> und <link> benutzen, um die Sprache des Zieldokuments anzugeben.
hspace	Mit diesem Attribut definiert den horizontalen Abstand zwischen Element und Text für die Tags <applet>, <img> und <object>.
http-equiv	Wird beim <meta>-Tag angegeben, um den HTTP-Response-Header-Namen anzugeben. Der HTTP-Server reagiert auf dieses Attribut.
id	Dieses Attribut lässt sich bei allen Tags mit Ausnahme von <base>, <head>, <html>, <meta>, <script>, <style> und <title> angeben, um eine dokumentweite eindeutige ID festzulegen. Diese ID lässt sich in Stylesheets oder bei Verweisen referenzieren.
ismap	Wird beim <img>-Tag angegeben, um auf die Verwendung einer serverseitigen Image Map hinzuweisen.
label	Wird beim <option>-Tag bei hierarchischen Menüs verwendet. Das Gleiche gilt für das <optgroup>-Tag.
lang	Ist bei allen Tags mit Ausnahme von <applet>, <base>, <basefont>, , <frame>, <frameset>, <hr>, <iframe>, <param> und <script> zulässig, um die für das Element benutzte Sprache festzulegen. Beim <script>-Tag definiert das Attribut die verwendete Fassung der Skriptsprache (JavaScript, VBScript etc.).
link	Definiert im <body>-Tag die Farbe der Verweise.

Attribut	Bemerkung
longdesc	Lässt sich beim <img>-Tag einsetzen, um einen Langfassung als Ergänzung zum *alt*-Attribut zu hinterlegen. Bei den Tags <frame> und <iframe> definiert das Attribut einen Links zu der Langfassung der Beschreibung (ergänzt den Titel).
margin-height	Wird bei den Tags <frame> und <iframe> eingesetzt, um die Höhe des Rands in Pixel anzugeben.
margin-width	Wird bei den Tags <frame> und <iframe> eingesetzt, um die Breite des Rands in Pixel anzugeben.
maxlength	Legt beim <input>-Tag die Länge des eingebbaren Strings (nicht die Anzeigebreite) im Textfeld fest.
media	Gibt beim <style>-Tag das Medium an, für das die Formatvorlage entworfen wurde. Beim <link>-Tag wird das Attribut ebenfalls benutzt, um auf eine Ausgabe auf dem betreffenden Medium hinzuweisen.
method	Definiert die Methode zur Weitergabe der mit <form> erzeugten Formulardaten.
multiple	Definiert beim <select>-Tag, dass das Listenfeld mehrere Elemente zur Markierung zulässt. (Standardmäßig lässt sich nur ein Eintrag markieren.)
name	Das Attribut legt einen Namen für das betreffende Element fest. Je nach Tag besitzt dieser Name verschiedene Bedeutungen: ▶ Das Attribut legt bei den Tags <button> und <textarea> den Namen des Steuerelements fest. ▶ Beim <applet>-Tag erlaubt der Name, dass sich Applets gegenseitig finden können. ▶ Beim <select>-Tag wird der Name des Felds angegeben. ▶ Bei den Tags <frame> und <iframe> wird der Name des Frame festgelegt. ▶ Beim <a>-Tag definiert das Attribut einen lokalen Anker. ▶ Beim <input>- und beim <object>-Tag wird der Name als Teil der Formulardaten übertragen. ▶ Beim <map>-Tag legt *name* die Referenz für das *usemap*-Attribut des <img>-Tags fest.

Attribut	Bemerkung
name (Forts.)	▶ Beim <param>-Tag wird der Name eines Parameters definiert. ▶ Beim <meta>-Tag definiert das Attribut den Namen einer Eigenschaft.
nohref	Wird beim <area>-Tag benutzt, um eine nicht anklickbare Region einer Image Map zu definieren.
noresize	Legt beim <frame>-Tag fest, dass der Benutzer die Größe des Frame nicht verändern kann.
noshade	Schaltet beim <hr>-Tag die Schattierung in der Liniendarstellung ab.
nowrap	Unterdrückt den Zeilenumbruch in Tabellen bei den Tags <td> und <th>.
object	Wird beim <applet>-Tag eingesetzt, um eine Applet-Datei anzugeben.
onblur	Ereignisattribut, welches beim Verlust des Fokus eine Skriptprozedur aktiviert. Ist bei den Tags <a>, <area>, <button>, <input>, <label>, <select> und <textarea> zulässig.
onchange	Ereignisattribut zum Aufruf einer Skriptprozedur, wenn sich der Wert eines Elements ändert. Anwendbar bei den Tags <input>, <select> und <textarea>.
onclick	Ereignisattribut zum Aufruf einer Skriptprozedur, wenn ein Element angeklickt wurde. Kann bei allen Tags mit Ausnahme von <applet>, <base>, <basefont>, <bdo>, , <font>, <frame>, <frameset>, <head>, <html>, <iframe>, <isindex>, <meta>, <param>, <script>, <style> und <title> angegeben werden.
ondblclick	Ereignisattribut zum Aufruf einer Skriptprozedur, wenn das Element per Doppelklick angewählt wird. Kann bei allen Tags außer <applet>, <base>, <basefont>, <bdo>, , <font>, <frame>, <frameset>, <head>, <html>, <iframe>, <isindex>, <meta>, <param>, <script>, <style> und <title> angegeben werden.

Attribut	Bemerkung
onfocus	Ereignisattribut zum Aufruf einer Skriptprozedur, wenn das Element den Fokus erhält. Lässt sich bei den Tags <a>, <area>, <button>, <input>, <label>, <select> und <textarea> anwenden.
onkeydown	Ereignisattribut zum Aufruf einer Skriptprozedur. Wird benutzt, wenn eine Taste bei aktiviertem Element gedrückt wird. Kann bei allen Tags außer <applet>, <base>, <basefont>, <bdo>, , <font>, <frame>, <frameset>, <head>, <html>, <iframe>, <isindex>, <meta>, <param>, <script>, <style> und <title> angegeben werden.
onkeypress	Ereignisattribut zum Aufruf einer Skriptprozedur. Wird benutzt, wenn eine Taste bei aktiviertem Element gedrückt und wieder losgelassen wird. Kann bei allen Tags außer <applet>, <base>, <basefont>, <bdo>, , <font>, <frame>, <frameset>, <head>, <html>, <iframe>, <isindex>, <meta>, <param>, <script>, <style> und <title> angegeben werden.
onkeyup	Ereignisattribut zum Aufruf einer Skriptprozedur. Wird benutzt, wenn eine Taste bei aktiviertem Element wieder losgelassen wird. Kann bei allen Tags außer <applet>, <base>, <basefont>, <bdo>, , <font>, <frame>, <frameset>, <head>, <html>, <iframe>, <isindex>, <meta>, <param>, <script>, <style> und <title> angegeben werden.
onload	Ereignisattribut, welches benutzt wird, sobald alle in einem <frameset>-Tag definierten Frames geladen wurden. Beim <body>-Tag tritt das Ereignis nach dem Laden des Dokuments auf.
onmouse-down	Ereignisattribut zum Aufruf einer Skriptprozedur. Das Ereignis tritt beim Drücken der linken Maustaste auf, wenn sich der Mauszeiger über dem Element befindet. Kann bei allen Tags außer <applet>, <base>, <basefont>, <bdo>, , <font>, <frame>, <frameset>, <head>, <html>, <iframe>, <isindex>, <meta>, <param>, <script>, <style> und <title> angegeben werden.

Attribut	Bemerkung
onmouse-move	Ereignisattribut zum Aufruf einer Skriptprozedur. Das Ereignis tritt auf, sobald der Mauszeiger über dem Element bewegt wird. Kann bei allen Tags außer <applet>, <base>, <basefont>, <bdo>, , <font>, <frame>, <frameset>, <head>, <html>, <iframe>, <isindex>, <meta>, <param>, <script>, <style> und <title> angegeben werden.
onmouseout	Ereignisattribut zum Aufruf einer Skriptprozedur. Das Ereignis tritt auf, sobald der Mauszeiger vom Element wegbewegt wird. Kann bei allen Tags außer <applet>, <base>, <basefont>, <bdo>, , <font>, <frame>, <frameset>, <head>, <html>, <iframe>, <isindex>, <meta>, <param>, <script>, <style> und <title> angegeben werden.
onmouseo-ver	Ereignisattribut zum Aufruf einer Skriptprozedur. Das Ereignis tritt auf, sobald der Mauszeiger auf das Element verschoben wird. Kann bei allen Tags außer <applet>, <base>, <basefont>, <bdo>, , <font>, <frame>, <frameset>, <head>, <html>, <iframe>, <isindex>, <meta>, <param>, <script>, <style> und <title> angegeben werden.
onmouseup	Ereignisattribut zum Aufruf einer Skriptprozedur. Das Ereignis tritt beim Loslassen der linken Maustaste auf, wenn sich der Mauszeiger über dem Element befindet. Kann bei allen Tags außer <applet>, <base>, <basefont>, <bdo>, , <font>, <frame>, <frameset>, <head>, <html>, <iframe>, <isindex>, <meta>, <param>, <script>, <style> und <title> angegeben werden.
onreset	Das Ereignisattribut wird im <form>-Tag benutzt. Tritt auf, sobald der Benutzer die *Reset*-Schaltfläche wählt.
onselect	Das Ereignisattribut wird in den Tags <input> und <textarea> benutzt, sobald der Text in den Steuerelementen markiert wird.
onsubmit	Das Ereignisattribut wird im <form>-Tag benutzt. Das Ereignis tritt auf, wenn der Benutzer die Schaltfläche zum Abschicken (Submit) des Formulars wählt.

Attribut	Bemerkung
onunload	Ereignisattribut des <frameset>-Tags, das die Skriptprozedur definiert, die beim Entfernen eines Frames aktiviert wird. Beim <body>-Tag bezieht sich das Attribut auf das Entfernen eines Dokuments.
profile	Tritt beim <head>-Tag auf, um ein Dictionary (Wörterbuch) mit Meta-Informationen zu benennen.
prompt	Erlaubt die Definition einer Meldung beim <isindex>-Tag.
readonly	Wird beim <textarea>-Tag benutzt und legt fest, dass sich der Inhalt nur auslesen, aber nicht ändern lässt. Beim <input>-Tag lässt sich das Attribut ebenfalls bei Text- und Passworteingaben anwenden.
rel	Wird beim <a>- und <link>-Tag benutzt, um einen Vorwärts-Link anzugeben.
rev	Wird beim <a>- und <link>-Tag benutzt, um einen Rückverweis anzugeben.
rows	Definiert beim <frameset>-Tag die Breite der Frames (Standard ist 100%). Beim <textarea> wird die Breite des Textbereichs in Zeichen angegeben.
rowspan	Legt bei den Tags <td> und <th> die Zahl der überspannten Zellen fest.
rules	Definiert beim <table>-Tag, ob Linien zwischen den Zeilen und Spalten der Tabelle gezeichnet werden.
scheme	Wählt beim <meta>-Tag die Form eines angegebenen Inhalts (content).
scope	Definiert den Gültigkeitsbereich (Scope) der Kopfzellen bei den Tags <td> und <th>.
scrolling	Legt bei den Tags <frame> und <iframe> die Art der Bildlaufleisten (yes, no, auto) fest.

Attribut	Bemerkung
selected	Legt beim <option>-Tag ein vorselektiertes Element des Listenfelds fest.
shape	Definiert beim <area>-Tag die Form des auszuwertenden Koordinatenbereichs (rect, circle etc.). Beim <a>-Tag wird das Attribut auf "rect" gesetzt, um die anklickbaren Koordinaten bei Client-side Image Maps anzugeben.
size	Legt eine Größe bei einem Element fest. Die Bedeutung variiert mit den einzelnen Tags: ▶ Beim <hr>-Tag wird die Liniendicke festgelegt. ▶ Beim <font>-Tag gibt das Attribut den Schriftgrad (in relativen Größen von 1 bis 7 oder +/-) an. ▶ Beim <input>-Tag ist das Attribut spezifisch für jeden Steuerelementetyp. ▶ Beim <basefont>-Tag wird vom Attribut die Größe für das <font>-Tag definiert. ▶ Beim <select>-Tag wird die Zahl der sichtbaren Zeilen festgelegt.
span	Legt beim <col>-Tag fest, auf wie viele Spalten sich die Definition bezieht. Beim <colgroup>-Tag wird angegeben, wie viele Spalten die Gruppe standardmäßig hat.
src	Definiert die URL zu einer bestimmten Datei. Der Inhalt der Datei ist dabei vom jeweiligen Tag abhängig: ▶ Beim <script>-Tag wird die URL des externen Skripts angegeben. ▶ Beim <input>-Tag lässt sich für das Grafik-Steuerelement der URL auf die Grafikdatei festlegen. ▶ Bei den Tags <frame> und <iframe> legt das Attribut die URL des anzuzeigenden Dokuments fest. ▶ Beim <img>-Tag wird die URL der zu ladenden Grafikdatei angegeben.
standby	Wird beim <object>-Tag benutzt, um einen Text beim Laden des Objekts auszugeben.

Attribut	Bemerkung
start	Definiert bei mit dem <ol>-Tag eingeleiteten Nummerierungen den Startwert.
style	Nimmt die Information über den zugeordneten Stil auf und darf in allen Tags mit Ausnahme von <base>, <basefont>, <head>, <html>, <meta>, <param>, <script>, <style> und <title> benutzt werden.
summary	Kommt beim <table>-Tag vor und ist für Sprachausgaben vorgesehen (gibt eine Zusammenfassung des Tabelleninhalts an).
tabindex	Das Attribut soll einen Index (1 bis n) für die Anwahl eines (Steuer-) Elements per Tab-Taste festlegen. Ist für die Tags <a>, <area>, <button>, <input>, <object> und <select> zulässig.
target	Gibt als Ausgabeziel für ein Dokument den Namen eines Frame an. Kann in den Tags <a>, <area>, <base>, <form> und <link> angegeben werden.
text	Legt die Textfarbe für das Dokument im <body>-Tag fest.
title	Legt beim <style>-Tag einen Titel zu Informationszwecken an. Bei anderen Tags wie <base>, <basefont>, <head>, <html>, <meta>, <param>, <script>, <style> und <title> kann das Attribut ebenfalls benutzt werden, um einen Titeltext zur Information zu hinterlegen.
type	Dieses Attribut legt den Inhaltstyp für ein Folgedokument fest: ▶ Bei <a> und <link> bezieht sich die Angabe auf das Verweisziel. ▶ Beim <object>-Tag definiert das Attribut den Inhaltstyp der Daten. ▶ Ähnliches gilt beim <param>-Tag, wenn als valuetype URL angegeben wird. ▶ Beim <style>-Tag wird der Inhaltstyp der STYLE-Sprache festgelegt (z.B. "text/css"). ▶ Beim <script>-Tag legt das Attribut den Inhaltstyp der Skriptsprache (z.B. "text/javascript") fest.

Attribut	Bemerkung
type (Forts.)	▶ Beim <input>-Tag wird die benötigte Darstellung (Widget) festgelegt. ▶ Beim <li>-Tag gibt das Attribut den Stil des Listeneintrags an. ▶ Beim <ol>-Tag wird die Art des Nummerierungssymbols festgelegt.
type	▶ Definiert beim <ul>-Tag den Typ des gewünschten Schmuckpunkts. ▶ Legt beim <button>-Tag die Funktion der Schaltfläche (button, submit, reset) fest.
usemap	Veranlasst bei den Tags <img>, <input> und <object> die Verwendung einer clientseitigen Image Map.
valign	Definiert die vertikale Ausrichtung und ist bei den Tags <col>, <colgroup>, <tbody>, <td>, <tfoot>, <th>, <thead> und <tr> anwendbar. Werte sind top, middle, bottom und baseline.
value	Setzt den Wert des betreffenden Elements, wobei die Wirkung vom Tag abhängt: ▶ Beim <option>-Tag wird der Standardwert des Elements angegeben. ▶ Beim <param>-Tag wird der Wert einer Eigenschaft definiert. ▶ Beim <input>-Tag wird der Wert in diesem Attribut zurückgegeben. Bei den Steuerelementen "radio" und "checkbox" ist das Attribut erforderlich. ▶ Beim <button>-Tag wird der Wert beim Senden der Formulardaten an den Server geschickt. ▶ Beim <li>-Tag wird eine Aufzählungsnummer auf den Wert zurückgesetzt.
valuetype	Gibt den Typ im <param>-Tag als data, ref oder object an. Der Typ bestimmt, wie die Werte zu interpretieren sind.
version	Ist eine Konstante, die im <html>-Tag hinterlegt werden kann.
vlink	Definiert im <body>-Tag die Farbe der bereits besuchten Verweise.

Attribut	Bemerkung
vspace	Legt einen vertikalen Abstand zwischen Objekt und Text für die Tags <applet>, <img> und <object> fest.
width	Bestimmt die Breite eines Elements, wobei die Bedeutung vom Tag abhängt: ▶ Beim <hr>-Tag wird die Linienlänge (in Pixel oder Prozent) definiert. ▶ Beim <iframe>-Tag bestimmt das Attribut die Breite des Frame. ▶ In den Tags <img> und <object> wird die vordefinierte Breite überschrieben. ▶ Beim <table>-Tag legt das Attribut die Tabellenbreite (Prozent, Pixel) fest. ▶ Beim <applet>-Tag wird die ursprüngliche Breite des Anzeigebereichs definiert. ▶ Beim <col>-Tag definiert es die Spaltenbreite. ▶ Beim <colgroup>-Tag wird die Standardbreite der eingeschlossenen Spalten festgelegt. ▶ Bei den Tags <td> und <th> legt das Attribut die Zellenbreite (Prozent, Pixel) fest. ▶ Im <pre>-Tag definiert das Attribut die Zeichenzahl, nach der ein Umbruch erfolgt.

Weitergehende Hinweise zum Einsatz dieser Attribute erhalten Sie in Anhang A im Rahmen der Tag-Beschreibungen.

Anhang C
Namen und Farben

Namen

Bezeichner (z.B. in <a name="xxx">) dürfen in HTML bis zu 71 Zeichen lang sein und aus den Buchstaben »a« bis »z« bzw. »A« bis »Z«, den Ziffern »0« bis »9« sowie den Zeichen Punkt, Komma und einem Bindestrich bestehen. Ein Bezeichner muss mit einem Buchstaben beginnen. Sie sollten weiterhin bei den Namen auf Groß- und Kleinbuchstaben achten, auch wenn die meisten Browser keine Unterschiede machen.

Farben

In Netscape, Internet Explorer und HTML 3.2/4.0 sind Farben als Attribute für verschiedene Tags vorgesehen. Farben werden dabei als Hexadezimalzahl mit sechs Ziffern in der Form #rrggbb (z.B. colors="#000000) angegeben, wobei die Buchstaben rr für Rot, gg für Grün und bb für Blau stehen. Die Werte für jeden Farbanteil reichen dann von 00 bis FF. Der Wert 00 bedeutet einen Anteil von 0 % an der betreffenden Grundfarbe. Mit FF geht die Grundfarbe zu 100% in die Mischfarbe ein. Nachfolgend finden Sie einige Hexadezimalwerte für Farben:

Code	Farbe	Code	Farbe
#000000	Weiß	#0000FF	Blau
#FF0000	Rot	#FFFFFF	Schwarz
#00FF00	Grün		

Weiterhin sind in Netscape, im Internet Explorer und in HTML 3.2 insgesamt 16 Standardfarben mit eigenen Namen definiert:

aqua	gray	navy	silver
black	olive	green	teal
blue	purple	lime	white
fuchsia	red	maron	yellow

Tabelle C.1: Farbnamen

Die folgende Anweisung setzt zum Beispiel die Farbe Rot:

```
<FONT COLOR="red">Text</FONT>
```

Neben den 16 Standardfarben unterstützt der Netscape Navigator noch die nachfolgenden 140 Farbnamen:

Name	Farbe	Name	Farbe
aliceblue	#F0F8FF	antiquewhite	#FAEBD7
*aqua	#00FFFF	aquamarine	#7FFFD4
azure	#F0FFFF	beige	#F5F5DC
bisque	#FFE4C4	*black	#000000
blanchedalmond	#FFEBCD	*blue	#0000FF
blueviolet	#8A2BE2	brown	#A52A2A
burlywood	#DEB887	cadetblue	#5F9EA0
chartreuse	#7FFF00	chocolate	#D2691E
coral	#FF7F50	cornflowerblue	#6495ED
cornsilk	#FFF8DC	crimson	#DC143C
cyan	#00FFFF	darkblue	#00008B
darkcyan	#008B8B	darkgoldenrod	#B8860B
darkgray	#A9A9A9	darkgreen	#006400
darkkhaki	#BDB76B	darkmagenta	#8B008B
darkolivegreen	#556B2F	darkorange	#FF8C00
darkorchid	#9932CC	darkred	#8B0000

Tabelle C.2: Erweiterte Farbnamen

Name	Farbe	Name	Farbe
darksalmon	#E9967A	darkseagreen	#8FBC8F
darkslateblue	#483D8B	darkslategray	#2F4F4F
darkturquoise	#00CED1	darkviolet	#9400D3
deeppink	#FF1493	deepskyblue	#00BFBF
dimgray	#696969	dodgerblue	#1E90FF
firebrick	#B22222	floralwhite	#FFFAF0
forestgreen	#228B22	*fuchsia	#FF00FF
ghostwhite	#F8F8FF	gainsboro	#DCDCDC
gold	#FFD700	goldenrod	#DAA520
*gray	#808080	*green	#008000
greenyellow	#ADFF2F	honeydew	#F0FFF0
hotpink	#FF69B4	indianred	#CD5C5C
indigo	#4B0082	ivory	#FFFFF0
khaki	#F0E68C	lavender	#E6E6FA
lavenderblush	#FFF0F5	lawngreen	#7CFC00
lemonchiffon	#FFFACD	lightblue	#ADD8E6
lightcoral	#F08080	lightcyan	#E0FFFF
lightgoldenrod-yellow	#FAFAD2	lightgreen	#90EE90
lightgrey	#D3D3D3	lightpink	#FFB6C1
lightsalmon	#FFA07A	lightseagreen	#20B2AA
lightskyblue	#87CEFA	lightslategray	#778899
lightsteelblue	#B0C4DE	lightyellow	#FFFFE0
*lime	#00FF00	limegreen	#32CD32
linen	#FAF0E6	magenta	#FF00FF
*maroon	#800000	mediumaqua-marine	#66CDAA

Tabelle C.2: Erweiterte Farbnamen (Forts.)

Name	Farbe	Name	Farbe
mediumblue	#0000CD	mediumorchid	#BA55D3
mediumpurple	#9370DB	mediumseagreen	#3CB371
mediumslateblue	#7B68EE	mediumspring-green	#00FA9A
mediumturquoise	#48D1CC	mediumvioletred	#C71585
midnightblue	#191970	mintcream	#F5FFFA
mistyrose	#FFE4E1	moccasin	#FFE4B5
navajowhite	#FFDEAD	*navy	#000080
oldlace	#FDF5E6	*olive	#808000
olivedrab	#6B8E23	orange	#FFA500
orangered	#FF4500	orchid	#DA70D6
palegoldenrod	#EEE8AA	palegreen	#98FB98
paleturquoise	#AFEEEE	palevioletred	#DB7093
papayawhip	#FFEFD5	peachpuff	#FFDAB9
peru	#CD853F	pink	#FFC0CB
plum	#DDA0DD	powderblue	#B0E0E6
*purple	#800080	*red	#FF0000
rosybrown	#BC8F8F	royalblue	#4169E1
saddlebrown	#8B4513	salmon	#FA8072
sandybrown	#F4A460	seagreen	#2E8B57
seashell	#FFF5EE	sienna	#A0522D
*silver	#C0C0C0	skyblue	#87CEEB
slateblue	#6A5ACD	slategray	#708090
snow	#FFFAFA	springgreen	#00FF7F
steelblue	#4682B4	tan	#D2B48C
*teal	#008080	thistle	#D8BFD8
tomato	#FF6347	turquoise	#40E0D0

Tabelle C.2: Erweiterte Farbnamen (Forts.)

Name	Farbe	Name	Farbe
violet	#EE82EE	wheat	#F5DEB3
*white	#FFFFFF	whitesmoke	#F5F5F5
*yellow	#FFFF00	yellowgreen	#9ACD32

Tabelle C.2: Erweiterte Farbnamen (Forts.)

Die mit einen Sternchen * markierten Einträge gehören dabei zu den 16 Standardfarbnamen, die auch in HTML 3.2 und im Microsoft Internet Explorer 3.0 definiert sind.

Zeichenkodierung nach ISO 8859-1

Sonderzeichen wie Umlaute, spitze Klammern < > etc. können im HTML-Text mit ihren Entitäten-Namen kodiert werden. Die Festlegung der Codes bzw. Namen erfolgt nach ISO 8859-1 (ISO Latin-1). Die ersten 256 Zeichen entsprechen dabei dem ASCII-Zeichensatz. In den oberen 127 Einträgen finden sich die Sonderzeichen der meisten europäischen Sprachen. Diese Sonderzeichen lassen sich entweder als Code oder als Entity in der Form *&xxxx;* angeben. Die nachfolgende Auflistung zeigt die Belegung der letzten 127 Zeichencodes.

Zeichen	HTML-Code oder HTML-Abkürzung	Zeichen	HTML-Code oder HTML-Abkürzung
Ä	€	À	À À
		Á	Á Á
,	‚	Â	Â Â
‰	ƒ	Ã	Ã Ã
„	„	Ä	Ä Ä
...	…	Å	Å Å
†	†	Æ	Æ &Aelig;
‡	‡	Ç	Ç Ç

Tabelle C.3: Zeichenkodierung nach ISO 8859-1

Zeichen	HTML-Code oder HTML-Abkürzung	Zeichen	HTML-Code oder HTML-Abkürzung
ˆ	ˆ	È	È È
‰	‰	É	É É
^{3}	Š	Ê	Ê Ê
‹	‹	Ë	Ë Ë
Œ	Œ	Ì	Ì Ì
ù		Í	Í Í
_	Ž	Î	Î Î
		Ï	Ï Ï
		Ã	Ð &Eth;
‘	‘	Ñ	Ñ Ñ
‘	’	ò	Ò Ò
”	“	ó	Ó Ó
”	”	ô	Ô Ô
•	•	õ	Õ Õ
-	–	ö	Ö Ö
-	—	x	×
˜	˜	Ø	Ø Ø
©	™	Ù	Ù Ù
	š	Ú	Ú Ú
›	›	Û	Û Û
œ	œ	Ü	Ü Ü
		Å	Ý Ý
	ž	×	Þ &Thorn;
Ÿ	Ÿ	ß	ß ß
	non-break. space	à	à à

Tabelle C.3: Zeichenkodierung nach ISO 8859-1 (Forts.)

Zeichen	HTML-Code oder HTML-Abkürzung	Zeichen	HTML-Code oder HTML-Abkürzung
¡	¡	á	á á
¢	¢	â	â â
#	£	ã	ã ã
¤	¤	ä	ä ä
¥	¥	å	å å
¦	¦	æ	æ æ
§	§	ç	ç ç
¨	¨	è	è è
©	© ®	é	é é
ª	ª	ê	ê ê
«	«	ë	ë ë
¬	¬	ì	ì ì
-		í	í í
®	® ©	î	î î
¯	¯	ï	ï ï
_	°	^{2}	ð ð
±	±	ñ	ñ ñ
_	²	ò	ò ò
_	³	ó	ó ó
´	´	ô	ô ô
µ	µ	õ	õ õ
¶	¶	ö	ö ö
·	·	÷	÷
¸	¸	ø	ø ø
_	¹	ù	ù ù

Tabelle C.3: Zeichenkodierung nach ISO 8859-1 (Forts.)

Zeichen	HTML-Code oder HTML-Abkürzung	Zeichen	HTML-Code oder HTML-Abkürzung
º	º	ú	ú ú
»	»	û	û û
1	¼	ü	ü ü
_	½	Æ	ý ý
½	¾		þ þ
¿	¿	ÿ	ÿ ÿ

Tabelle C.3: Zeichenkodierung nach ISO 8859-1 (Forts.)

Die öffnende spitze Klammer < besitzt zum Beispiel den Namen *<* und > wird mit *>* kodiert. Anführungsstriche sind als *&quote;* anzugeben.

Anhang D
Webseiten veröffentlichen

Sobald Sie die Webseiten auf Ihrer lokalen Festplatte erstellt und ausgiebig getestet haben, können Sie an das Veröffentlichen gehen. Hierzu werden die Webseiten, also die HTML-Dokumente, sowie die zugehörigen Hilfsdateien wie Grafiken auf den Webserver in Ihre persönlichen Verzeichnisse übertragen.

> Hinweis
>
> Einige Provider von Webseiten verlangen, dass diese direkt in Online-Sitzungen mit Werkzeugen erstellt werden, die der betreffende Anbieter auf seinen Webseiten bereitstellt. Dann entfällt natürlich das Hochladen.

Voraussetzung zum Veröffentlichen ist, dass Sie über Speicherplatz auf einem Webserver verfügen und die Berechtigungen zum Aktualisieren der Dateien besitzen (ohne Kennwort ist kein Zugriff auf den Server möglich).

Die genauen Schritte zum Hochladen der Webseiten hängen dabei von Ihrem Provider ab. Schauen Sie auf den Webseiten des jeweiligen Anbieters nach. Meist findet sich dort eine Anleitung zur Gestaltung eigener Webseiten, die sich auch mit der Frage des Hochladens von Webseiten befasst. Arbeiten Sie unter Microsoft Windows 9x, können Sie beispielsweise den Web Publishing Assistent zum Hochladen verwenden. Dieses Programm unterstützt einige Provider direkt durch angepasste Voreinstellungen. Nachfolgend finden Sie einige Tipps zu Providern, mit denen der Autor bereits gearbeitet hat.

- Bei CompuServe wird ein Publishing-Wizard zum Hochladen der Webseiten angeboten. Der Assistent führt Sie durch die Schritte zum Hochladen und erlaubt Ihnen auch den Namen der Datei anzugeben, die als Homepage verwendet wird. Der Assistent kann dabei komplette Verzeichnisse hochladen. Beim Hochladen stellt der Assistent den Dateinamen der angegebenen Homepage im CompuServe Server für Ihre Webseite ein. Die Benennung der Startdatei in *index.htm* oder ähnlich kann also entfallen. Die CompuServe-Webserver unterscheiden nicht zwischen Groß-/Kleinschreibung im Dateinamen. Der Publishing-Wizard unterstützt jedoch nur das Hochladen von Dateien in ein Verzeichnis. Möchten Sie mit Unterverzeichnissen arbeiten, empfiehlt es sich, den Microsoft-Web-Publishing-Assistenten zu verwenden.

Achtung

Arbeiten Sie mit CompuServe, lehnt der Web-Publishing-Assistent aber die Aktualisierung der Webseiten trotz korrekt eingegebener URL und Kennwort ab? Neuere Versionen des Assistenten benötigen eine speziell angepasste Hilfsdatei (CompuServe's Provider DLLs for Microsoft Web Post Wizard), die sich über das CompuServe-Technikforum (oder von den Microsoft-Webseiten) abrufen lässt. Installieren Sie diese Hilfedatei, nachdem der Assistent eingerichtet wurde.

- America Online bietet einen eigenen Assistenten, der das Hochladen einzelner Dateien erlaubt. Dies ist etwas umständlich, da bei vielen Dateien zahlreiche Schritte erforderlich sind. Wichtig ist, dass die AOL-Webserver Groß-/Kleinschreibung im Dateinamen unterscheiden. Der Assistent erlaubt Ihnen beim Hochladen das Umbenennen von Dateien. Achten Sie aber darauf, dass die Dateien in der Schreibweise den URLs in den HTML-Dokumenten entsprechen.
- Provider wie der Yahoo-Ableger *GeoCities* (*http://www.geocities.com*) bieten Webseiten, die die Funktionen zum Hochladen einzelner Dateien erlauben. Vorteil dieses Anbieters: Sie erhalten kostenlosen Webspace. Allerdings dauert das Hochladen der Seiten zu GeoCities eine Ewigkeit und die Handhabung ist alles andere als »smart«.

Bei T-Online und anderen Providern können Sie häufig auch Programme wie WS-FTP zum Hochladen verwenden. Es handelt sich um ein File-Transfer-Program mit Windows-orientierter Oberfläche. Das Programm erlaubt Ihnen das Hochladen von markierten Dateien. Einziges Problem: Sie müssen den Schritt zum Anmelden am Webserver Ihres Providers schaffen.

Hinweis

Falls Sie noch keinen Webspace bei einem Provider haben, reservieren Sie sich freien Speicherplatz für eine kostenlose Homepage bei einem der zahlreichen Anbieter. Bei Puretec (www.puretec.de) erhalten Sie kostenlos bis zu 10 Mbyte Webspace, der sich unter *name.purespace.de* nutzen lässt. Unter *gborn.purespace.de* befindet sich die Baustelle des Autors. Bei GeoCities werden Webspaces nach Interessengruppen etc. gruppiert. Unter *http://www.geocities.com/SiliconValley/Orchard/9440/* finden Sie eine Testseite des Autors. Weitere Anbieter finden Sie in Internet.

Was tun, wenn es mal nicht klappt?

Wenn Sie Probleme beim Hochladen der Webseiten oder nach dem Hochladen bekommen, ist etwas schief gelaufen. Gibt es Probleme beim Hochladen?

- Lesen Sie bitte die FAQ-Listen und Hinweise des betreffenden Anbieters, die sich auf das Hochladen und Verwalten von Webseiten beziehen. Meist finden Sie dort nützliche Beispiele, Tipps und auch Verweise auf Tools zum Hochladen der Seiten.
- Stellen Sie bitte sicher, dass Sie die richtige URL, den korrekten Benutzernamen und ein gültiges Kennwort zur Anmeldung beim Hochladen verwenden. Bei drei Parametern gibt es zahlreiche Fehlerquellen. Achten Sie auch darauf, dass Provider ggf. Groß-/Kleinschreibung bei den Eingaben unterscheiden.
- Verwenden Sie den Microsoft-Web-Publishing-Assistenten, prüfen Sie bitte verschiedene Optionen zur Identifikation des Webservers. Achten Sie ggf. auch darauf, ob nicht eine aktualisierte DLL zu installieren ist (siehe meine Anmerkungen zu CompuServe).
- Bei WS-FTP und anderen Werkzeugen sollten Sie die Hilfedateien des Programms konsultieren. Dort ist vermerkt, wie Anmeldeparameter etc. anzugeben sind.

Sobald Sie die Dateien physikalisch zum Server hochgeladen haben, überprüfen Sie diese bitte in einem Webbrowser. Testen Sie vor allem Links zu anderen Dateien und prüfen Sie, ob Grafiken auch angezeigt werden. Beliebte Fehler sind:

- Vergessene Dateien wie Grafiken, Sounds etc., die nicht mit hochgeladen wurden.
- Fehler bei der Groß-/Kleinschreibung der Dateinamen. Unix-Server können dann die Links und Verweise auf Grafikdateien nicht aktivieren. Grafiken bleiben unsichtbar, Links lassen sich nicht aktivieren.
- Absolute Adressangaben im *href*- oder *src*-Attribut verschiedener Tags. Gerade bei FrontPage Express oder anderen Assistenten kommt es schnell vor, dass das Werkzeug eine »file:///«-URL generiert. Dann nützt das Hochladen der Dateien nichts.
- Fehlerhafte Verweise auf Unterverzeichnisse, in denen sich Dokumente und Grafiken befinden. Prüfen Sie, ob die relativen Verzeichnisangaben vom aktuellen Verzeichnis aus erreichbar sind.

Solche Fehler finden Sie übrigens auch offline, wenn Sie die HTML-Dokumente samt Hilfedateien aus dem Entwicklungsverzeichnis in ein anderes Verzeichnis verschieben. Vermutlich werden die Dateien in einem Unterordner auf der Festplatte gehalten. Dann benennen Sie doch den Unterordner einfach um (z.B. von \HTML in \HTML1). Der Startdatei macht dies nichts aus. Befinden sich aber absolute Verweise in den HTML-Dateien, werden diese nach dem Umbenennen des Hauptverzeichnisses nicht mehr funktionieren.

Hinweis

Lediglich das Testen der Dateinamen auf Groß-/Kleinschreibung ist unter Windows kaum möglich. Mein Tipp: Wie wäre es denn mit Linux? Das Betriebssystem bietet nicht nur den Netscape Navigator samt Composer, sondern auch den Webserver Apache und mehr. Schauen Sie doch mal im Literaturverzeichnis unter /2/ nach. Der Titel bietet nicht nur eine vollwertige SuSE-Linux-Distribution. Dort erfahren Sie auch, wie Sie Linux als Windows-Anwender so einrichten, dass beide Betriebsysteme noch nutzbar sind. Weiterhin erhalten Sie Anleitungen, die ein Arbeiten mit Linux (fast) so komfortabel wie unter Windows machen.

Ach ja, fast hätte ich es vergessen: Lesen Sie bitte die Texte der Webseiten vor dem Hochladen nochmals durch und prüfen Sie die Seiten kritisch auf Inhalt und Layout. Falls möglich, lassen Sie eine Rechtschreibprüfung durchführen. Leider unterstützen Werkzeuge wie FrontPage Express keine solche Funktion, auch die Rechtschreibprüfung des Netscape Composer ist (wegen fehlender Wörterbücher) alles andere als ausgefeilt. Aber Programme wie Microsoft Word oder Microsoft FrontPage erlauben Ihnen die Prüfung. Der Autor kennt zwar die Probleme und hat auch noch Rechtschreibfehler auf seinen Seiten. Aber allzu offensichtlich sollte die Sache nicht werden.

Ich wünsche Ihnen nun viel Spaß und Erfolg beim Erstellen der eigenen Websites!

[illegible]

Anhang E
XHTML, was ist das?

Mit HTML 4.0 ist so etwas wie das Ende der Fahnenstange im Hinblick auf neue HTML-Tags erreicht. Der Wettbewerb der Browserhersteller zwecks Einführung neuer Tags ist eigentlich beendet. Mit HTML 4.01 wurden lediglich einige redaktionelle Korrekturen durchgeführt. Die Erweiterungen bzw. Neuerungen spielen sich im Umfeld von XML ab. XML (Extended Markup Language) ist ein offener Standard, der ähnlich wie HTML aus SGML (Standardised Generalized Markup Language) abgeleitet wurde. Während HTML einen fest vorgegebenen Umfang an Tags besitzt, erlaubt XML jedem Anwender seine eigenen Elemente (dies ist so etwas wie ein HTML-Tag) zu definieren. Die zugehörigen Definitionsdateien (DTD) lassen sich mit den XML-Dokumenten mitliefern. Dies führt dazu, dass XML vielfältige Anwendungen finden. Andererseits wird niemand auf das bewährte HTML verzichten, wenn lediglich einige Seiten zu publizieren sind.

Statt Konfrontation ist daher Kooperation angesagt. Browserhersteller wie Microsoft bieten daher bereits Unterstützung für XML in HTML-Seiten an. Leider ist es aber so, dass XML wesentlich restriktiver bezüglich der Gestaltung der Tags als HTML ist. Was in HTML zulässig ist (z.B. Attributwerte ohne Anführungszeichen oder Tags ohne abschließendes Tag, Groß-/Kleinschreibung bei Namen), ist in XML verpönt. Da HTML und XML die gleichen Wurzeln in SGML haben, ist es vorstellbar, HTML durch die »Brille« von XML zu sehen und ggf. neu zu definieren.

Um zukünftig die Bearbeitung von HTML-Dokumenten durch XML-Werkzeuge zu erlauben, wurde daher vom W3C eine Empfehlung für eine an XML angepasste HTML-Variante erstellt. Keine Angst, Sie brauchen jetzt Ihr Wissen aus diesem Buch nicht über Bord zu werfen und eine neue HTML-Variante zu erlernen. In XHTML wurde einfach HTML 4.0 mit den Regeln von XML neu definiert. Wenn Sie einige wenige Regeln beherzigen, werden Ihre HTML-Dokumente auch zukünftig verwendbar bleiben.

Hinweis

Den größten Teil der Regeln kennen Sie eigentlich bereits, da dieses Buch einige Tage nach Erscheinen der XHTML-Empfehlung geschrieben wurde. Die entsprechenden Hinweise sind daher bereits weitgehend berücksichtigt. Wenn Sie Werkzeuge wie Front-Page Express etc. nutzen, werden Sie auch wenig Probleme bekommen, da diese Programme viele Regeln wie Kleinschreibung von Tag- und Attributnamen verwenden. Manuell verfasste HTML-Dokumente können Sie auch in solche Werkzeuge laden und dann erneut abspeichern. Zumindest bei FrontPage werden automatisch die entsprechenden Korrekturen ausgeführt. Außerdem gibt es Webseiten, unter denen Sie den HTML-Code verifizieren lassen können. Näheres findet sich in dem unter /1/ im Literaturverzeichnis genannten Titel.

Bei der Anpassung von HTML-Dokumenten an XHTML können Sie festlegen, wie eng sich das Dokument an die XHTML-Regeln anlehnt. Dies erfolgt über eine der folgenden <!DOCTYPE..>-Definitionen, die vor den HTML-Elementen kommen muss:

```
<!DOCTYPE
 html PUBLIC "-//W3C//DTD XHTML 1.0 Strict//EN"
 "http://www.w3.org/TR/xhtml1/DTD/strict.dtd">
<!DOCTYPE
 html PUBLIC "-//W3C//DTD XHTML 1.0 Transitional//EN"
 "http://www.w3.org/TR/xhtml1/DTD/transitional.dtd">
<!DOCTYPE
 html PUBLIC "-//W3C//DTD XHTML 1.0 Frameset//EN"
 "http://www.w3.org/TR/xhtml1/DTD/frameset.dtd">
```

Die *Transitional*-Variante erlaubt noch eine Reihe von HTML-Tags, die bei der *Strict*-Variante nicht zulässig sind (Tags wie <dir>, die im Referenzteil bereits als überholt gekennzeichnet sind). Ein minimales XHTML-Dokument, welches die *Strict*-Variante verwendet, könnte dann folgendermaßen aussehen:

```
<!DOCTYPE
html PUBLIC "-//W3C//DTD XHTML 1.0 Strict//EN"
    "http://www.w3.org/TR/xhtml1/DTD/strict.dtd">
<html xmlns="http://www.w3.org/TR/xhtml1">
```

```
<head>
 <title>XHTML-Dokument</title>
</head>
<body>
 <p>Hier geht's zum W3C
 <a href="http://www.w3c.org">W3C </a></p>
</body>
</html>
```

Falls Sie auf die strikte Konformität mit XHTML verzichten möchten, lassen Sie einfach die <!DOCTYPE>-Definition weg.

XHMTL-Dokumente müssen wohlgeformt sein

Die wohl wichtigste Forderung bzw. Neuerung in XHTML geht auf XML zurück und verlangt, dass die Dokumente wohlgeformt (wellformed) sein müssen. Hierunter versteht man, das die Dokumente gewissen Regeln entsprechen müssen, die XML genügen (während HTML diese Regeln nicht kennt). Nachfolgend finden Sie eine kurze Übersicht, was für wohlgeformte Dokumente zu beachten ist:

- Tags müssen korrekt geschachtelt werden. Beispielsweise ist der Ausdruck *<p>Ein Text mit <em>Fettschrift</em>.</p>* korrekt, während *<p>Ein Text mit <em>Fettschrift</p></em>.* unzulässig ist.
- Die Namen aller Tags und Attribute müssen in XML zwingend klein geschrieben werden, XHTML setzt dies daher ebenfalls voraus. Die Angabe *<P ALIGN="center">Ein Text mit <EM>Fettschrift</em>.</p>* verletzt diese Regel trotz korrekter Schachtelung der Tags. Hier wurden Tag- und Attributnamen mit Großbuchstaben geschrieben.
- Nicht leere Tags müssen immer ein abschließendes Tag aufweisen. Die in HTML mögliche und früher häufig benützte Fassung: *<p>Ein Text mit <em>Fettschrift</em>.<p>Ein neuer Absatz* ist daher unzulässig, da die <p>-Tags keine abschließenden Tags aufweisen.
- Das
-Tag ist dagegen ein leeres Tag und benötigt auch weiterhin kein abschließendes Tag. Ähnliches gilt beispielsweise für das <hr>-Tag. Solche leeren Tags sind aber gemäß den XML-Spezifikationen mit einem / abzuschließen. Die beiden erwähnten Tags werden dann in XHTML als <br/> bzw. als <hr/> geschrieben (z.B. *<hr width="80%"/>*).

- Attributwerte müssen zwingend in doppelte Anführungszeichen gesetzt werden. Die Angabe *<p align=center>Ein zentrierter Text</p>* ist also unzulässig, statt dessen müssen Sie die Schreibweise *<p align="center">Ein zentrierter Text</p>* verwenden. Problematisch: Kommen im Attributwert Anführungszeichen vor, müssen Sie dies berücksichtigen. Bei JScript-Aufrufen können Sie beispielsweise Hochkommas ' verwenden (z.B. *<a href="www.microsoft.com" onclick="alert('Aber Hallo!');">Test</a>*). Mit der Zeichenkombination " " " erzeugen Sie ein Anführungszeichen im Text.
- In HTML dürfen Attribute minimiert werden, d.h., dem Attribut wird kein Wert zugeordnet (z.B. <ol compact>). In XHMTL muss jedes Attribut einen Wert aufweisen. Minimierte Attribute können dann als Wert den Attributnamen aufweisen (z.B. *<ol compact="compact">*).
- Mehrere aufeinander folgende White Space-Zeichen (Leerzeichen und Zeilenumbrüche) in Attributwerten werden durch das lesende Programm zu einem Leerraum (Leerzeichen) zusammengefasst. Weiterhin werden führende und anhängende White Space-Zeichen in Attributwerten entfernt.
- Weil &-Zeichen als Beginn eines Entity interpretiert werden, müssen Sie Skriptanweisungen und die <style>-Definitionen mit besonderer Vorsicht einsetzen. Der Inhalt eines Skripts oder einer Style-Definition muss in <!CDATA[....]]> eingefasst werden. Dies sieht dann so aus:

```
<script>
 <![CDATA[
 ... hier kommen die Script-Anweisungen ...
 ]]>
</script>
```

Unter Beachtung dieser Regeln sollten die Dokumente auch mit XHTML-fähigen Werkzeugen bearbeitet und angezeigt werden können. Von der W3C-Gruppe gibt es zusätzlich ein Konvertierprogramm TIDY, welches von der Webseite *www.w3c.org* abgerufen werden kann. Auf dieser Seite finden Sie auch die vollständige XHTML-Spezifikation.

Anhang F
Literatur

/1/ Born, Günter: HTML Kompendium, Markt+Technik Verlag, München, 2000, ISBN 3-8272-5830-8

/2/ Born, Günter: Linux statt Windows – Factory, Markt+Technik Verlag, München, 1999, ISBN 3-8272-5632-1

/3/ Born, Günter: Jetzt lerne ich XML, Markt+Technik Verlag, München, 2001, ISBN 3-8272-5924-X

Hinweis

Da die Bücher kontinuierlich aktualisiert werden, kann sich die ISBN-Nummer mit der Zeit ändern. Verlag und Autor sollten aber zur Identifizierung ausreichen. /1/ befasst sich mit dem Erstellen von HTML-Dokumenten und enthält eine CD mit einer Sammlung hilfreicher Tools. /2/ enthält eine SuSE-Linux-Distribution auf CD sowie die Anleitungen, um Linux 6.x parallel zu Windows zu betreiben und mit der Benutzeroberfläche KDE umzugehen. Der Netscape Navigator ist unter dieser Benutzeroberfläche verfügbar. In /3/ geht es um Technologien, die den HTML-Ansatz weiterführen und Daten mit universellen Methoden beschreiben.

Hinweis

Die HTML-Spezifikationen und weitere Informationen können Sie direkt von der W3C-Webseite unter *www.w3c.org* abrufen.

Stichwortverzeichnis

Symbols

A

B

G

H

R

S

T

U

V

W

Alle mögen's

Photoshop 6

Markt+Technik

M+T Pocket

Markt+Technik